广视角·全方位·多品种

权威·前沿·原创

皮书系列为
"十二五"国家重点图书出版规划项目

形象危机应对蓝皮书

BLUE BOOK OF
IMAGE CRISIS RESPONSE

形象危机应对研究报告
（2013~2014）

THE RESEARCH REPORT ON IMAGE CRISIS RESPONSE
(2013-2014)

中国人民大学危机管理研究中心
主　编／唐　钧

社会科学文献出版社
SOCIAL SCIENCES ACADEMIC PRESS (CHINA)

图书在版编目（CIP）数据

形象危机应对研究报告. 2013～2014/唐钧主编. —北京：社会
科学文献出版社，2014.6
（形象危机应对蓝皮书）
ISBN 978 - 7 - 5097 - 5969 - 1

Ⅰ. ①形…　Ⅱ. ①唐…　Ⅲ. ①国家行政机关 - 行政管理 - 研究
报告 - 中国 - 2013～2014　Ⅳ. ①D630.1

中国版本图书馆 CIP 数据核字（2014）第 083485 号

形象危机应对蓝皮书
形象危机应对研究报告（2013～2014）

主　　编／唐　钧

出 版 人／谢寿光
出 版 者／社会科学文献出版社
地　　址／北京市西城区北三环中路甲 29 号院 3 号楼华龙大厦
邮政编码／100029

责任部门／社会政法分社（010）59367156　　　　责任编辑／黄金平
电子信箱／shekebu@ ssap. cn　　　　　　　　　责任校对／李高明
项目统筹／王　绯　　　　　　　　　　　　　　责任印制／岳　阳
经　　销／社会科学文献出版社市场营销中心　（010）59367081　59367089
读者服务／读者服务中心（010）59367028

印　　装／北京季蜂印刷有限公司
开　　本／787mm×1092mm　1/16　　　　　　　印　　张／38.25
版　　次／2014 年 6 月第 1 版　　　　　　　　　字　　数／623 千字
印　　次／2014 年 6 月第 1 次印刷
书　　号／ISBN 978 - 7 - 5097 - 5969 - 1
定　　价／149.00 元

形象危机应对蓝皮书编委会

本书长期开展的一系列研究获得了以下课题项目的资助与支持

教育部哲学社会科学研究重大课题攻关项目国家公共危机安全管理系统研究（03JZD0021）

国家社会科学基金重大项目 基层政府社会管理体制机制创新研究（11&ZD032）

北京高等学校青年英才计划项目（Beijing Higher Education Young Elite Teacher Project）

中国人民大学国家重点学科行政管理专业资助项目

摘　要

形象危机的风险因素繁多、涉及领域繁杂，风险要素与时俱进，风险项之间又密切互动。形象危机的评委们，基于不同评判基点和标尺，对形象危机的研判结果又有差异。这些既导致了形象危机研究的难度，又导致了形象危机应对的艰辛。

形象危机主要来源于主体内部问题，经外部传播，并累积为公众的负面评价和社会态度。形象危机应对既取决于主体内部的整改、预防和公关，也取决于媒体传播的状况和多元评委的态度。形象危机应对需内外联动，内控与外防相结合。

对形象危机进行"分类－分级"研究发现，当前的形象危机有三类："形象死亡类"影响恶劣，"形象受损类"需科学应对，"形象蒙冤类"应妥善解释。形象危机分为"低危""中危""高危"三类，其中社会责任事故是形象危机的高危、零容忍风险。

2014 版的省市形象危机指标体系由公共安全"危"、社会秩序"乱"、生态环境"脏"、公共服务"难"、官员素质"差"5 大风险领域构成，并细化形成省市形象危机"风险地图"。公共安全"危"领域中包括恐怖袭击致死亡、突发事件中群死群伤、公共场所死伤风险、公共卫生问题和致命传染病、危害公共安全罪和食品危害、校园血案、医院血案 7 个风险板块，社会秩序"乱"领域中包括治安秩序"乱"、社会环境秩序"乱"、经济秩序"乱"、新闻秩序"乱"4 个风险板块，生态环境"脏"包括空气脏、水脏、土壤问题和生态破坏 4 个风险板块，公共服务"难"包括生活"难"、办事"难"、出行"难"和维权"难"4 个风险板块，官员素质"差"包括"贪""渎""色""假""枉"5 个风险板块。

2014 版的官员形象危机指标体系由"贪"（贪腐问题）、"渎"（失职渎职）、"色"（性丑闻）、"假"（造假问题）、"枉"（作风粗暴）5 个风险板块构成，并细化形成官员形象危机"风险地图"。"贪"（贪腐问题）包括贪污受贿、消极腐败和隐形腐败 3 个风险项，"渎"（失职渎职）包括滥用职权、玩忽职守、决策失误和慵懒散 4 个风险项，"色"（性丑闻）包括性丑闻和强奸 2 个风险项，"假"（造假问题）包括火箭提拔、"被影响"和造假造谣 3 个风险项，"枉"（作风粗暴）包括暴力执法、遭遇暴力抗法和作风粗暴 3 个风险项。

2014 版的企业形象危机指标体系由"物"（企业产品）、"市"（市场运营）、"管"（企业内部管理）、"人"（企业人员）、"社"（社会责任）5 个风险板块构成，并细化形成企业形象危机的"风险地图"。"物"（企业产品）包括产品质量问题和产品生产问题 2 个风险项，"市"（市场运营）包括法律纠纷、垄断问题、恶性竞争、宣传问题、定价问题和服务问题 5 个风险项，"管"（企业内部管理）包括理财问题、运营问题、员工关系和企业公共关系 4 个风险项，"人"（企业人员）包括老总问题、高管问题和员工问题 3 个风险项，"社"（社会责任）包括市场责任、社会责任和环境责任 3 个风险项。

形象危机的应对，参照 2014 版"形象危机应对指南"，建议用足"风险地图"，厘清多元评委关系，科学地分类应对：第一，针对"形象蒙冤"类危机，应结合社会心态，做好"善解冤"；第二，针对"形象死亡"类危机，应紧扣"社会责任事故"，做到"重点改"；第三，针对"形象受损"类危机，应统筹多元责任主体，做好"全面防"。

前言　风险社会中的形象危机

风险社会的不约而至对转型期的社会服务管理同时提出了规范化、精细化和人性化的三重要求，而形象危机则是现阶段矛盾积聚的爆发点。形象危机来源于内外两个方面：一方面是内在危机的外在表现，有待全方位和立体化的整改；另一方面则是外在表现的失真或是评委们的评估失误，有待公共关系的释然和风险沟通的解冤。风险社会在当前转型期的严峻态势，既是形象危机激增的外在触媒，又是形象危机的病根所在。

省市形象危机 2013 ~ 2014

省市形象危机是由社会客观导致、公众主观感受并结合社会环境而综合产生的危机。省市形象危机具有主观和客观双重属性，一方面，形象危机的产生是由于省市本身出现了某些方面的问题，即客观上存在形象危机的事实；另一方面，形象是社会公众主观感知的产物，形象危机涉及个人的主观判断。省市形象危机由公共安全"危"、社会秩序"乱"、生态环境"脏"、公共服务"难"、官员素质"差"五大风险领域构成，并细化形成省市形象危机"风险地图"和排名（见表1）。

表1　全国省市形象危机 2013 ~ 2014 年排名

单位：%

省　份	总体形象危机度	排名	"危"形象危机度	排名	"乱"形象危机度	排名	"脏"形象危机度	排名	"难"形象危机度	排名	"差"形象危机度	排名
安　徽	2.65	10	2.06	9	3.10	9	1.05	19	2.04	10	5.06	6
北　京	4.73	2	3.70	4	4.05	3	0.52	23	6.45	1	6.89	3
重　庆	1.16	19	0.82	22	0.48	23	1.57	16	1.10	15	2.30	17
福　建	1.64	17	1.65	14	1.43	17	5.24	5	1.26	14	1.38	21
甘　肃	1.21	18	0.41	25	1.43	17	0.52	23	0.79	20	2.76	14

省 份	总体形象危机度	排名	"危"形象危机度	排名	"乱"形象危机度	排名	"脏"形象危机度	排名	"难"形象危机度	排名	"差"形象危机度	排名
广 东	8.44	1	6.17	1	8.10	1	10.99	1	5.66	2	15.40	1
广 西	2.03	15	2.47	7	2.14	14	2.09	13	0.94	18	3.91	12
贵 州	0.58	27	1.23	19	0.24	27	1.57	16	0.47	23	0.46	27
海 南	2.89	9	0.41	25	3.57	6	2.62	10	3.14	4	4.37	10
河 北	2.27	13	0.41	25	2.86	10	6.28	4	1.73	12	2.53	15
河 南	3.91	3	3.29	5	4.05	3	3.14	7	3.14	4	6.89	3
黑龙江	0.72	26	0.82	22	0.48	23	2.09	13	0.47	23	0.92	25
湖 北	2.31	12	3.29	5	2.14	14	2.62	10	2.36	7	2.53	15
湖 南	3.18	7	2.06	9	3.81	5	2.09	13	1.57	13	7.12	2
吉 林	0.82	25	2.47	7	—		1.05	19	0.47	23	1.38	21
江 苏	3.28	5	1.65	14	3.57	6	6.81	3	2.67	6	4.37	10
江 西	1.83	16	1.65	14	2.14	14	3.14	7	0.63	22	3.22	13
辽 宁	1.01	21	2.06	9	0.95	21	0.52	23	0.79	20	1.61	20
内蒙古	1.11	20	0.82	22	0.48	23	2.62	10	0.94	18	1.84	19
宁 夏	0.19	29	—		0.00	29	1.05	19	0	30	0.46	27
青 海	0.14	30	—		0.48	23	0	29	0.16	29	0.00	29
山 东	3.04	8	1.65	14	2.86	10	7.33	2	4.09	3	2.07	18
山 西	0.96	23	1.23	19	1.43	17	1.57	16	0.47	23	1.15	23
陕 西	3.42	4	4.53	3	4.52	2	4.71	6	1.89	11	4.60	8
上 海	1.01	21	1.65	14	0.95	21	0.52	23	1.1	15	1.15	23
四 川	2.60	11	2.06	9	2.86	10	0.52	23	2.36	7	4.82	7
天 津	0.24	28	0.41	25	0.24	27	0.00	29	0.47	23	0.00	29
西 藏	—		—		—		0.00	29	0.00	30	0.00	29
新 疆	0.87	24	1.23	19	1.43	17	1.05	19	0.47	23	0.92	25
云 南	2.27	13	2.06	9	3.33	8	0.52	23	1.1	15	4.60	8
浙 江	3.23	6	5.35	2	2.62	13	3.14	7	2.2	7	5.29	5

注：数据来源于中国人民大学危机管理研究中心"2013年省市形象危机典型案例库"（共计2074个典型案例），时间段为2013年1月1日至2013年12月31日；不含港澳台；具有此类研究方法的相应误差；"—"指该省份在2013年没有发现相关类型的报道。省份按拼音字母排序。

风险社会中的省市形象危机，实质上是综合的社会服务管理风险体系。省市形象危机"风险地图"的5大风险领域——公共安全"危"、社会秩序"乱"、生态环境"脏"、公共服务"难"、官员素质"差"，构成了属地社会风险评估的指标体系。本次研究表明：第一，省市形象危机处于高发态势，五大风险领域中各个风险项和风险要素相互交织、相互影响、相互触发，导致形象危机易发、高发；第二，省市形象危机具有"短板效应"，在公共安全、社会秩序、生态环境、公共服务、官员素质五大领域中，任何一块短板都会使得省市形象大幅下滑，甚至破坏整体形象；第三，省市形象危机具有"窗口效应"，形象危机的高危领域多分布在"窗口"行业或直面群众的职业，例如校园、医疗、民政工作、银行保险证券和贴近群众的基层官员；第四，省市形象危机具有"后台效应"，属地公共服务部门多、媒体多且流动人口数量大，构成"后台"问题，导致形象危机的概率高；第五，省市形象危机具有"刻板效应"，长期积累的负面印象可能加剧负面形象的恶化，而公众的形象态度也较难转变。研究中，课题组的形象研判和公众问卷调查的社会态度在很大程度上具有一致性，这也表明社会态度中具有成型的较难扭转的形象判断。

当前省市形象危机从风险研判来看，自致型风险占88.7%，不可抗型风险占11.3%，见表2。

表2　省市形象危机 2014 版指标体系与风险归因

风险领域	风险板块	风险项	风险归因
1 公共安全"危"	1.1 恐怖袭击致死伤	1.1.1 恐怖袭击致死伤	不可抗型
	1.2 突发事件中群死群伤	1.2.1 自然灾害处置问题	自致型
		1.2.2 安全事故处置问题	自致型
		1.2.3 社会安全事件处置问题	自致型
	1.3 公共场所死伤风险	1.3.1 基础设施不完善	自致型
		1.3.2 安全隐患的处理问题	自致型
	1.4 公共卫生问题和致命传染病	1.4.1 疫苗管理问题	自致型
		1.4.2 致命传染病处置问题	自致型
	1.5 危害公共安全罪和食品危害	1.5.1 危害公共安全罪	自致型
		1.5.2 食品危害	自致型
	1.6 校园血案	1.6.1 校园暴力致学生死伤	不可抗型
		1.6.2 校园血案致老师死伤	不可抗型
	1.7 医院血案	1.7.1 医患纠纷导致血案	不可抗型
2 社会秩序"乱"	2.1 治安秩序"乱"	2.1.1 治安犯罪猖獗	自致型
		2.1.2 警察维护秩序的过失	自致型
		2.1.3 医疗秩序混乱	自致型
		2.1.4 校园秩序混乱	自致型
		2.1.5 文物破坏	自致型
	2.2 社会环境秩序"乱"	2.2.1 社会环境秩序被破坏	自致型
		2.2.2 城管维护秩序的过失	自致型
	2.3 经济秩序"乱"	2.3.1 企业经营秩序混乱	自致型
		2.3.2 银行、保险、证券问题	自致型
		2.3.3 地方政府债务问题	自致型
	2.4 新闻秩序"乱"	2.4.1 新闻秩序混乱	自致型

续表

风险领域	风险板块	风险项	风险归因
3 生态环境"脏"	3.1 空气脏	3.1.1 雾霾导致百姓遭殃	不可抗型
		3.1.2 废气粉尘祸害群众	自致型
		3.1.3 机动车尾气管理问题	自致型
	3.2 水脏	3.2.1 污水乱排放	自致型
	3.3 土壤问题	3.3.1 土壤污染影响种植	自致型
	3.4 生态破坏	3.4.1 偷猎和滥采问题	自致型
4 公共服务"难"	4.1 生活"难"	4.1.1 医疗难问题	自致型
		4.1.2 教育难问题	自致型
		4.1.3 民政服务难问题	自致型
	4.2 办事"难"	4.2.1 办事审批难问题	自致型
		4.2.2 政府网站服务难问题	自致型
		4.2.3 银行、保险、证券服务难问题	自致型
		4.2.4 公积金提取、借贷难问题	自致型
	4.3 出行"难"	4.3.1 公共交通问题	—
		4.3.2 民航问题	—
	4.4 维权"难"	4.4.1 维权难问题	自致型
5 官员素质"差"	5.1 "贪"	5.1.1 贪污受贿	自致型
		5.1.2 消极腐败	自致型
		5.1.3 隐性腐败	自致型
	5.2 "渎"	5.2.1 滥用职权	自致型
		5.2.2 玩忽职守	自致型
		5.2.3 决策失误	自致型
		5.2.4 慵懒散	自致型
	5.3 "色"	5.3.1 性丑闻	自致型
		5.3.2 强奸	自致型
	5.4 "假"	5.4.1 火箭提拔	自致型
		5.4.2 "被影响"	不可抗型
		5.4.3 造假造谣	自致型
	5.5 "枉"	5.5.1 暴力执法	自致型
		5.5.2 遭遇暴力抗法	自致型
		5.5.3 作风粗暴	自致型
总计 5 大领域	24 个风险板块	55 个风险项	自致型风险 88.7% 不可抗型风险 11.3%

注:"自致型"是指由于当事主体或直接管理主体自身原因而导致的形象危机问题,"不可抗型"是指对于当事主体或直接管理主体,由于成因复杂或职能欠缺等问题,在当前无法通过主观能动性来回避或处置。有些风险归因待细化研判,用"一"表示,未计入本次统计。

2013 年底至 2014 年初的全国社会调查（于 2013 年 12 月至 2014 年 1 月展开，共回收 1469 份有效问卷，被调查者涵盖全国 30 个省级行政区，除港澳台及青海省）表明：第一，公共安全差、治安秩序乱、环境被破坏是最突出的三个省市形象问题，省市需要在公共安全、社会秩序与生态环境三个领域加强形象防范与优化。第二，省市形象危机的风险源来自五大风险领域，分别是：公共安全"危"、社会秩序"乱"、生态环境"脏"、公共服务"难"、官员素质"差"。同时，公民素质"差"既直接影响省市形象，也对形象评价构成"蒙冤"风险。第三，省市形象关系趋于多元与复杂，政府、企业、社会（含各行业）的风险交织导致省市形象风险项繁杂，五大风险领域中涉及的风险项越多，该省份的形象危机风险越大。

省市形象危机的应对，需用好"风险地图"，严防公共安全"危"、社会秩序"乱"、生态环境"脏"、公共服务"难"、官员素质"差" 5 大领域下 24 个风险板块 55 个风险项中的风险。重点有三：针对"形象蒙冤"问题"善解冤"；针对"形象死亡"问题"重点改"；针对形象偏差度与多重评委关系并结合"风险地图"等规律"全面防"。引入风险管理，全方位开展风险防治。此外，面对繁杂的形象危机风险项，省市要改善形象，强化属地管理是关键。属地政府应根据本省形象危机主要涉及的领域重点开展形象危机的风险防治工作，注重评委关系，重视社会态度与公众民意。

官员形象危机 2013~2014

官员形象是指各级各类公职人员在工作和生活中向群众展示的形象汇总，是政府形象最直接的体现，备受社会关注。而官员形象危机是指官员因违法违规，违背德、能、勤、绩、廉的标准，不符合群众对官员公正廉洁、勤政爱民等预期，造成恶劣影响和损害公信力的危机。官员形象危机，一方面是极个别官员的个体行为产生恶劣的负面社会影响；另一方面也可能是群众对官员的不满意或不理解而造成的差评或恶评。官员形象危机由"贪"（贪腐问题）、"渎"（失职渎职）、"色"（性丑闻）、"假"（造假问题）、"枉"（作风粗暴）五大风险项构成，并细化形成官员形象危机"风险地图"。官员形象危机呈现"高风险""高责任"特征，官员总体形象危机度高达78.24%。官员形象危机的多元化、差异化、"回溯性"、"后延性"与"滞后效应"等特征明显。

在全国官员形象危机的省份排名中，位列"形象危机度"前三名的分别是广东省、湖南省、河南省和北京市。广东省官员"形象危机度"最高，处于中危状态；湖南、河南、北京等27个省份官员"形象危机度"均低于10%，属低危状态；而天津、青海、西藏则暂无官员形象危机典型案例，"形象危机度"为零。属地官员形象危机的危机频次和程度是很多因素共同作用所致，除去官员个体的主观因素，客观方面的因素主要表现在社会管理的复杂性、新闻出版业的发达程度等方面，社会管理的复杂性又和属地流动人口数量有关。

风险社会中的官员形象危机，实质上是官员的综合风险体系。官员形象危机"风险地图"的5大风险板块——贪腐的"贪"、失职渎职的"渎"、性丑闻的"色"、造假的"假"、作风粗暴等的"枉"，构成了官员从事公共事务活动时的风险防范指南。本次研究表明：第一，官员形象危机呈多元化趋势，"贪"为官员形象危机的首要致因，贪污受贿、公款滥用和隐性腐败等贪腐问题屡被曝光，产生恶劣的社会影响，易酿成信任危机。"渎""枉"次之，失职渎职行为和暴力枉法问题是造成官员形象危机的次要因素，导致政府公信力受损和官员形象严重失分。"色""假"随后，"色"使官员形象"蒙羞"，无论是性丑闻，还是强奸，均突破道德底线；"假"包括火箭提拔、造假造谣等问题，也包括官员被假冒、被恶意中伤等致使形象"被影响"。第二，官员形象危机的层级差别大，基层官员是官员形象危机的最高危群体；准官员群体为次危群体；村干部和高层官员也是形象危机的危险群体，执法类官员与服务类官员在"窗口效应"的影响下成为官员形象危机的高风险群体。第三，官员形象危机的部门差别大，政府部门风险最高。政府部门是权力集中的地方，只要失去监控，权就会变利，以权生利就成了权力机关中官员腐败的基本方式和基本形态。党委部门、事业单位、基层自治组织与国企次之；司法部门和人大、政协形象危机再次。第四，"裸官"成为官员形象危机的高风险群体，备受社会关注。"裸官"不等于贪官，但"裸官"是贪腐问题的高风险群体，这样的官员有较大的贪腐动机和贪腐空间，而"裸官"身份为其出逃提供了人身便利，"裸官"的出逃路径通常是"非法敛财—家属移民海外—转移不明资产—择机外逃"等四个步骤。第五，官员形象危机的"回溯性"和"后延性"凸显。官员形象危机具有"回溯性"，若干年前的官员工作问题仍会对当前的官员形象造成严重的负面影响。其中"冤假错案"问题最为典型，影响恶劣，使政府公信力严重受创，令公正"蒙羞"。官员形象危机具有"后延性"，官员退休之后发生的行为不当、违法违规行为依旧会影响退休之前所属官员群体的形象，社会对官员的形象预期具有"连续性"和"一致性"，虽然官员退休离职，但公众对官员形象的预期并没有降低，一旦退休官员发生形象危机，就会危及退休之前所属官员群体。第六，官员形象危机案发呈"滞后效应"。部分形象风险并不会立即产生形象危机，而是在后面一段时间显现出来，产生"冰山效应"。贪腐问题的潜伏期比较长，一般会经过相对较长的时间才被曝光；暴力枉法行为和性丑闻事件的潜伏期相对较短，被曝光时间距案发时间较近，"色""枉"两个风险板块的官员形象危机的"滞后效应"最不明显。

当前官员形象危机从风险研判来看，自致型风险占93.3%，不可抗型风险占6.7%，见表3。

表3　官员形象危机 2014 版指标体系与风险归因

风险板块	风险项	风险归因
1"贪"	1.1 贪污受贿	自致型
	1.2 消极腐败	自致型
	1.3 隐性腐败	自致型
2"渎"	2.1 滥用职权	自致型
	2.2 玩忽职守	自致型
	2.3 决策失误	自致型
	2.4 慵懒散	自致型
3"色"	3.1 性丑闻	自致型
	3.2 强奸	自致型
4"假"	4.1 火箭提拔	自致型
	4.2 "被影响"	不可抗型
	4.3 造假造谣	自致型

续表

风险板块	风险项	风险归因
5 "枉"	5.1 暴力执法	自致型
	5.2 遭遇暴力抗法	自致型
	5.3 作风粗暴	自致型
总计 5 个风险板块	15 个风险项	自致型 93.3% 不可抗型 6.7%

2013 年底至 2014 年初的全国社会调查表明：第一，公众对官员形象的偏好呈现 "能力—惠民—自律—公信—亲民" 的递减规律。在当前，公众更加偏好 "能力本位" 和 "惠民导向" 的官员。无论是 "能力" 型官员还是 "惠民" 型官员均属于务实型官员，说明公众最为期待的是官员专注实事，真正让社会获益；公众对官员形象的厌恶程度呈现 "贪—渎—假—色—枉" 的递减规律。当前，公众更加厌恶 "权钱交易" 和 "失职渎职" 的官员。而 "权钱交易" 和 "失职渎职" 都属于对 "公权力" 的滥用，说明公众普遍持 "公权力至上" 观念，认为官员应该合理、合法行使 "公权力"，而不是滥用或是不作为；公众认为 2013 年形象最差的官员群体依次为：城管、学校领导、医院领导、村干部、警察、国企领导和民政干部。

官员已是形象危机 "重灾区"，防治风险亟待加强。官员形象危机的风险源来自 "贪"（贪腐问题）、"渎"（失职渎职）、"色"（性丑闻）、"假"（造假问题）、"枉"（作风粗暴）5 个风险板块。官员形象的社会期望，在传统 "德、能、勤、绩、廉" 的标准基础上更加注重 "德才兼备"，"德" 为道德标准，要求 "廉洁"，"才" 为能力标准，要求 "能干"，倡导 "勤政爱民本位" 型和 "公正廉洁导向" 型官员。

官员形象危机的应对，需用好 "风险地图"，严防 "贪"（贪腐问题）、"渎"（失职渎职）、"色"（性丑闻）、"假"（造假问题）、"枉"（作风粗暴）5 个风险板块下 15 个风险项中的风险。同时，结合官员形象危机社会调查中的社会评委与公众的态度，在官员形象危机应对中，需要重点提升官员 "能力""惠民" 形象特质，整改官员 "贪""渎" 形象问题，防治 "执法类""服务类" 官员形象危机。

企业形象危机 2013~2014

企业形象是社会面通过多方面的接触、评估所形成的总体印象。企业形象危机是指企业在产品生产、市场运营、企业管理及履行社会责任等方面的不当导致不良的社会影响，引发负面社会效应与公众评价。企业形象危机由"物"（企业产品）、"市"（市场运营）、"管"（企业内部管理）、"人"（企业人员）、"社"（社会责任）5个风险板块构成，并细化形成企业形象危机的"风险地图"。在"形象危机度"与"社会责任事故率"情况中，"物""市"与"人"问题最突出。

在企业形象危机的省市排名中，位列形象危机度前三名的分别是广东省10.87%、北京市5.07%、上海市4.35%，广东省处于中危等级，北京市与上海市处于低危等级。

风险社会中的企业形象危机，实质上是企业的综合风险体系。企业形象危机的"风险地图"的5大风险板块——企业产品的"物"、市场运营的"市"、企业内部管理的"管"、企业人员的"人"、社会责任的"社"，构成了企业生产经营的风险防范指南。本次研究表明：第一，企业产品是企业形象危机的"重灾区"。产品质量环节是最短板，有毒有害产品严重危害消费者的健康，食品行业最为突出；产品造假制假严重，严重损害企业信誉，同时，多行业、多领域"造假"现象频发。第二，市场运营是企业形象危机的"主战区"。风险要素最为繁杂。"价格战"等恶性竞争呈现频发态势；售后服务形象危机高发，严重威胁消费者的满意度。第三，企业人员是企业形象危机的"易失控区"。危机易扩散，从个体问题升级为社会风险；国企领导个体形象危机处于高发态势；经济犯罪事件频发，社会影响恶劣。第四，企业内部管理是企业形象危机的"雷区"。员工关系是重点，员工抗议企业的行为呈增多趋势；企业公关技巧参差不齐，易弄巧成拙。第五，社会责任是"高敏感区"。社会要求企业履行社会责任，形象危机愈发敏感；社会责任多样化，受到高度关注；社会责任危机加剧企业形象风险应对压力。

当前企业形象危机从风险研判来看，自致型风险占93.0%，不可抗型风险占7.0%，见表4。

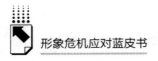

表 4　企业形象危机 2014 版指标体系与风险归因

风险板块	风险项	风险要素	风险归因
1 "市"（市场运营）	1.1 法律纠纷	1.1.1 产权纠纷	自致型
		1.1.2 商标所有权纠纷	自致型
		1.1.3 合同纠纷	自致型
		1.1.4 债务纠纷	自致型
	1.2 垄断问题	1.2.1 价格垄断	自致型
		1.2.2 渠道垄断	自致型
		1.2.3 多重垄断	自致型
	1.3 恶性竞争	1.3.1 "口水战"	自致型
		1.3.2 "价格战"	自致型
		1.3.3 "数据战"	自致型
		1.3.4 "黑公关"	自致型
	1.4 宣传问题	1.4.1 违法广告	自致型
		1.4.2 虚假宣传	自致型
		1.4.3 恶俗广告	自致型
	1.5 定价问题	1.5.1 价格违法	自致型
		1.5.2 价格欺诈	自致型
	1.6 服务问题	1.6.1 强买强卖	自致型
		1.6.2 售后服务欠佳	自致型
		1.6.3 捆绑销售	自致型
		1.6.4 服务违规收费	自致型
		1.6.5 服务态度恶劣	自致型
2 "社"（社会责任）	2.1 市场责任	2.1.1 过分暴利	自致型
		2.1.2 扰乱市场秩序	自致型
		2.1.3 违法违规	自致型
	2.2 社会责任	2.2.1 偷税漏税	自致型
		2.2.2 拖欠员工社保	自致型
		2.2.3 拖欠员工工资	自致型
		2.2.4 丧失伦理道德	自致型
	2.3 环境责任	2.3.1 环境污染	自致型
		2.3.2 浪费能源、资源	自致型
3 "人"（企业人员）	3.1 老总问题	3.1.1 经济犯罪	自致型
		3.1.2 决策失误	自致型
		3.1.3 言行失当	自致型
		3.1.4 "跑路"	自致型
		3.1.5 生活作风问题	自致型

续表

风险板块	风险项	风险要素	风险归因
3 "人" （企业人员）	3.1 老总问题	3.1.6 能力低下	自致型
		3.1.7 低绩高薪	自致型
		3.1.8 学历造假	自致型
		3.1.9 泄露信息	自致型
	3.2 高管问题	3.2.1 经济犯罪	自致型
		3.2.2 非正常离职	自致型
		3.2.3 内幕交易	自致型
		3.2.4 违规增减持	自致型
	3.3 员工问题	3.3.1 经济犯罪	自致型
		3.3.2 言行失当	自致型
		3.3.3 泄露信息	自致型
		3.3.4 "跑路"	自致型
4 "物" （企业产品）	4.1 产品质量问题	4.1.1 产品造假	自致型
		4.1.2 产品有害	自致型
		4.1.3 产品低劣	自致型
	4.2 产品生产问题	4.2.1 安全事故	自致型
		4.2.2 生产环境	自致型
		4.2.3 管理混乱	自致型
5 "管" （企业内部 管理）	5.1 理财问题	5.1.1 资金危机	自致型
		5.1.2 持续亏损	自致型
		5.1.3 财务造假	自致型
	5.2 运营问题	5.2.1 非法经营	自致型
		5.2.2 改制风险	自致型
		5.2.3 违规操作	自致型
		5.2.4 监管不力	自致型
	5.3 员工关系	5.3.1 劳资纠纷	自致型
		5.3.2 压榨员工	自致型
		5.3.3 侮辱员工	自致型
		5.3.4 员工"吐槽"企业	不可抗型
		5.3.5 损害员工利益	自致型
		5.3.6 员工起诉公司	不可抗型
		5.3.7 员工围攻公司	不可抗型
		5.3.8 恶性裁员	自致型
	5.4 企业公共关系	5.4.1 媒体误报	不可抗型
		5.4.2 网络造谣	不可抗型
		5.4.3 危机公关失误	自致型
总计 5 个风险板块	18 个风险项	71 个风险要素	自致型 93.0% 不可抗型 7.0%

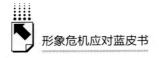

企业形象危机多为"自致型"，可控性风险要素与社会责任事故风险要素增多，行业监管与企业防治应双管齐下。企业形象危机的风险源来自"物"（企业产品）、"市"（市场运营）、"管"（企业内部管理）、"人"（企业人员）、"社"（社会责任）5个风险板块。

企业形象危机的应对，需用好"风险地图"，严防"物"（企业产品）、"市"（市场运营）、"管"（企业内部管理）、"人"（企业人员）、"社"（社会责任）5个风险板块下18个风险项71个风险要素中的风险。同时，企业形象危机应对需要严防社会责任事故，主动规避企业形象危机；内部重视严格管理，外部加强行业自律，内外兼修，内控与外防相结合。

形象危机应对2014版主要建议

形象危机应对是指形象危机主体采取积极行动，消除形象危机带来的负面影响，持续优化自身形象。形象危机的应对是由外及里、内外结合的过程，需要表层的应对和深层的应对相结合。一方面，针对危机事件本身采取行动，对负面报道进行回应。表层的应对可依据回应时间的快慢、发布渠道的选择、对问题的回应程度等实现不同程度的形象危机应对。另一方面，针对危机事件背后的根源问题采取行动，对造成形象危机的根本原因进行回应。深层的应对可通过降低形象的落差度、增加形象危机的解释程度、纠正形象的偏差度等，进而降低形象风险度，实现形象的恢复和持续提升。

形象危机的应对可按照"评估—预防—应对"的三阶段循环式流程，同时，在整个流程中需贯穿舆情与环境监测、信息沟通与管理、工作监督与检查三部分。如图1所示。

在评估阶段，在日常舆情监测的基础上，用足"风险地图"等工具，并定期更新升级。一方面，对形象风险从"风险板块"到"风险项"到"风险要素"进行科学识别；另一方面，对形象风险从"形象死亡""形象受损""形象蒙冤"三种类型进行性质研判。

在预防阶段，结合省市、官员、企业形象危机的特征，根据自致型和不可

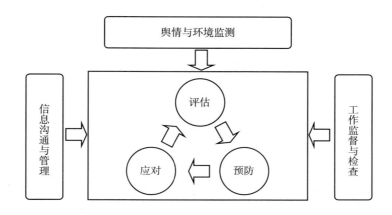

图 1　形象危机应对的总体框架

抗型风险，进行有针对性的防治。一方面，对自致型形象风险或社会责任事故形象风险进行事前阻止发生或降低风险度，另一方面，对不可抗型的非社会责任事故形象危机的影响进行事中或事后减轻，如图 2 所示。

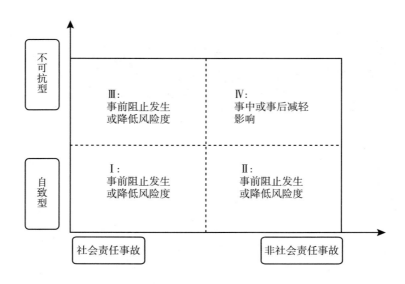

图 2　形象危机预防阶段的"两维度—四象限"对策

省市、官员与企业三大形象危机主体的风险要素可控程度与社会责任事故率如表 5 所示。

表5　形象危机风险要素的可控程度与社会责任事故率情况

单位：%

形象危机主体	形象危机归因		社会责任事故情况	
	自致型	不可抗型	社会责任事故率	非社会责任事故率
省市	88.7	11.3	63.6	36.4
官员	93.3	6.7	86.7	13.3
企业	93.0	7.0	79.1	20.9

在应对阶段，既要注重形象危机主体内部的整改、预防和公关，也要关注媒体传播的状况和多元评委的态度，做到内外兼顾，内控与外防相结合，其中重点有如下三点：一是针对"形象蒙冤"问题，做到"善解冤"；二是针对"形象死亡"问题，做到"重点改"；三是针对形象偏差度与多重评委关系，并结合"风险地图"与"风险月历"，引入风险管理，全方位开展风险防治，做好"全面防"，如图3所示。

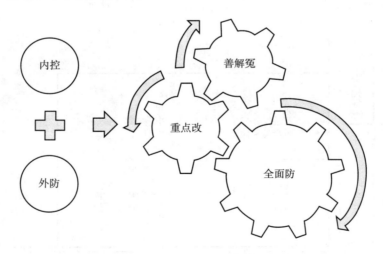

图3　形象危机应对阶段方针

评委关系是形象危机科学研究与实际应对的重要参数，评委关系既是现实状况的真实反映，也是指导形象危机应对的重要风向标。形象的好坏实质上是评委的主观感受，在新媒体的传播下，无论是省市、官员还是企业，其形象实际上已经在承受着来自党政内部和社会外部多方面评委们的评价。

在形象危机的应对中，形象危机主体必须直面多元评委关系的现实挑战，既要赢得上级评委的认可，运营好与利益相关的其他委办局、社会团体、公众的关系，还要争取媒体的客观报道和公正传播，接受社会各界的监督批评。

科研基础与研究团队

　　从 2009 年开始，我们团队对形象危机进行了长期系统的研究。2009 年和 2011 年相继推出《政府形象与民意思维——政府直面群众与群众博弈政府》和《政府形象与民意思维——社会稳定风险评估和新形势下群众工作》的系列研究成果；随后蓝皮书《形象危机应对研究报告（2012）》面世，为政府（细分为公共服务、公共安全、社会管理、官员 4 大板块）、企业和社会公民构建了实用的形象危机风险评估框架和指标体系。在此基础上，我们团队一方面继续深入研究，以《官员形象危机季度报告》《企业形象危机季度报告》等形式深入研究形象危机的机理；另一方面扩展研究，对社会热点问题进行研讨分析，从社会管理的视角拓宽形象危机和风险管理的研究范畴，探寻形象危机应对的社会规律。在大量前期研究准备工作的基础上，我们创新研究方法，进行形象危机的梳理与研判，通过对形象危机案例的形象危机程度与成因进行分析，进而对形象危机案例进行分类研究与管理；同时开展社会调查，进行了全国范围内的问卷调查，掌握了第一手的社会态度资料，用以检验和校正形象研判等经验研究法的误差。经过一年多的反复研究和充分检验，形成了 2014 版的省市形象危机指标体系、官员形象危机指标体系、企业形象危机指标体系，并进行数据运算和全国排名。

　　此项研究的根本目的是全面提升我国的整体形象，由外而内地推动我国公共服务、社会治理、环境整治、反贪反腐、公民社会的全面优化，让中国形象更好、让中国梦更美。

　　专家顾问委员会对系列研究进行指导或提供咨询，成员为：中国人民大学的张成福，中国行政管理学会的沈荣华，中国机构编制管理研究会的于宁，中央编办研究中心的洪都、魏刚、陈峰，北京市政法委的李中水，北京市卫生计生委的钟东波，小康杂志社的舒富民，《新华文摘》的胡元梓，中国行为法学会新闻监督研究中心的孙永鲁，民政部紧急救援促进中心的陈平、辛宝山，中国标准化研究院的高晓红、崔艳武，北京乐通律师事务所的张宏伟、徐松，北京舫扬文化传播有限公司的鲁博鹏、高琦玓，一推网的黄剑敏、刘桂平，龙道明易公司的姚芮敏、任济。

编委会的全体成员们进行了长期和艰辛的科研工作，成员为：中国人民大学的唐钧、丁冬，国家新闻出版广电总局的卢大振，北京市民政局的梁婧捷，中国人民大学的饶文文、龚琬岚、李慧杰、张晓涵、史一棋、贺丹、王中一、尚远方、王春、刘念、顾琰、李昊城、张潇寒，民政部国家减灾中心中国减灾杂志社的徐娜，北京市交通委员会的李泽钧，科技部机关服务局的郑雯，北京市城管执法局的李宏宇，中国人民公安大学的孙永生，北京建筑大学的杨兴坤，人民公安报社驻安徽记者站的关清，英国杜伦大学（Durham University）的李思奇（Siqi Li），瑞士卢森堡学院（Institut auf dem Rosenberg）的杨璐宇（Luyu Yang）和苏州大学的杭天宇。

此外，中国人民大学的丁宁、张国伟、张祺、滕波、李鹏、祝腾娇等，国家安监总局的任俊杰，北京市民政局的齐瑜，中国民用航空局公安局的王强，也参与了相关研究和调研活动。过程中开展的一系列研究还得到了北京市大兴区安全校园建设（三期）"主动防、科学管、立体化"体系、北京市城市管理综合行政执法局"全面深化创新北京城管公共关系"等科研项目的支持。

中国人民大学危机管理研究中心主任　唐　钧

2014 年 2 月 28 日

目 录

BⅠ 总报告

B.1 省市形象危机应对研究报告 ………………………………………… 001

   一 概念界定与研究方法 ………………………………………… 002

   二 全国省市"形象危机度"总排名 ……………………………… 007

   三 省市形象危机"风险地图"（2014 版） ……………………… 021

   四 全国分省市形象危机状况统计 ……………………………… 027

   五 社会态度的问卷调查 ………………………………………… 042

   六 省市形象危机应对指南 ……………………………………… 061

   七 主要结论 ……………………………………………………… 141

BⅡ 风险领域报告

B.2 省市形象危机应对研究报告之公共安全"危" …………………… 143

B.3 省市形象危机应对研究报告之社会秩序"乱" …………………… 180

B.4 省市形象危机应对研究报告之生态环境"脏" …………………… 227

B.5 省市形象危机应对研究报告之公共服务"难" …………………… 257

B.6 省市形象危机应对研究报告之官员素质"差" …………………… 318

BⅢ 行业报告

B.7 医疗形象危机应对研究报告 ………………………………………… 358

B.8　食品安全监管形象危机应对研究报告 ……………… 370

B.9　校园形象危机应对研究报告 ………………………… 382

B.10　民航形象危机应对研究报告 ……………………… 394

B.11　民政工作形象危机应对研究报告 ………………… 406

B.12　政府网站（含政务微博）形象危机应对研究报告 … 420

B.13　银行、保险、证券形象危机应对研究报告 ……… 431

B.14　记者形象危机应对研究报告 ……………………… 445

B.15　城管形象危机应对研究报告 ……………………… 465

B.16　警察形象危机应对研究报告 ……………………… 479

BⅣ　官员报告

B.17　官员形象危机应对研究报告 ……………………… 495

BⅤ　企业报告

B.18　企业形象危机应对研究报告 ……………………… 534

BⅥ　公民素养报告

B.19　公民素养形象危机应对研究报告 ………………… 559

B.20　主要参考文献 ……………………………………… 571

Abstract ………………………………………………… 572

Contents ………………………………………………… 574

皮书数据库阅读使用指南

总 报 告

General Report

B.1

省市形象危机应对研究报告

中国人民大学危机管理研究中心课题组 *

摘 要：

省市形象危机由五大风险领域构成，分别是：公共安全"危"、社会秩序"乱"、生态环境"脏"、公共服务"难"、官员素质"差"，并细化为省市形象危机"风险地图"。当前，针对"形象危机度"与"社会责任事故率"的统计与分析表明，公共安全、社会秩序与公共服务领域面临严峻挑战。省市形象危机应对有三个重点：一是针对"形象蒙冤"问题，做到"善解冤"；二是针对"形象死亡"问题，做到"重点改"；三是针对形象偏差度与多重评委关系，并结合"风险地图"等规律，做好"全面防"。

---

* 课题负责人：唐钧、李慧杰、龚琬岚；课题成员：丁冬、梁婧捷、王中一等中国人民大学危机管理研究中心课题组成员。

关键词：

　　省市形象危机　社会责任事故　"形象死亡"　"形象受损"
"形象蒙冤"

一　概念界定与研究方法

（一）主要概念

1. 形象危机

（1）形象危机的概念。

形象危机是指人们因事物形象方面的问题而对事物整体印象产生负面评价的危机。根据《形象危机应对研究报告（2012）》，形象危机是由客观导致、主观感受并结合社会环境而综合产生的危机。具体而言，形象危机具有主观和客观双重属性，一方面，形象危机的产生是由于事物本身出现了某些方面的问题，即客观上存在形象危机的事实；另一方面，形象是人们主观感知的产物，形象危机涉及个人的主观判断。

（2）形象危机的成因。

形象危机来源于主体内部问题，经外部传播，并累积为公众的负面评价和社会态度。

形象危机来源于危机。根据《应急管理与危机公关——突发事件处置、媒体舆情应对和信任危机管理》（中国人民大学出版社，2012），危机有三类来源，分别是人员死伤和经济损失为主的危机、社会负面影响和社会恐慌的危机、信任危机。第一类，人员死伤和经济损失为主的危机，是指以死亡人数和损失金额为危机的界定标准，通常适用于《中华人民共和国突发事件应对法》界定的突发公共事件类的事故灾难。第二类，社会负面影响和社会恐慌的危机，是指造成社会负面影响、对形象有较大伤害或引发大规模利益相关群体恐慌的危机。突发公共事件、矛盾纠纷等均可能导致；虽然在当时可能无伤亡或损失，但其引发的社会影响深远和难以清除。第三类，信任危机，是指由于主体负有责任或当事人、群众的误解而导致的不信任危机。质疑易导致危机应对的低效、无效，甚至被全盘否定。因此，形象危机的表层来源是由事件引发的负面印象，也可能受到深层次社会环境中负面影响和社会恐慌的放大，或受到内在信任危机的加剧。

（3）形象危机的全国排名。

中国人民大学危机管理研究中心省市形象研究课题组进行了全国省市形象危机①的系统研究。省市形象危机包括公共安全"危"、社会秩序"乱"、生态环境"脏"、公共服务"难"、官员素质"差"等五大领域。

根据全书各章的赋分情况，可形成形象危机的全国排名。对赋分相同的省份，排名不分先后。香港、澳门和台湾暂未列入此项研究。

（4）风险地图。

形象危机的风险地图是指对全国省市的形象危机风险领域及风险要素的规律进行的归纳与汇总。以形象危机事件的地点为基础，以形象危机的风险项和具体的风险要素为线索，描绘出不同类型的形象危机事件在空间上的分布，形成网状的形象危机风险地图。

2. 形象危机研判

（1）形象危机研判的概念。

形象危机研判是指通过对形象危机案例的形象危机的程度与成因进行分析，进而对形象危机案例进行分类研究与管理的过程。形象危机研判以形象危机的三大来源和风险地图为依托，结合案例的媒体报道与新闻叙述情况，是形象危机应对的前提与基础。

（2）"形象死亡"。

"形象死亡"主要指形象主体由于不当言行导致形象受到致命性影响或打击的形象危机研判。"形象死亡"是形象危机研判中最为严重的一种，是相关部门最应该防治和避免的形象危机研判。在对省市"形象死亡"的研判时，我们主要考虑三大因素：公信力是否受损、是否触犯刑法、是否对社会造成恶劣影响。

---

① 本书中的"省市"是指中国的省、自治区和直辖市的省一级行政单位。报告中的分析也可供地级市和县级市参考。

（3）"形象受损"。

"形象受损"是形象危机研判中最为常见的一种类型，主要指形象主体由于一些不当的行为导致其在形象评委眼中产生不良影响，但这种影响还不至于导致其"形象死亡"的形象危机研判。

（4）"形象蒙冤"。

"形象蒙冤"是指形象主体由于"被冒名""被诬陷"等方式致其产生形象危机，但其本身并没有做出任何影响其形象的行为。在案例研判中，"形象蒙冤"主要包括"被冒名"、被诬陷或污蔑、被媒体误传或误报，或由于外界原因被迫做出某些可能影响形象的行为选择等几种类型。

3. 形象危机应对

（1）形象危机应对的概念。

形象危机应对是指形象危机影响的主体采取积极行动，消除形象危机带来的负面影响，持续优化自身形象。形象危机的应对是由外及里、内外结合的过程，按应对的程度可以划分为表层的应对和深层的应对。

形象危机表层的应对是针对危机事件本身采取行动，对负面报道进行回应。表层的应对可依据回应时间的快慢、发布渠道的选择、对问题的回应程度等实现不同程度的形象危机应对。

形象危机深层的应对是针对危机事件背后的根源问题采取行动，对造成形象危机的根本原因进行回应。深层的应对可通过降低形象的落差度、增加形象危机的解释程度、纠正形象的偏差度等，进而降低形象风险度，实现形象的恢复和持续提升。

（2）"社会责任事故"。

"社会责任事故"是指省市政府等责任主体负有主要责任，违法违规并造成恶劣后果和社会影响的危机事件，是导致省市形象危机的主因。

（3）"形象危机度"。

"形象危机度"是指某省的社会责任事故在全国典型案例中所占比重，例如浙江省形象危机度为3.28%（见表2），指的是浙江省社会责任事故典型案例数在全国典型案例数中所占比重为3.28%。该指标展现了形象危机的严重程度。

（二）研究方法

本项研究采用定性研究与定量研究相结合的方法。

1. 基础研究工作

在进行正式定量定性研究之前，课题组进行了大量的前期基础研究工作。

课题组通过对媒体、新闻等的搜索，整理出"2013年省市形象危机典型案例库"。该案例库中收录了2013年1月1日至2013年12月31日的全国形象危机典型案例。课题组把形象危机典型案例的媒体直接来源定为在新华网、人民网、央视网三大权威来源中有报道的负面新闻事件（在研究中默认上述来源会对具有重大新闻价值的真实事件进行报道或转载；这在很大程度上保证了负面事件的真实性和形象危机研究的客观性）。共计2074个典型案例。

此外，在前期工作中，课题组通过对案例库中的案例进行类型研判与统计分析，形成一系列季度、年度报告并刊发为学术成果，包括：刊发《企业软实力》的企业形象危机季度报告、刊发《小康》的官员形象危机季度报告、刊发《中国企业公民》的企业形象危机年度报告和刊发《中国减灾》的城管、校园形象危机年度报告。

2. 形象危机研判

课题组对每个案例都进行了形象危机研判，对其是否为"社会责任事故"，是否属于"形象死亡""形象受损"或"形象蒙冤"进行了研判。由于部分案例信息的不完整，导致其形象危机无法归类，故在具体板块中可能会出现形象危机研判总和小于典型案例的情况。

3. 量化指数研究

在研判的基础上，课题组对形象危机进行量化研究，计算出相应指数："形象危机度""社会责任事故率""形象死亡率""形象受损率"和"形象蒙冤率"。五个指数的计算公式见表1。

4. 社会问卷调查

在进行案例研判与指数计算的经验研究的同时，并为了了解社会对官员、

表1 量化指数研究一览

指数名称	指数解释	计算公式	说明
"形象危机度"	某省的社会责任事故在全国典型案例中所占比重	形象危机度＝某省的社会责任事故典型案例频次/全国典型案例频次	社会责任事故典型案例频次是指在本研究"2013年省市形象危机典型案例库"（以下简称"案例库"）整理的时间内（2013年1月1日至2013年12月31日），全国各省市在相关领域出现形象危机并被研判为"社会责任事故"的事件数量。全国典型案例频次是指在"案例库"整理的时间内，全国各省市在相关领域出现形象危机的事件数量
"社会责任事故率"	某省的社会责任事故在某省的全部典型案例中所占比重	"社会责任事故率"＝某省的社会责任事故典型案例频次/某省的全部典型案例频次	某省的社会责任事故典型案例频次是指在"案例库"整理的时间内，某省在相关领域出现形象危机并被风险研判为"社会责任事故"的事件数量。某省的全部典型案例频次指在"案例库"整理的时间内，某省在相关领域出现形象危机的事件数量
"形象死亡率"	某省的"形象死亡"典型案例在某省的全部典型案例中所占比重	"形象死亡率"＝某省的"形象死亡"典型案例频次/某省的全部典型案例频次	某省的"形象死亡"典型案例频次是指在"案例库"整理的时间内，某省在相关领域出现形象危机并被研判为"形象死亡"的事件数量。某省的全部典型案例频次定义同上
"形象受损率"	某省的"形象受损"典型案例在某省的全部典型案例中所占比重	"形象受损率"＝某省的"形象受损"典型案例频次/某省的全部典型案例频次	某省的"形象受损"典型案例频次是指在"案例库"整理的时间内，某省在相关领域出现形象危机并被研判为"形象受损"的事件数量。某省的全部典型案例频次定义同上
"形象蒙冤率"	某省的"形象蒙冤"典型案例在某省的全部典型案例中所占比重	"形象蒙冤率"＝某省的"形象蒙冤"典型案例频次/某省的全部典型案例频次	某省的"形象蒙冤"典型案例频次是指在"案例库"整理的时间内，某省在相关领域出现形象危机并被研判为"形象蒙冤"的事件数量。某省的全部典型案例频次定义同上

省市、企业形象的真实看法，从而有针对性地提出改正建议，课题组在全国范围内进行了实证研究，展开了问卷调查。本次问卷调查在2013年12月至2014年1月展开，共回收1469份有效问卷，被调查者涵盖全国30个省级行政区（除港澳台以及青海省），覆盖不同性别、不同年龄段、不同文化程度、不同工作单位、不同职位级别、不同政治面貌和不同收入水平的人群。课题组采用定量研究方法，通过描述性分析、卡方检验、单因素方差分析和验证性因子分析等一系列数据分析方法对问卷调查所得的数据进行了分析并得出一系列结论。

（三）误差说明

形象危机的研究存在一定的主客观误差。形象危机研究的客观误差来自三个方面，一是形象危机是人们的主观感知，涉及主观判断，这种主观判断形成的形象危机在界定中的误差是客观存在的；二是形象危机评价的主体即评委所依据的评价标准是主观而非客观的，外部评委在评价形象的过程中形成的典型意见和整体意见称为社会心态，课题组在研究中主要考虑社会心态中的主流意见；三是课题组在研究中对形象危机的来源以官方权威信息为准而非全面的。

形象危机研究的主观误差来自两个方面，一是风险界定过程中的误差，课题组在形象风险的研究中采取抓大放小的策略，重点以"社会责任事故""形象危机度""形象死亡""形象蒙冤""形象受损"五大项目作为首要因素进行研究，对其他项目暂未纳入研究范围；二是研究过程中的主观误差，在形象危机的研判与形象偏差度的研究中，课题组采用经验研究法，依据主观经验对形象危机的类型进行判断与分类，对形象危机的社会预期和实际职能定位进行描述，因此存在此种研究方法的主观误差。

此外，公民素养所造成的本研究中的误差是不可避免的。公民既作为省市形象的构成部分，又作为省市形象的评委方之一，其素质将对省市形象产生影响，不同省份公民素质的高低差别不一，一方面直接影响该省市的形象问题，另一方面在社会调查中公民对其常居住地省市的评价也会受到影响。

二 全国省市"形象危机度"总排名

（一）全国省市"形象危机度"与"社会责任事故率"排名

全国省市的社会责任事故案例数已占到其典型案例总数的 63.74%，"形象危机度"与"社会责任事故率"的统计与排名情况详见表2。

表2　全国"形象危机度"省市排名

单位：%

等　级	排　名	省　份	"形象危机度"
高危≥30	暂　无		
中危10~29	暂　无		
低危<10	1	广　东	8.44
	2	北　京	4.73
	3	河　南	3.91
	4	陕　西	3.42
	5	江　苏	3.28
	6	浙　江	3.23
	7	湖　南	3.18
	8	山　东	3.04
	9	海　南	2.89
	10	安　徽	2.65
	11	四　川	2.60
	12	湖　北	2.31
	13	河　北	2.27
		云　南	2.27
	15	广　西	2.03
	16	江　西	1.83
	17	福　建	1.64
	18	甘　肃	1.21
	19	重　庆	1.16
	20	内蒙古	1.11
	21	上　海	1.01
		辽　宁	1.01
	23	山　西	0.96
	24	新　疆	0.87
	25	吉　林	0.82
	26	黑龙江	0.72
	27	贵　州	0.58
	28	天　津	0.24
	29	宁　夏	0.19
	30	青　海	0.14
	31	西　藏	暂无相关报道

注：数据来源于中国人民大学危机管理研究中心"2013年省市形象危机典型案例库"，时间段为2013年1月1日至2013年12月31日；不含港澳台；具有此类研究方法的相应误差。表3~表14的数据来源与表2相同，以下不一一列出。

（二）"形象危机度"和"社会责任事故率"的分领域排名

在公共安全"危"、社会秩序"乱"、生态环境"脏"、公共服务"难"、官员素质"差"等五大省市形象危机风险领域，课题组对"形象危机度"和"社会责任事故率"分别进行了统计与排名，详见表3、表4。

表3 全国"社会责任事故率"省市排名

单位：%

等 级	排 名	省 份	"社会责任事故率"
高危≥90		暂 无	
中危60~89	1	内蒙古	85.19
	2	吉 林	85.00
	3	河 北	77.05
	4	海 南	76.92
	5	云 南	75.81
	6	甘 肃	75.76
	7	黑龙江	75.00
	8	河 南	72.32
	9	四 川	72.00
	10	陕 西	71.72
	11	广 西	71.19
	12	重 庆	70.59
	13	广 东	70.00
	14	新 疆	69.23
	15	安 徽	67.90
	16	湖 北	67.61
	17	湖 南	67.35
	18	福 建	66.67
	19	江 西	64.41
	20	浙 江	62.62
	21	山 东	62.38
	22	上 海	61.76
	23	江 苏	60.71
	24	青 海	60.00

续表

等　级	排　名	省　份	"社会责任事故率"
低危＜60	25	北　京	59.76
	26	山　西	57.14
	27	辽　宁	55.26
	28	贵　州	50.00
	29	宁　夏	50.00
	30	天　津	41.67
	31	西　藏	暂无相关报道

表4　"形象危机度"与"社会责任事故率"的分领域排名

单位：%

风险领域	"形象危机度"	"社会责任事故率"
公共安全"危"	6.75	57.14
社会秩序"乱"	13.74	63.76
生态环境"脏"	7.09	76.96
公共服务"难"	17.69	57.70
官员素质"差"	21.55	80.54

注：风险领域（公共安全"危"、社会秩序"乱"、生态环境"脏"、公共服务"难"、官员素质"差"）的"形象危机度" = 各风险领域的社会责任事故典型案例频次/全国典型案例频次；"社会责任事故率" = 各风险领域的社会责任事故典型案例频次/各风险领域的全部典型案例频次。

（三）各领域的"形象危机度"与"社会责任事故率"的省市排名

各省市形象的"形象危机度"及"社会责任事故率"在公共安全"危"、社会秩序"乱"、生态环境"脏"、公共服务"难"、官员素质"差"等五大领域的排名分别如下。

1. 公共安全"危"的省市排名

各省市形象的"形象危机度"在公共安全"危"领域的排名见表5。

各省市形象的"社会责任事故率"在公共安全"危"领域的排名见表6。

表 5   全国公共安全"危""形象危机度"省市排名

单位：%

等　级	排　名	省　份	"形象危机度"
高危≥30	暂　无		
中危 10 ~ 29	暂　无		
低危 ＜10	1	广　东	6.17
	2	浙　江	5.35
	3	陕　西	4.53
	4	北　京	3.70
	5	河　南	3.29
		湖　北	3.29
	7	广　西	2.47
		吉　林	2.47
	9	湖　南	2.06
		安　徽	2.06
		辽　宁	2.06
		四　川	2.06
		云　南	2.06
	14	江　苏	1.65
		山　东	1.65
		江　西	1.65
		上　海	1.65
		福　建	1.65
	19	贵　州	1.23
		新　疆	1.23
		山　西	1.23
	22	重　庆	0.82
		黑龙江	0.82
		内蒙古	0.82
	25	河　北	0.41
		甘　肃	0.41
		海　南	0.41
		天　津	0.41

表6 全国公共安全"危""社会责任事故率"省市排名

单位：%

等级	排名	省份	"社会责任事故率"
高危≥90	1	吉　林	100.00
		天　津	100.00
中危60～89	3	新　疆	80.00
	4	广　西	75.00
	5	湖　北	72.73
	6	浙　江	72.22
	7	河　南	66.67
		福　建	66.67
		黑龙江	66.67
		内蒙古	66.67
	11	陕　西	64.71
	12	广　东	60.00
		北　京	60.00
		山　西	60.00
低危＜60	15	安　徽	55.56
		四　川	55.56
		云　南	55.56
	18	江　西	50.00
		上　海	50.00
		海　南	50.00
	21	辽　宁	44.44
	22	贵　州	42.86
	23	湖　南	41.67
	24	重　庆	40.00
	25	江　苏	36.36
	26	山　东	36.36
	27	甘　肃	25.00
	28	河　北	20.00

2. 社会秩序"乱"的省市排名

各省市形象的"形象危机度"在社会秩序"乱"领域的排名见表7。

表7 全国社会秩序"乱""形象危机度"省市排名

单位：%

等　级	排　名	省　份	"形象危机度"
高危≥30	暂无		
中危10~29	暂无		
低危<10	1	广　东	8.10
	2	陕　西	4.52
	3	河　南	4.05
		北　京	4.05
	5	湖　南	3.81
	6	海　南	3.57
		江　苏	3.57
	8	云　南	3.33
	9	安　徽	3.10
	10	河　北	2.86
		四　川	2.86
		山　东	2.86
	13	浙　江	2.62
	14	广　西	2.14
		江　西	2.14
		湖　北	2.14
	17	甘　肃	1.43
		新　疆	1.43
		福　建	1.43
		山　西	1.43
	21	辽　宁	0.95
		上　海	0.95
	23	青　海	0.48
		黑龙江	0.48
		内蒙古	0.48
		重　庆	0.48
	27	贵　州	0.24
		天　津	0.24
	29	宁　夏	0.00
		西　藏	

各省市形象的"社会责任事故率"在社会秩序"乱"领域的排名见表8。

表8　全国社会秩序"乱""社会责任事故率"省市排名

单位：%

等　级	排　名	省　份	"社会责任事故率"
高危≥90	1	青　海	100.00
	2	湖　南	94.12
中危60~89	3	甘　肃	85.71
		河　北	85.71
	5	陕　西	82.61
	6	云　南	82.35
	7	广　西	81.82
		江　西	81.82
	9	河　南	80.95
	10	四　川	80.00
	11	海　南	78.95
	12	新　疆	75.00
	13	安　徽	72.22
	14	广　东	66.67
		黑龙江	66.67
		辽　宁	66.67
	17	福　建	60.00
		山　西	60.00
低危<60	19	江　苏	57.69
	20	山　东	57.14
		上　海	57.14
	22	贵　州	50.00
		湖　北	50.00
		内蒙古	50.00
	25	浙　江	42.31
	26	重　庆	40.00
	27	北　京	39.53
	28	天　津	33.33
	29	宁　夏	0.00
		西　藏	

3. 生态环境"脏"的省市排名

各省市形象的"形象危机度"在生态环境"脏"领域的排名见表9。

表9 全国生态环境"脏""形象危机度"的省市排名

单位：%

等 级	排 名	省 份	"形象危机度"
高危≥30		暂无	
中危10~29	1	广 东	10.99
	2	山 东	7.33
	3	江 苏	6.81
	4	河 北	6.28
	5	福 建	5.24
	6	陕 西	4.71
低危<10	7	江 西	3.14
		浙 江	3.14
		河 南	3.14
	10	内蒙古	2.62
		湖 北	2.62
		海 南	2.62
	13	广 西	2.09
		湖 南	2.09
		黑龙江	2.09
	16	贵 州	1.57
		山 西	1.57
		重 庆	1.57
	19	宁 夏	1.05
		新 疆	1.05
		吉 林	1.05
		安 徽	1.05
	23	甘 肃	0.52
		四 川	0.52
		云 南	0.52
		上 海	0.52
		北 京	0.52
		辽 宁	0.52
	29	青 海	0.00
		天 津	0.00

各省市形象的"社会责任事故率"在生态环境"脏"领域的排名见表10。

表10 全国生态环境"脏""社会责任事故率"省市排名

单位：%

等　级	排　名	省　份	"社会责任事故率"
高危≥90	1	内蒙古	100.00
		云　南	100.00
		甘　肃	100.00
		四　川	100.00
		广　西	100.00
		广　东	100.00
		宁　夏	100.00
		江　西	100.00
	9	河　北	91.00
中危60~89	10	福　建	86.00
		浙　江	86.00
	12	湖　北	83.00
	13	陕　西	82.00
	14	江　苏	81.00
	15	湖　南	80.00
	16	贵　州	75.00
		河　南	75.00
	18	山　东	70.00
	19	黑龙江	67.00
		新　疆	67.00
	21	海　南	63.00
	22	山　西	60.00
		重　庆	60.00
低危<60	24	吉　林	50.00
		上　海	50.00
	26	安　徽	40.00
	27	北　京	33.00
	28	辽　宁	25.00
	29	青　海	0.00
		天　津	0.00

4. 公共服务"难"的省市排名

各省市形象的"形象危机度"在公共服务"难"领域的排名见表11。

表11 全国公共服务"难""形象危机度"省市排名

单位：%

等 级	排 名	省 份	"形象危机度"
高危≥30		暂 无	
中危10~29		暂 无	
低危<10	1	北 京	6.45
	2	广 东	5.66
	3	山 东	4.09
	4	海 南	3.14
		河 南	3.14
	6	江 苏	2.67
	7	湖 北	2.36
		四 川	2.36
	9	浙 江	2.20
	10	安 徽	2.04
	11	陕 西	1.89
	12	河 北	1.73
	13	湖 南	1.57
	14	福 建	1.26
	15	重 庆	1.10
		上 海	1.10
		云 南	1.10
	18	内蒙古	0.94
		广 西	0.94
	20	甘 肃	0.79
		辽宁省	0.79
	22	江 西	0.63
	23	吉 林	0.47
		黑龙江	0.47
		天 津	0.47
		新 疆	0.47
		贵 州	0.47
		山 西	0.47
	29	青 海	0.16
	30	宁 夏	0.00
		西 藏	0.00

各省市形象的"社会责任事故率"在公共服务"难"领域的排名见表12。

表12 全国公共服务"难""社会责任事故率"省市排名

单位：%

等　级	排　名	省　份	"社会责任事故率"
高危≥90	暂　无		
中危60~89	1	内蒙古	85.71
	2	河　北	78.57
	3	重　庆	77.78
	4	吉　林	75.20
	5	黑龙江	75.00
	6	海　南	74.07
	7	河　南	68.97
	8	山　东	68.42
	9	湖　北	68.18
	10	北　京	66.13
	11	四　川	65.22
	12	甘　肃	62.50
	13	安　徽	61.90
	14	天　津	60.00
		新　疆	60.00
低危<60	16	上　海	58.33
	17	辽　宁	55.56
	18	广　东	52.94
	19	江　苏	50.00
		陕　西	50.00
		云　南	50.00
		青　海	50.00
	23	浙　江	48.28
	24	福　建	47.06
	25	湖　南	45.45
	26	贵　州	42.86
	27	山　西	37.50
	28	广　西	33.33
	29	江　西	30.77
	30	宁　夏	0.00
		西　藏	0.00

5. 官员素质"差"的省市排名

各省市形象的"形象危机度"在官员素质"差"领域的排名见表13。

表13 全国官员素质"差""形象危机度"省市排名

单位：%

等 级	排 名	省 份	"形象危机度"
高危≥30		暂 无	
中危10~29	1	广 东	15.40
	2	湖 南	7.12
	3	河 南	6.89
		北 京	6.89
	5	浙 江	5.29
	6	安 徽	5.06
	7	四 川	4.82
	8	陕 西	4.60
		云 南	4.60
	10	海 南	4.37
		江 苏	4.37
	12	广 西	3.91
	13	江 西	3.22
	14	甘 肃	2.76
	15	河 北	2.53
		湖 北	2.53
低危<10	17	重 庆	2.30
	18	山 东	2.07
	19	内蒙古	1.84
	20	辽 宁	1.61
	21	福 建	1.38
		吉 林	1.38
	23	上 海	1.15
		山 西	1.15
	25	新 疆	0.92
		黑龙江	0.92
	27	宁 夏	0.46
		贵 州	0.46
	29	天 津	0.00
		青 海	0.00
		西 藏	0.00

注：数据来源于中国人民大学危机管理研究中心"2013年省市形象危机典型案例库"，时间段为2013年1月1日至2013年12月31日；不含港澳台；具有此类研究方法的相应误差。

各省市形象的"社会责任事故率"在官员素质"差"领域的排名见表14。

表14　全国官员素质"差""社会责任事故率"省市排名

单位：%

等　级	排　名	省　市	"社会责任事故率"
高危≥90	1	重　庆	100.00
		上　海	100.00
		吉　林	100.00
		宁　夏	100.00
		内蒙古	100.00
	6	云　南	95.24
	7	广　西	94.44
	8	甘　肃	92.31
	9	山　东	90.00
中危60~89	10	陕　西	86.96
	11	海　南	86.36
	12	福　建	85.71
	13	浙　江	85.19
	14	黑龙江	80.00
		新　疆	80.00
	16	广　东	79.76
	17	安　徽	78.57
		河　北	78.57
		湖　北	78.57
	20	四　川	77.78
	21	江　苏	76.00
	22	湖　南	73.81
	23	江　西	73.68
	24	北　京	73.17
	25	河　南	71.43
		山　西	71.43
	27	辽　宁	70.00
		贵　州	70.00
低危<60	29	天　津	0.00
	30	青　海	0.00
	31	西　藏	0.00

三 省市形象危机"风险地图"（2014 版）

课题组在省市形象危机的研究中，将形象危机所涉及的风险因素归纳为五大领域，分别是：公共安全"危"、社会秩序"乱"、生态环境"脏"、公共服务"难"、官员素质"差"。在这五大领域下，细分为 24 个风险板块和 55 个风险项，详见表 15。

表 15　省市形象危机"风险地图"（2014 版）

风险领域	风险板块	风险项
1 公共安全"危"	1.1 恐怖袭击致死伤	1.1.1 恐怖袭击致死伤
	1.2 突发事件中群死群伤	1.2.1 自然灾害处置问题
		1.2.2 安全事故处置问题
		1.2.3 社会安全事件处置问题
	1.3 公共场所死伤风险	1.3.1 基础设施不完善
		1.3.2 安全隐患的处理问题
	1.4 公共卫生问题和致命传染病	1.4.1 疫苗管理问题
		1.4.2 致命传染病处置问题
	1.5 危害公共安全罪和食品危害	1.5.1 危害公共安全罪
		1.5.2 食品危害
	1.6 校园血案	1.6.1 校园暴力致学生死伤
		1.6.2 校园血案致老师死伤
	1.7 医院血案	1.7.1 医患纠纷导致血案
2 社会秩序"乱"	2.1 治安秩序"乱"	2.1.1 治安犯罪猖獗
		2.1.2 警察维护秩序的过失
		2.1.3 医疗秩序混乱
		2.1.4 校园秩序混乱
		2.1.5 文物破坏
	2.2 社会环境秩序"乱"	2.2.1 社会环境秩序被破坏
		2.2.2 城管维护秩序的过失
	2.3 经济秩序"乱"	2.3.1 企业经营秩序混乱
		2.3.2 银行、保险、证券问题
		2.3.3 地方政府债务问题
	2.4 新闻秩序"乱"	2.4.1 新闻秩序混乱

续表

风险领域	风险板块	风险项
3 生态环境"脏"	3.1 空气脏	3.1.1 雾霾导致百姓遭殃
		3.1.2 废气粉尘祸害群众
		3.1.3 机动车尾气管理问题
	3.2 水脏	3.2.1 污水乱排放
	3.3 土壤问题	3.3.1 土壤污染影响种植
	3.4 生态破坏	3.4.1 偷猎和滥采问题
4 公共服务"难"	4.1 生活"难"	4.1.1 医疗难问题
		4.1.2 教育难问题
		4.1.3 民政服务难问题
	4.2 办事"难"	4.2.1 办事审批难问题
		4.2.2 政府网站服务难问题
		4.2.3 银行、保险、证券服务难问题
		4.2.4 公积金提取、借贷难问题
	4.3 出行"难"	4.3.1 公共交通问题
		4.3.2 民航问题
	4.4 维权"难"	4.4.1 维权难问题
5 官员素质"差"	5.1 "贪"	5.1.1 贪污受贿
		5.1.2 消极腐败
		5.1.3 隐性腐败
	5.2 "渎"	5.2.1 滥用职权
		5.2.2 玩忽职守
		5.2.3 决策失误
		5.2.4 慵懒散
	5.3 "色"	5.3.1 性丑闻
		5.3.2 强奸
	5.4 "假"	5.4.1 火箭提拔
		5.4.2 被影响
		5.4.3 造假造谣
	5.5 "枉"	5.5.1 暴力执法
		5.5.2 遭遇暴力抗法
		5.5.3 作风粗暴

这五大领域下所细分的具体"风险地图"分别见表16~表20。

（一）全国省市形象公共安全"危""风险地图"

表16　公共安全"危""风险地图"

风险领域	风险板块	风险项
1 公共 安全"危"	1.1 恐怖袭击致死伤	1.1.1 恐怖袭击致死伤
	1.2 突发事件中群死群伤	1.2.1 自然灾害处置问题
		1.2.2 安全事故处置问题
		1.2.3 社会安全事件处置问题
	1.3 公共场所死伤风险	1.3.1 基础设施不完善
		1.3.2 安全隐患的处理问题
	1.4 公共卫生问题和致命传染病	1.4.1 疫苗管理问题
		1.4.2 致命传染病处置问题
	1.5 危害公共安全罪和食品危害	1.5.1 危害公共安全罪
		1.5.2 食品危害
	1.6 校园血案	1.6.1 校园暴力致学生死伤
		1.6.2 校园血案致老师死伤
	1.7 医院血案	1.7.1 医患纠纷导致血案

（二）全国省市形象社会秩序"乱""风险地图"

表17　社会秩序"乱""风险地图"

风险板块	一级风险项	二级风险项	风险要素
1 治安 秩序"乱"	1.1 治安犯罪猖獗	1.1.1 现实社会犯罪	1.1.1.1 偷盗抢劫
			1.1.1.2 黑恶势力
		1.1.2 虚拟社会犯罪	1.1.2.1 网络诈骗
			1.1.2.2 黑客入侵
	1.2 警察维护秩序的过失	1.2.1 执法问题	1.2.1.1 违规执法
			1.2.1.2 过失执法
			1.2.1.3 粗暴执法
		1.2.2 使用公权力问题	1.2.2.1 滥用职权
			1.2.2.2 与黑恶势力勾结
			1.2.2.3 非正常死亡
	1.3 医疗领域治安秩序乱	1.3.1 医闹问题（除医院血案）	1.3.1.1 医闹问题（除医院血案）
		1.3.2 "看病难、看病贵"	1.3.2.1 高要价、高医疗费
			1.3.2.2 乱收费

续表

风险板块	一级风险项	二级风险项	风险要素
1 治安秩序"乱"	1.4 校园治安秩序乱	1.4.1 事故灾难	1.4.1.1 校车安全
			1.4.1.2 校园踩踏
			1.4.1.3 意外伤亡
		1.4.2 校园暴力（除校园血案）	1.4.2.1 教师性侵
			1.4.2.2 其他暴力
	1.5 文物破坏	1.5.1 文物安全事故	1.5.1.1 文物单位受损
			1.5.1.2 文物被盗掘（包括古葬墓、古遗址等）
			1.5.1.3 文物火灾事故
			1.5.1.4 博物馆被盗
		1.5.2 文物保护单位违法行为	1.5.2.1 "破坏性修复"
			1.5.2.2 商业与旅游设施乱建
			1.5.2.3 违法施工
			1.5.2.4 房地产违法开发
2 社会环境秩序"乱"	2.1 社会环境秩序被破坏	2.1.1 街面环境秩序乱	2.1.1.1 无照经营
			2.1.1.2 非法小广告
			2.1.1.3 非法营运（"黑车"）
	2.2 城管维护秩序的过失	2.2.1 执法问题	2.2.1.1 暴力执法
		2.2.2 公权力使用问题	2.2.2.1 收取"保护费"
3 经济秩序"乱"	3.1 企业经营秩序混乱	3.1.1 市场运营问题	3.1.1.1 恶性竞争
			3.1.1.2 垄断问题
		3.1.2 社会责任问题	3.1.2.1 偷税漏税
			3.1.2.2 损害员工福利
			3.1.2.3 丧失伦理道德
	3.2 银行、保险、证券问题	3.2.1 客户信息安全问题	3.3.1.1 客户信息意外泄露
			3.3.1.2 客户信息被非法出售
	3.3 地方政府债务问题	3.3.1 显性债务问题	3.3.1.1 国债转贷资金
			3.3.1.2 欠发工资
			3.3.1.3 粮食亏损挂账
			3.3.1.4 乡镇财政债务
		3.3.2 隐性债务问题	3.3.2.1 社会保障资金缺口
4 新闻秩序"乱"	4.1 新闻秩序混乱	4.1.1 违法乱纪问题	4.1.1.1 新闻敲诈
		4.1.2 违背职业伦理问题	4.1.2.1 虚假报道
			4.1.2.2 蓄意炒作
			4.1.2.3 造谣传谣

（三）全国省市形象生态环境"脏""风险地图"

表18　生态环境"脏""风险地图"

风险领域	风险板块	风险事项
1 生态 环境"脏"	1.1 空气脏	1.1.1 雾霾导致百姓遭殃
		1.1.2 废气粉尘祸害群众
		1.1.3 机动车尾气管理问题
	1.2 水脏	1.2.1 污水乱排放
	1.3 土壤问题	1.3.1 土壤污染影响种植
	1.4 生态破坏	1.4.1 偷猎和滥采问题

（四）全国省市形象公共服务"难""风险地图"

表19　公共服务"难""风险地图"

风险板块	一级风险项	二级风险项	风险要素
1 生活"难"	1.1 医疗难问题	1.1.1 "看病难"	1.1.1.1 医院拒收不治
			1.1.1.2 看病挂号难
			1.1.1.3 医院诊疗失误为害患者
		1.1.2 "看病贵"	1.1.2.1 治疗费用高
			1.1.2.2 过度诊疗与强制医疗坑害患者
		1.1.3 医疗服务差	1.1.3.1 医药管理不善
			1.1.3.2 管理缺陷问题
			1.1.3.3 机构监管不力问题
			1.1.3.4 虚假医疗广告坑害患者
	1.2 教育难问题	1.2.1 教育不公平	1.2.1.1 弱势群体上学困难
			1.2.1.2 上学交通不便
			1.2.1.3 教学资源严重不足
			1.2.1.4 教育制度漏洞
		1.2.2 教育服务差	1.2.2.1 蓄意欺骗坑害学生
			1.2.2.2 违规办学
			1.2.2.3 监管不到位
			1.2.2.4 推卸教育责任
	1.3 民政服务难 问题	1.3.1 民政服务差	1.3.1.1 冒领、贪污、挪用低保金问题
			1.3.1.2 群众获取救助困难
			1.3.1.3 群众"死不起"
			1.3.1.4 服务胡乱收费
		1.3.2 民政机构管理不 规范	1.3.2.1 福利彩票管理不规范
			1.3.2.2 救灾物资管理不规范

风险板块	一级风险项	二级风险项	风险要素
2 办事"难"	2.1 办事审批难问题	2.1.1 审批服务效果不良	2.1.1.1 流程过于烦琐
			2.1.1.2 相关部门推诿"扯皮"
		2.1.2 审批服务方式不佳	2.1.2.1 服务态度不佳
			2.1.2.2 服务管理不到位
	2.2 政府网站服务难问题	2.2.1 政府网站公开信息错误、缺失	2.2.1.1 信息更新不及时
			2.2.1.2 信息出错、造假
			2.2.1.3 重要信息缺失
		2.2.2 政府网站在线互动服务不到位	2.2.2.1 互动服务不及时
			2.2.2.2 互动服务不真诚
			2.2.2.3 互动服务虚设
	2.3 银行、保险、证券服务难问题	2.3.1 银行、保险、证券服务乱收费问题	2.3.1.1 胡乱收费
			2.3.1.2 隐性收费
		2.3.2 银行、保险、证券客户信息保密不严	2.3.2.1 非法出售客户信息坑害顾客
			2.3.2.2 不慎泄露客户信息坑害顾客
		2.3.3 银行、保险、证券经营服务差	2.3.3.1 经营服务管理不到位
			2.3.3.2 歧视性经营
			2.3.3.3 强制、欺骗交易
			2.3.3.4 拒不理赔
			2.3.3.5 信息违规披露
	2.4 公积金提取、借贷难问题	2.4.1 公积金办理服务不到位	2.4.1.1 服务态度不佳
			2.4.1.2 办事效率低下
			2.4.1.3 政策不稳多变
		2.4.2 公积金运营管理不规范	2.4.2.1 缴存、提取违规问题
			2.4.2.2 胡乱收费
			2.4.2.3 资金管理不善
3 出行"难"	3.1 公共交通问题	3.1.1 公共交通拥堵问题	3.1.1.1 交通事故处理不及时致拥堵
			3.1.1.2 城市规划不合理致拥堵
		3.1.2 公共交通乱收费	3.1.2.1 收费站胡乱收费
			3.1.2.2 违规设置收费站
	3.2 民航问题	3.2.1 机票诈骗、超售问题	3.2.1.1 机票诈骗坑害顾客
			3.2.1.2 机票超售坑害顾客
		3.2.2 民航服务差	3.2.2.1 "天价"服务费用
			3.2.2.2 托运物品丢失、损毁
		3.2.3 民航管理不规范	3.2.3.1 机场交通管理混乱
4 维权"难"	4.1 维权难问题	4.1.1 信访困难	4.1.1.1 粗暴截访
			4.1.1.2 接访处置不当
		4.1.2 消费维权成本高	4.1.2.1 住房利益受损
			4.1.2.2 生活用品交易被侵权
			4.1.2.3 旅游时利益受损

（五）全国省市形象官员素质"差""风险地图"

表20 官员素质"差""风险地图"

风险板块	风险项	典型案例	风险项描述
1"贪"	1.1 贪污受贿	湖南省高管局原局长冯伟林受贿4000余万	包括贪污、受贿、行贿、挪用公款等
	1.2 消极腐败	广西龙胜县委书记公款吃喝被免	主要为公款滥用问题,包括公款吃喝、公款旅游、公车私用等
	1.3 隐性腐败	江苏一派出所收洗浴中心上百万赞助费	包括"赞助费""会员卡"等不易被发现的腐败形式
2"渎"	2.1 滥用职权	因"违法释放犯罪嫌疑人"新疆阿克苏市法院书记和纪检组长被免职	故意逾越职权或者不履行职责
	2.2 玩忽职守	广州原车管所副所长玩忽职守致大量"病车"上路	不认真不负责地对待本职工作,包括冤假错案等
	2.3 决策失误	湖北副省长郭有明因决策失误等问题被调查	官员因决策失误造成负面影响
	2.4 慵懒散	广东陆丰9名官员办公时间聚赌被免职	官员工作懒惰松懈
3"色"	3.1 性丑闻	"上海法官嫖娼门"事件	包括嫖娼、包养情妇等生活腐化问题
	3.2 强奸	福建宁德一官员强奸幼女获刑12年	官员强奸妇女、幼女等
4"假"	4.1 火箭提拔	安徽望江22岁团县委副书记任职资格确定造假已被撤职	官员提拔速度过快、任职资格作假
	4.2 被影响	北京一男子冒充民警索要"保护费"	包括被冒充、非正常死亡、被家属牵连等问题
	4.3 造假造谣	辽宁辽阳外宣办主任发消息误导社会受警告处分	官员发布虚假消息、捏造事实等
5"枉"	5.1 暴力执法	湖南临武瓜农死亡事件	粗暴执法,在执法过程中使用暴力
	5.2 遭遇暴力抗法	河南安阳暴力围攻警察案	警察、城管等遭遇暴力抗法
	5.3 作风粗暴	湖南衡阳正副科长"互咬"被停职	包括打人、杀人、醉驾、雷语等问题

四 全国分省市形象危机状况统计

中国人民大学危机管理研究中心"省市形象研究基地"课题组以2013年

全国省市"形象危机度"排名表的顺序,将各省市的"形象危机度"单独抽离,综合考虑形象危机研判和形象风险领域的情况,对省市形象危机做系统分析。

课题组将"形象危机度"细化进行研究,可分解为"形象死亡"度、"形象受损"度和"形象蒙冤"度三个维度,这三个维度是省市形象危机的组成部分,也是各省市进行风险管理和危机应对时的参照指标。

课题组不仅通过"形象死亡"度、"形象受损"度和"形象蒙冤"度三个维度进行分析,同时还将省市形象风险分为公共安全"危"、社会秩序"乱"、生态环境"脏"、公共服务"难"、官员素质"差"五大风险领域进行考察。

(一)广东省形象危机状况统计

从全国来看,广东省以 8.44% 的"形象危机度"居于全国省市"形象危机度"排名表的榜首,但从以本省"社会责任事故"典型案例数除以本省全部典型案例数得出的"社会责任事故率"来看,广东省则以 70.00% 排全国第 13 名。由于形象危机事件的爆发多是由新闻媒体的报道而产生的,因此新闻

表21 广东省形象危机情况的领域统计

单位:%

形象危机研判＼风险领域	总计	"危"	"乱"	"脏"	"难"	"差"
"形象死亡率"	36.80	0.40	5.60	1.20	7.20	22.40
"形象受损率"	57.60	9.60	13.60	7.20	17.20	10.00
"形象蒙冤率"	4.40	0.00	0.80	0.00	2.40	1.20
总 计	98.80	10.00	20.00	8.40	26.80	33.60

注:数据来源于中国人民大学危机管理研究中心"2013 年省市形象危机典型案例库",时间段为 2013 年 1 月 1 日至 2013 年 12 月 31 日;由于该省份的典型案例库中存在无法归类的形象危机研判,所以导致总计小于 100%;由于统计数字保留小数点后两位,所以存在相应误差。表 22～表 50 的数据来源与表 21 相同,以下不一一列出。总报告中的某省各风险领域("危""乱""脏""难""差")的"形象死亡率""形象受损率"和"形象蒙冤率"分别指某省各风险领域的"形象死亡""形象受损"和"形象蒙冤"典型案例在全国典型案例中所占的比重,与风险领域报告中的"形象死亡率""形象受损率"和"形象蒙冤率"不同(风险领域报告中,某风险领域的各省的"形象死亡率""形象受损率"和"形象蒙冤率"分别指某风险领域各省的"形象死亡""形象受损"和"形象蒙冤"典型案例在某风险领域各省的全部案例中所占的比重);这主要是为了反映某省的"形象死亡率""形象受损率"和"形象蒙冤率"在各风险领域的分布情况。

出版越发达的省份，形象危机的风险越大。① 这就更是要求像广东省这样新闻出版较发达的省市做好形象危机的应对与防范，特别是针对形象危机高发领域的应对与防范。

（二）北京市形象危机的状况统计

从全国来看，北京市以 4.73% 的"形象危机度"居于全国省市"形象危机度"排名表的第二，排名在全国前列；但从"社会责任事故率"来看，北京市则以 59.76% 排全国第 25 名，在全国排名较为靠后。由于形象危机事件的爆发多是由新闻媒体的报道而产生的，因此新闻出版越发达的省份，形象危机的风险越大；② 加之北京作为全国行政与文化中心的地位，这就更是要求像北京市这样新闻出版较发达的省市做好形象危机的应对与防范，特别是针对形象危机高发领域的应对与防范。

表 22　北京市形象危机情况的领域统计

单位：%

形象危机研判 ＼ 风险领域	总计	"危"	"乱"	"脏"	"难"	"差"
"形象死亡率"	31.10	0.61	5.49	0.00	9.76	15.24
"形象受损率"	62.20	8.54	17.07	1.83	25.61	9.15
"形象蒙冤率"	2.44	0.00	0.00	0.00	1.83	0.61
总　计	95.74	9.15	22.56	1.83	37.20	25.00

（三）河南省形象危机的状况统计

从全国来看，河南省以 3.91% 的"形象危机度"居于全国省市"形象危机度"排名表的第三，排名在全国前列；但从"社会责任事故率"来看，河南省则以 72.32% 排全国第 8 名，在全国排名同样位居前列。

---

① 唐钧主编《形象危机应对报告研究（2012）》，社会科学文献出版社，2012，第18页。
② 唐钧主编《形象危机应对研究报告（2012）》，社会科学文献出版社，2012，第18页。

表23　河南省形象危机情况的领域统计

单位：%

风险领域 形象危机研判	总计	"危"	"乱"	"脏"	"难"	"差"
"形象死亡率"	37.70	0.00	13.11	3.28	9.83	11.48
"形象受损率"	59.02	8.20	9.84	19.67	11.48	9.83
"形象蒙冤率"	3.28	0.00	0.00	0.00	1.64	1.64
总　计	100.00	8.20	22.95	22.95	22.95	22.95

（四）陕西省形象危机的状况统计

从全国来看，陕西省以3.42%的"形象危机度"居于全国省市"形象危机度"排名表的第四，排名在全国前列；而从"社会责任事故率"来看，陕西省则以71.72%排全国第10名，在全国排名较为靠前。

表24　陕西省形象危机情况的领域统计

单位：%

风险领域 形象危机研判	总计	"危"	"乱"	"脏"	"难"	"差"
"形象死亡率"	38.38	2.02	13.13	1.01	8.08	14.14
"形象受损率"	56.57	15.15	10.10	10.10	12.12	9.09
"形象蒙冤率"	3.03	0.00	0.00	0.00	3.03	0.00
总　计	97.98	17.17	23.23	11.11	23.23	23.23

（五）江苏省形象危机的状况统计

从全国来看，江苏省以3.28%的"形象危机度"居于全国省市"形象危机度"排名表的第五，排名在全国前列；但从"社会责任事故率"来看，江苏省则以60.71%排全国第23名，在全国排名较为靠后。

表25　江苏省形象危机情况的领域统计

单位：%

风险领域 形象危机研判	总计	"危"	"乱"	"脏"	"难"	"差"
"形象死亡率"	30.36	0.89	6.25	0.89	6.25	16.07
"形象受损率"	62.50	8.93	15.18	13.39	19.64	5.36
"形象蒙冤率"	5.36	0.00	0.89	0.00	3.57	0.89
总　计	98.21	9.82	22.32	14.29	29.46	22.32

（六）浙江省形象危机的状况统计

从全国来看，浙江省以 3.23％ 的"形象危机度"居于全国省市"形象危机度"排名表的第六，排名在全国前列；但从"社会责任事故率"来看，浙江省则以 62.62％ 排全国第 20 名，在全国排名较为靠后。

表 26　浙江省形象危机情况的领域统计

单位：%

形象危机研判＼风险领域	总计	"危"	"乱"	"脏"	"难"	"差"
"形象死亡"	34.58	3.74	7.48	0.93	5.61	16.82
"形象受损"	62.62	13.08	15.89	5.61	19.63	8.41
"形象蒙冤"	2.80	0.00	0.93	0.00	1.87	0.00
总　计	100.00	16.82	24.30	6.54	27.10	25.23

注：数据来源于中国人民大学危机管理研究中心"2013 年省市形象危机典型案例库"，时间段为 2013 年 1 月 1 日至 2013 年 12 月 31 日；具有此类研究方法的相应误差。

（七）湖南省形象危机的状况统计

从全国来看，湖南省以 3.18％ 的"形象危机度"居于全国省市"形象危机度"排名表的第七，排名在全国前列；但从"社会责任事故率"来看，湖南省则以 67.35％ 排全国第 17 名，在全国排名较为靠后。

表 27　湖南省形象危机情况的领域统计

单位：%

形象危机研判＼风险领域	总计	"危"	"乱"	"脏"	"难"	"差"
"形象死亡率"	42.86	3.06	8.16	1.02	7.14	23.47
"形象受损率"	53.06	9.18	9.18	4.08	11.22	19.39
"形象蒙冤率"	4.08	0.00	0.00	0.00	4.08	0.00
总　计	100.00	12.24	17.35	5.10	22.45	42.86

（八）山东省形象危机的状况统计

从全国来看，山东省以 3.04％ 的"形象危机度"居于全国省市"形象危机度"排名表的第八，排名在全国前列；但从"社会责任事故率"来看，山东省则以 62.38% 排全国第 21 名，在全国排名较为靠后。

表 28　山东省形象危机情况的领域统计

单位：%

形象危机研判 ＼ 风险领域	总计	"危"	"乱"	"脏"	"难"	"差"
"形象死亡率"	32.67	1.98	6.93	0.99	13.86	8.91
"形象受损率"	59.41	7.92	10.89	18.81	20.79	0.99
"形象蒙冤率"	5.94	0.00	2.97	0.00	2.97	0.00
总　计	98.02	9.90	20.79	19.80	37.62	9.90

（九）海南省形象危机的状况统计

从全国来看，海南省以 2.89% 的"形象危机度"居于全国省市"形象危机度"排名表的第九，在全国排名较为靠前；值得注意的是，从"社会责任事故率"来看，海南省以 76.92% 排全国第 4 名，在全国排名位居前列。

表 29　海南省形象危机情况的领域统计

单位：%

形象危机研判 ＼ 风险领域	总计	"危"	"乱"	"脏"	"难"	"差"
"形象死亡率"	47.44	0.00	11.54	3.85	11.54	20.51
"形象受损率"	48.72	2.56	11.54	6.41	21.79	6.41
"形象蒙冤率"	2.56	0.00	0.00	0.00	1.28	1.28
总　计	98.72	2.56	23.08	10.26	34.62	28.21

（十）安徽省形象危机的状况统计

从全国来看，安徽省以 2.65% 的"形象危机度"居于全国省市"形象危机度"排名表的第十，排名居全国中档位置；而从"社会责任事故率"来看，安徽省则以 67.90% 排全国第 15 名，在全国排名同样居于中档位置。

表30　安徽省形象危机情况的领域统计

单位：%

风险领域 形象危机研判	总计	"危"	"乱"	"脏"	"难"	"差"
"形象死亡"	48.15	3.70	9.88	1.23	8.64	24.69
"形象受损"	49.38	7.41	12.35	4.94	16.05	8.64
"形象蒙冤"	2.47	0.00	0.00	0.00	1.23	1.23
总　计	100.00	11.11	22.22	6.17	25.93	34.57

（十一）四川省形象危机的状况统计

从全国来看，四川省以2.60%的"形象危机度"居于全国省市"形象危机度"排名表的第十一，排名居全国中档位置；而从"社会责任事故率"来看，四川省则以72.00%排全国第9名，在全国排名居于较为靠前的位置。

表31　四川省形象危机情况的领域统计

单位：%

风险领域 形象危机研判	总计	"危"	"乱"	"脏"	"难"	"差"
"形象死亡率"	37.33	2.67	9.33	0.00	5.33	20.00
"形象受损率"	58.67	9.33	9.33	1.33	22.67	16.00
"形象蒙冤率"	2.67	0.00	0.00	0.00	2.67	0.00
总　计	98.67	12.00	18.67	1.33	30.67	36.00

（十二）湖北省形象危机的状况统计

从全国来看，湖北省以2.31%的"形象危机度"居于全国省市"形象危机度"排名表的第十二，排名居全国中档位置；而从"社会责任事故率"来看，湖北省以67.61%排全国第16名，在全国排名同样居于中档位置。

表32　湖北省形象危机情况的领域统计

单位：%

风险领域 形象危机研判	总计	"危"	"乱"	"脏"	"难"	"差"
"形象死亡率"	32.39	2.82	9.86	2.82	5.63	11.27
"形象受损率"	54.93	12.68	8.45	5.63	21.13	7.04
"形象蒙冤率"	7.04	0.00	2.82	0.00	2.82	1.41
总　计	94.37	15.49	21.13	8.45	29.58	19.72

（十三）河北省形象危机的状况统计

从全国来看，河北省以2.27%的"形象危机度"居于全国省市"形象危机度"排名表的第十三，排名居全国中档位置；值得注意的是，从"社会责任事故率"来看，河北省以77.05%排全国第3名，在全国排名居于靠前位置。

表33 河北省形象危机情况的领域统计

单位：%

形象危机研判 \ 风险领域	总计	"危"	"乱"	"脏"	"难"	"差"
"形象死亡率"	37.70	0.00	13.11	3.28	9.84	11.48
"形象受损率"	59.02	8.20	9.84	19.67	11.48	9.84
"形象蒙冤率"	3.28	0.00	0.00	0.00	1.64	1.64
总　计	100.00	8.20	22.95	22.95	22.95	22.95

（十四）云南省形象危机的状况统计

从全国来看，云南省以2.27%的"形象危机度"居于全国省市"形象危机度"排名表的第十三，排名居全国中档位置；而从"社会责任事故率"来看，云南省以75.81%排全国第5名，在全国排名居于前列。

表34 云南省形象危机情况的领域统计

单位：%

形象危机研判 \ 风险领域	总计	"危"	"乱"	"脏"	"难"	"差"
"形象死亡率"	53.23	3.23	19.35	0.00	4.84	25.81
"形象受损率"	45.16	11.29	8.06	1.61	16.13	8.06
"形象蒙冤率"	1.61	0.00	0.00	0.00	1.61	0.00
总　计	100.00	14.52	27.42	1.61	22.58	33.87

（十五）广西壮族自治区形象危机的状况统计

从全国来看，广西壮族自治区以2.03%的"形象危机度"居于全国省市

"形象危机度"排名表的第十五,排名居全国中档位置;而从"社会责任事故率"来看,广西壮族自治区以 71.19% 排全国第 11 名,在全国排名同样居于中档位置。

表 35　广西壮族自治区形象危机情况的领域统计

单位:%

形象危机研判　风险领域	总计	"危"	"乱"	"脏"	"难"	"差"
"形象死亡率"	44.07	6.78	10.17	1.69	3.39	22.03
"形象受损率"	54.24	6.78	8.47	5.08	25.42	8.47
"形象蒙冤率"	0.00	0.00	0.00	0.00	0.00	0.00
总　计	98.31	13.56	18.64	6.78	28.81	30.51

(十六)江西省形象危机的状况统计

从全国来看,江西省以 1.83% 的"形象危机度"居于全国省市"形象危机度"排名表的第十六,排名居全国中档位置;而从"社会责任事故率"来看,江西省以 64.41% 排全国第 19 名,在全国排名中居于靠后位置。

表 36　江西省形象危机情况的领域统计

单位:%

形象危机研判　风险领域	总计	"危"	"乱"	"脏"	"难"	"差"
"形象死亡率"	44.07	1.69	10.17	3.39	3.39	25.42
"形象受损率"	50.85	11.86	8.47	6.78	15.25	8.47
"形象蒙冤率"	1.69	0.00	0.00	0.00	1.69	0.00
总　计	96.61	13.56	18.64	10.17	20.34	33.90

(十七)福建省形象危机的状况统计

从全国来看,福建省以 1.64% 的"形象危机度"居于全国省市"形象危机度"排名表的第十七,排名居全国中档偏后位置;而从"社会责任事故率"来看,福建省以 66.67% 排全国第 18 名,在全国排名同样居于中档偏后位置。

表 37　福建省形象危机情况的领域统计

单位：%

形象危机研判＼风险领域	总计	"危"	"乱"	"脏"	"难"	"差"
"形象死亡率"	31.37	1.96	9.80	1.96	7.84	9.80
"形象受损率"	68.63	9.80	9.80	19.61	25.49	3.92
"形象蒙冤率"	0.00	0.00	0.00	0.00	0.00	0.00
总　计	100.00	11.76	19.61	21.57	33.33	13.73

（十八）甘肃省形象危机的状况统计

从全国来看，甘肃省以 1.21% 的"形象危机度"居于全国省市"形象危机度"排名表的第十八，排名居全国中档偏后位置；但从"社会责任事故率"来看，甘肃省以 75.76% 排全国第 6 名，在全国排名处于靠前位置。

表 38　甘肃省形象危机情况的领域统计

单位：%

形象危机研判＼风险领域	总计	"危"	"乱"	"脏"	"难"	"差"
"形象死亡率"	45.45	0.00	3.03	0.00	9.09	33.33
"形象受损率"	54.55	12.12	18.18	3.03	15.15	6.06
"形象蒙冤率"	0.00	0.00	0.00	0.00	0.00	0.00
总　计	100.00	12.12	21.21	3.03	24.24	39.39

（十九）重庆市形象危机的状况统计

从全国来看，重庆市以 1.16% 的"形象危机度"居于全国省市"形象危机度"排名表的第十九，排名居全国中档偏后位置；而从"社会责任事故率"来看，重庆市以 70.59% 排全国第 12 名，在全国排名同样居于中档位置。

表39　重庆市形象危机情况的领域统计

单位：%

形象危机研判 ＼ 风险领域	总计	"危"	"乱"	"脏"	"难"	"差"
"形象死亡率"	32.35	2.94	5.88	0.00	0.00	23.53
"形象受损率"	67.65	11.76	8.82	14.71	26.47	5.88
"形象蒙冤率"	0.00	0.00	0.00	0.00	0.00	0.00
总　计	100.00	14.71	14.71	14.71	26.47	29.41

（二十）内蒙古自治区形象危机的状况统计

从全国来看，内蒙古自治区以 1.11% 的"形象危机度"居于全国省市"形象危机度"排名表的第二十，排名居全国靠后位置；但值得注意的是，从"社会责任事故率"来看，内蒙古自治区以 85.19% 排全国第 1 名，在全国排名居首。

表40　内蒙古自治区形象危机情况的领域统计

单位：%

形象危机研判 ＼ 风险领域	总计	"危"	"乱"	"脏"	"难"	"差"
"形象死亡率"	40.74	0.00	3.70	0.00	11.11	25.93
"形象受损率"	59.26	11.11	11.11	18.52	14.81	3.70
"形象蒙冤率"	0.00	0.00	0.00	0.00	0.00	0.00
总　计	100.00	11.11	14.81	18.52	25.93	29.63

（二十一）上海市形象危机的状况统计

从全国来看，上海市以 1.01% 的"形象危机度"居于全国省市"形象危机度"排名表的第二十一，排名居全国偏后位置；而从"社会责任事故率"来看，上海市以 61.76% 排全国第 22 名，在全国排名同样居于靠后位置。

表 41　上海市形象危机情况的领域统计

单位：%

形象危机研判　　风险领域	总计	"危"	"乱"	"脏"	"难"	"差"
"形象死亡率"	26.47	2.94	8.82	0.00	5.88	8.82
"形象受损率"	67.65	20.59	11.76	5.88	23.53	5.88
"形象蒙冤率"	5.88	0.00	0.00	0.00	5.88	0.00
总　　计	100.00	23.53	20.59	5.88	35.29	14.71

（二十二）辽宁省形象危机的状况统计

从全国来看，辽宁省以 1.01% 的"形象危机度"居于全国省市"形象危机度"排名表的第二十一，排名居全国偏后位置；而从"社会责任事故率"来看，辽宁省以 55.26% 排全国第 27 名，在全国排名同样居于靠后位置。

表 42　辽宁省形象危机情况的领域统计

单位：%

形象危机研判　　风险领域	总计	"危"	"乱"	"脏"	"难"	"差"
"形象死亡率"	26.32	5.26	5.26	0.00	5.26	10.53
"形象受损率"	71.05	18.42	10.53	10.53	15.79	15.79
"形象蒙冤率"	2.63	0.00	0.00	0.00	2.63	0.00
总　　计	100.00	23.68	15.79	10.53	23.68	26.32

（二十三）山西省形象危机的状况统计

从全国来看，山西省以 0.96% 的"形象危机度"居于全国省市"形象危机度"排名表的第二十三，排名居全国偏后位置；而从"社会责任事故率"来看，山西省以 57.14% 排全国第 26 名，在全国排名同样居于靠后位置。

表43　山西省形象危机情况的领域统计

单位：%

风险领域　形象危机研判	总计	"危"	"乱"	"脏"	"难"	"差"
"形象死亡率"	31.43	5.71	14.29	0.00	2.86	8.57
"形象受损率"	65.71	8.57	14.29	14.29	17.14	11.43
"形象蒙冤率"	2.86	0.00	0.00	0.00	2.86	0.00
总　计	100.00	14.29	28.57	14.29	22.86	20.00

（二十四）新疆维吾尔自治区形象危机的状况统计

从全国来看，新疆维吾尔自治区以0.87%的"形象危机度"居于全国省市"形象危机度"排名表的第二十四，排名居全国偏后位置；而从"社会责任事故率"来看，新疆维吾尔自治区以69.23%排全国第14名，在全国排名居于中档位置。

表44　新疆维吾尔自治区形象危机情况的领域统计

单位：%

风险领域　形象危机研判	总计	"危"	"乱"	"脏"	"难"	"差"
"形象死亡率"	31.43	15.38	19.23	3.85	7.69	15.38
"形象受损率"	65.71	3.85	7.69	7.69	3.85	3.85
"形象蒙冤率"	2.86	0.00	0.00	0.00	3.85	0.00
总　计	100.00	19.23	26.92	11.54	15.38	19.23

（二十五）吉林省形象危机的状况统计

从全国来看，吉林省以0.82%的"形象危机度"居于全国省市"形象危机度"排名表的第二十五，排名居全国偏后位置；值得注意的是，从"社会责任事故率"来看，吉林省以85.00%排全国第2名，在全国排名靠前。

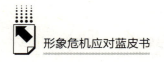

表45　吉林省形象危机情况的领域统计

单位：%

形象危机研判　　　　风险领域	总计	"危"	"乱"	"脏"	"难"	"差"
"形象死亡率"	50.00	15.00	0.00	20.00	5.00	10.00
"形象受损率"	50.00	15.00	0.00	0.00	15.00	20.00
"形象蒙冤率"	0.00	0.00	0.00	0.00	0.00	0.00
总　计	100.00	30.00	0.00	20.00	20.00	30.00

（二十六）黑龙江省形象危机的状况统计

从全国来看，黑龙江省以 0.72% 的"形象危机度"居于全国省市"形象危机度"排名表的第二十六，排名居全国偏后位置；而从"社会责任事故率"来看，黑龙江省以 75.00% 排全国第 7 名，在全国排名较为靠前。

表46　黑龙江省形象危机情况的领域统计

单位：%

形象危机研判　　　　风险领域	总计	"危"	"乱"	"脏"	"难"	"差"
"形象死亡率"	40.00	0.00	10.00	10.00	10.00	10.00
"形象受损率"	60.00	15.00	5.00	20.00	5.00	15.00
"形象蒙冤率"	0.00	0.00	0.00	0.00	0.00	0.00
总　计	100.00	15.00	15.00	30.00	15.00	25.00

（二十七）贵州省形象危机的状况统计

从全国来看，贵州省以 0.58% 的"形象危机度"居于全国省市"形象危机度"排名表的第二十七，排名居全国靠后位置；而从"社会责任事故率"来看，贵州省以 50.00% 排全国第 28 名，在全国排名同样居于靠后位置。

表47　贵州省形象危机情况的领域统计

单位：%

形象危机研判＼风险领域	总计	"危"	"乱"	"脏"	"难"	"差"
"形象死亡率"	25.00	8.33	4.17	4.17	0.00	8.33
"形象受损率"	66.67	20.83	4.17	12.50	20.83	8.33
"形象蒙冤率"	0.00	0.00	0.00	0.00	0.00	0.00
总　计	91.67	29.17	8.33	16.67	20.84	16.67

（二十八）天津市形象危机的状况统计

从全国来看，天津市以0.24%的"形象危机度"居于全国省市"形象危机度"排名表的第二十八，排名居全国靠后位置；而从"社会责任事故率"来看，天津市以41.67%排全国第30名，在全国排名位于靠后位置。

表48　天津市形象危机情况的领域统计

单位：%

形象危机研判＼风险领域	总计	"危"	"乱"	"脏"	"难"	"差"
"形象死亡率"	16.67	0.00	8.33	0.00	8.33	0.00
"形象受损率"	75.00	8.33	16.67	16.67	25.00	8.33
"形象蒙冤率"	8.33	0.00	0.00	0.00	8.33	0.00
总　计	100.00	8.33	25.00	16.67	41.67	8.33

（二十九）宁夏回族自治区形象危机的状况统计

从全国来看，宁夏回族自治区以0.19%的"形象危机度"居于全国省市"形象危机度"排名表的第二十九，排名居全国靠后位置；而从"社会责任事故率"来看，宁夏回族自治区以50.00%排全国第29名，在全国排名倒数第二位。

表 49   宁夏回族自治区形象危机情况的领域统计

单位：%

形象危机研判 \ 风险领域	总计	"危"	"乱"	"脏"	"难"	"差"
"形象死亡率"	75.00	25.00	25.00	25.00	0.00	25.00
"形象受损率"	25.00	0.00	0.00	0.00	25.00	0.00
"形象蒙冤率"	0.00	0.00	0.00	0.00	0.00	0.00
总　计	100.00	25.00	25.00	25.00	25.00	25.00

（三十）青海省形象危机的状况统计

从全国来看，青海省以 0.14% 的"形象危机度"居于全国省市"形象危机度"排名表的第三十，是全国排名最为靠后的省份；而从"社会责任事故率"来看，青海省以 60.00% 排全国第 24 名，在全国排名同样位于靠后位置。

表 50   青海省形象危机情况的领域统计

单位：%

形象危机研判 \ 风险领域	总计	"危"	"乱"	"脏"	"难"	"差"
"形象死亡率"	40.00	0.00	40.00	0.00	20.00	0.00
"形象受损率"	60.00	0.00	0.00	20.00	20.00	0.00
"形象蒙冤率"	0.00	0.00	0.00	0.00	0.00	0.00
总　计	100.00	0.00	40.00	20.00	40.00	0.00

五　社会态度的问卷调查

（一）问卷调查基本情况

中国人民大学形象危机管理研究中心于 2013 年 12 月至 2014 年 1 月对官员形象和省市形象进行了问卷调查，共回收有效问卷 1469 份，实际覆盖全国 30 个省、自治区和直辖市，港、澳、台和青海省不包括在内。

被调查者当中，男性占 52.1%，女性占 47.9%；共产党员占 24.6%，共青团员占 58.2%，民主党派人士占 0.9%，群众和无党派人士占 16.5%；月平均可支配收入 800 元以下的群体占 42.8%，800~2000 元的群体占 31.2%，5000~10000 元的群体占 4.8%，1 万元以上的群体占 1.4%。

（二）省市形象的排名情况

1. 公众对省市形象的评价状况

表 51　公众对省市形象评价的全国平均分

排　　名	选　　项	平均得分
1	公共安全	73.8
2	社会秩序	72.4
3	公共服务	67.3
4	官员素质	63.3
5	生态环境	58.8

注：数据来源于中国人民大学危机管理研究中心 2013 年 12 月至 2014 年 1 月 "对 2013 年常居住地（省市）五个形象因素打分" 的问卷调查，满分为 100 分。分数越高，表示公众对该省市形象因素评价越高。其中，"常居住地" 是指被调查者在 2013 年居住超过 6 个月的省市。

数据显示，2013 年，公众对省市形象因素的评价由高到低依次为："公共安全" "社会秩序" "公共服务" "官员素质" "生态环境"。

2. 省市形象的全国排名

表 52　不同省市形象因素的全国排名

排名	"公共安全"平均得分		"社会秩序"平均得分		"生态环境"平均得分		"公共服务"平均得分		"官员素质"平均得分	
1	重　庆	85.3	浙　江	82.2	云　南	93.0	重　庆	81.1	浙　江	76.7
2	浙　江	82.2	重　庆	81.1	宁　夏	80.0	西　藏	80.0	重　庆	76.5
3	贵　州	81.7	四　川	80.0	福　建	79.4	浙　江	78.9	四　川	75.0
4	云　南	81.0	云　南	78.0	广　西	78.6	四　川	77.8	陕　西	72.4
5	黑龙江	80.0	福　建	77.6	重　庆	78.3	福　建	75.8	福　建	71.3
6	宁　夏	80.0	湖　北	77.5	湖　北	77.8	湖　北	75.7	湖　北	70.8

续表

排名	"公共安全"平均得分		"社会秩序"平均得分		"生态环境"平均得分		"公共服务"平均得分		"官员素质"平均得分	
7	湖 北	78.2	上 海	77.4	贵 州	75.8	上 海	75.6	上 海	68.0
8	四 川	77.8	内蒙古	76.7	浙 江	75.6	广 东	72.2	海 南	67.8
9	福 建	77.5	陕 西	75.6	海 南	74.4	北 京	71.9	广 东	67.5
10	内蒙古	76.7	山 东	74.5	四 川	73.9	陕 西	71.7	新 疆	67.5
11	山 西	76.7	贵 州	74.2	新 疆	73.8	贵 州	70.9	北 京	67.1
12	北 京	76.2	黑龙江	74.0	广 东	71.5	内蒙古	70.0	贵 州	64.5
13	陕 西	76.1	北 京	73.8	西 藏	70.0	山 东	68.1	河 南	63.3
14	山 东	75.7	山 西	73.8	黑龙江	69.3	全 国	67.3	全 国	63.3
15	上 海	74.4	全 国	72.4	辽 宁	65.4	海 南	66.7	云 南	62.9
16	全 国	73.8	海 南	72.2	上 海	65.2	河 南	66.2	山 东	62.7
17	海 南	73.3	江 苏	72.2	山 东	64.5	云 南	66.0	江 苏	62.0
18	天 津	73.3	广 东	71.9	湖 南	62.7	辽 宁	64.6	内蒙古	62.0
19	广 东	73.0	河 南	71.4	内蒙古	61.7	广 西	64.3	天 津	61.7
20	吉 林	72.5	辽 宁	71.3	吉 林	59.3	黑龙江	63.3	广 西	61.4
21	江 苏	72.2	宁 夏	70.0	全 国	58.8	江 苏	63.3	辽 宁	59.5
22	河 南	71.7	吉 林	69.5	山 西	57.6	安 徽	62.0	湖 南	59.1
23	辽 宁	71.3	新 疆	68.8	安 徽	57.4	天 津	60.0	安 徽	58.1
24	安 徽	69.0	天 津	68.7	江 苏	57.2	山 西	59.0	黑龙江	56.7
25	广 西	68.6	安 徽	67.2	河 南	56.3	湖 南	58.2	吉 林	53.8
26	新 疆	65.0	广 西	67.1	江 西	54.5	吉 林	55.7	山 西	52.1
27	湖 南	63.6	湖 南	59.1	陕 西	54.4	江 西	53.2	河 北	50.9
28	江 西	59.7	江 西	58.7	河 北	49.4	河 北	52.3	宁 夏	50.0
29	河 北	51.5	河 北	56.2	天 津	47.3	宁 夏	50.0	江 西	49.3
30	西 藏	50.0	甘 肃	40.0	甘 肃	45.0	新 疆	45.0	甘 肃	30.0
31	甘 肃	42.5	西 藏	30.0	北 京	44.3	甘 肃	40.0	西 藏	20.0

注：数据来源于中国人民大学危机管理研究中心2013年12月至2014年1月"对2013年常居住地（省市）五个形象因素打分"的问卷调查，满分为100分。分数越高，表示公众对该形象因素评价越高。其中，"常居住地"是指被调查者在2013年居住超过6个月的省市。表中"全国"项得分为该省市形象要素的全国平均得分。

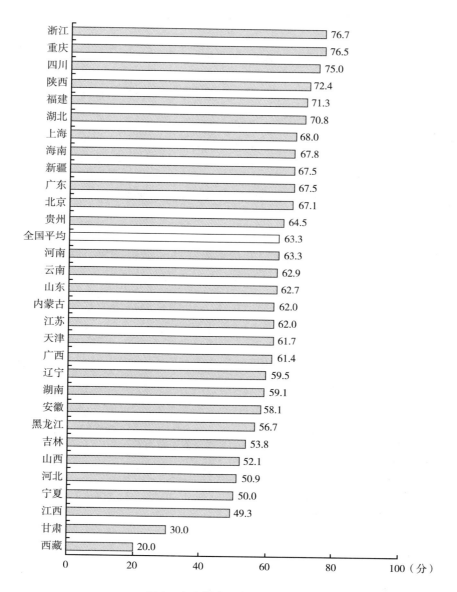

图1 省市综合形象的全国排名

注：数据来源于中国人民大学危机管理研究中心 2013 年 12 月至 2014 年 1 月 "对 2013 年常居住地（省市）五个形象因素打分"的问卷调查，满分为 100 分。分数越高，表示公众对该形象因素评价越高。其中，"常居住地"是指被调查者在 2013 年居住超过 6 个月的省市。图中每个省市综合形象的得分为"公共安全""社会秩序""公共服务""官员素质""生态环境"五个省市形象因素的平均得分。

3. 公众对"省市政府形象"范围的认知状况

表 53　公众对"省市政府形象"范围的认知状况

单位：%

排　　名	选　　项	比　　例
1	官员形象	87.7
2	城市形象	83.7
3	属地老百姓形象	57.8
4	农村形象	57.5
5	属地企业形象	47.7

注：数据来源于中国人民大学危机管理研究中心 2013 年 12 月至 2014 年 1 月 "'省市政府形象' 包含因素"的问卷调查。

数据显示，大多数公众认为"官员形象"和"城市形象"在"省市政府形象"的范围之内，有一半左右的公众认为"属地老百姓形象""农村形象"和"属地企业形象"也在"省市政府形象"范围之内，说明公众认为"省市政府形象"的范围较广，公众对政府的要求较为全面。

（三）省市形象的公众意见

1. 公众对省市形象的厌恶情况

表 54　公众厌恶的省市负面形象因素

排　　名	省市负面形象因素
1	当地公共安全差，生命财产受到严重威胁
2	当地治安秩序乱，街面混乱
3	当地环境被破坏，空气水污染严重，影响百姓健康
4	当地公共服务不到位，基本服务需求未被满足
5	当地官员素质差，缺乏公信力和执行力
6	当地企业经营混乱，企业不履行社会责任
7	当地居民素质差，言行不堪和违法乱纪严重

注：数据来源于中国人民大学危机管理研究中心 2013 年 12 月至 2014 年 1 月 "对 '最不能容忍的省市形象' 排序"的问卷调查。根据各个次序的重要性对数据进行二次编码，将排名 1、2、3、4、5、6、7 依次定义为 7 分、6 分、5 分、4 分、3 分、2 分、1 分，并将各省市负面形象因素的重要性得分进行加总，可以得出公众对省市负面形象因素的厌恶系数及其排名。公众对各省市负面形象因素的厌恶系数依次为："公共安全差"7658、"治安秩序乱"7030、"环境卫生差"6628、"公共服务差"5556、"官员素质差"5444、"经营秩序乱"4461、"居民素质差"4382。排名越高，说明公众对该省市负面形象因素越厌恶。

数据显示，在五大风险领域中，公众对公共安全"危"最厌恶，其次是社会秩序"乱"和生态环境"脏"，再次是公共服务"难"与官员素质"差"。

2. 不同省市形象因素的社会态度分布状况。

（1）省市形象"公共安全"因素的社会态度分布状况。

①老年人群更加重视"公共安全"。

数据显示，在"公众不能容忍的省市形象因素"调查中，60岁以上的老年人群对"当地公共安全差，生命财产受到严重威胁"的排名明显高于其他年龄段的人，说明老年人群对省市形象中的"公共安全"因素更加重视。详见表55。

表 55　省市形象"公共安全"因素的社会态度分布

年龄（岁）	平均排名	收入（元）	平均排名	文化程度	平均排名	工作性质	平均排名	工作级别	平均排名	政治面貌	平均排名
<18	3.12	0	2.61	初中及以下	2.35	党政机关	2.74	单位一把手	3.00	共产党员	2.86
18～29	2.73	1～800	2.76	高中	2.89	事业单位	2.71	高层领导	2.65	共青团员	2.75
30～39	2.99	801～2000	2.92	大学	2.81	企业	2.98	中层干部	3.01	民主党派人士	3.15
40～49	2.98	2001～5000	2.82	硕士及以上	2.69	社会组织	2.45	普通员工	2.94	群众	2.85
50～59	2.74	5001～1万	3.14			无工作	2.79	无工作	2.79		
≥60	1.00	1万以上	2.90								

注：数据来源于中国人民大学危机管理研究中心2013年12月至2014年1月"对'最不能容忍的省市形象'排序"的问卷调查。平均排名数值越小，说明该群体对该省市负面形象因素越厌恶。

②低收入群体更加重视"公共安全"。

数据显示，在"公众不能容忍的省市形象因素"调查中，月平均可支配收入在800元以下的低收入群体对"当地公共安全差，生命财产受到严重威胁"的排名明显高于其他收入水平的群体，说明低收入群体对省市形象中的"公共安全"因素更加重视。详见表55。

③居民对本省"公共安全"形象评价的全国排名。

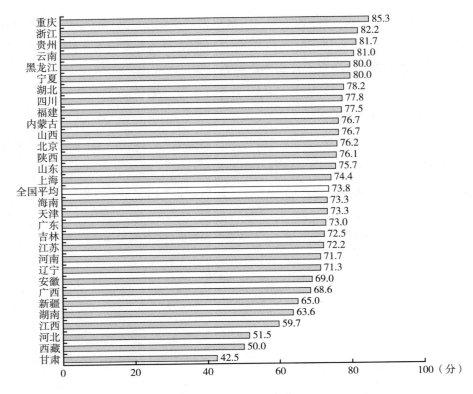

图2 居民对本省（市）"公共安全"形象的评价

注：数据来源于中国人民大学危机管理研究中心2013年12月至2014年1月"对2013年常居住地（省）市）五个形象因素打分"的问卷调查，满分为100分。图中分值为某省"公共安全"形象因素的平均分值，分数越高，表示该省居民对本省"公共安全"形象因素的评价越高。其中，"常居住地"是指被调查者在2013年居住超过6个月的省市。

（2）省市形象"治安秩序"因素的社会态度分布状况。

表56 省市形象"治安秩序"因素的社会态度分布

年龄（岁）	平均排名	收入（元）	平均排名	文化程度	平均排名	工作性质	平均排名	工作级别	平均排名	政治面貌	平均排名
<18	3.53	0	3.33	初中及以下	3.46	党政机关	2.69	单位一把手	3.38	共产党员	3.17
18~29	3.19	1~800	3.16	高中	3.28	事业单位	3.25	高层领导	2.55	共青团员	3.28
30~39	3.38	801~2000	3.24	大学	3.21	企业	3.25	中层干部	3.28	民主党派人士	3.69

续表

年龄（岁）	平均排名	收入（元）	平均排名	文化程度	平均排名	工作性质	平均排名	工作级别	平均排名	政治面貌	平均排名
40～49	3.23	2001～5000	3.09	硕士及以上	3.13	社会组织	3.21	普通员工	3.20	群众	3.06
50～59	2.82	5001～1万	3.03			无工作	3.22	无工作	3.22		
≥60	3.67	1万以上	3.05								

注：数据来源于中国人民大学危机管理研究中心2013年12月至2014年1月"对'最不能容忍的省市形象'排序"的问卷调查。平均排名数值越小，说明该群体对该省市负面形象因素越厌恶。

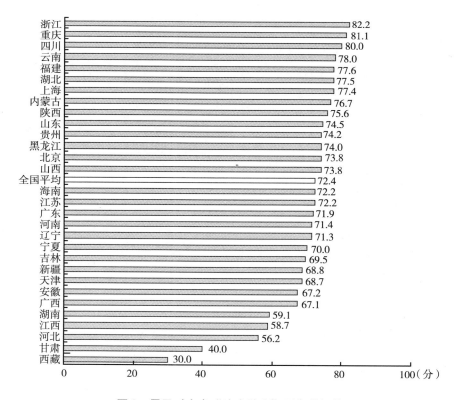

浙江 82.2
重庆 81.1
四川 80.0
云南 78.0
福建 77.6
湖北 77.5
上海 77.4
内蒙古 76.7
陕西 75.6
山东 74.5
贵州 74.2
黑龙江 74.0
北京 73.8
山西 73.8
全国平均 72.4
海南 72.2
江苏 72.2
广东 71.9
河南 71.4
辽宁 71.3
宁夏 70.0
吉林 69.5
新疆 68.8
天津 68.7
安徽 67.2
广西 67.1
湖南 59.1
江西 58.7
河北 56.2
甘肃 40.0
西藏 30.0

0   20   40   60   80   100（分）

图3 居民对本省"治安秩序"形象的评价

注：数据来源于中国人民大学危机管理研究中心2013年12月至2014年1月"对2013年常居住地（省市）五个形象因素打分"的问卷调查，满分为100分。图中分值为某省"治安秩序"形象因素的平均分值，分数越高，表示该省居民对本省"治安秩序"形象因素的评价越高。其中，"常居住地"是指被调查者在2013年居住超过6个月的省市。

（3）省市形象"生态环境"因素的社会态度分布状况。

①中年人群更加重视"生态环境"。

数据显示，40～49岁的中年人群认为最不能容忍（平均排名最靠前）的省市形象因素为"当地环境被破坏，空气水污染严重，影响百姓健康"，而其他年龄段的人群皆为"当地公共安全差，生命财产受到严重威胁"，说明中年人群对省市形象中的"生态环境"因素更加重视。详见表57。

表57　省市形象"生态环境"因素的社会态度分布

年龄（岁）	平均排名	收入（元）	平均排名	文化程度	平均排名	工作性质	平均排名	工作级别	平均排名	政治面貌	平均排名
<18	3.45	0	3.55	初中及以下	3.58	党政机关	3.31	单位一把手	3.13	共产党员	3.28
18～29	3.59	1～800	3.70	高中	3.44	事业单位	3.47	高层领导	2.85	共青团员	3.61
30～39	3.32	801～2000	3.60	大学	3.52	企业	3.36	中层干部	3.11	民主党派人士	3.54
40～49	2.94	2001～5000	3.23	硕士及以上	3.14	社会组织	3.29	普通员工	3.35	群众	3.37
50～59	3.24	5001～1万	3.31			无工作	3.58	无工作	3.58		
≥60	4.00	1万以上	2.48								

注：数据来源于中国人民大学危机管理研究中心2013年12月至2014年1月"对'最不能容忍的省市形象'排序"的问卷调查。平均排名数值越小，说明该群体对该省市负面形象因素越厌恶。

②高收入人群更加重视"生态环境"。

数据显示，月平均可支配收入在1万元以上的高收入人群认为最不能容忍（平均排名最靠前）的省市形象因素为"当地环境被破坏，空气水污染严重，影响百姓健康"，而其他收入人群为"当地公共安全差，生命财产受到严重威胁"，说明高收入人群对省市形象中的"生态环境"因素更加重视。详见表57。

③居民对本省"生态环境"形象评价的全国排名。

如图4所示，"生态环境"得分较低的省市多为东部大型城市（如北京市

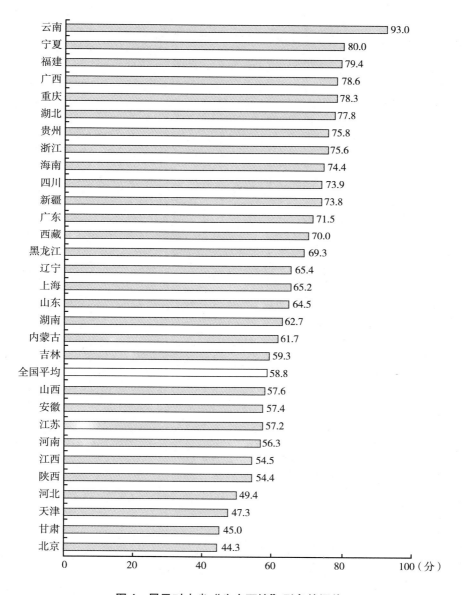

图4 居民对本省"生态环境"形象的评价

注：数据来源于中国人民大学危机管理研究中心 2013 年 12 月至 2014 年 1 月 "对 2013 年常居住地（省市）五个形象因素打分" 的问卷调查，满分为 100 分。图中分值为某省"生态环境"形象因素的平均分值，分数越高，表示该省居民对本省"生态环境"形象因素的评价越高。其中，"常居住地"是指被调查者在 2013 年居住超过 6 个月的省市。

和天津市）和中部能源大省（如山西省和陕西省），说明东部大型城市和中部能源大省居民对其省市形象中的"生态环境"因素满意度低。其中，北京市在"生态环境"得分中垫底，导致其综合得分相对靠后。

（4）省市形象"公共服务"因素的社会态度分布状况。

①中年人群更加重视"公共服务"。

数据显示，在"公众不能容忍的省市形象因素"调查中，30～49岁的中年人群对"当地公共服务不到位，基本服务需求未被满足"的排名明显高于其他年龄段的群体，说明中年人群对省市形象中的"公共服务"因素更加重视。详见表58。

表58 省市形象"公共服务"因素的社会态度分布

年龄（岁）	平均排名	收入（元）	平均排名	文化程度	平均排名	工作性质	平均排名	工作级别	平均排名	政治面貌	平均排名
<18	4.27	0	4.33	初中及以下	4.54	党政机关	4.23	单位一把手	4.38	共产党员	4.01
18～29	4.25	1～800	4.16	高中	3.99	事业单位	4.21	高层领导	4.45	共青团员	4.34
30～39	4.01	801～2000	4.24	大学	4.26	企业	4.02	中层干部	4.13	民主党派人士	4.23
40～49	4.19	2001～5000	4.11	硕士及以上	4.01	社会组织	4.60	普通员工	4.00	群众	4.16
50～59	4.27	5001～1万	3.99			无工作	4.30	无工作	4.30		
≥60	5.33	1万以上	4.33								

注：数据来源于中国人民大学危机管理研究中心2013年12月至2014年1月"对'最不能容忍的省市形象'排序"的问卷调查。平均排名数值越小，说明该群体对该省市负面形象因素越厌恶。

②普通员工更加重视"公共服务"。

数据显示，在"公众不能容忍的省市形象因素"调查中，普通员工对"当地公共服务不到位，基本服务需求未被满足"的排名明显高于其他工作级别的群体，说明普通员工对省市形象中的"公共服务"因素更加重视。详见

表58。

③居民对本省"公共服务"形象评价的全国排名。

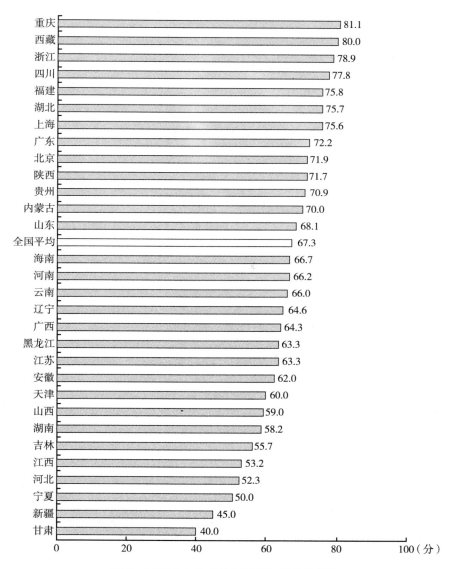

图5 居民对本省"公共服务"形象的评价

注：数据来源于2013年12月至2014年1月"对2013年常居住地（省市）五个形象因素打分"的问卷调查，满分为100分。图中分值为某省"公共服务"形象因素的平均分值，分数越高，表示该省居民对本省"公共服务"形象因素的评价越高。其中，"常居住地"是指被调查者在2013年居住超过6个月的省市。

（5）省市形象"官员素质"因素的社会态度分布状况。

①收入水平越高，公众越重视"官员素质"。

数据显示，在"公众不能容忍的省市形象因素"调查中，月平均可支配收入越高，公众对"当地官员素质差，缺乏公信力和执行力"的排名就越高，说明收入水平越高，公众就越重视省市形象中的"官员素质"因素。详见表59。

表59　省市形象"官员素质"因素的社会态度分布

年龄（岁）	平均排名	收入（元）	平均排名	文化程度	平均排名	工作性质	平均排名	工作级别	平均排名	政治面貌	平均排名
<18	4.11	0	4.42	初中及以下	3.46	党政机关	4.46	单位一把手	4.75	共产党员	4.21
18~29	4.43	1~800	4.26	高中	4.04	事业单位	4.32	高层领导	5.05	共青团员	4.40
30~39	3.85	801~2000	4.34	大学	4.33	企业	3.91	中层干部	3.88	民主党派人士	4.00
40~49	3.85	2001~5000	4.17	硕士及以上	4.43	社会组织	4.40	普通员工	4.02	群众	4.09
50~59	4.39	5001~1万	3.89			无工作	4.44	无工作	4.44		
≥60	3.33	1万以上	3.76								

注：数据来源于中国人民大学危机管理研究中心2013年12月至2014年1月"对'最不能容忍的省市形象'排序"的问卷调查。平均排名数值越小，说明该群体对该省市负面形象因素越厌恶。

②文化程度越低，公众越重视"官员素质"。

数据显示，在"公众不能容忍的省市形象因素"调查中，文化程度越低，公众对"当地官员素质差，缺乏公信力和执行力"的排名就越高，说明文化程度越低，公众就越重视省市形象中的"官员素质"因素。详见表59。

③非党政机关工作人员更加重视"官员素质"。

数据显示，在"公众不能容忍的省市形象因素"调查中，非党政机关工作人员对"当地官员素质差，缺乏公信力和执行力"的排名明显高于党政机关工作人员，说明非党政机关工作人员对省市形象中的"官员素质"因素更加重视。详见表 59。

④中低级别工作人员更加重视"官员素质"。

数据显示，在"公众不能容忍的省市形象因素"调查中，普通员工和中层干部对"当地官员素质差，缺乏公信力和执行力"的排名明显高于其他工作级别的群体，说明中低级别工作人员对省市形象中的"官员素质"因素更加重视。详见表 59。

⑤民主党派人士和群众更加重视"官员素质"。

数据显示，在"公众不能容忍的省市形象因素"调查中，民主党派人士和群众对"当地官员素质差，缺乏公信力和执行力"的排名明显高于共产党员和共青团员，说明民主党派人士和群众对省市形象中的"官员素质"因素更加重视。详见表 59。

⑥居民对本省"官员素质"形象评价的全国排名，见图 6。

（6）省市形象"经营秩序"因素的社会态度分布状况。

表 60　省市形象"经营秩序"因素的社会态度分布

年龄（岁）	平均排名	收入（元）	平均排名	文化程度	平均排名	工作性质	平均排名	工作级别	平均排名	政治面貌	平均排名
<18	5.14	0	4.79	初中及以下	4.88	党政机关	5.23	单位一把手	3.75	共产党员	5.02
18～29	4.90	1～800	4.85	高中	5.07	事业单位	5.09	高层领导	5.40	共青团员	4.88
30～39	5.12	801～2000	4.99	大学	4.93	企业	5.07	中层干部	4.95	民主党派人士	4.77
40～49	5.08	2001～5000	5.19	硕士及以上	5.18	社会组织	5.21	普通员工	5.17	群众	5.17
50～59	5.16	5001～1万	5.07			无工作	4.83	无工作	4.83		
≥60	5.67	1万以上	5.52								

注：数据来源于中国人民大学危机管理研究中心 2013 年 12 月至 2014 年 1 月"对'最不能容忍的省市形象'排序"的问卷调查。平均排名数值越小，说明该群体对该省负面形象因素越厌恶。

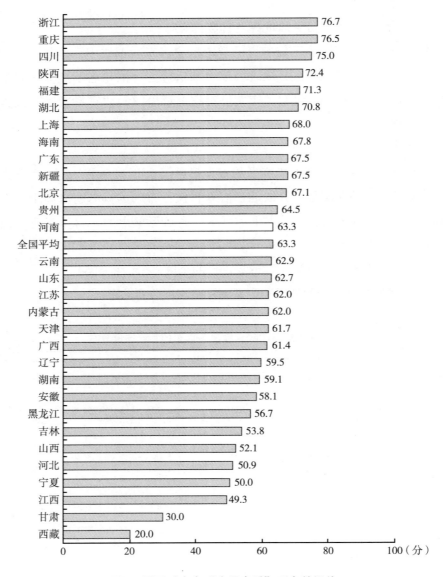

图6 居民对本省"官员素质"形象的评价

注：数据来源于2013年12月至2014年1月"对2013年常居住地（省市）五个形象因素打分"的问卷调查，满分为100分。图中分值为某省"官员素质"形象因素的平均分值，分数越高，表示该省居民对本省"官员素质"形象因素的评价越高。其中，"常居住地"是指被调查者在2013年居住超过6个月的省市。

（7）省市形象"居民素质"因素的社会态度分布状况。

①社会组织工作者更加重视"居民素质"。

数据显示，在"公众不能容忍的省市形象因素"调查中，社会组织工作者对"当地居民素质差，言行不堪和违法乱纪严重"的排名明显高于其他工作性质的群体，说明社会组织工作者对省市形象中的"居民素质"因素更加重视。详见表61。

表61　省市形象"居民素质"因素的社会态度分布

年龄（岁）	平均排名	收入（元）	平均排名	文化程度	平均排名	工作性质	平均排名	工作级别	平均排名	政治面貌	平均排名
<18	4.40	0	4.71	初中及以下	5.73	党政机关	5.43	单位一把手	5.63	共产党员	5.42
18~29	4.93	1~800	5.10	高中	5.31	事业单位	5.01	高层领导	5.80	共青团员	4.76
30~39	5.32	801~2000	4.96	大学	4.95	企业	5.38	中层干部	5.56	民主党派人士	4.62
40~49	5.63	2001~5000	5.39	硕士及以上	5.41	社会组织	4.83	普通员工	5.33	群众	5.37
50~59	5.60	5001~1万	5.61			无工作	4.86	无工作	4.86		
≥60	5.00	1万以上	5.95								

注：数据来源于中国人民大学危机管理研究中心2013年12月至2014年1月"对'最不能容忍的省市形象'排序"的问卷调查。平均排名数值越小，说明该群体对该省市负面形象因素越厌恶。

②工作级别越低，公众越重视"居民素质"。

数据显示，在"公众不能容忍的省市形象因素"调查中，工作级别越低，公众对"当地居民素质差，言行不堪和违法乱纪严重"的排名就越高，说明工作级别越低，公众就越重视省市形象中的"居民素质"因素。详见表61。

3. "省市政府形象"的社会态度分布状况

（1）文化程度越高，公众越重视"农村形象"。

数据显示，文化程度越高，公众越重视"省市政府形象"中的"农村形象"因素，详见表62。

表 62　文化程度不同的人群对"省市政府形象"的认知状况

单位：%

文化程度	官员形象	城市形象	农村形象	属地企业形象	属地老百姓形象
初中及以下	35.62	24.66	13.70	10.96	15.07
高中(含中专、技校)	34.65	24.50	14.36	13.12	13.37
大学(本科、专科)	28.03	24.05	16.59	13.89	17.45
硕士研究生及以上	28.36	23.68	18.13	13.16	16.67
总平均比重	28.68	24.07	16.47	13.74	17.04

注：数据来源于中国人民大学危机管理研究中心 2013 年 12 月至 2014 年 1 月 "'省市政府形象'包含因素"的问卷调查。

（2）文化程度越低，公众越重视"城市形象"。

数据显示，文化程度越低，公众越重视"各市政府形象"中的"省市政府形象"因素，详见表62。

（3）党政机关工作人员更加重视"农村形象"。

数据显示，党政机关工作人员对"省市政府形象"中的"农村形象"因素的重视程度明显高于非党政机关工作人员（比平均值高约5%），说明党政机关工作人员更加重视"政府形象"中的"农村形象"因素，详见表63。

表 63　工作性质不同的人群对"省市政府形象"的认知状况

单位：%

工作性质	官员形象	城市形象	农村形象	属地企业形象	属地老百姓形象
党政机关	28.69	25.41	21.31	12.30	12.30
事业单位	29.38	23.46	16.69	13.27	17.20
企业	29.10	24.40	15.19	14.92	16.39
社会组织	29.79	23.40	17.73	12.77	16.31
目前无工作	27.99	24.11	16.71	13.66	17.54
总平均比重	28.62	24.03	16.52	13.78	17.05

注：数据来源于中国人民大学危机管理研究中心 2013 年 12 月至 2014 年 1 月 "'省市政府形象'包含因素"的问卷调查。

（4）非党政机关工作人员更加重视"属地老百姓形象"。

数据显示，非党政机关工作人员对"省市政府形象"中的"属地老百姓形象"因素的重视程度明显高于党政机关工作人员，说明非党政机关工作人员更加重视"省市政府形象"中的"属地老百姓形象"因素，详见表63。

（四）省市形象危机应对和优化建议

1. 省市形象突出问题

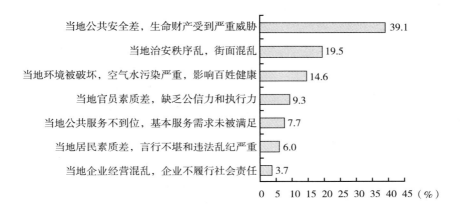

图7　公众最厌恶的省市形象问题

注：数据来源于中国人民大学危机管理研究中心 2013 年 12 月至 2014 年 1 月"对
'最不能容忍的省市形象'排序"的问卷调查。图中数值是将该省市形象问题排在"最
不能容忍的省市形象"首位的公众比例。

数据显示，公共安全差、治安秩序乱、环境被破坏是最突出的三个省市形
象问题，省市需要在公共安全、社会秩序与生态环境三个领域加强形象防范与
优化。

2. 省市形象风险源

数据显示，省市形象危机的风险源来自五大风险领域，分别是：公共安全
"危"、社会秩序"乱"、生态环境"脏"、公共服务"难"、官员素质"差"。
同时，居民素质"差"既直接影响省市形象，也对形象评价构成"蒙冤"风
险。

3. 省市形象多元关系

省市形象关系趋于多元与复杂，政府、企业、社会（含各行业）的风险
交织导致省市形象风险项繁杂，五大风险领域中涉及的风险项越多，该省份的
形象危机风险越大。

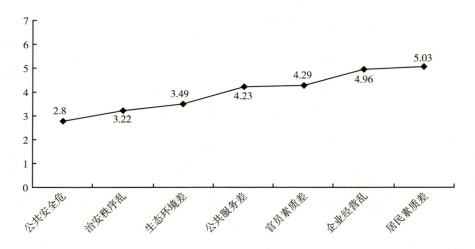

图8 公众对省市形象问题的厌恶情况

注：数据来源于中国人民大学危机管理研究中心2013年12月至2014年1月"对'最不能容忍的省市形象'排序"的问卷调查。图中数值为对应省市形象问题的平均排名，平均排名越高，说明公众对该省市形象问题越厌恶。

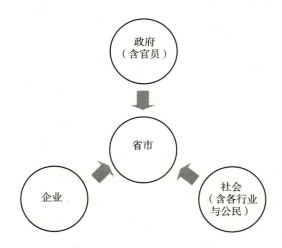

图9 省市形象多元关系图

面对繁杂的形象危机风险项，省市要改善形象，强化属地管理是关键。属地政府应根据本省形象危机主要涉及的领域重点开展形象危机的风险防治工作。

六　省市形象危机应对指南

（一）"善解冤"：妥善解决"形象蒙冤"问题

"形象蒙冤"是指形象主体由于"被冒名""被诬陷"等方式致其产生形象危机，但其本身并没有做出任何影响其形象的行为。在案例研判中，"形象蒙冤"主要包括"被冒名"、被诬陷或污蔑、被媒体误传或误报，或由于外界原因被迫做出某些可能影响形象的行为选择等几种类型。

"案例库"中的数据显示，在2074件全国省市"形象危机"2013年典型案例中，"形象蒙冤"案例有65件，占案例总数的3.13%。

1. 全国省市"形象蒙冤"率排名

省市形象危机"形象蒙冤率"是指某省的"形象蒙冤"典型案例在某省的全部典型案例中所占的比重，其计算公式为："形象蒙冤率"＝某省的"形象蒙冤"典型案例频次/某省的全部典型案例频次。

据统计，在全国"形象蒙冤"情况的省市排名中，前三名分别是天津市、湖北省、山东省（见表64）。

表64　全国"形象蒙冤"情况的省市排名

单位：%

排　名	省　份	"形象蒙冤率"
1	天　津	8.33
2	湖　北	7.04
3	山　东	5.94
4	上　海	5.88
5	江　苏	5.36
6	广　东	4.40
7	湖　南	4.08
8	新　疆	3.85
9	河　北	3.28
10	陕　西	3.03
11	山　西	2.86
12	浙　江	2.80
13	四　川	2.67
14	辽　宁	2.63

排　名	省　份	"形象蒙冤率"
15	海　南	2.56
16	安　徽	2.47
17	北　京	2.44
18	河　南	1.79
19	江　西	1.69
20	云　南	1.61
21	福　建	0.00
	甘　肃	0.00
	广　西	0.00
	贵　州	0.00
	黑龙江	0.00
	吉　林	0.00
	内蒙古	0.00
	宁　夏	0.00
	青　海	0.00
	重　庆	0.00
	西　藏	0.00

注：数据来源于中国人民大学危机管理研究中心"2013年省市形象危机典型案例库"，时间段为2013年1月1日至2013年12月31日；不含港澳台；具有此类研究方法的相应误差。表65～表67的数据来源与表64相同，以下不一一列出。

2. "形象蒙冤率"的分领域统计

课题组对五大形象危机风险领域中的"形象蒙冤率"进行了分领域统计，各风险领域的"形象蒙冤率"计算公式为："形象蒙冤率" = 风险领域内的"形象蒙冤"典型案例频次/风险领域内的全部典型案例频次。

据课题组统计，全国五大风险领域的"形象蒙冤"案例数量已占到其形象危机总数的3.13%，各个风险领域的"形象蒙冤率"见表65。

表65　风险领域"形象蒙冤率"状况统计

单位：%

风险领域	"形象蒙冤率"	风险领域	"形象蒙冤率"
公共安全"危"	0.00	公共服务"难"	6.89
公共秩序"乱"	2.56	官员形象"差"	1.98
生态环境"脏"	0.00	总　计	3.13

在2013年全国"形象蒙冤"典型案例的研判中，以"公共服务'难'"为首的三类风险领域是形象蒙冤案件的高发地。由于提供公共服务是政府部门的重要职能，在这一过程中树立良好的公众形象也就显得尤为重要。风险领域的"形象蒙冤"案例分布情况见图10。

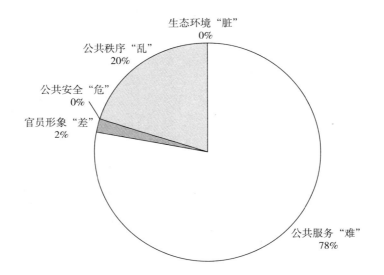

图10　"形象蒙冤"在风险领域中的分布

注：数据来源于中国人民大学危机管理研究中心"2013年省市形象危机典型案例库"，时间段为2013年1月1日至2013年12月31日；不含港澳台；具有此类研究方法的相应误差。

针对"形象蒙冤"情况，课题组建议：一方面，"形象蒙冤"主体善于借助媒体力量，及时、有效澄清省市形象"冤情"；另一方面，"形象蒙冤"高危领域需要建立风险预防长效机制，积极防范省市形象"被抹黑"。

（二）"重点改"：重点整改"形象死亡"与"社会责任事故"

1. 全国"形象死亡"情况的省市排名

"形象死亡"主要指形象主体由于不当言行导致形象受到致命性影响或打击的形象危机研判。"形象死亡"是形象危机研判中最为严重的一种，是相关部门最应该防止和避免的形象危机研判。

各省市的形象危机"形象死亡率"是指某省的"形象死亡"典型案例在

某省的全部典型案例中所占的比重,其计算公式为:"形象死亡率" = 某省的"形象死亡"典型案例频次/某省的全部典型案例频次。据统计,在全国"形象死亡"情况的省市排名中,前三名分别是新疆维吾尔自治区、青海省、云南省(见表66)。

表66 全国"形象死亡"情况的省市排名

单位:%

排 名	省 份	"形象死亡率"	排 名	省 份	"形象死亡率"
1	新 疆	61.54	17	广 东	36.80
2	青 海	60.00	18	浙 江	34.58
3	云 南	53.23	19	山 东	32.67
4	吉 林	50.00	20	湖 北	32.39
5	安 徽	48.15	21	重 庆	32.35
6	海 南	47.44	22	山 西	31.43
7	河 南	46.43	23	福 建	31.37
8	甘 肃	45.45	24	北 京	31.10
9	江 西	44.07	25	江 苏	30.36
9	广 西	44.07	26	上 海	26.47
11	湖 南	42.86	27	辽 宁	26.32
12	内蒙古	40.74	28	宁 夏	25.00
13	黑龙江	40.00	28	贵 州	25.00
14	陕 西	38.38	30	天 津	16.67
15	河 北	37.70	31	西 藏	0.00
16	四 川	37.33			

2. "社会责任事故"需"重点改"的省份

课题组将五大风险领域中全国省市的"社会责任事故率"进行排名统计,排名在前十位的省份是需要"重点改"的省份。各省市政府可据此掌握形象危机主要涉及的重点领域,有效地开展形象危机的风险防治工作。详见表67。

表67 风险领域"社会责任事故率"的省市排名

	公共安全"危"	社会秩序"乱"	生态环境"脏"	公共服务"难"	官员素质"差"
第1位	吉 林	青 海	内蒙古	内蒙古	重 庆
第2位	天 津	湖 南	云 南	河 北	上 海
第3位	新 疆	甘 肃	甘 肃	重 庆	吉 林

续表

	公共安全"危"	社会秩序"乱"	生态环境"脏"	公共服务"难"	官员素质"差"
第4位	广　西	河　北	四　川	吉　林	宁　夏
第5位	湖　北	陕　西	广　西	黑龙江	内蒙古
第6位	浙　江	云　南	广　东	海　南	云　南
第7位	河　南	广　西	宁　夏	河　南	广　西
第8位	福　建	江　西	江　西	山　东	甘　肃
第9位	黑龙江	河　南	河　北	湖　北	山　东
第10位	内蒙古	四　川	福　建	北　京	陕　西

（三）"全面防"：立体化形象管理

在"善解冤"与"重点改"的基础上，加强立体化形象管理从而做到"全面防"是重中之重。立体化形象管理需要从"内部—中间—外部"三个维度入手，内部纠正形象偏差度，中间强化形象风险管理，外部重视评委关系，让形象管理做到立体化与整体化，从而对形象危机做好全面防范与管理。立体化形象管理如图11所示。

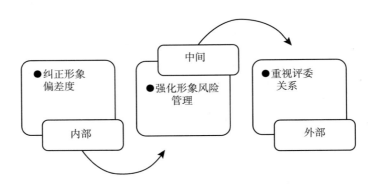

图11　立体化形象管理示意图

1. 内部防治：减小形象偏差度

职能定位、实际运行及社会预期三者之间存在的差距与失衡，构成了形象偏差。形象预期是共性和理想的，具体形象是个性和现实的。社会各界对形象的看法本身可能存在偏差和误解，既有传统上形象定位的偏差，也有由于个别情况导致的整体偏差或误解。形象偏差表面上看来自社会预期定位不准而导致的差距，实质上是由于实际职能运行或传统上的职能定位不准而导致的社会误解，进而形成偏差。只有当职能定位、实际运行及社会预期三者之间达到平衡或称为一种良性循环，才能有效纠正形象偏差。

在省市形象问卷调查实证研究中，据"2013 年常居住地所在省市形象打分"一项调查，省市形象中的"公共安全""社会秩序""公共服务""官员素质"因素排名靠后的省市多为欠发达的西部省市（如甘肃省、新疆维吾尔自治区和西藏自治区），而"生态环境"因素排名靠后的省市多为东部特大城市聚集地（如北京市和天津市）和中部能源大省（如山西省和陕西省）。具体情况见表 52。

课题组将各省市形象的"形象危机度"在公共安全"危"、社会秩序"乱"、生态环境"脏"、公共服务"难"、官员素质"差"等五大省市形象风险领域的排名与表 52 中的排名进行对比，发现对于省市形象的认知与评价，通过经验研究法下的案例研判结果与通过实证研究法下的问卷调查结果之间存在一定的偏差，这也说明社会预期与职能的定位及运行之间存在一定的偏差，以及在社会预期内部，公众预期与媒体预期之间存在一定的偏差。

以省市形象风险领域的"形象危机度"在前五名的省市为例，对比情况见表 68 ～表 72。

表 68　公共安全"危"领域的省市排名对比

排　名 ＼ 省　份	广东	浙江	陕西	河南	北京
"形象危机度"研判	1	2	3	4	5
社会态度问卷调查	19	2	13	22	12

注：在"形象危机度"研判排名中，排名越靠前，该省市形象危机越大；在社会态度问卷调查排名中，排名越靠后，该省市形象危机越大。具有此类研究方法的相应误差。表 69 ～表 72 的注与表 68 相同，以下不一一列出。

表 69　社会秩序"乱"领域的省市排名对比

排　名 ＼ 省　份	广东	陕西	河南	北京	湖南
"形象危机度"研判	1	2	3	3	5
社会态度问卷调查	18	9	19	13	27

表70 生态环境"脏"领域的省市排名对比

排名\省份	广东	山东	江苏	河北	福建
"形象危机度"研判	1	2	3	4	5
社会态度问卷调查	12	17	24	28	3

表71 公共服务"难"领域的省市排名对比

排名\省份	北京	广东	山东	海南	河南
"形象危机度"研判	1	2	3	4	4
社会态度问卷调查	9	8	13	15	16

表72 官员素质"差"领域的省市排名对比

排名\省份	广东	湖南	河南	北京	浙江
"形象危机度"研判	1	2	3	3	5
社会态度问卷调查	9	22	13	11	1

职能定位及其运行与社会预期的偏差主要来自以下方面：一是多元管理主体造成的职能分割不清；二是法律法规不健全造成的职能定位不明；三是权责不对称造成的履职尽责不力；四是受社会心态影响的管理服务职能错位。政府要纠正形象偏差，仍需大量的公共关系努力，政府机构改革还应"深入人心"，使群众对具体部门的职能配置有基本的理解。对于社会对职能定位存在误解的，需要主动推进社会预期的调整和修正。

2. 中间防治：加强风险管理

用好2014版全国省市形象危机的风险地图（见表15）这一研究成果，掌握省市形象危机中的风险规律，主动规避省市形象风险。各省市可以根据自己省市的具体情况对"风险地图"进行删减或增补，以使其更有效地指引省市形象危机的防范。

3. 外部防治：重视评委关系

（1）多重评委关系，三维评委格局。

形象危机的评价是内外多重评委评判的结果。传统上的形象危机应对关注以上级评委为主的内部评委的评价，忽略了外部评委。但在形象危机应对的实际工作中，上下级评委、监督方评委和利益方评委的三维评委格局已基本形成，并且内部评委和外部评委在评价过程中持续互动，见图12。

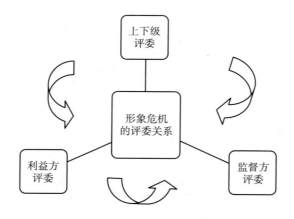

图12 多重评委关系格局示意图

在三维评委格局中，公众既是评委方之一，也可能是形象危机产生的源头之一，如造谣传谣造成社会恐慌问题。社会恐慌既是危机来源，也是评委关系中的重要变量。公众的双重身份使得形象危机的成因复杂化、应对难度更大。

此外，信任危机导致政府与社会互动过程中正常关系的破坏，使政府应对形象危机的努力受习惯性的质疑，进而使应对形象危机的效果大打折扣。

依据上述三方评委对形象危机的评判机理和评价标准，形象危机的应对需要关注上下级评委、监督方评委和利益方评委三方，兼顾内外部双重评委。具体来说，省市形象危机的防范需要从以下三方面入手。

首先，针对上下级评委，要用好2013年省市形象风险的研究成果，掌握形象危机的风险规律，重点整改当前省市形象危机严重的问题。外部整治形象，内部优化制度与管理，内外结合，标本兼治。

其次，针对监督方评委，要清理整顿当前影响省市形象的违法违纪行为，强化形象公关工作中的薄弱环节，进行规范化和法制化的管理，保障社会秩序的维护有法可依、有度可循。

最后，针对利益方评委，要争取获得利益方的满意，平衡各利益主体之间的关系，尽可能兼顾各方利益。

（2）关注评委方的主体特征与态度。

在实证研究中，通过省市形象问卷调查及数据分析，课题组得出以下结论。

第一，"40～49岁"的中年人群对省市形象中的"生态环境"要素更加重视。详见表73及分析。

表73　不同年龄人群对不能容忍的省市形象排序平均排名一览

统计量	年龄	当地公共安全差，生命财产受到严重威胁	当地治安秩序乱，街面混乱	当地环境被破坏，空气水污染严重，影响百姓健康	当地公共服务不到位，基本服务需求未被满足	当地官员素质差，缺乏公信力和执行力	当地企业经营混乱，企业不履行社会责任	当地居民素质差，言行不堪和违法乱纪严重
平均排名	18岁以下	3.12	3.53	3.45	4.27	4.11	5.14	4.40
	18～29岁	2.73	3.19	3.59	4.25	4.43	4.90	4.93
	30～39岁	2.99	3.38	3.32	4.01	3.85	5.12	5.32
	40～49岁	2.98	3.23	2.94	4.19	3.85	5.08	5.63
	50～59岁	2.74	2.82	3.24	4.27	4.39	5.16	5.60
	60岁以上	1.00	3.67	4.00	5.33	3.33	5.67	5.00
	总平均排名	2.80	3.22	3.49	4.23	4.29	4.96	5.03

注：表中数字为排名的平均得分，从1到6，分值越小，说明该项越"不能容忍"；具有此类研究方法的相应误差。

数据显示，不同年龄的人群对不能容忍的省市形象的认知和态度有所不同。其中，"40～49岁"的中年人群认为"最不能容忍的省市形象"（平均排名最靠前）为"当地环境被破坏，空气水污染严重，影响百姓健康"，而其他年龄段的人群皆为"当地公共安全差，生命财产受到严重威胁"，说明"40～49岁"的中年人群对省市形象中的"生态环境"要素更加重视。

第二，月可支配收入在"1万元以上"的高收入人群对省市形象中的"生态环境"要素更加重视。详见表74及分析。

表74 收入水平不同的人群对不能容忍的省市形象排序平均排名一览

统计量	收入水平（月可支配收入）	当地公共安全差，生命财产受到严重威胁	当地治安秩序乱，街面混乱	当地环境被破坏，空气水污染严重，影响百姓健康	当地公共服务不到位，基本服务需求未被满足	当地官员素质差，缺乏公信力和执行力	当地企业经营混乱，企业不履行社会责任	当地居民素质差，言行不堪和违法乱纪严重
平均排名	0	2.61	3.33	3.55	4.33	4.42	4.79	4.71
	1~800元	2.76	3.16	3.70	4.16	4.26	4.85	5.10
	801~2000元	2.92	3.24	3.60	4.24	4.34	4.99	4.96
	2001~5000元	2.82	3.09	3.23	4.11	4.17	5.19	5.39
	5001~10000元	3.14	3.03	3.31	3.99	3.89	5.07	5.61
	1万元以上	2.90	3.05	2.48	4.33	3.76	5.52	5.95
	总平均排名	2.86	3.15	3.31	4.23	4.29	4.96	5.03

注：表中数字为排名的平均得分，从1到6，分值越小，说明该项越"不能容忍"；具有此类研究方法的相应误差。

数据显示，收入水平不同的人群对不能容忍的省市形象的认知与态度有所不同。其中，月可支配收入在"1万元以上"的高收入人群认为"最不能容忍的省市形象"（平均排名最靠前）为"当地环境被破坏，空气水污染严重，影响百姓健康"，而其他收入水平的人群皆为"当地公共安全差，生命财产受到严重威胁"，说明月可支配收入在"1万元以上"的高收入人群对省市形象中的"生态环境"要素更加重视。

在处理评委关系的过程中，不仅需要区别关注上下级评委、监督方评委和利益方评委三方，兼顾内部外部双重评委，还要关注评委方的主体特征与态度。具体而言，从以上两个结论中得出，在省市形象危机应对中，应重视中年人群和高收入人群对环境的看法与态度，加强这两类人群的居住与工作环境中的生态环境质量，在空气脏、水脏、土壤问题、生态破坏等一系列问题中加强改进与建设。

（四）分省市形象危机的应对指南

1. 广东省形象危机的应对指南

广东省形象危机的应对，在遵循"重点改""全面防"与"善解冤"的原则下，应根据本省情况，有针对性地开展工作。

广东省形象危机基本情况见表75。

表 75　广东省形象危机基本情况

单位：%

指　标	"形象危机度"	"社会责任事故率"
指　数	8.44	70
排　名	第 1 位	第 13 位
等　级	低危	中危

注："形象危机度"是指某省的社会责任事故在全国典型案例中所占比重，"社会责任事故率"是指某省的社会责任事故在某省的全部典型案例中所占比重。"社会责任事故"是指省市政府等责任主体负有主要责任，违法违规并造成恶劣后果和社会影响的危机事件，是导致省市形象危机的主因。全国"形象危机度"省市排名与全国"社会责任事故率"省市排名详见表 2、表 3；数据来源于中国人民大学危机管理研究中心"2013 年省市形象危机典型案例库"，时间段为 2013 年 1 月 1 日至 2013 年 12 月 31 日。表 78、表 81、表 84、表 87、表 90、表 93、表 96、表 99、表 102、表 105、表 108、表 111、表 114、表 117、表 120、表 123、表 126、表 129、表 132、表 135、表 138、表 141、表 144、表 147、表 150、表 153、表 156、表 159、表 162 与表 75 的注相同，以下不一一列出。

（1）"重点改"：重点整改"形象死亡"。

广东省"形象死亡"危机主要集中在官员素质"差"、公共服务"难"和社会秩序"乱"领域（见图 13），广东省需要加强这三个重点领域中形象危机的防范。

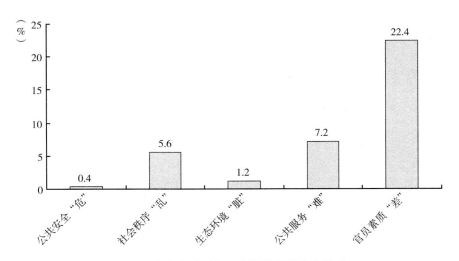

图 13　广东省"形象死亡"的领域分布情况

注：数据来源于中国人民大学危机管理研究中心"2013 年省市形象危机典型案例库"，时间段为 2013 年 1 月 1 日至 2013 年 12 月 31 日；存在此类研究的相关误差。图 14 ~ 图 72 的注与图 13 相同，以下不一一列出。

（2）"全面防"：全面防范五大领域形象危机。

表76　广东省形象危机与社会责任事故的分领域情况

单位：%

领域	"危"		"乱"		"脏"		"难"		"差"	
项目	"形象危机度"	"社会责任事故率"	"形象危机度"	"社会责任事故率"	"形象危机度"	"社会责任事故率"	"形象危机度"	"社会责任事故率"	"形象危机度"	"社会责任事故率"
指数	6.17	60.00	8.10	66.67	10.99	100.00	5.66	52.94	15.40	79.76
排名	第1位	第12位	第1位	第14位	第1位	第1位	第2位	第18位	第1位	第16位

注：数据来源于中国人民大学危机管理研究中心"2013年省市形象危机典型案例库"，时间段为2013年1月1日至2013年12月31日；具有此类研究方法的相应误差；排名越靠前，形象危机的问题越严重；排名越靠前，社会责任事故的问题越严重；等级分三级，其分别对应的"社会责任事故率"为"高危"≥90%、"中危"60%～89%、"低危"＜60%。表79、表82、表85、表88、表91、表94、表97、表100、表103、表106、表109、表112、表115、表118、表121、表124、表127、表130、表133、表136、表139、表142、表145、表148、表151、表154、表157、表160、表163的注与表76相同，以下不一一列出。

鉴于在五大领域中"形象危机度"与"社会责任事故率"排名情况，广东省需要在五大领域全方位加强形象危机监控与改进，积极履行职能，完善社会责任。

（3）"善解冤"：积极应对"形象蒙冤"，改善社会态度。

广东省"形象蒙冤"危机主要集中在公共服务"难"、官员素质"差"和社会秩序"乱"领域（见图14），广东省需要加强这三个重点领域的"形

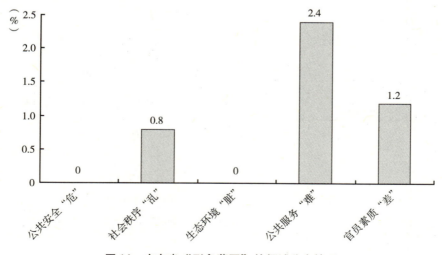

图14　广东省"形象蒙冤"的领域分布情况

象蒙冤"防范工作：一方面，"形象蒙冤"主体要善于借助媒体力量，及时、有效澄清省市形象"冤情"；另一方面，"形象蒙冤"高危行业需要建立风险预防长效机制，积极防范省市形象"被抹黑"。

在广东省居民对省市形象的自评情况中，广东省的得分均处于中等，排名处于中等靠前位置（见表77）。因此，广东省在省市形象危机应对中要重视社会态度，努力提高本省居民的认可度。同时努力提高公民素养，减小形象偏差度。

表77　广东省居民对省市形象的自评情况

项　目　领　域	公共服务	官员素质	生态环境	社会秩序	公共安全
广东省排名	第8位	第9位	第12名	第18名	第19名
广东省得分	72.2	67.5	71.5	71.9	73.0
全国平均得分	67.3	63.3	58.8	72.4	73.8
全国最高得分及得分省份	81.1（重庆市）	76.7（浙江省）	93.0（云南省）	82.2（浙江省）	85.3（重庆市）
全国最低得分及得分省份	40.0（甘肃省）	20.0（西藏自治区）	44.3（北京市）	30.0（西藏自治区）	42.5（甘肃省）

注：数据来源于中国人民大学危机管理研究中心省市形象社会问卷调查；不含港澳台；得分区间为0～10分，得分越高，排名越靠前，该省居民对该省市形象的满意度越高；具有此类研究方法的相应误差。表80、表83、表86、表89、表92、表95、表98、表101、表104、表107、表110、表113、表116、表119、表122、表125、表128、表131、表134、表137、表140、表143、表146、表149、表152、表155、表158、表161的注与表77相同，以下不一一列出。

2. 北京市形象危机的应对指南

北京市形象危机的应对，在遵循"重点改""全面防"与"善解冤"的原则下，应根据本市情况，有针对性地开展工作。

北京市形象危机基本情况，见表78。

表78　北京市形象危机基本情况

单位：%

指　标	"形象危机度"	"社会责任事故率"
指　数	4.73	59.76
排　名	第2位	第25位
等　级	低危	低危

（1）"重点改"：重点整改"形象死亡"。

北京市"形象死亡"危机主要集中在官员素质"差"、公共服务"难"和社会秩序"乱"领域（见图15），北京市需要加强这三个重点领域中形象危机的防范。

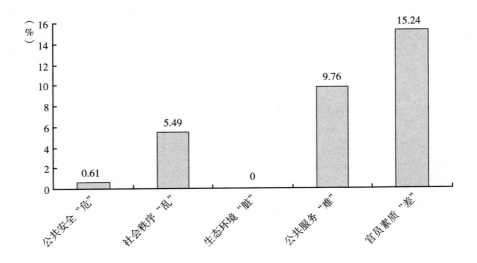

图15　北京市"形象死亡"的领域分布情况

（2）"全面防"：全面防范五大领域形象危机。

鉴于在五大领域中"形象危机度"与"社会责任事故率"排名情况（见表79），北京市需要在五大领域全方位加强形象危机监控与改进，积极履行职能，完善社会责任。

表79　北京市形象危机与社会责任事故的分领域情况

单位：%

领域	"危"		"乱"		"脏"		"难"		"差"	
项目	"形象危机度"	"社会责任事故率"	"形象危机度"	"社会责任事故率"	"形象危机度"	"社会责任事故率"	"形象危机度"	"社会责任事故率"	"形象危机度"	"社会责任事故率"
指数	3.70	60.00	4.05	39.53	0.52	33.00	6.45	66.13	6.89	73.17
排名	第4位	第12位	第8位	第27位	第23位	第27位	第1位	第10位	第3位	第24位

（3）"善解冤"：积极应对"形象蒙冤"，改善社会态度。

北京市"形象蒙冤"危机主要集中在公共服务"难"和官员素质"差"领域（见图16），北京市需要加强这三个重点领域的"形象蒙冤"防范工作：一方面，"形象蒙冤"主体要善于借助媒体力量，及时、有效澄清省市形象"冤情"；另一方面，"形象蒙冤"高危行业需要建立风险预防长效机制，积极防范省市形象"被抹黑"。

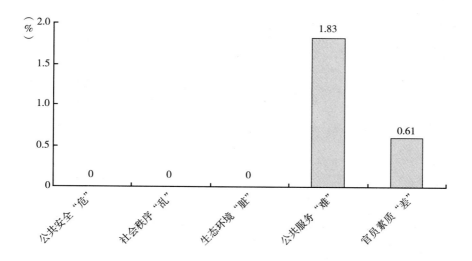

图16　北京市"形象蒙冤"的领域分布情况

表80　北京市居民对省市形象的自评情况

项目＼领域	公共服务	官员素质	公共安全	社会秩序	生态环境
北京市排名	第9位	第11位	第12名	第13名	第31名
北京市得分	71.9	67.1	76.2	73.8	44.3
全国平均得分	67.3	63.3	73.8	72.4	58.8
全国最高得分及得分省份	81.1（重庆市）	76.7（浙江省）	85.3（重庆市）	82.2（浙江省）	93.0（云南省）
全国最低得分及得分省份	40.0（甘肃省）	20.0（西藏自治区）	42.5（甘肃省）	30.0（西藏自治区）	44.3（北京市）

在北京市居民对省市形象的自评情况中，北京市的得分均处于中等，排名处于中等靠前位置。因此，北京市在省市形象危机应对中要重视社会态

度，努力提高本市居民的认可度。同时努力提高公民素养，减小形象偏差度。

3. 河南省形象危机的应对指南

河南省形象危机的应对，在遵循"重点改""全面防"与"善解冤"的原则下，应根据本省情况，有针对性地开展工作。

河南省形象危机基本情况，见表81。

表81 河南省形象危机基本情况

单位：%

指　标	"形象危机度"	"社会责任事故率"
指　数	3.91	72.32
排　名	第3位	第8位
等　级	低危	中危

（1）"重点改"：重点整改"形象死亡"。

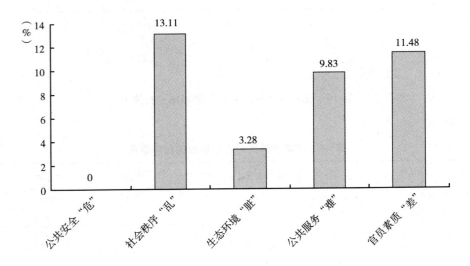

图17 河南省"形象死亡"的领域分布情况

河南省"形象死亡"危机主要集中在社会秩序"乱"、官员素质"差"和公共服务"难"领域，河南省需要加强这三个重点领域中形象危机的防范。

（2）"全面防"：全面防范五大领域形象危机。

鉴于在五大领域中"形象危机度"与"社会责任事故率"排名情况，河南省需要在五大领域全方位加强形象危机监控与改进，积极履行职能，完善社会责任。

表82　河南省形象危机与社会责任事故的分领域情况

单位：%

领域	"危"		"乱"		"脏"		"难"		"差"	
项目	"形象危机度"	"社会责任事故率"	"形象危机度"	"社会责任事故率"	"形象危机度"	"社会责任事故率"	"形象危机度"	"社会责任事故率"	"形象危机度"	"社会责任事故率"
指数	3.29	66.67	4.05	80.95	3.14	75.00	3.14	68.97	6.89	71.43
排名	第5位	第7位	第3位	第9位	第7位	第16位	第4位	第7位	第3位	第25位

（3）"善解冤"：积极应对"形象蒙冤"，改善社会态度。

河南省"形象蒙冤"危机主要集中在公共服务"难"和官员素质"差"领域，河南省需要加强这两个重点领域的"形象蒙冤"防范工作：一方面，"形象蒙冤"主体要善于借助媒体力量，及时、有效澄清省市形象"冤情"；另一方面，"形象蒙冤"高危行业需要建立风险预防长效机制，积极防范省市形象"被抹黑"。

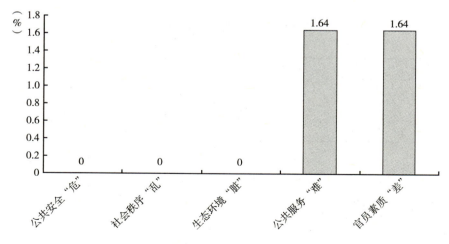

图18　河南省"形象蒙冤"的领域分布情况

表83 河南省居民对省市形象的自评情况

项　目　领　域	官员素质	公共服务	社会秩序	公共安全	生态环境
河南省排名	第13位	第16位	第19名	第22名	第25名
河南省得分	63.3	66.2	71.4	71.7	56.3
全国平均得分	63.3	67.3	72.4	73.8	58.8
全国最高得分及得分省份	76.7（浙江省）	81.1（重庆市）	82.2（浙江省）	85.3（重庆市）	93.0（云南省）
全国最低得分及得分省份	20.0（西藏自治区）	40.0（甘肃省）	30.0（西藏自治区）	42.5（甘肃省）	44.3（北京市）

在河南省居民对省市形象的自评情况中，河南省的得分均处于中等，排名处于中等靠后位置。因此，河南省需要在省市形象危机应对中要重视社会态度，努力提高本省居民的认可度。同时努力提高公民素养，减小形象偏差度。

4. 陕西省形象危机的应对指南

陕西省形象危机的应对，在遵循"重点改""全面防"与"善解冤"的原则下，应根据本省情况，有针对性地开展工作。

陕西省形象危机基本情况，见表84。

表84 陕西省形象危机基本情况

单位：%

指标	"形象危机度"	"社会责任事故率"
指数	3.42	71.72
排名	第4位	第10位
等级	低危	中危

（1）"重点改"：重点整改"形象死亡"。

陕西省"形象死亡"危机主要集中在官员素质"差"、社会秩序"乱"和公共服务"难"领域，陕西省需要加强这三个重点领域中形象危机的防范。

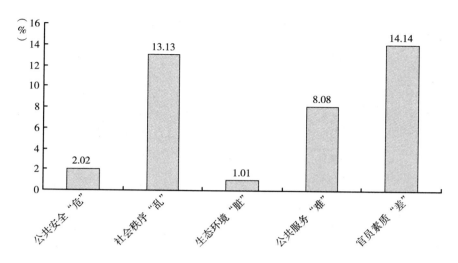

图 19 陕西省"形象死亡"的领域分布情况

（2）"全面防"：全面防范五大领域形象危机。

鉴于在五大领域中"形象危机度"与"社会责任事故率"排名情况，陕西省需要在五大领域全方位加强形象危机监控与改进，积极履行职能，完善社会责任。

表 85 陕西省形象危机与社会责任事故的分领域情况

单位：%

领域	"危"		"乱"		"脏"		"难"		"差"	
项目	"形象危机度"	"社会责任事故率"	"形象危机度"	"社会责任事故率"	"形象危机度"	"社会责任事故率"	"形象危机度"	"社会责任事故率"	"形象危机度"	"社会责任事故率"
指数	4.53	64.71	4.52	82.61	4.71	82.00	1.89	50.00	4.60	86.96
排名	第3位	第11位	第2位	第5位	第6位	第13位	第11位	第19位	第8位	第10位

（3）"善解冤"：积极应对"形象蒙冤"，改善社会态度。

陕西省"形象蒙冤"危机主要集中在公共服务"难"领域，陕西省需要加强这个重点领域防范"形象蒙冤"工作：一方面，"形象蒙冤"主体要善于借助媒体力量，及时、有效澄清省市形象"冤情"；另一方面，"形象蒙冤"高危行业需要建立风险预防长效机制，积极防范省市形象"被抹黑"。

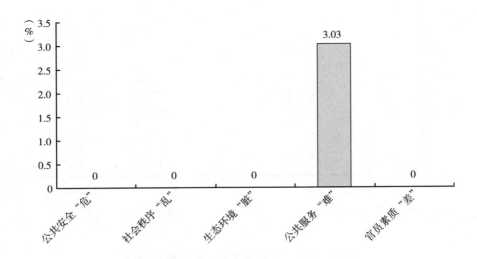

图20　陕西省"形象蒙冤"的领域分布情况

表86　陕西省居民对省市形象的自评情况

项　目＼领　域	官员素质	公共服务	社会秩序	公共安全	生态环境
陕西省排名	第4位	第10位	第9名	第13名	第27名
陕西省得分	72.4	71.7	75.6	76.1	54.4
全国平均得分	63.3	67.3	72.4	73.8	58.8
全国最高得分及得分省份	76.7（浙江省）	81.1（重庆市）	82.2（浙江省）	85.3（重庆市）	93.0（云南省）
全国最低得分及得分省份	20.0（西藏自治区）	40.0（甘肃省）	30.0（西藏自治区）	42.5（甘肃省）	44.3（北京市）

在陕西省居民对省市形象的自评情况中，陕西省的得分均处于中等，排名分布均匀。因此，陕西省需要在省市形象危机应对中要重视社会态度，努力提高本省居民的认可度。同时努力提高公民素养，减小形象偏差度。

5. 江苏省形象危机的应对指南

江苏省形象危机的应对，在遵循"重点改""全面防"与"善解冤"的原则下，应根据本省情况，有针对性地开展工作。

江苏省形象危机基本情况，见表87。

表 87　江苏省形象危机基本情况

单位：%

指　　标	"形象危机度"	"社会责任事故率"
指　　数	3.28	60.71
排　　名	第 5 位	第 23 位
等　　级	低危	中危

（1）"重点改"：重点整改"形象死亡"。

江苏省"形象死亡"危机主要集中在官员素质"差"、公共服务"难"和社会秩序"乱"领域，江苏省需要加强这三个重点领域中形象危机的防范。

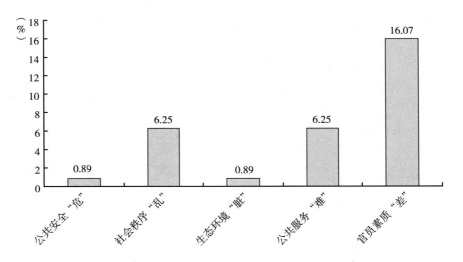

图 21　江苏省"形象死亡"的领域分布情况

（2）"全面防"：全面防范五大领域形象危机。

鉴于在五大领域中"形象危机度"与"社会责任事故率"排名情况，江苏省需要在五大领域全方位加强形象危机监控与改进，积极履行职能，完善社会责任。

（3）"善解冤"：积极应对"形象蒙冤"，改善社会态度。

江苏省"形象蒙冤"危机主要集中在公共服务"难"、官员素质"差"和社会秩序"乱"领域，江苏省需要加强这三个重点领域的"形象蒙冤"防范

表88 江苏省形象危机与社会责任事故的分领域情况

单位：%

领域	"危"		"乱"		"脏"		"难"		"差"	
项目	"形象危机度"	"社会责任事故率"	"形象危机度"	"社会责任事故率"	"形象危机度"	"社会责任事故率"	"形象危机度"	"社会责任事故率"	"形象危机度"	"社会责任事故率"
指数	1.65	36.36	3.57	57.69	6.81	81.00	2.67	50.00	4.37	76.00
排名	第14位	第23位	第6位	第19位	第3位	第14位	第6位	第19位	第10位	第21位

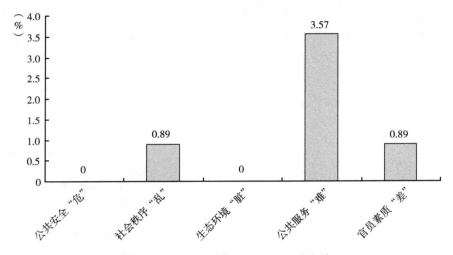

图22 江苏省"形象蒙冤"的领域分布情况

工作：一方面，"形象蒙冤"主体要善于借助媒体力量，及时、有效澄清省市形象"冤情"；另一方面，"形象蒙冤"高危行业需要建立风险预防长效机制，积极防范省市形象"被抹黑"。

在江苏省居民对省市形象的自评情况中，江苏省的得分均处于中等，排名处于中等位置。因此，江苏省在省市形象危机应对中要重视社会态度，努力提高本省居民的认可度。同时努力提高公民素养，减小形象偏差度。

6. 浙江省形象危机的应对指南

浙江省形象危机的应对，在遵循"重点改""全面防"与"善解冤"的原则下，应根据本省情况，有针对性地开展工作。

浙江省形象危机基本情况，见表90。

表89　江苏省居民对省市形象的自评情况

项　目＼领　域	官员素质	社会秩序	公共服务	公共安全	生态环境
江苏省排名	第17位	第17名	第21位	第21名	第24名
江苏省得分	62.0	72.2	63.3	72.2	57.2
全国平均得分	63.3	72.4	67.3	73.8	58.8
全国最高得分及得分省份	76.7（浙江省）	82.2（浙江省）	81.1（重庆市）	85.3（重庆市）	93.0（云南省）
全国最低得分及得分省份	20.0（西藏自治区）	30.0（西藏自治区）	40.0（甘肃省）	42.5（甘肃省）	44.3（北京市）

表90　浙江省形象危机基本情况

单位：%

指　标	"形象危机度"	"社会责任事故率"
指　数	3.23	62.62
排　名	第6位	第20位
等　级	低危	中危

（1）"重点改"：重点整改"形象死亡"。

浙江省"形象死亡"危机主要集中在官员素质"差"、社会秩序"乱"和公共服务"难"领域，浙江省需要加强这三个重点领域中形象危机的防范。

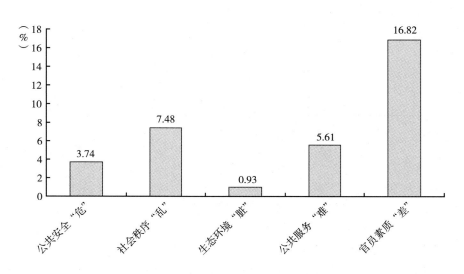

图23　浙江省"形象死亡"的领域分布情况

（2）"全面防"：全面防范五大领域形象危机。

鉴于在五大领域中"形象危机度"与"社会责任事故率"排名情况，浙江省需要在五大领域全方位加强形象危机监控与改进，积极履行职能，完善社会责任。

表91　浙江省形象危机与社会责任事故的分领域情况

单位：%

领域	"危"		"乱"		"脏"		"难"		"差"	
项目	"形象危机度"	"社会责任事故率"	"形象危机度"	"社会责任事故率"	"形象危机度"	"社会责任事故率"	"形象危机度"	"社会责任事故率"	"形象危机度"	"社会责任事故率"
指数	5.35	72.22	2.62	42.31	3.14	86.00	2.20	48.28	5.29	85.19
排名	第2位	第6位	第13位	第25位	第7位	第10位	第9位	第23位	第5位	第13位

（3）"善解冤"：积极应对"形象蒙冤"，改善社会态度。

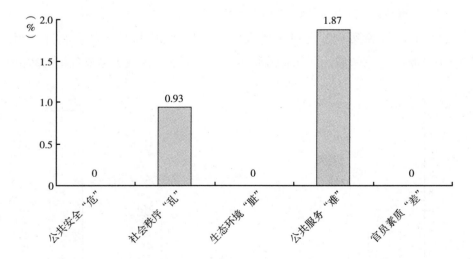

图24　浙江省"形象蒙冤"的领域分布情况

浙江省"形象蒙冤"危机主要集中在公共服务"难"和社会秩序"乱"领域，浙江省需要加强这两个重点领域的"形象蒙冤"防范工作：一方面，"形象蒙冤"主体要善于借助媒体力量，及时、有效澄清省市形象"冤情"；

另一方面，"形象蒙冤"高危行业需要建立风险预防长效机制，积极防范省市形象"被抹黑"。

表92　浙江省居民对省市形象的自评情况

项　目＼领　域	官员素质	社会秩序	公共安全	公共服务	生态环境
浙江省排名	第1位	第1名	第2名	第3位	第8名
浙江省得分	76.7	82.2	82.2	78.9	75.6
全国平均得分	63.3	72.4	73.8	67.3	58.8
全国最高得分及得分省份	76.7（浙江省）	82.2（浙江省）	85.3（重庆市）	81.1（重庆市）	93.0（云南省）
全国最低得分及得分省份	20.0（西藏自治区）	30.0（西藏自治区）	42.5（甘肃省）	40.0（甘肃省）	44.3（北京市）

在浙江省居民对省市形象的自评情况中，浙江省的得分均处于上等，排名处于靠前位置。因此，浙江省需要在省市形象危机应对中要重视社会态度，努力提高本省居民的认可度。同时努力提高公民素养，减小形象偏差度。

7. 湖南省形象危机的应对指南

湖南省形象危机的应对，在遵循"重点改""全面防"与"善解冤"的原则下，应根据本省情况，有针对性地开展工作。

湖南省形象危机基本情况，见表93。

表93　湖南省形象危机基本情况

单位：%

指　标	"形象危机度"	"社会责任事故率"
指　数	3.18	67.35
排　名	第7位	第17位
等　级	低危	中危

（1）"重点改"：重点整改"形象死亡"。

湖南省"形象死亡"危机主要集中在官员素质"差"、社会秩序"乱"和公共服务"难"领域，湖南省需要加强这三个重点领域中形象危机的防范。

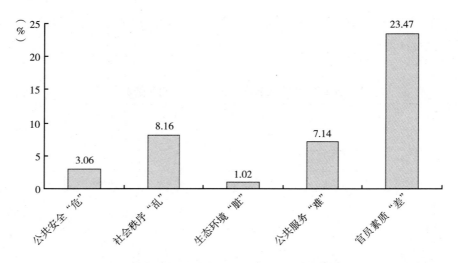

图25　湖南省"形象死亡"的领域分布情况

（2）"全面防"：全面防范五大领域形象危机。

表94　湖南省形象危机与社会责任事故的分领域情况

单位：%

领域	"危"		"乱"		"脏"		"难"		"差"	
项目	"形象危机度"	"社会责任事故率"	"形象危机度"	"社会责任事故率"	"形象危机度"	"社会责任事故率"	"形象危机度"	"社会责任事故率"	"形象危机度"	"社会责任事故率"
指数	2.06	41.67	3.81	94.12	2.09	80.00	1.57	45.45	7.12	73.81
排名	第9位	第21位	第5位	第2位	第13位	第15位	第13位	第25位	第2位	第22位

　　鉴于在五大领域中"形象危机度"与"社会责任事故率"排名情况，湖南省需要在五大领域全方位加强形象危机监控与改进，积极履行职能，完善社会责任。

　　（3）"善解冤"：积极应对"形象蒙冤"，改善社会态度。

　　湖南省"形象蒙冤"危机主要集中在公共服务"难"领域，湖南省需要加强这个重点领域的"形象蒙冤"防范工作：一方面，"形象蒙冤"主体要善于借助媒体力量，及时、有效澄清省市形象"冤情"；另一方面，

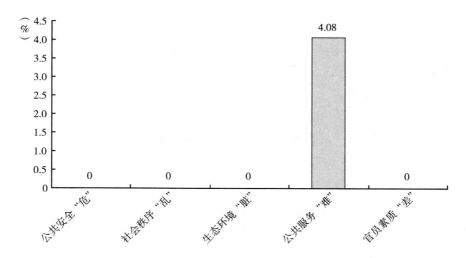

图 26 湖南省 "形象蒙冤" 的领域分布情况

"形象蒙冤" 高危行业需要建立风险预防长效机制，积极防范省市形象 "被抹黑"。

表 95 湖南省居民对省市形象的自评情况

项 目 \ 领 域	生态环境	官员素质	公共服务	社会秩序	公共安全
湖南省排名	第 18 名	第 22 位	第 25 位	第 27 名	第 27 名
湖南省得分	62.7	59.1	58.2	59.1	63.6
全国平均得分	58.8	63.3	67.3	72.4	73.8
全国最高得分及得分省份	93.0（云南省）	76.7（浙江省）	81.1（重庆市）	82.2（浙江省）	85.3（重庆市）
全国最低得分及得分省份	44.3（北京市）	20.0（西藏自治区）	40.0（甘肃省）	30.0（西藏自治区）	42.5（甘肃省）

在湖南省居民对省市形象的自评情况中，湖南省的得分均处于中等，排名处于中等靠后位置。因此，湖南省需要在省市形象危机应对中要重视社会态度，努力提高本省居民的认可度。同时努力提高公民素养，减小形象偏差度。

8. 山东省形象危机的应对指南

山东省形象危机的应对，在遵循"重点改""全面防"与"善解冤"的原则下，应根据本省情况，有针对性地开展工作。

山东省形象危机基本情况，见表96。

表96　山东省形象危机基本情况

单位：%

指　标	"形象危机度"	"社会责任事故率"
指　数	3.04	62.38
排　名	第8位	第21位
等　级	低危	中危

（1）"重点改"：重点整改"形象死亡"。

山东省"形象死亡"危机主要集中在公共服务"难"、官员素质"差"和社会秩序"乱"领域，山东省需要加强这三个重点领域中形象危机的防范。

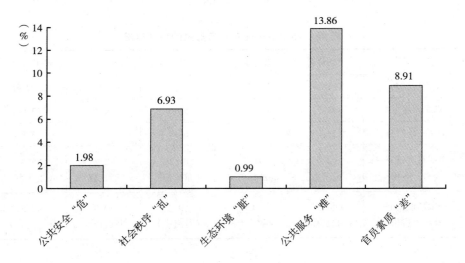

图27　山东省"形象死亡"的领域分布情况

（2）"全面防"：全面防范五大领域形象危机。

鉴于在五大领域中"形象危机度"与"社会责任事故率"排名情况，山东省需要在五大领域全方位加强形象危机监控与改进，积极履行职能，完善社会责任。

表 97　山东省形象危机与社会责任事故的分领域情况

单位：%

领域	"危"		"乱"		"脏"		"难"		"差"	
项目	"形象危机度"	"社会责任事故率"	"形象危机度"	"社会责任事故率"	"形象危机度"	"社会责任事故率"	"形象危机度"	"社会责任事故率"	"形象危机度"	"社会责任事故率"
指数	1.65	36.36	2.86	57.14	7.33	70.00	4.09	68.42	2.07	90.00
排名	第14位	第23位	第10位	第20位	第2位	第18位	第3位	第8位	第18位	第9位

（3）"善解冤"：积极应对"形象蒙冤"，改善社会态度。

山东省"形象蒙冤"危机主要集中在公共服务"难"和社会秩序"乱"领域，山东省需要加强这两个重点领域的"形象蒙冤"防范工作：一方面，"形象蒙冤"主体要善于借助媒体力量，及时、有效澄清省市形象"冤情"；另一方面，"形象蒙冤"高危行业需要建立风险预防长效机制，积极防范省市形象"被抹黑"。

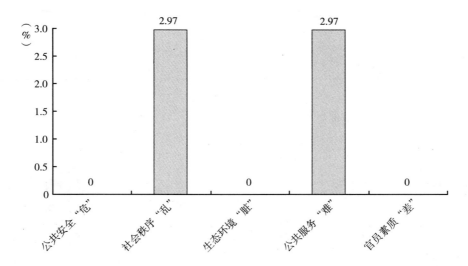

图 28　山东省"形象蒙冤"的领域分布情况

在山东省居民对省市形象的自评情况中，山东省的得分均处于中等，排名处于中等靠前位置。因此，山东省需要在省市形象危机应对中要重视社会态度，努力提高本省居民的认可度。同时努力提高公民素养，减小形象偏差度。

表98　山东省居民对省市形象的自评情况

项　目　＼　领　域	社会秩序	公共服务	公共安全	官员素质	生态环境
山东省排名	第10名	第13位	第14名	第16位	第17名
山东省得分	74.5	68.1	75.7	62.7	64.5
全国平均得分	72.4	67.3	73.8	63.3	58.8
全国最高得分及得分省份	82.2（浙江省）	81.1（重庆市）	85.3（重庆市）	76.7（浙江省）	93.0（云南省）
全国最低得分及得分省份	30.0（西藏自治区）	40.0（甘肃省）	42.5（甘肃省）	20.0（西藏自治区）	44.3（北京市）

9. 海南省形象危机的应对指南

海南省形象危机的应对，在遵循"重点改""全面防"与"善解冤"的原则下，应根据本省情况，有针对性地开展工作。

海南省形象危机基本情况，见表99。

表99　海南省形象危机基本情况

单位：%

指　标	"形象危机度"	"社会责任事故率"
指　数	2.89	76.92
排　名	第9位	第4位
等　级	低危	中危

（1）"重点改"：重点整改"形象死亡"。

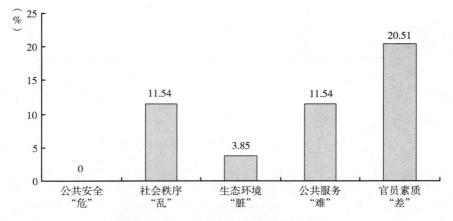

图29　海南省"形象死亡"的领域分布情况

海南省"形象死亡"危机主要集中在官员素质"差"、公共服务"难"和社会秩序"乱"领域，海南省需要加强这三个重点领域中形象危机的防范。

（2）"全面防"：全面防范五大领域形象危机。

表100　海南省形象危机与社会责任事故的分领域情况

单位：%

领域	"危"		"乱"		"脏"		"难"		"差"	
项目	"形象危机度"	"社会责任事故率"	"形象危机度"	"社会责任事故率"	"形象危机度"	"社会责任事故率"	"形象危机度"	"社会责任事故率"	"形象危机度"	"社会责任事故率"
指数	0.41	50.00	3.57	78.95	2.62	63.00	3.14	74.07	4.37	86.36
排名	第25位	第18位	第6位	第11位	第10位	第21位	第4位	第6位	第10位	第11位

鉴于在五大领域中"形象危机度"与"社会责任事故率"排名情况，海南省需要在五大领域全方位加强形象危机监控与改进，积极履行职能，完善社会责任。

（3）"善解冤"：积极应对"形象蒙冤"，改善社会态度。

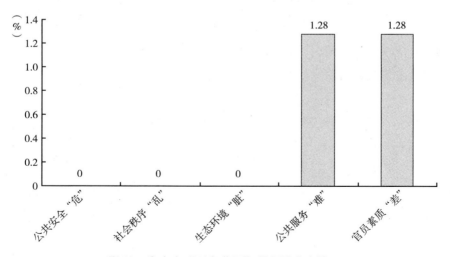

图30　海南省"形象蒙冤"的领域分布情况

海南省"形象蒙冤"危机主要集中在公共服务"难"和官员素质"差"领域，海南省需要加强这两个重点领域的"形象蒙冤"防范工作：一方面，

"形象蒙冤"主体要善于借助媒体力量,及时、有效澄清省市形象"冤情";另一方面,"形象蒙冤"高危行业需要建立风险预防长效机制,积极防范省市形象"被抹黑"。

表 101　海南省居民对省市形象的自评情况

项　目 ＼ 领　域	官员素质	生态环境	公共服务	社会秩序	公共安全
海南省排名	第 8 位	第 9 名	第 15 位	第 16 名	第 17 名
海南省得分	67.8	74.4	66.7	72.2	73.3
全国平均得分	63.3	58.8	67.3	72.4	73.8
全国最高得分 及得分省份	76.7 （浙江省）	93.0 （云南省）	81.1 （重庆市）	82.2 （浙江省）	85.3 （重庆市）
全国最低得分 及得分省份	20.0 （西藏自治区）	44.3 （北京市）	40.0 （甘肃省）	30.0 （西藏自治区）	42.5 （甘肃省）

在海南省居民对省市形象的自评情况中,海南省的得分均处于中等,排名处于中等靠前位置。因此,海南省需要在省市形象危机应对中要重视社会态度,努力提高本省居民的认可度。同时努力提高公民素养,减小形象偏差度。

10. 安徽省形象危机的应对指南

安徽省形象危机的应对,在遵循"重点改""全面防"与"善解冤"的原则下,应根据本省情况,有针对性地开展工作。

安徽省形象危机基本情况,见表 102。

表 102　安徽省形象危机基本情况

单位: %

指　标	"形象危机度"	"社会责任事故率"
指　数	2.65	67.90
排　名	第 10 位	第 15 位
等　级	低危	中危

(1)"重点改":重点整改"形象死亡"。

安徽省"形象死亡"危机主要集中在官员素质"差"、社会秩序"乱"和公共服务"难"领域,安徽省需要加强这三个重点领域中形象危机的防范。

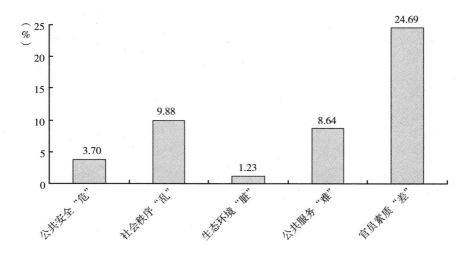

图31　安徽省"形象死亡"的领域分布情况

（2）"全面防"：全面防范五大领域形象危机。

表103　安徽省形象危机与社会责任事故的分领域情况

单位：%

领域	"危"		"乱"		"脏"		"难"		"差"	
项目	"形象危机度"	"社会责任事故率"	"形象危机度"	"社会责任事故率"	"形象危机度"	"社会责任事故率"	"形象危机度"	"社会责任事故率"	"形象危机度"	"社会责任事故率"
指数	2.06	55.56	3.10	72.22	1.05	40.00	2.04	61.90	5.06	78.57
排名	第9位	第15位	第9位	第13位	第19位	第26位	第10位	第13位	第6位	第17位

鉴于在五大领域中"形象危机度"与"社会责任事故率"排名情况，安徽省需要在五大领域全方位加强形象危机监控与改进，积极履行职能，完善社会责任。

（3）"善解冤"：积极应对"形象蒙冤"，改善社会态度。

安徽省"形象蒙冤"危机主要集中在公共服务"难"和官员素质"差"领域，安徽省需要加强这两个重点领域的"形象蒙冤"防范工作：一方面，"形象蒙冤"主体要善于借助媒体力量，及时、有效澄清省市形象"冤情"；另一方面，"形象蒙冤"高危行业需要建立风险预防长效机制，积极防范省市形象"被抹黑"。

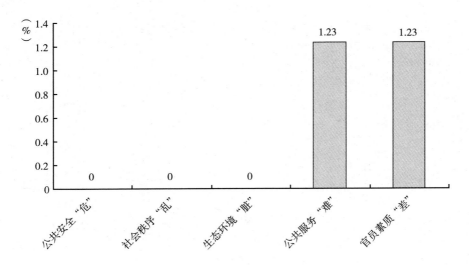

图32　安徽省"形象蒙冤"的领域分布情况

表104　安徽省居民对省市形象的自评情况

项　目　领　域	公共服务	官员素质	生态环境	公共安全	社会秩序
安徽省排名	第22位	第23位	第23名	第24名	第25名
安徽省得分	62.0	58.1	57.4	69.0	67.2
全国平均得分	67.3	63.3	58.8	73.8	72.4
全国最高得分及得分省份	81.1（重庆市）	76.7（浙江省）	93.0（云南省）	85.3（重庆市）	82.2（浙江省）
全国最低得分及得分省份	40.0（甘肃省）	20.0（西藏自治区）	44.3（北京市）	42.5（甘肃省）	30.0（西藏自治区）

在安徽省居民对省市形象的自评情况中，安徽省的得分均处于中下等，排名处于中等靠后位置。因此，安徽省在省市形象危机应对中要重视社会态度，努力提高本省居民的认可度。同时努力提高公民素养，减小形象偏差度。

11. 四川省形象危机的应对指南

四川省形象危机的应对，在遵循"重点改""全面防"与"善解冤"的原则下，应根据本省情况，有针对性地开展工作。

四川省形象危机基本情况，见表105。

表 105　四川省形象危机基本情况

单位：%

指　标	"形象危机度"	"社会责任事故率"
指　数	2.60	72.00
排　名	第 11 位	第 9 位
等　级	低危	中危

（1）"重点改"：重点整改"形象死亡"。

四川省"形象死亡"危机主要集中在官员素质"差"、社会秩序"乱"和公共服务"难"领域，四川省需要加强这三个重点领域中形象危机的防范。

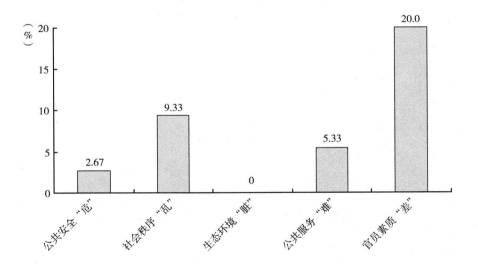

图 33　四川省"形象死亡"的领域分布情况

（2）"全面防"：全面防范五大领域形象危机。

鉴于在五大领域中"形象危机度"与"社会责任事故率"排名情况，四川省需要在五大领域全方位加强形象危机监控与改进，积极履行职能，完善社会责任。

表 106　四川省形象危机与社会责任事故的分领域情况

单位：%

领域	"危"		"乱"		"脏"		"难"		"差"	
项目	"形象危机度"	"社会责任事故率"	"形象危机度"	"社会责任事故率"	"形象危机度"	"社会责任事故率"	"形象危机度"	"社会责任事故率"	"形象危机度"	"社会责任事故率"
指数	3.69	55.56	2.86	80.00	0.52	100.00	2.36	65.22	4.82	77.78
排名	第12位	第15位	第10位	第10位	第23位	第1位	第7位	第11位	第7位	第20位

（3）"善解冤"：积极应对"形象蒙冤"，改善社会态度。

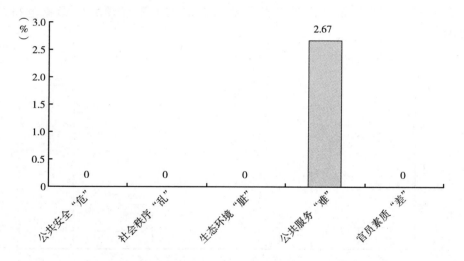

图 34　四川省"形象蒙冤"的领域分布情况

　　四川省"形象蒙冤"危机主要集中在公共服务"难"领域，四川省需要加强这个重点领域的"形象蒙冤"防范工作：一方面，"形象蒙冤"主体要善于借助媒体力量，及时、有效澄清省市形象"冤情"；另一方面，"形象蒙冤"高危行业需要建立风险预防长效机制，积极防范省市形象"被抹黑"。

　　在四川省居民对省市形象的自评情况中，四川省的得分均处于上等，排名处于靠前位置。因此，四川省在省市形象危机应对中要重视社会态度，努力提高本省居民的认可度。同时努力提高公民素养，减小形象偏差度。

表 107　四川省本省居民对省市形象的自评情况

项目 ＼ 领域	官员素质	社会秩序	公共服务	公共安全	生态环境
四川省排名	第 3 位	第 3 名	第 4 位	第 8 名	第 10 名
四川省得分	75.0	80.0	77.8	77.8	73.9
全国平均得分	63.3	72.4	67.3	73.8	58.8
全国最高得分及得分省份	76.7（浙江省）	82.2（浙江省）	81.1（重庆市）	85.3（重庆市）	93.0（云南省）
全国最低得分及得分省份	20.0（西藏自治区）	30.0（西藏自治区）	40.0（甘肃省）	42.5（甘肃省）	44.3（北京市）

12. 湖北省形象危机的应对指南

湖北省形象危机的应对，在遵循"重点改""全面防"与"善解冤"的原则下，应根据本省情况，有针对性地开展工作。

湖北省形象危机基本情况，见表 108。

表 108　湖北省形象危机基本情况

单位：%

指　标	"形象危机度"	"社会责任事故率"
指　数	2.31	67.61
排　名	第 12 位	第 16 位
等　级	低危	中危

（1）"重点改"：重点整改"形象死亡"。

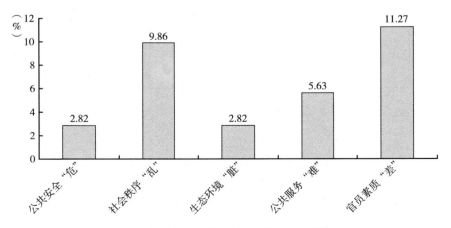

图 35　湖北省"形象死亡"的领域分布情况

湖北省"形象死亡"危机主要集中在官员素质"差"、社会秩序"乱"和公共服务"难"领域，湖北省需要加强这三个重点领域中形象危机的防范。

（2）"全面防"：全面防范五大领域形象危机。

表 109　湖北省形象危机与社会责任事故的分领域情况

单位：%

领域	"危"		"乱"		"脏"		"难"		"差"	
项目	"形象危机度"	"社会责任事故率"	"形象危机度"	"社会责任事故率"	"形象危机度"	"社会责任事故率"	"形象危机度"	"社会责任事故率"	"形象危机度"	"社会责任事故率"
指数	3.29	72.73	2.14	50.00	2.62	83.00	2.36	68.18	2.53	78.57
排名	第5位	第5位	第14位	第22位	第10位	第12位	第7位	第9位	第15位	第17位

鉴于在五大领域中"形象危机度"与"社会责任事故率"排名情况，湖北省需要在五大领域全方位加强形象危机监控与改进，积极履行职能，完善社会责任。

（3）"善解冤"：积极应对"形象蒙冤"，改善社会态度。

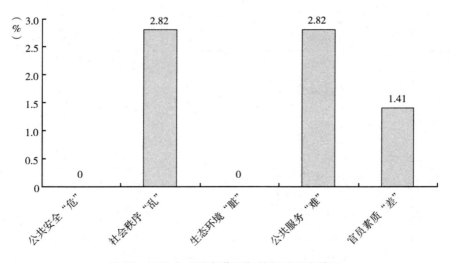

图 36　湖北省"形象蒙冤"的领域分布情况

湖北省"形象蒙冤"危机主要集中在社会秩序"乱"、公共服务"难"和官员素质"差"领域，湖北省需要加强这三个重点领域的"形象蒙冤"防范工作：一方面，"形象蒙冤"主体要善于借助媒体力量，及时、有效澄清省市形象"冤情"；另一方面，"形象蒙冤"高危行业需要建立风险预防长效机制，积极防范省市形象"被抹黑"。

表 110　湖北省居民对省市形象的自评情况

项　目＼领　域	公共服务	官员素质	生态环境	社会秩序	公共安全
湖北省排名	第 6 位	第 6 位	第 6 名	第 6 名	第 7 名
湖北省得分	75.7	70.8	77.8	77.5	78.2
全国平均得分	67.3	63.3	58.8	72.4	73.8
全国最高得分及得分省份	81.1（重庆市）	76.7（浙江省）	93.0（云南省）	82.2（浙江省）	85.3（重庆市）
全国最低得分及得分省份	40.0（甘肃省）	20.0（西藏自治区）	44.3（北京市）	30.0（西藏自治区）	42.5（甘肃省）

在湖北省居民对省市形象的自评情况中，湖北省的得分均处于上等，排名处于靠前位置。因此，湖北省在省市形象危机应对中要重视社会态度，努力提高本省居民的认可度。同时努力提高公民素养，减小形象偏差度。

13. 河北省形象危机的应对指南

河北省形象危机的应对，在遵循"重点改""全面防"与"善解冤"的原则下，应根据本省情况，有针对性地开展工作。

河北省形象危机基本情况，见表 111。

表 111　河北省形象危机基本情况

单位：%

指　标	"形象危机度"	"社会责任事故率"
指　数	2.27	77.05
排　名	第 13 位	第 3 位
等　级	低危	中危

（1）"重点改"：重点整改"形象死亡"。

河北省"形象死亡"危机主要集中在社会秩序"乱"、官员素质"差"和公共服务"难"领域，河北省需要加强这三个重点领域中形象危机的防范。

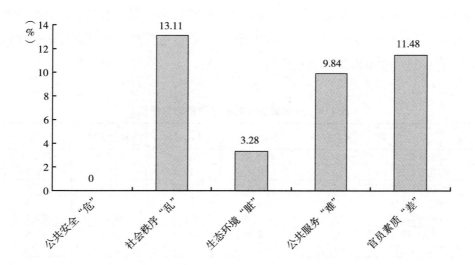

图37　河北省"形象死亡"的领域分布情况

（2）"全面防"：全面防范五大领域形象危机。

表112　河北省形象危机与社会责任事故的分领域情况

单位：%

领域	"危"		"乱"		"脏"		"难"		"差"	
项目	"形象危机度"	"社会责任事故率"	"形象危机度"	"社会责任事故率"	"形象危机度"	"社会责任事故率"	"形象危机度"	"社会责任事故率"	"形象危机度"	"社会责任事故率"
指数	0.41	20.00	2.86	85.71	6.28	91.00	1.73	78.57	2.53	78.57
排名	第25位	第26位	第10位	第3位	第4位	第9位	第12位	第2位	第15位	第17位

鉴于在五大领域中"形象危机度"与"社会责任事故率"排名情况，河北省需要在五大领域全方位加强形象危机监控与改进，积极履行职能，完善社会责任。

（3）"善解冤"：积极应对"形象蒙冤"，改善社会态度。

河北省"形象蒙冤"危机主要集中在公共服务"难"和官员素质"差"领域，河北省需要加强这两个重点领域的"形象蒙冤"防范工作：一方面，

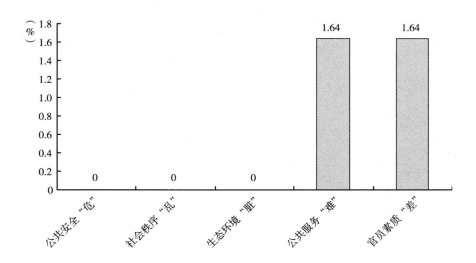

图38　河北省"形象蒙冤"的领域分布情况

"形象蒙冤"主体要善于借助媒体力量，及时、有效澄清省市形象"冤情"；另一方面，"形象蒙冤"高危行业需要建立风险预防长效机制，积极防范省市形象"被抹黑"。

在河北省居民对省市形象的自评情况中，河北省的得分均处于下等，排名处于靠后位置（见表113）。因此，河北省在省市形象危机应对中要重视社会态度，努力提高本省居民的认可度。同时努力提高公民素养，减小形象偏差度。

表113　河北省居民对省市形象的自评情况

项　目 ＼ 领　域	官员素质	公共服务	生态环境	社会秩序	公共安全
河北省排名	第27位	第28位	第28名	第29名	第29名
河北省得分	50.9	52.3	49.4	56.2	51.5
全国平均得分	63.3	67.3	58.8	72.4	73.8
全国最高得分及得分省份	76.7（浙江省）	81.1（重庆市）	93.0（云南省）	82.2（浙江省）	85.3（重庆市）
全国最低得分及得分省份	20.0（西藏自治区）	40.0（甘肃省）	44.3（北京市）	30.0（西藏自治区）	42.5（甘肃省）

14. 云南省形象危机的应对指南

云南省形象危机的应对，在遵循"重点改""全面防"与"善解冤"的原则下，应根据本省情况，有针对性地开展工作。

云南省形象危机基本情况，见表114。

表114 云南省形象危机基本情况

单位：%

指　标	"形象危机度"	"社会责任事故率"
指　数	2.27	75.81
排　名	第13位	第5位
等　级	低危	中危

（1）"重点改"：重点整改"形象死亡"。

云南省"形象死亡"危机主要集中在官员素质"差"和社会秩序"乱"领域，云南省需要加强这两个重点领域中形象危机的防范。

（2）"全面防"：全面防范五大领域形象危机。

鉴于在五大领域中"形象危机度"与"社会责任事故率"排名情况，云南省需要在五大领域全方位加强形象危机监控与改进，积极履行职能，完善社会责任。

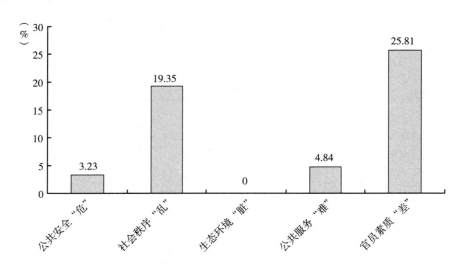

图39　云南省"形象死亡"的领域分布情况

表 115　云南省形象危机与社会责任事故的分领域情况

单位：%

领域	"危"		"乱"		"脏"		"难"		"差"	
项目	"形象危机度"	"社会责任事故率"	"形象危机度"	"社会责任事故率"	"形象危机度"	"社会责任事故率"	"形象危机度"	"社会责任事故率"	"形象危机度"	"社会责任事故率"
指数	2.06	55.56	3.33	82.35	0.52	100.00	1.10	50.00	4.60	95.24
排名	第9位	第15位	第8位	第6位	第23位	第1位	第15位	第19位	第8位	第6位

（3）"善解冤"：积极应对"形象蒙冤"，改善社会态度。

云南省"形象蒙冤"危机主要集中在公共服务"难"领域，云南省需要加强这个重点领域的"形象蒙冤"防范工作：一方面，"形象蒙冤"主体要善于借助媒体力量，及时、有效澄清省市形象"冤情"；另一方面，"形象蒙冤"高危行业需要建立风险预防长效机制，积极防范省市形象"被抹黑"。

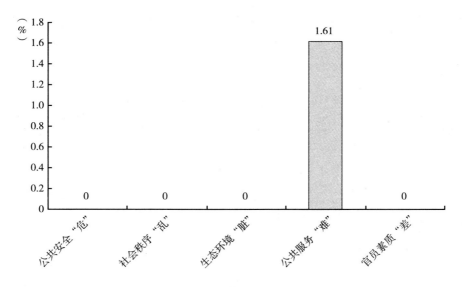

图40　云南省"形象蒙冤"的领域分布情况

表 116　云南省居民对省市形象的自评情况

项　目　领域	生态环境	社会秩序	公共安全	官员素质	公共服务
云南省排名	第 1 名	第 4 名	第 4 名	第 15 位	第 17 位
云南省得分	93.0	78.0	81.0	62.9	66.0
全国平均得分	58.8	72.4	73.8	63.3	67.3
全国最高得分 及得分省份	93.0 （云南省）	82.2 （浙江省）	85.3 （重庆市）	76.7 （浙江省）	81.1 （重庆市）
全国最低得分 及得分省份	44.3 （北京市）	30.0 （西藏自治区）	42.5 （甘肃省）	20.0 （西藏自治区）	40.0 （甘肃省）

　　在云南省居民对省市形象的自评情况中，云南省的得分在五大领域有高有低，排名处于中等靠前位置。因此，云南省在省市形象危机应对中要重视社会态度，努力提高本省居民的认可度。同时努力提高公民素养，减小形象偏差度。

15. 广西壮族自治区形象危机的应对指南

　　广西壮族自治区形象危机的应对，在遵循"重点改""全面防"与"善解冤"的原则下，应根据本区情况，有针对性地开展工作。

　　广西壮族自治区形象危机基本情况，见表 117。

表 117　广西壮族自治区形象危机基本情况

单位：%

指　标	"形象危机度"	"社会责任事故率"
指　数	2.03	71.19
排　名	第 15 位	第 11 位
等　级	低危	中危

　　（1）"重点改"：重点整改"形象死亡"。

　　广西壮族自治区"形象死亡"危机主要集中在官员素质"差"、社会秩序"乱"和公共安全"危"领域，广西壮族自治区需要加强这三个重点领域中形象危机的防范。

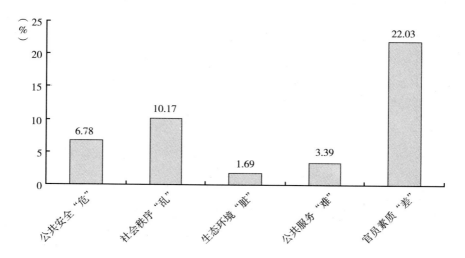

图41 广西壮族自治区"形象死亡"的领域分布情况

（2）"全面防"：全面防范五大领域形象危机。

表118 广西壮族自治区形象危机与社会责任事故的分领域情况

单位：%

领域	"危"		"乱"		"脏"		"难"		"差"	
项目	"形象危机度"	"社会责任事故率"	"形象危机度"	"社会责任事故率"	"形象危机度"	"社会责任事故率"	"形象危机度"	"社会责任事故率"	"形象危机度"	"社会责任事故率"
指数	2.47	75.00	2.14	81.82	2.09	100.00	0.94	33.33	3.91	94.44
排名	第7位	第14位	第14位	第7位	第13位	第1位	第18位	第28位	第12位	第7位

鉴于在五大领域中"形象危机度"与"社会责任事故率"排名情况，广西壮族自治区需要在五大领域全方位加强形象危机监控与改进，积极履行职能，完善社会责任。

（3）"善解冤"：积极应对"形象蒙冤"，改善社会态度。

广西壮族自治区"形象蒙冤"危机暂无，但广西壮族自治区同样需要加强"形象蒙冤"防范工作：一方面，"形象蒙冤"主体要善于借助媒体力量，及时、有效澄清省市形象"冤情"；另一方面，"形象蒙冤"高危行业需要建立风险预防长效机制，积极防范省市形象"被抹黑"。

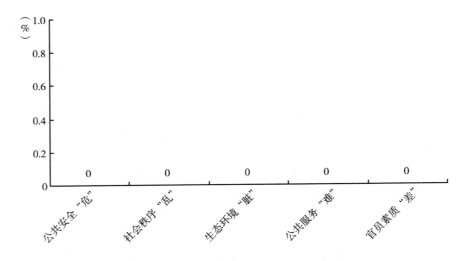

图42　广西壮族自治区"形象蒙冤"的领域分布情况

表119　广西壮族自治区居民对省市形象的自评情况

项 目 \ 领 域	生态环境	公共服务	官员素质	公共安全	社会秩序
广西壮族自治区排名	第4名	第19位	第20位	第25名	第26名
广西壮族自治区得分	78.6	64.3	61.4	68.6	67.1
全国平均得分	58.8	67.3	63.3	73.8	72.4
全国最高得分及得分省份	93.0（云南省）	81.1（重庆市）	76.7（浙江省）	85.3（重庆市）	82.2（浙江省）
全国最低得分及得分省份	44.3（北京市）	40.0（甘肃省）	20.0（西藏自治区）	42.5（甘肃省）	30.0（西藏自治区）

　　在广西壮族自治区居民对省市形象的自评情况中，广西壮族自治区的得分均处于中等，在五大领域排名分布均匀。因此，广西壮族自治区在省市形象危机应对中要重视社会态度，努力提高本区居民的认可度。同时努力提高公民素养，减小形象偏差度。

16. 江西省形象危机的应对指南

　　江西省形象危机的应对，在遵循"重点改""全面防"与"善解冤"的原则下，应根据本省情况，有针对性地开展工作。

江西省形象危机基本情况，见表120。

表120　江西省形象危机基本情况

单位：%

指　标	"形象危机度"	"社会责任事故率"
指　数	1.83	64.41
排　名	第16位	第19位
等　级	低危	中危

（1）"重点改"：重点整改"形象死亡"。

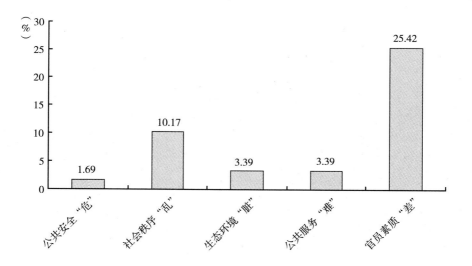

图43　江西省"形象死亡"的领域分布情况

江西省"形象死亡"危机主要集中在官员素质"差"和社会秩序"乱"领域，江西省需要加强这两个重点领域中形象危机的防范。

（2）"全面防"：全面防范五大领域形象危机。

鉴于在五大领域中"形象危机度"与"社会责任事故率"排名情况，江西省需要在五大领域全方位加强形象危机监控与改进，积极履行职能，完善社会责任。

表 121　江西省形象危机与社会责任事故的分领域情况

单位：%

领域	"危"		"乱"		"脏"		"难"		"差"	
项目	"形象危机度"	"社会责任事故率"	"形象危机度"	"社会责任事故率"	"形象危机度"	"社会责任事故率"	"形象危机度"	"社会责任事故率"	"形象危机度"	"社会责任事故率"
指数	1.65	50.00	2.14	81.82	3.14	100.00	0.63	30.77	3.22	73.68
排名	第14位	第18位	第14位	第7位	第7位	第1位	第22位	第29位	第13位	第23位

（3）"善解冤"：积极应对"形象蒙冤"，改善社会态度。

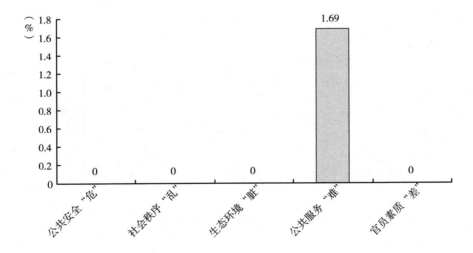

图44　江西省"形象蒙冤"的领域分布情况

江西省"形象蒙冤"危机主要集中在公共服务"难"领域，江西省需要加强这个重点领域的"形象蒙冤"防范工作：一方面，"形象蒙冤"主体要善于借助媒体力量，及时、有效澄清省市形象"冤情"；另一方面，"形象蒙冤"高危行业需要建立风险预防长效机制，积极防范省市形象"被抹黑"。

在江西省居民对省市形象的自评情况中，江西省的得分均处于下等，排名处于靠后位置。因此，江西省在省市形象危机应对中要重视社会态度，努力提高本省居民的认可度。同时努力提高公民素养，减小形象偏差度。

表 122　江西省居民对省市形象的自评情况

项　目＼领　域	生态环境	公共服务	社会秩序	公共安全	官员素质
江西省排名	第 26 名	第 27 位	第 28 名	第 28 名	第 29 位
江西省得分	54.5	53.2	58.7	59.7	49.3
全国平均得分	58.8	67.3	72.4	73.8	67.3
全国最高得分 及得分省份	93.0 （云南省）	81.1 （重庆市）	82.2 （浙江省）	85.3 （重庆市）	76.7 （浙江省）
全国最低得分 及得分省份	44.3 （北京市）	40.0 （甘肃省）	30.0 （西藏自治区）	42.5 （甘肃省）	20.0 （西藏自治区）

17. 福建省形象危机的应对指南

福建省形象危机的应对，在遵循"重点改""全面防"与"善解冤"的原则下，应根据本省情况，有针对性地开展工作。

福建省形象危机基本情况，见表 123。

表 123　福建省形象危机基本情况

单位：%

指　标	"形象危机度"	"社会责任事故率"
指　数	1.64	66.67
排　名	第 17 位	第 18 位
等　级	低危	中危

（1）"重点改"：重点整改"形象死亡"。

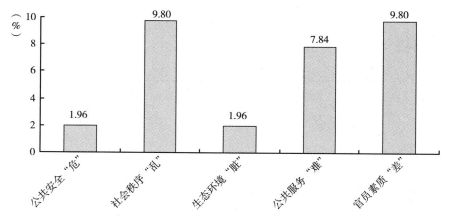

图 45　福建省"形象死亡"的领域分布情况

福建省"形象死亡"危机主要集中在官员素质"差"、社会秩序"乱"和公共服务"难"领域,福建省需要加强这三个重点领域中形象危机的防范。

(2)"全面防":全面防范五大领域形象危机。

表 124　福建省形象危机与社会责任事故的分领域情况

单位:%

领域	"危"		"乱"		"脏"		"难"		"差"	
项目	"形象危机度"	"社会责任事故率"	"形象危机度"	"社会责任事故率"	"形象危机度"	"社会责任事故率"	"形象危机度"	"社会责任事故率"	"形象危机度"	"社会责任事故率"
指数	1.65	66.67	1.43	60.00	5.24	86.00	1.26	47.06	1.38	85.71
排名	第14位	第7位	第17位	第17位	第5位	第10位	第14位	第24位	第21位	第12位

鉴于在五大领域中"形象危机度"与"社会责任事故率"排名情况,福建省需要在五大领域全方位加强形象危机监控与改进,积极履行职能,完善社会责任。

(3)"善解冤":积极应对"形象蒙冤",改善社会态度。

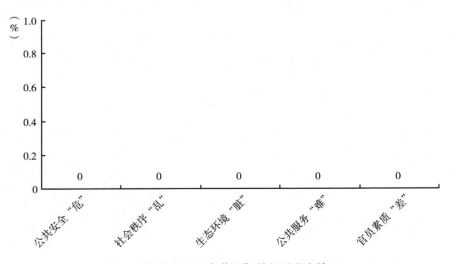

图 46　福建省"形象蒙冤"的领域分布情况

福建省"形象蒙冤"危机暂无,但同样需要加强"形象蒙冤"的防范工作:一方面,"形象蒙冤"主体要善于借助媒体力量,及时、有效澄清省市形象"冤情";另一方面,"形象蒙冤"高危行业需要建立风险预防长效机制,积极防范省市形象"被抹黑"。

表 125 福建省居民对省市形象的自评情况

项 目 \\ 领 域	生态环境	公共服务	官员素质	社会秩序	公共安全
福建省排名	第 3 名	第 5 位	第 5 位	第 5 名	第 9 名
福建省得分	79.4	75.8	71.3	77.6	77.5
全国平均得分	58.8	67.3	63.3	72.4	73.8
全国最高得分及得分省份	93.0 (云南省)	81.1 (重庆市)	76.7 (浙江省)	82.2 (浙江省)	85.3 (重庆市)
全国最低得分及得分省份	44.3 (北京市)	40.0 (甘肃省)	20.0 (西藏自治区)	30.0 (西藏自治区)	42.5 (甘肃省)

在福建省居民对省市形象的自评情况中,福建省的得分均处于上等,排名处于靠前位置。因此,福建省在省市形象危机应对中要重视社会态度,努力提高本省居民的认可度。同时努力提高公民素养,减小形象偏差度。

18. 甘肃省形象危机的应对指南

甘肃省形象危机的应对,在遵循"重点改""全面防"与"善解冤"的原则下,应根据本省情况,有针对性地开展工作。

甘肃省形象危机基本情况,见表 126。

表 126 甘肃省形象危机基本情况

单位:%

指 标	"形象危机度"	"社会责任事故率"
指 数	1.21	75.76
排 名	第 18 位	第 6 位
等 级	低危	中危

(1)"重点改":重点整改"形象死亡"。

甘肃省"形象死亡"危机主要集中在官员素质"差"和公共服务"难"领域,甘肃省需要加强这两个重点领域中形象危机的防范。

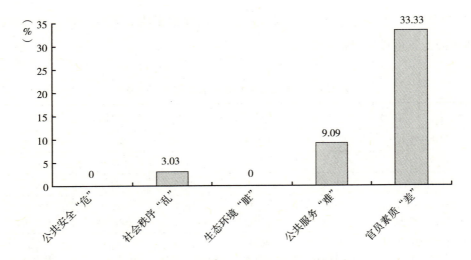

图47　甘肃省"形象死亡"的领域分布情况

（2）"全面防"：全面防范五大领域形象危机。

表127　甘肃省形象危机与社会责任事故的分领域情况

单位：%

领域	"危"		"乱"		"脏"		"难"		"差"	
项目	"形象危机度"	"社会责任事故率"	"形象危机度"	"社会责任事故率"	"形象危机度"	"社会责任事故率"	"形象危机度"	"社会责任事故率"	"形象危机度"	"社会责任事故率"
指数	0.41	25.00	1.43	85.71	0.52	100.00	0.79	62.50	2.76	92.31
排名	第25位	第25位	第17位	第3位	第23位	第1位	第20位	第12位	第14位	第8位

　　鉴于在五大领域中"形象危机度"与"社会责任事故率"排名情况，甘肃省需要在五大领域全方位加强形象危机监控与改进，积极履行职能，完善社会责任。

　　（3）"善解冤"：积极应对"形象蒙冤"，改善社会态度。

　　甘肃省"形象蒙冤"危机暂无，但同样需要加强"形象蒙冤"的防范工作：一方面，"形象蒙冤"主体要善于借助媒体力量，及时、有效澄清省市形象"冤情"；另一方面，"形象蒙冤"高危行业需要建立风险预防长效机制，积极防范省市形象"被抹黑"。

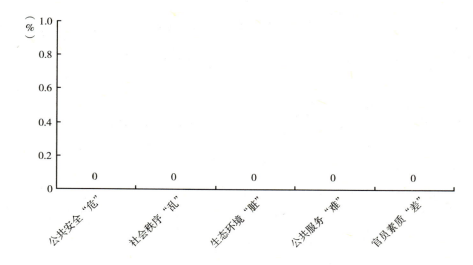

图48　甘肃省"形象蒙冤"的领域分布情况

表128　甘肃省居民对省市形象的自评情况

项　目＼领　域	官员素质	生态环境	社会秩序	公共安全	公共服务
甘肃省排名	第30位	第30名	第30名	第31名	第31位
甘肃省得分	30.0	45.0	40.0	42.5	40.0
全国平均得分	63.3	58.8	72.4	73.8	67.3
全国最高得分及得分省份	76.7（浙江省）	93.0（云南省）	82.2（浙江省）	85.3（重庆市）	81.1（重庆市）
全国最低得分及得分省份	20.0（西藏自治区）	44.3（北京市）	30.0（西藏自治区）	42.5（甘肃省）	40.0（甘肃省）

在甘肃省居民对省市形象的自评情况中，甘肃省的得分均处于下等，排名处于靠后位置。因此，甘肃省在省市形象危机应对中要重视社会态度，努力提高本省居民的认可度。同时努力提高公民素养，减小形象偏差度。

19. 重庆市形象危机的应对指南

重庆市形象危机的应对，在遵循"重点改""全面防"与"善解冤"的原则下，应根据本市情况，有针对性地开展工作。

重庆市形象危机基本情况，见表129。

表 129　重庆市形象危机基本情况

单位：%

指　　标	"形象危机度"	"社会责任事故率"
指　数	1.16	70.59
排　名	第 19 位	第 12 位
等　级	低危	中危

（1）"重点改"：重点整改"形象死亡"。

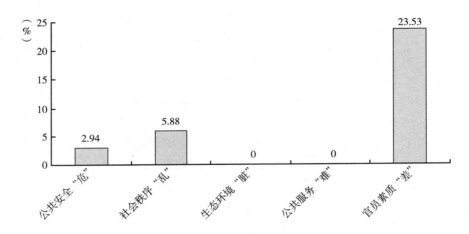

图 49　重庆市"形象死亡"的领域分布情况

　　重庆市"形象死亡"危机主要集中在官员素质"差"和社会秩序"乱"领域，重庆市需要加强这两个重点领域中形象危机的防范。

　　（2）"全面防"：全面防范五大领域形象危机。

表 130　重庆市形象危机与社会责任事故的分领域情况

单位：%

领域	"危"		"乱"		"脏"		"难"		"差"	
项目	"形象危机度"	"社会责任事故率"	"形象危机度"	"社会责任事故率"	"形象危机度"	"社会责任事故率"	"形象危机度"	"社会责任事故率"	"形象危机度"	"社会责任事故率"
指数	0.82	40.00	0.48	40.00	1.57	60.00	1.10	77.78	2.30	100.00
排名	第 22 位	第 22 位	第 23 位	第 26 位	第 16 位	第 22 位	第 15 位	第 3 位	第 17 位	第 1 位

鉴于在五大领域中"形象危机度"与"社会责任事故率"排名情况，重庆市需要在五大领域全方位加强形象危机监控与改进，积极履行职能，完善社会责任。

（3）"善解冤"：积极应对"形象蒙冤"，改善社会态度。

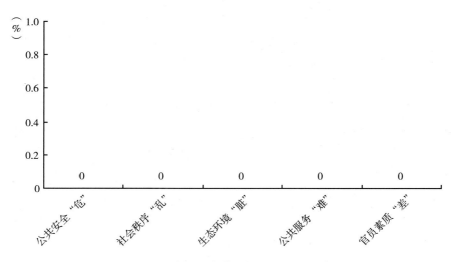

图 50　重庆市"形象蒙冤"的领域分布情况

重庆市"形象蒙冤"危机暂无，但同样需要加强"形象蒙冤"的防范工作：一方面，"形象蒙冤"主体要善于借助媒体力量，及时、有效澄清省市形象"冤情"；另一方面，"形象蒙冤"高危行业需要建立风险预防长效机制，积极防范省市形象"被抹黑"。

表 131　重庆市居民对省市形象的自评情况

项　目＼领　域	公共安全	公共服务	官员素质	社会秩序	生态环境
重庆市排名	第 1 名	第 1 位	第 2 位	第 2 名	第 5 名
重庆市得分	85.3	81.1	76.5	81.1	78.3
全国平均得分	73.8	67.3	63.3	72.4	58.8
全国最高得分及得分省份	85.3（重庆市）	81.1（重庆市）	76.7（浙江省）	82.2（浙江省）	93.0（云南省）
全国最低得分及得分省份	42.5（甘肃省）	40.0（甘肃省）	20.0（西藏自治区）	30.0（西藏自治区）	44.3（北京市）

在重庆市居民对省市形象的自评情况中，重庆市的得分均处于上等，排名处于靠前位置。因此，重庆市在省市形象危机应对中要重视社会态度，努力提高本市居民的认可度。同时努力提高公民素养，减小形象偏差度。

20. 内蒙古自治区形象危机的应对指南

内蒙古自治区形象危机的应对，在遵循"重点改""全面防"与"善解冤"的原则下，应根据本区情况，有针对性地开展工作。

内蒙古自治区形象危机基本情况，见表132。

表 132   内蒙古自治区形象危机基本情况

单位：%

指 标	"形象危机度"	"社会责任事故率"
指 数	1.11	85.79
排 名	第 20 位	第 1 位
等 级	低危	中危

（1）"重点改"：重点整改"形象死亡"。

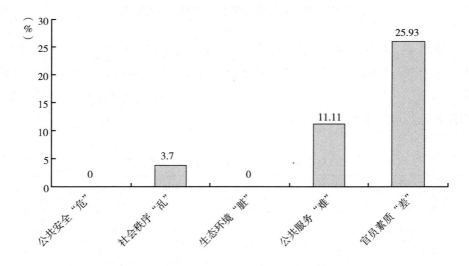

图 51   内蒙古自治区"形象死亡"的领域分布情况

内蒙古自治区"形象死亡"危机主要集中在官员素质"差"、公共服务"难"和社会秩序"乱"领域，内蒙古自治区需要加强这三个重点领域中形象危机的防范。

（2）"全面防"：全面防范五大领域形象危机。

表 133　内蒙古自治区形象危机与社会责任事故的分领域情况

单位：%

领域	"危"		"乱"		"脏"		"难"		"差"	
项目	"形象危机度"	"社会责任事故率"	"形象危机度"	"社会责任事故率"	"形象危机度"	"社会责任事故率"	"形象危机度"	"社会责任事故率"	"形象危机度"	"社会责任事故率"
指数	0.82	66.67	0.48	50.00	2.62	100.00	0.94	85.71	1.84	100.00
排名	第22位	第7位	第23位	第22位	第10位	第1位	第18位	第1位	第19位	第1位

鉴于在五大领域中"形象危机度"与"社会责任事故率"排名情况，内蒙古自治区需要在五大领域全方位加强形象危机监控与改进，积极履行职能，完善社会责任。

（3）"善解冤"：积极应对"形象蒙冤"，改善社会态度。

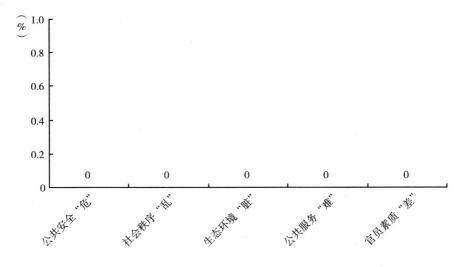

图 52　内蒙古自治区"形象蒙冤"的领域分布情况

内蒙古自治区"形象蒙冤"危机暂无，但同样需要加强"形象蒙冤"的防范工作：一方面，"形象蒙冤"主体要善于借助媒体力量，及时、有效澄清

表 134　内蒙古自治区居民对省市形象的自评情况

项　目 ＼ 领　域	社会秩序	公共安全	公共服务	官员素质	生态环境
内蒙古自治区排名	第 8 名	第 10 名	第 12 位	第 18 位	第 19 名
内蒙古自治区得分	76.7	76.7	70.0	62.0	61.7
全国平均得分	72.4	73.8	67.3	63.3	58.8
全国最高得分及得分省份	82.2（浙江省）	85.3（重庆市）	81.1（重庆市）	76.7（浙江省）	93.0（云南省）
全国最低得分及得分省份	30.0（西藏自治区）	42.5（甘肃省）	40.0（甘肃省）	20.0（西藏自治区）	44.3（北京市）

省市形象"冤情"；另一方面，"形象蒙冤"高危行业需要建立风险预防长效机制，积极防范省市形象"被抹黑"。

在内蒙古自治区居民对省市形象的自评情况中，内蒙古自治区的得分均处于中上等，排名处于中等靠前位置。因此，内蒙古自治区在省市形象危机应对中要重视社会态度，努力提高本区居民的认可度。同时努力提高公民素养，减小形象偏差度。

21. 上海市形象危机的应对指南

上海市形象危机的应对，在遵循"重点改""全面防"与"善解冤"的原则下，应根据本市情况，有针对性地开展工作。

上海市形象危机基本情况，见表 135。

表 135　上海市形象危机基本情况

单位：%

指　标	"形象危机度"	"社会责任事故率"
指　数	1.01	67.76
排　名	第 21 位	第 22 位
等　级	低危	中危

（1）"重点改"：重点整改"形象死亡"。

上海市"形象死亡"危机主要集中在社会秩序"乱"、官员素质"差"、公共服务"难"和公共安全"危"领域，上海市需要加强这四个重点领域中形象危机的防范。

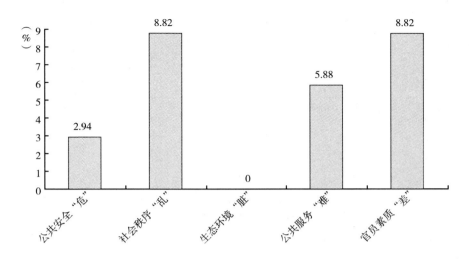

图 53　上海市"形象死亡"的领域分布情况

（2）"全面防"：全面防范五大领域形象危机。

鉴于在五大领域中"形象危机度"与"社会责任事故率"排名情况，上海市需要在五大领域全方位加强形象危机监控与改进，积极履行职能，完善社会责任。

表 136　上海市形象危机与社会责任事故的分领域情况

单位：%

领域	"危"		"乱"		"脏"		"难"		"差"	
项目	"形象危机度"	"社会责任事故率"	"形象危机度"	"社会责任事故率"	"形象危机度"	"社会责任事故率"	"形象危机度"	"社会责任事故率"	"形象危机度"	"社会责任事故率"
指数	1.65	50.00	0.95	57.14	0.52	50.00	1.10	58.33	1.15	100.00
排名	第14位	第18位	第11位	第20位	第23位	第24位	第15位	第16位	第23位	第1位

（3）"善解冤"：积极应对"形象蒙冤"，改善社会态度。

上海市"形象蒙冤"危机主要集中在公共服务"难"领域，上海市需要加强这个重点领域的"形象蒙冤"防范工作：一方面，"形象蒙冤"主体要善于借助媒体力量，及时、有效澄清省市形象"冤情"；另一方面，"形象蒙冤"高危行业需要建立风险预防长效机制，积极防范省市形象"被抹黑"。

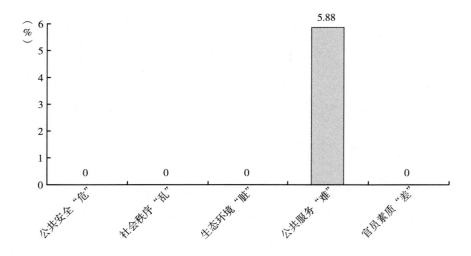

图54　上海市"形象蒙冤"的领域分布情况

表137　上海市居民对省市形象的自评情况

项　目　　　领　域	公共服务	官员素质	社会秩序	公共安全	生态环境
上海市排名	第7位	第7位	第7名	第15名	第16名
上海市得分	75.6	68.0	77.4	74.4	65.2
全国平均得分	67.3	63.3	72.4	73.8	58.8
全国最高得分及得分省份	81.1（重庆市）	76.7（浙江省）	82.2（浙江省）	85.3（重庆市）	93.0（云南省）
全国最低得分及得分省份	40.0（甘肃省）	20.0（西藏自治区）	30.0（西藏自治区）	42.5（甘肃省）	44.3（北京市）

在上海市居民对省市形象的自评情况中，上海市的得分均处于中上等，排名处于中等靠前位置。因此，上海市在省市形象危机应对中要重视社会态度，努力提高本市居民的认可度。同时努力提高公民素养，减小形象偏差度。

22. 辽宁省形象危机的应对指南

辽宁省形象危机的应对，在遵循"重点改""全面防"与"善解冤"的原则下，应根据本省情况，有针对性地开展工作。

辽宁省形象危机基本情况，见表138。

表138　辽宁省形象危机基本情况

单位：%

指　标	"形象危机度"	"社会责任事故率"
指　数	1.01	55.26
排　名	第21位	第27位
等　级	低危	低危

（1）"重点改"：重点整改"形象死亡"。

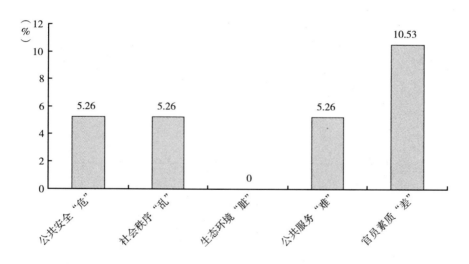

图55　辽宁省"形象死亡"的领域分布情况

　　辽宁省"形象死亡"危机主要集中在官员素质"差"、公共服务"难"、公共安全"危"和社会秩序"乱"领域，辽宁省需要加强这四个重点领域中形象危机的防范。

　　（2）"全面防"：全面防范五大领域形象危机。

　　鉴于在五大领域中"形象危机度"与"社会责任事故率"排名情况，辽宁省需要在五大领域全方位加强形象危机监控与改进，积极履行职能，完善社会责任。

　　（3）"善解冤"：积极应对"形象蒙冤"，改善社会态度。

　　辽宁省"形象蒙冤"危机主要集中在公共服务"难"领域，辽宁省需要

表 139　辽宁省形象危机与社会责任事故的分领域情况

单位：%

领域	"危"		"乱"		"脏"		"难"		"差"	
项目	"形象危机度"	"社会责任事故率"	"形象危机度"	"社会责任事故率"	"形象危机度"	"社会责任事故率"	"形象危机度"	"社会责任事故率"	"形象危机度"	"社会责任事故率"
指数	2.06	44.44	0.95	66.67	0.52	25.00	0.79	55.56	1.61	70.00
排名	第9位	第19位	第11位	第14位	第23位	第28位	第20位	第17位	第20位	第27位

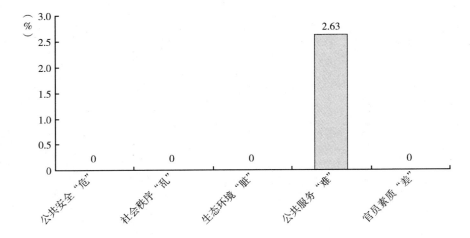

图 56　辽宁省"形象蒙冤"的领域分布情况

加强这个重点领域的"形象蒙冤"防范工作：一方面，"形象蒙冤"主体要善于借助媒体力量，及时、有效澄清省市形象"冤情"；另一方面，"形象蒙冤"高危行业需要建立风险预防长效机制，积极防范省市形象"被抹黑"。

表 140　辽宁省居民对省市形象的自评情况

项目 ＼ 领域	生态环境	公共服务	社会秩序	官员素质	公共安全
辽宁省排名	第15名	第18位	第20名	第21位	第23名
辽宁省得分	65.4	64.6	71.3	59.5	71.3
全国平均得分	58.8	67.3	72.4	63.3	73.8
全国最高得分及得分省份	93.0（云南省）	81.1（重庆市）	82.2（浙江省）	76.7（浙江省）	85.3（重庆市）
全国最低得分及得分省份	44.3（北京市）	40.0（甘肃省）	30.0（西藏自治区）	20.0（西藏自治区）	42.5（甘肃省）

在辽宁省居民对省市形象的自评情况中，辽宁省的得分均处于中等，排名处于中等位置。因此，辽宁省在省市形象危机应对中要重视社会态度，努力提高本省居民的认可度。同时努力提高公民素养，减小形象偏差度。

23. 山西省形象危机的应对指南

山西省形象危机的应对，在遵循"重点改""全面防"与"善解冤"的原则下，应根据本省情况，有针对性地开展工作。

山西省形象危机基本情况，见表141。

表141　山西省形象危机基本情况

单位：%

指　标	"形象危机度"	"社会责任事故率"
指　数	0.96	57.41
排　名	第23位	第26位
等　级	低危	低危

（1）"重点改"：重点整改"形象死亡"。

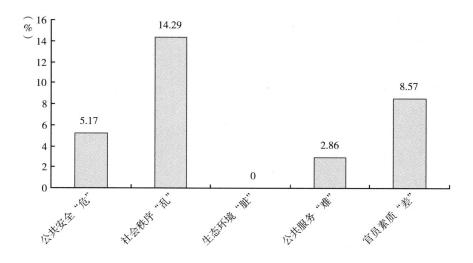

图57　山西省"形象死亡"的领域分布情况

山西省"形象死亡"危机主要集中在社会秩序"乱"、官员素质"差"和公共安全"危"领域，山西省需要加强这三个重点领域中形象危机的防范。

（2）"全面防"：全面防范五大领域形象危机。

表142　山西省形象危机与社会责任事故的分领域情况

单位：%

领域	"危"		"乱"		"脏"		"难"		"差"	
项目	"形象危机度"	"社会责任事故率"	"形象危机度"	"社会责任事故率"	"形象危机度"	"社会责任事故率"	"形象危机度"	"社会责任事故率"	"形象危机度"	"社会责任事故率"
指数	1.23	60.00	1.43	60.00	1.57	60.00	0.47	37.50	1.15	71.43
排名	第19位	第12位	第17位	第17位	第16位	第22位	第23位	第27位	第23位	第25位

鉴于在五大领域中"形象危机度"与"社会责任事故率"排名情况，山西省需要在五大领域全方位加强形象危机监控与改进，积极履行职能，完善社会责任。

（3）"善解冤"：积极应对"形象蒙冤"，改善社会态度。

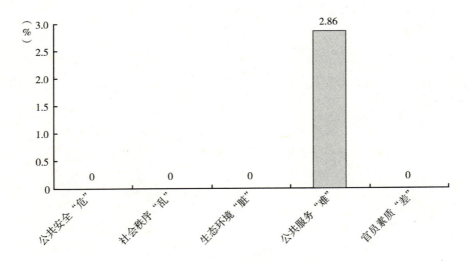

图58　山西省"形象蒙冤"的领域分布情况

山西省"形象蒙冤"危机主要集中在公共服务"难"领域，山西省需要加强这一重点领域的"形象蒙冤"防范工作：一方面，"形象蒙冤"主体要善于借助媒体力量，及时、有效澄清省市形象"冤情"；另一方面，"形象蒙冤"高危行业需要建立风险预防长效机制，积极防范省市形象"被抹黑"。

表 143 山西省居民对省市形象的自评情况

项目 领域	公共安全	社会秩序	生态环境	公共服务	官员素质
山西省排名	第 11 名	第 14 名	第 22 名	第 24 位	第 26 位
山西省得分	76.7	73.8	57.6	59.0	52.1
全国平均得分	73.8	72.4	58.8	67.3	63.3
全国最高得分及得分省份	85.3（重庆市）	82.2（浙江省）	93.0（云南省）	81.1（重庆市）	76.7（浙江省）
全国最低得分及得分省份	42.5（甘肃省）	30.0（西藏自治区）	44.3（北京市）	40.0（甘肃省）	20.0（西藏自治区）

在山西省居民对省市形象的自评情况中，山西省的得分均处于中下等，排名处于中等靠后位置。因此，山西省在省市形象危机应对中要重视社会态度，努力提高本省居民的认可度。同时努力提高公民素养，减小形象偏差度。

24. 新疆维吾尔自治区形象危机的应对指南

新疆维吾尔自治区形象危机的应对，在遵循"重点改""全面防"与"善解冤"的原则下，应根据本区情况，有针对性地开展工作。

新疆维吾尔自治区形象危机基本情况，见表 144。

表 144 新疆维吾尔自治区形象危机基本情况

单位：%

指标	"形象危机度"	"社会责任事故率"
指数	0.87	69.23
排名	第 24 位	第 14 位
等级	低危	中危

（1）"重点改"：重点整改"形象死亡"。

新疆维吾尔自治区"形象死亡"危机主要集中在社会秩序"乱"、官员素质"差"和公共安全"危"领域，新疆维吾尔自治区需要加强这三个重点领域中形象危机的防范。

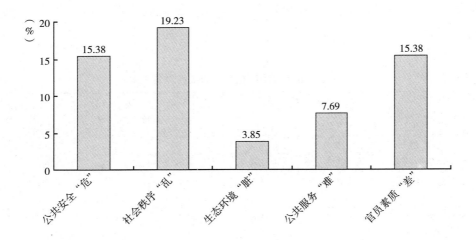

图59 新疆维吾尔自治区"形象死亡"的领域分布情况

（2）"全面防"：全面防范五大领域形象危机。

表145 新疆维吾尔自治区形象危机与社会责任事故的分领域情况

单位：%

领域	"危"		"乱"		"脏"		"难"		"差"	
项目	"形象危机度"	"社会责任事故率"	"形象危机度"	"社会责任事故率"	"形象危机度"	"社会责任事故率"	"形象危机度"	"社会责任事故率"	"形象危机度"	"社会责任事故率"
指数	1.23	80.00	1.43	75.00	1.05	67.00	0.47	60.00	0.92	80.00
排名	第19位	第3位	第17位	第12位	第19位	第19位	第23位	第14位	第25位	第14位

　　鉴于在五大领域中"形象危机度"与"社会责任事故率"排名情况，新疆维吾尔自治区需要在五大领域全方位加强形象危机监控与改进，积极履行职能，完善社会责任。

　　（3）"善解冤"：积极应对"形象蒙冤"，改善社会态度。

　　新疆维吾尔自治区"形象蒙冤"危机主要集中在公共服务"难"领域，新疆维吾尔自治区需要加强这一重点领域的"形象蒙冤"防范工作：一方面，"形象蒙冤"主体要善于借助媒体力量，及时、有效澄清省市形象"冤情"；

另一方面，"形象蒙冤"高危行业需要建立风险预防长效机制，积极防范省市形象"被抹黑"。

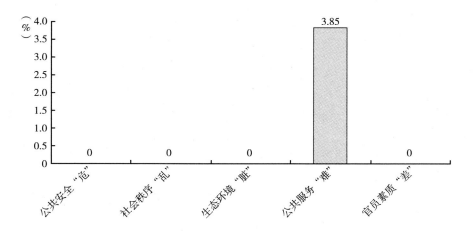

图 60　新疆维吾尔自治区"形象蒙冤"的领域分布情况

表 146　新疆维吾尔自治区居民对省市形象的自评情况

项目＼领域	官员素质	生态环境	社会秩序	公共安全	公共服务
新疆维吾尔自治区排名	第 10 位	第 11 名	第 23 名	第 26 名	第 30 位
新疆维吾尔自治区得分	67.5	73.8	68.8	65.0	45.0
全国平均得分	63.3	58.8	72.4	73.8	67.3
全国最高得分及得分省份	76.7（浙江省）	93.0（云南省）	82.2（浙江省）	85.3（重庆市）	81.1（重庆市）
全国最低得分及得分省份	20.0（西藏自治区）	44.3（北京市）	30.0（西藏自治区）	42.5（甘肃省）	40.0（甘肃省）

在新疆维吾尔自治区居民对省市形象的自评情况中，新疆维吾尔自治区的得分均处于中等，在五大领域排名分布均匀。因此，新疆维吾尔自治区在省市形象危机应对中要重视社会态度，努力提高本区居民的认可度。同时努力提高公民素养，减小形象偏差度。

25. 吉林省形象危机的应对指南

吉林省形象危机的应对，在遵循"重点改""全面防"与"善解冤"的原则下，应根据本省情况，有针对性地开展工作。

吉林省形象危机基本情况，见表147。

表147　吉林省形象危机基本情况

单位：%

指　　标	"形象危机度"	"社会责任事故率"
指　　数	0.82	85.00
排　　名	第25位	第3位
等　　级	低危	中危

（1）"重点改"：重点整改"形象死亡"。

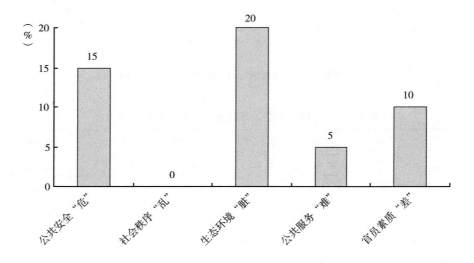

图61　吉林省"形象死亡"的领域分布情况

　　吉林省"形象死亡"危机主要集中在生态环境"脏"、公共安全"危"和官员素质"差"领域，吉林省需要加强这三个重点领域中形象危机的防范。

　　（2）"全面防"：全面防范五大领域形象危机。

　　鉴于在五大领域中"形象危机度"与"社会责任事故率"排名情况，吉林省需要在五大领域全方位加强形象危机监控与改进，积极履行职能，完善社会责任。

表148 吉林省形象危机与社会责任事故的分领域情况

单位：%

领域	"危"		"乱"		"脏"		"难"		"差"	
项目	"形象危机度"	"社会责任事故率"	"形象危机度"	"社会责任事故率"	"形象危机度"	"社会责任事故率"	"形象危机度"	"社会责任事故率"	"形象危机度"	"社会责任事故率"
指数	2.47	100.00	暂无	暂无	1.05	50.00	0.47	75.20	1.38	100.00
排名	第7位	第1位			第19位	第24位	第23位	第4位	第21位	第1位

（3）"善解冤"：积极应对"形象蒙冤"，改善社会态度。

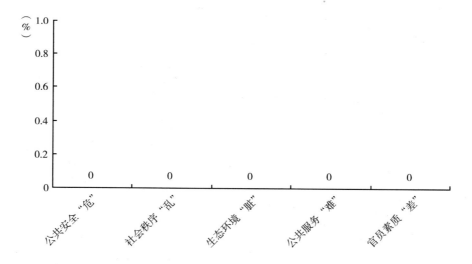

图62 吉林省"形象蒙冤"的领域分布情况

吉林省"形象蒙冤"危机暂无，但同样需要加强"形象蒙冤"的防范工作：一方面，"形象蒙冤"主体要善于借助媒体力量，及时、有效澄清省市形象"冤情"；另一方面，"形象蒙冤"高危行业需要建立风险预防长效机制，积极防范省市形象"被抹黑"。

在吉林省居民对省市形象的自评情况中，吉林省的得分均处于中下等，排名处于中等靠后位置。因此，吉林省在省市形象危机应对中要重视社会态度，努力提高本省居民的认可度。同时努力提高公民素养，减小形象偏差度。

表149　吉林省居民对省市形象的自评情况

项　目　　　领　域	生态环境	公共安全	社会秩序	官员素质	公共服务
吉林省排名	第20名	第20名	第22名	第25位	第26位
吉林省得分	59.3	72.5	69.5	53.8	55.7
全国平均得分	58.8	73.8	72.4	63.3	67.3
全国最高得分及得分省份	93.0（云南省）	85.3（重庆市）	82.2（浙江省）	76.7（浙江省）	81.1（重庆市）
全国最低得分及得分省份	44.3（北京市）	42.5（甘肃省）	30.0（西藏自治区）	20.0（西藏自治区）	40.0（甘肃省）

26. 黑龙江省形象危机的应对指南

黑龙江省形象危机的应对，在遵循"重点改""全面防"与"善解冤"的原则下，应根据本省情况，有针对性地开展工作。

黑龙江省形象危机基本情况，见表150。

表150　黑龙江省形象危机基本情况

单位：%

指　标	"形象危机度"	"社会责任事故率"
指　数	0.72	75.00
排　名	第26位	第7位
等　级	低危	中危

（1）"重点改"：重点整改"形象死亡"。

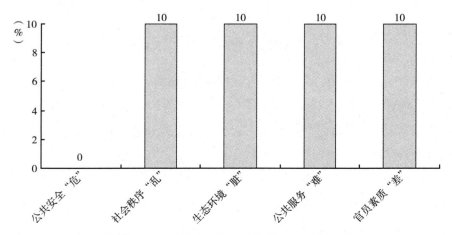

图63　黑龙江省"形象死亡"的领域分布情况

黑龙江省"形象死亡"危机主要集中在官员素质"差"、生态环境"脏"、公共服务"难"和社会秩序"乱"领域，黑龙江省需要加强这四个重点领域中形象危机的防范。

（2）"全面防"：全面防范五大领域形象危机。

表 151　黑龙江省形象危机与社会责任事故的分领域情况

单位：%

领域	"危"		"乱"		"脏"		"难"		"差"	
项目	"形象危机度"	"社会责任事故率"	"形象危机度"	"社会责任事故率"	"形象危机度"	"社会责任事故率"	"形象危机度"	"社会责任事故率"	"形象危机度"	"社会责任事故率"
指数	0.82	66.67	0.48	66.67	2.09	67.00	0.47	75.00	0.92	80.00
排名	第22位	第7位	第23位	第14位	第13位	第19位	第23位	第5位	第25位	第14位

鉴于在五大领域中"形象危机度"与"社会责任事故率"排名情况，黑龙江省需要在五大领域全方位加强形象危机监控与改进，积极履行职能，完善社会责任。

（3）"善解冤"：积极应对"形象蒙冤"，改善社会态度。

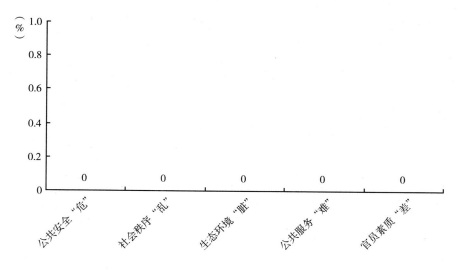

图 64　黑龙江省"形象蒙冤"的领域分布情况

黑龙江省"形象蒙冤"危机暂无,但同样需要加强"形象蒙冤"的防范工作:一方面,"形象蒙冤"主体要善于借助媒体力量,及时、有效澄清省市形象"冤情";另一方面,"形象蒙冤"高危行业需要建立风险预防长效机制,积极防范省市形象"被抹黑"。

表152　黑龙江省居民对省市形象的自评情况

项　目＼领　域	公共安全	社会秩序	生态环境	公共服务	官员素质
黑龙江省排名	第5名	第12名	第14名	第20位	第24位
黑龙江省得分	80.0	74.0	69.3	63.3	56.7
全国平均得分	73.8	72.4	58.8	67.3	63.3
全国最高得分及得分省份	85.3（重庆市）	82.2（浙江省）	93.0（云南省）	81.1（重庆市）	76.7（浙江省）
全国最低得分及得分省份	42.5（甘肃省）	30.0（西藏自治区）	44.3（北京市）	40.0（甘肃省）	20.0（西藏自治区）

在黑龙江省居民对省市形象的自评情况中,黑龙江省的得分均处于中等,排名处于中等靠前位置。因此,黑龙江省在省市形象危机应对中要重视社会态度,努力提高本省居民的认可度。同时努力提高公民素养,减小形象偏差度。

27. 贵州省形象危机的应对指南

贵州省形象危机的应对,在遵循"重点改""全面防"与"善解冤"的原则下,应根据本省情况,有针对性地开展工作。

贵州省形象危机基本情况,见表153。

表153　贵州省形象危机基本情况

单位:%

指　标	"形象危机度"	"社会责任事故率"
指　数	0.58	50.00
排　名	第27位	第28位
等　级	低危	低危

(1)"重点改":重点整改"形象死亡"。

贵州省"形象死亡"危机主要集中在官员素质"差"和公共安全"危"领域,贵州省需要加强这两个重点领域中形象危机的防范。

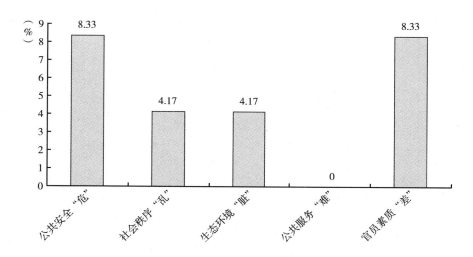

图 65　贵州省"形象死亡"的领域分布情况

（2）"全面防"：全面防范五大领域形象危机。

表 154　贵州省形象危机与社会责任事故的分领域情况

单位：%

领域	"危"		"乱"		"脏"		"难"		"差"	
项目	"形象危机度"	"社会责任事故率"	"形象危机度"	"社会责任事故率"	"形象危机度"	"社会责任事故率"	"形象危机度"	"社会责任事故率"	"形象危机度"	"社会责任事故率"
指数	1.23	42.86	0.24	50.00	1.57	75.00	0.47	42.86	0.46	70.00
排名	第19位	第20位	第24位	第22位	第16位	第16位	第23位	第26位	第27位	第27位

　　鉴于在五大领域中"形象危机度"与"社会责任事故率"排名情况，贵州省需要在五大领域全方位加强形象危机监控与改进，积极履行职能，完善社会责任。

　　（3）"善解冤"：积极应对"形象蒙冤"，改善社会态度。

　　贵州省"形象蒙冤"危机暂无，但同样需要加强"形象蒙冤"的防范工作：一方面，"形象蒙冤"主体要善于借助媒体力量，及时、有效澄清省市形象"冤情"；另一方面，"形象蒙冤"高危行业需要建立风险预防长效机制，积极防范省市形象"被抹黑"。

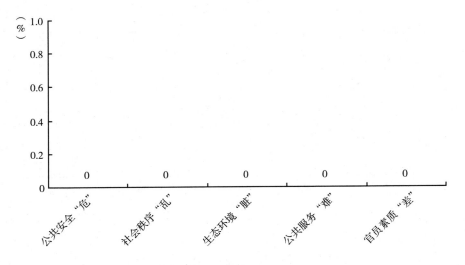

图66 贵州省"形象蒙冤"的领域分布情况

表155 贵州省居民对省市形象的自评情况

项 目 \ 领 域	公共安全	生态环境	公共服务	社会秩序	官员素质
贵州省排名	第3名	第7名	第11位	第11名	第12位
贵州省得分	81.7	75.8	70.9	74.2	64.5
全国平均得分	73.8	58.8	67.3	72.4	63.3
全国最高得分及得分省份	85.3（重庆市）	93.0（云南省）	81.1（重庆市）	82.2（浙江省）	76.7（浙江省）
全国最低得分及得分省份	42.5（甘肃省）	44.3（北京市）	40.0（甘肃省）	30.0（西藏自治区）	20.0（西藏自治区）

在贵州省本省居民对省市形象的自评情况中，贵州省的得分均处于中上等，排名处于中等靠前位置。因此，贵州省在省市形象危机应对中要重视社会态度，努力提高本省居民的认可度。同时努力提高公民素养，减小形象偏差度。

28. 天津市形象危机的应对指南

天津市形象危机的应对，在遵循"重点改""全面防"与"善解冤"的原则下，应根据本市情况，有针对性地开展工作。

天津市形象危机基本情况，见表156。

表 156　天津市形象危机基本情况

单位：%

指　　标	"形象危机度"	"社会责任事故率"
指　　数	0.24	41.67
排　　名	第 28 位	第 30 位
等　　级	低危	低危

（1）"重点改"：重点整改"形象死亡"。

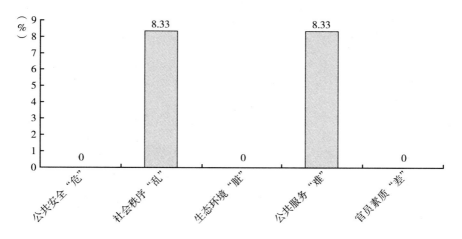

图 67　天津市"形象死亡"的领域分布情况

天津市"形象死亡"危机主要集中在公共服务"难"和社会秩序"乱"领域，天津市需要加强这两个重点领域中形象危机的防范。

（2）"全面防"：全面防范五大领域形象危机。

表 157　天津市形象危机与社会责任事故的分领域情况

单位：%

领域	"危"		"乱"		"脏"		"难"		"差"	
项目	"形象危机度"	"社会责任事故率"	"形象危机度"	"社会责任事故率"	"形象危机度"	"社会责任事故率"	"形象危机度"	"社会责任事故率"	"形象危机度"	"社会责任事故率"
指数	0.41	100.00	0.24	33.33	0.00	0.00	0.47	60.00	0.00	0.00
排名	第 25 位	第 1 位	第 27 位	第 28 位	第 29 位	第 29 位	第 23 位	第 14 位	第 29 位	第 29 位

鉴于在五大领域中"形象危机度"与"社会责任事故率"排名情况，天津市需要在五大领域全方位加强形象危机监控与改进，积极履行职能，完善社会责任。

（3）"善解冤"：积极应对"形象蒙冤"，改善社会态度。

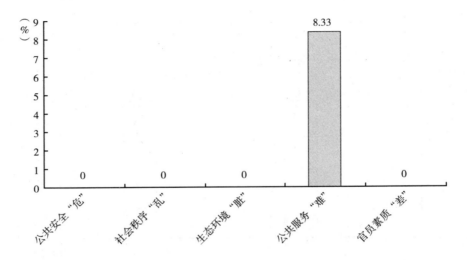

图 68 天津市"形象蒙冤"的领域分布情况

天津市"形象蒙冤"危机主要集中在公共服务"难"领域，天津市需要加强这一重点领域的"形象蒙冤"防范工作：一方面，"形象蒙冤"主体要善于借助媒体力量，及时、有效澄清省市形象"冤情"；另一方面，"形象蒙冤"高危行业需要建立风险预防长效机制，积极防范省市形象"被抹黑"。

表 158 天津市居民对省市形象的自评情况

项 目 \ 领 域	公共安全	官员素质	公共服务	社会秩序	生态环境
天津市排名	第 18 名	第 19 位	第 23 位	第 24 名	第 29 名
天津市得分	73.3	61.7	60.0	68.7	47.3
全国平均得分	73.8	63.3	67.3	72.4	58.8
全国最高得分及得分省份	85.3（重庆市）	76.7（浙江省）	81.1（重庆市）	82.2（浙江省）	93.0（云南省）
全国最低得分及得分省份	42.5（甘肃省）	20.0（西藏自治区）	40.0（甘肃省）	30.0（西藏自治区）	44.3（北京市）

在天津市居民对省市形象的自评情况中，天津市的得分均处于中等，排名处于中等靠后位置。因此，天津市需要在省市形象危机应对中要重视社会态度，努力提高本市居民的认可度。同时努力提高公民素养，减小形象偏差度。

29. 宁夏回族自治区形象危机的应对指南

宁夏回族自治区形象危机的应对，在遵循"重点改""全面防"与"善解冤"的原则下，应根据本区情况，有针对性地开展工作。

宁夏回族自治区形象危机基本情况，见表159。

表159　宁夏回族自治区形象危机基本情况

单位：%

指　标	"形象危机度"	"社会责任事故率"
指　数	0.19	50.00
排　名	第29位	第29位
等　级	低危	低危

（1）"重点改"：重点整改"形象死亡"。

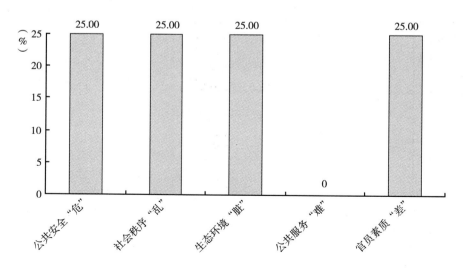

图69　宁夏回族自治区"形象死亡"的领域分布情况

137

宁夏回族自治区"形象死亡"危机主要集中在官员素质"差"、公共安全"危"、生态环境"脏"和社会秩序"乱"领域，宁夏回族自治区需要加强这四个重点领域中形象危机的防范。

（2）"全面防"：全面防范五大领域形象危机。

表160　宁夏回族自治区形象危机与社会责任事故的分领域情况

单位：%

领域	"危"		"乱"		"脏"		"难"		"差"	
项目	"形象危机度"	"社会责任事故率"	"形象危机度"	"社会责任事故率"	"形象危机度"	"社会责任事故率"	"形象危机度"	"社会责任事故率"	"形象危机度"	"社会责任事故率"
指数	暂无	暂无	0.00	0.00	1.05	100.00	0.00	0.00	0.46	100.00
排名			第29位	第29位	第19位	第1位	第30位	第30位	第27位	第1位

鉴于在五大领域中"形象危机度"与"社会责任事故率"排名情况，宁夏回族自治区需要在五大领域全方位加强形象危机监控与改进，积极履行职能，完善社会责任。

（3）"善解冤"：积极应对"形象蒙冤"，改善社会态度。

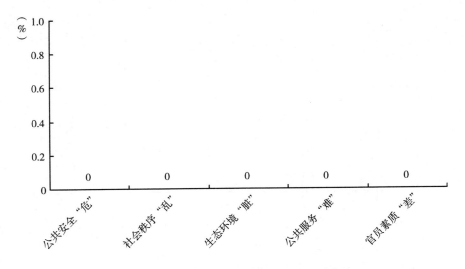

图70　宁夏回族自治区"形象蒙冤"的领域分布情况

宁夏回族自治区"形象蒙冤"危机暂无，但同样需要加强"形象蒙冤"的防范工作：一方面，"形象蒙冤"主体要善于借助媒体力量，及时、有效澄清省市形象"冤情"；另一方面，"形象蒙冤"高危行业需要建立风险预防长效机制，积极防范省市形象"被抹黑"。

表 161　宁夏回族自治区居民对省市形象的自评情况

项　目＼领　域	生态环境	公共安全	社会秩序	官员素质	公共服务
宁夏回族自治区排名	第 2 名	第 6 名	第 21 名	第 28 位	第 29 位
宁夏回族自治区得分	80.0	80.0	70.0	50.0	50.0
全国平均得分	58.8	73.8	72.4	63.3	67.3
全国最高得分及得分省份	93.0（云南省）	85.3（重庆市）	82.2（浙江省）	76.7（浙江省）	81.1（重庆市）
全国最低得分及得分省份	44.3（北京市）	42.5（甘肃省）	30.0（西藏自治区）	20.0（西藏自治区）	40.0（甘肃省）

　　在宁夏回族自治区居民对省市形象的自评情况中，宁夏回族自治区的得分均处于中等，五大领域排名分布均匀。因此，宁夏回族自治区在省市形象危机应对中要重视社会态度，努力提高本区居民的认可度。同时努力提高公民素养，减小形象偏差度。

30. 青海省形象危机的应对指南

　　青海省形象危机的应对，在遵循"重点改""全面防"与"善解冤"的原则下，应根据本省情况，有针对性地开展工作。

　　青海省形象危机基本情况，见表 162。

表 162　青海省形象危机基本情况

单位：%

指　标	"形象危机度"	"社会责任事故率"
指　数	0.14	60.00
排　名	第 30 位	第 24 位
等　级	低危	中危

（1）"重点改"：重点整改"形象死亡"。

青海省"形象死亡"危机主要集中在社会秩序"乱"和公共服务"难"
领域，青海省需要加强这两个重点领域中形象危机的防范。

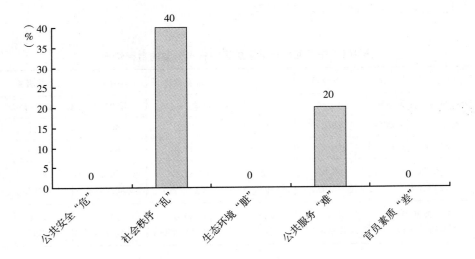

图71 青海省"形象死亡"的领域分布情况

（2）"全面防"：全面防范五大领域形象危机。

鉴于在五大领域中"形象危机度"与"社会责任事故率"排名情况，青海省
需要在五大领域全方位加强形象危机监控与改进，积极履行职能，完善社会责任。

表163 青海省形象危机与社会责任事故的分领域情况

单位：%

领域	"危"		"乱"		"脏"		"难"		"差"	
项目	"形象危机度"	"社会责任事故率"	"形象危机度"	"社会责任事故率"	"形象危机度"	"社会责任事故率"	"形象危机度"	"社会责任事故率"	"形象危机度"	"社会责任事故率"
指数	暂无	暂无	0.48	100.00	0.00	0.00	0.16	50.00	0.00	0.00
排名			第23位	第1位	第1位	第29位	第29位	第19位	第29位	第29位

（3）"善解冤"：积极应对"形象蒙冤"，改善社会态度。

青海省"形象蒙冤"危机暂无，但同样需要加强"形象蒙冤"的防范工

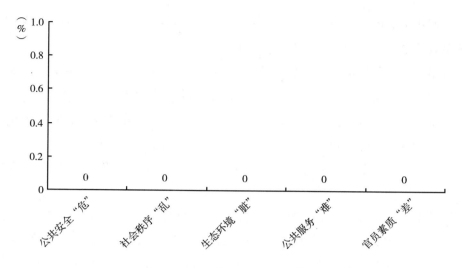

图72　青海省"形象蒙冤"的领域分布情况

作：一方面，"形象蒙冤"主体要善于借助媒体力量，及时、有效澄清省市形象"冤情"；另一方面，"形象蒙冤"高危行业需要建立风险预防长效机制，积极防范省市形象"被抹黑"。

七　主要结论

第一，形象危机来源于主体内部问题，经外部传播，并累积为公众的负面评价和社会态度。因此，形象危机应对既取决于主体内部的整改、预防和公关，也取决于媒体传播的状况和多元评委的态度。

第二，形象危机具有多种类型。当前，"形象死亡类"影响恶劣，"形象受损类"需科学应对，"形象蒙冤类"应妥善解释；其中，社会责任事故是形象危机的根源所在。

第三，形象危机具有"窗口效应"。形象危机的高危领域多分布在"窗口"行业或直面群众的职业，例如校园、医疗、民政工作、银行保险证券和贴近群众的基层官员。

第四，形象危机具有"刻板效应"。长期积累的负面印象可能加剧负面形象的恶化，而公众的形象态度也较难转变。城管形象问题是当前的典型。研究中，课题组的形象研判和公众问卷调查的社会态度在很大程度上具有一致性，这也表明社会态度中具有成型的形象判断。

第五，形象危机具有"后台效应"。属地公共服务部门多、媒体多且流动人口数量大，构成"后台"问题，导致形象危机的概率高。

第六，形象危机处于高发态势。各类风险领域、风险项及风险要素相互交织、相互影响、相互触发，导致形象危机易发、高发。

第七，形象危机应对需引入风险管理。运用"风险地图"等规律，全方位开展风险防治。

第八，形象危机具有"短板效应"。在公共安全、社会秩序、生态环境、公共服务、官员素质五大领域中，无论是"危""乱""脏""难"还是"差"，任何一块的短板都会使得省市形象大幅下滑，甚至破坏整体形象。

第九，形象危机很大程度上受负面报道的影响。属地必须有效回应负面报道，及时开展危机公共关系，妥善扭转形象危机。

第十，公众作为最主要的评委，自身的公民素养问题和由此形成的自媒体环境，一方面成为形象评价的误差，另一方面也让省市形象在一定程度上"蒙冤"。

风险领域报告

Risky Field Reports

B.2
省市形象危机应对研究报告之
公共安全"危"

中国人民大学危机管理研究中心课题组＊

摘 要:

公共安全"危"形象危机的风险由七部分构成:(1)恐怖袭击致死伤,(2)突发事件中群死群伤,(3)公共场所死伤风险,(4)公共卫生问题和致命传染病,(5)危害公共安全罪和食品危害,(6)校园血案,(7)医院血案。并细分为11个风险项,形成"风险地图"。当前,针对"形象危机度"与"社会责任事故率"的分析表明,安全事故处置问题、危害公共安全罪、公共场所死伤风险问题最为突出。建议:针对恐怖袭击致死伤等风险板块的"社会责任事故"问题,做好"重点改";针对形象偏差度与多元评委关系,并结合"风险地图"等规律,做好"全面防"。

＊ 课题负责人:唐钧、李慧杰、龚琬岚;课题成员:丁冬、梁婧捷、王中一等中国人民大学危机管理研究中心课题组成员。

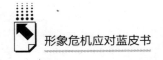

关键词：

  公共安全"危" 形象危机

一 公共安全"危"情况综述

  社会民众的生命、健康和财产安全，涉及公民生存的基本权利。安全的公共环境是每一个民众的期待，也是政府必须承担的责任，加强公共安全保卫是社会管理的基础和前提。在我国工业化、城市化不断推进的背景下，公共安全问题更加频发、易发，潜伏于社会的方方面面，时刻威胁着人们的生命和财产安全。在课题组对"不能容忍的省市负面形象的排序"的调查中，39.1%的被调查者将"当地公共安全差，生命财产受到严重威胁"置于第一位，而有70.0%的被调查者将其置于前三位，为被调查者最不能容忍的省市负面形象要素，公共安全成为影响省市形象的重要因素。因此，在"省市形象危机应对研究报告"中，我们将公共安全"危"作为其中重要一部分，包括"恐怖袭击致死伤""突发事件中群死群伤""公共场所死伤风险""公共卫生问题和致命传染病""危害公共安全罪和食品危害""校园血案""医院血案"等7大风险板块，具体如表1所示。

表1 公共安全"危"风险板块设计

风险领域	风险板块	风险板块描述（定性研究）
公共安全"危"	恐怖袭击致死伤	恐怖袭击是极端分子人为制造的针对但不仅限于平民及民用设施的不符合国际道义的攻击方式，从20世纪90年代以来，有在全球范围内迅速蔓延的严峻趋势
	突发事件中群死群伤	突发事件中群死群伤，是指突然发生，具有较大社会负面影响，造成人员群体伤亡，需要采取应急处置措施予以应对的自然灾害、事故灾难、公共卫生事件和社会安全事件等

续表

风险领域	风险板块	风险板块描述（定性研究）
公共安全"危"	公共场所死伤风险	公共场所死伤风险，是指人群经常聚集、供公众使用或服务于人民大众的活动场所中存在的可能造成人员死伤的风险因素，如排水系统瘫痪、马路塌陷、基础设施管道爆裂等
	公共卫生问题和致命传染病	公共卫生问题，是指关系到一国或一个地区人民大众生命健康的公共问题。致命传染病，是指如艾滋病、SARS 等可致命性传染病，需要做好相关预防、监控和医治工作
	危害公共安全罪和食品危害	危害公共安全罪，是指包含造成不特定的多数人伤亡或者使公私财产遭受重大损失的危险，其伤亡、损失的范围和程度往往是难以预料的。食品危害，是指食品中存在对生命健康有严重不良影响的生物、化学、物理因素或状况
	校园血案	校园血案，是指在学校教学用地或生活用地的范围内发生的致人死伤的案件
	医院血案	医院血案，是指在以向人提供医疗护理服务为主要目的的医疗机构的范围内发生的致人死伤的案件

课题组在《形象危机应对研究报告（2012）》的基础上，通过对 2013 年典型案例的系统分析，在"恐怖袭击致死伤""突发事件中群死群伤""公共场所死伤风险""公共卫生问题和致命传染病""危害公共安全罪和食品危害""校园血案""医院血案"等 7 大风险项下设 13 项风险要素，形成公共安全"危"风险地图，见表 2。

表 2　公共安全"危"形象危机风险地图

风险领域	风险板块	风险项
1 公共安全"危"	1.1 恐怖袭击致死伤	1.1.1 恐怖袭击致死伤
	1.2 突发事件中群死群伤	1.2.1 自然灾害处置问题
		1.2.2 安全事故处置问题
		1.2.3 社会安全事件处置问题
	1.3 公共场所死伤风险	1.3.1 基础设施不完善
		1.3.2 安全隐患的处理问题

续表

风险领域	风险板块	风险项
1 公共安全"危"	1.4 公共卫生问题和致命传染病	1.4.1 疫苗管理问题
		1.4.2 致命传染病处置问题
	1.5 危害公共安全罪和食品危害	1.5.1 危害公共安全罪
		1.5.2 食品危害
	1.6 校园血案	1.6.1 校园暴力致学生死伤
		1.6.2 校园血案致老师死伤
	1.7 医院血案	1.7.1 医患纠纷导致血案

二 公共安全"危""形象危机度"总体排名

（一）公共安全"危""形象危机度"指标设计

典型案例频次指在 2013 年 1 月 1 日至 2013 年 12 月 31 日一年时间内，全国各省市在相关领域出现形象危机的事件次数。

社会责任事故是指省市政府等责任主体负有主要责任，违法违规并造成恶劣后果和社会影响的危机事件，是导致省市形象危机的主因。

社会责任事故频次指在 2013 年 1 月 1 日至 2013 年 12 月 31 日一年时间内的典型案例中，被研判为社会责任事故的形象危机的事件次数。

"形象危机度"指某省的社会责任事故在全国典型案例中所占比重，计算公式为："形象危机度" ＝某省的社会责任事故典型案例频次/全国典型案例频次。

（二）公共安全"危""形象危机度"省市排名

据课题组统计，在全国公共安全"危""形象危机度"的省市排名中，位列"形象危机度"前三名的分别是广东省 6.17%、浙江省 5.35%、陕西省 4.53%，见表 3。

课题组将省市形象危机进行细化研究，可分解为"形象死亡""形象受损"和"形象蒙冤"三个维度，这三个维度是省市"形象危机度"的有机组成部分。

表3 全国公共安全"危""形象危机度"省市排名

单位：%

等　级	排　名	省　份	"形象危机度"
高危 ≥30	暂　无		
中危 10～29	暂　无		
低危 <10	1	广　东	6.17
	2	浙　江	5.35
	3	陕　西	4.53
	4	北　京	3.70
	5	河　南	3.29
		湖　北	3.29
	7	广　西	2.47
		吉　林	2.47
	9	湖　南	2.06
		安　徽	2.06
		辽　宁	2.06
		四　川	2.06
		云　南	2.06
	14	江　苏	1.65
		山　东	1.65
		江　西	1.65
		上　海	1.65
		福　建	1.65
	19	贵　州	1.23
		新　疆	1.23
		山　西	1.23
	22	重　庆	0.82
		黑龙江	0.82
		内蒙古	0.82
	25	河　北	0.41
		甘　肃	0.41
		海　南	0.41
		天　津	0.41

注：数据来源于中国人民大学危机管理研究中心"2013年省市形象危机典型案例库"，时间段为2013年1月1日至12月31日；不含港澳台；具有此类研究方法的相应误差；西藏自治区、宁夏回族自治区、青海省未有相关报道。表4～表5的数据来源与表3相同，以下不一一列出。

"形象死亡"是形象危机类型中形象危机度最为严重的一种，是相关部门最应该防治和避免的形象危机类型。在对省市"形象死亡"的研判时，我们主要考虑三大因素：公信力是否受损、是否触犯刑法、是否对社会造成恶劣影响。

"形象受损"是形象危机类型中最为常见的一种类型，主要指形象主体由于一些不当的行为导致其在形象评委眼中产生不良影响，但这种影响还不至于导致其形象死亡。

"形象蒙冤"是指形象主体由于"被冒名""被诬陷"等方式致其产生形象危机，但其本身并没有做出任何影响其形象的行为。

而作为衡量省市形象危机的量化指标，省市的"形象危机度"也可以分解为"形象死亡率""形象受损率"和"形象蒙冤率"三个指标。

（三）公共安全"危""形象死亡"情况省市排名

"形象死亡率"指某省的"形象死亡"典型案例在某省的全部典型案例中所占比重，计算公式为："形象死亡率"＝某省的"形象死亡"典型案例频次/某省的全部典型案例频次。

据课题组统计，在公共安全"危""形象死亡"情况省市排名中，新疆维吾尔自治区"形象死亡率"为80.00%，排第一名；广西壮族自治区和吉林省并列第二，"形象死亡率"为50.00%；山西省列第四名，"形象死亡率"为40.00%（见表4）。

表4　全国公共安全"危""形象死亡"情况省市排名

单位：%

排　名	省　份	"形象死亡率"
1	新　疆	80.00
2	广　西	50.00
2	吉　林	50.00
4	山　西	40.00
5	河　南	33.33
5	安　徽	33.33

续表

排　名	省　份	"形象死亡率"
7	贵　州	28.57
8	湖　南	25.00
9	浙　江	22.22
	辽　宁	22.22
	四　川	22.22
	云　南	22.22
13	山　东	20.00
	重　庆	20.00
15	湖　北	18.18
16	福　建	16.67
17	江　西	12.50
	上　海	12.50
19	陕　西	11.76
20	江　苏	9.09
21	北　京	6.67
22	广　东	4.00
23	河　北	0.00
	甘　肃	0.00
	黑龙江	0.00
	内蒙古	0.00
	海　南	0.00
	天　津	0.00

（四）公共安全"危""形象受损"情况省市排名

"形象受损率"指某省的"形象受损"典型案例在某省的全部典型案例中所占比重，计算公式为："形象受损率" = 某省的"形象受损"典型案例频次/某省的全部典型案例频次。

据课题组统计，在公共安全"危""形象受损"情况省市排名中，河北省、甘肃省、黑龙江省、内蒙古自治区、海南省、天津市"形象受损率"为100.00%，并列第一名；广东省紧随其后，"形象受损率"为96.00%（见表5）

表5 全国公共安全"危""形象受损"情况省市排名

单位：%

排　名	省　份	"形象受损率"
1	河　北	100.00
	甘　肃	100.00
	黑龙江	100.00
	内蒙古	100.00
	海　南	100.00
	天　津	100.00
7	广　东	96.00
8	北　京	93.33
9	江　苏	90.91
10	陕　西	88.24
11	江　西	87.50
	上　海	87.50
13	福　建	83.33
14	湖　北	81.82
15	山　东	80.00
	重　庆	80.00
17	浙　江	77.78
	辽　宁	77.78
	四　川	77.78
	云　南	77.78
21	湖　南	75.00
22	贵　州	71.43
23	河　南	66.67
	安　徽	66.67
25	山　西	60.00
26	广　西	50.00
	吉　林	50.00
28	新　疆	20.00

（五）公共安全"危""形象蒙冤"情况省市排名

"形象蒙冤率"指某省的"形象蒙冤"典型案例在某省的全部典型案例中所占比重，计算公式为："形象蒙冤率"＝某省的"形象蒙冤"典型案例频次/某省的全部典型案例频次。

据课题组统计，在2013年1月1日至12月31日省市形象危机典型案例中无公共安全"危""形象蒙冤"情况。

三 公共安全"危"省市"形象危机度"具体状况统计

根据公共安全"危"中风险项、风险要素，课题组以社会责任事故与典型案例为基础，综合省市"形象死亡""形象受损"和"形象蒙冤"情况，将省市的"形象危机度"做总排名，并对省市的"形象危机度"做具体分析。

（一）广东省公共安全"危"的形象危机状况统计

在全国公共安全"危""形象危机度"省市排名中，广东省"形象危机度"为6.17%，排名第1。

课题组将"形象危机度"细化进行研究，可分解为"形象死亡率""形象受损率"和"形象蒙冤率"三个维度，这三个维度是省市形象危机的组成部分，也是各省市进行风险管理和危机应对时的参照指标。广东省的"形象死亡率""形象受损率"和"形象蒙冤率"统计见表6。

表6 广东省公共安全"危"形象危机情况

单位：%

省 份	"形象死亡率"	"形象受损率"	"形象蒙冤率"
广东省	4.00	96.00	0.00

注：数据来源于中国人民大学危机管理研究中心"2013年省市形象危机典型案例库"，时间段为2013年1月1日至2013年12月31日；不含港澳台；具有此类研究方法的相应误差。以下各表的注与之相同，不一一标出。

在形象危机研究中，课题组不仅通过"形象死亡率""形象受损率"和"形象蒙冤率"三个维度进行分析，同时对该省的典型形象危机社会责任事故案例进行搜索与研判，并与省市形象危机公共安全"危"风险地图相结合，得出影响该省的公共安全"危"形象的风险要素，具体情况见表7。

表 7　广东省公共安全"危"风险项统计

风险板块	风险项	典型案例
1.2 突发事件中群死群伤	1.2.1 自然灾害处置问题	暴雨致广东河源 2 人死亡 1 人失踪,9 条线路仍未通车
	1.2.2 安全事故处置问题	广东省韶关市仁化砷中毒事故已致 3 人死亡
	1.2.3 社会安全事件处置问题	深圳发生小学生踩踏事故 8 人受伤,4 人伤势严重
1.3 公共场所死伤风险	1.3.1 基础设施不完善	深圳发生今年第 9 次地陷,祖孙二人跌落
	1.3.2 安全隐患的处理问题	广州"住仓楼"大火烧了四个钟,幸无人员伤亡
1.4 公共卫生问题和致命传染病	1.4.1 疫苗管理问题	深圳康泰"接种 13 年死亡 188 例,疫苗全合格"
	1.4.2 致命传染病处置问题	深圳市确诊 1 例人感染 H7N9 禽流感病例
1.5 危害公共安全罪和食品危害	1.5.1 危害公共安全罪	广州昨日 4 死 3 伤车祸,司机涉危害公共安全罪
	1.5.2 食品危害	阳江一制售毒海产团伙用双氧水盐酸泡出"靓"海参
1.6 校园血案	1.6.1 校园暴力致学生死伤	清远市某学校 15 岁就读少女与室友吵架跳窗逃学致残,学校赔 15 万
1.7 医院血案	1.7.1 医患纠纷导致血案	广医二院 ICU 医生被群殴至脾出血,打人者已被拘

（二）浙江省公共安全"危"的形象危机状况统计

在全国公共安全"危""形象危机度"省市排名中,浙江省"形象危机度"为 5.35%,排名第 2。

表 8　浙江省公共安全"危"形象危机情况

单位:%

省　份	"形象死亡率"	"形象受损率"	"形象蒙冤率"
浙江省	22.22	77.78	0.00

表9　浙江省公共安全"危"风险项统计

风险板块	风险项	典型案例
1.2 突发事件中群死群伤	1.2.2 安全事故处置问题	浙江温州瓯海铝粉尘爆炸重大事故
1.3 公共场所死伤风险	1.3.1 基础设施不完善	温州发生施工损坏燃气管道事故,路过乘客被烧伤
1.4 公共卫生问题和致命传染病	1.4.2 致命传染病处置问题	浙江新增1例人感染H7N9禽流感病例
1.5 危害公共安全罪和食品危害	1.5.1 危害公共安全罪	偷电梯配重铁,杭州两维保工获"危害公共安全罪"
	1.5.2 食品危害	化学粉条拿明矾、氯化钙做原料,毒食品加工厂被端
1.7 医院血案	1.7.1 医患纠纷导致血案	温岭一患者行凶,三医生一死两伤

（三）陕西省公共安全"危"的形象危机状况统计

在全国公共安全"危""形象危机度"省市排名中,陕西省"形象危机度"为4.53%,排名第3。

表10　陕西省公共安全"危"形象危机情况

单位:%

省　份	"形象死亡率"	"形象受损率"	"形象蒙冤率"
陕西省	11.76	88.24	0.00

表11　陕西省公共安全"危"风险项统计

风险板块	风险项	典型案例
1.2 突发事件中群死群伤	1.2.1 自然灾害处置问题	洪涝灾害致陕西全省22人遇难
	1.2.2 安全事故处置问题	陕西榆林一加气站液化气泄漏,抢修过程中4人中毒身亡
	1.2.3 社会安全事件处置问题	西安发生小学生踩踏事故致19人伤,2人伤势严重
1.3 公共场所死伤风险	1.3.1 基础设施不完善	陕西西安自来水管爆裂路面塌陷,冲出30米大坑

续表

风险板块	风险项	典型案例
1.5 危害公共安全罪和食品危害	1.5.1 危害公共安全罪	陕西男子蓄谋报复村组会上引爆炸弹,2 死 14 伤
	1.5.2 食品危害	西安一黑作坊双氧水泡牛肚,明矾氢氧化钠随意加
1.6 校园血案	1.6.1 校园暴力致学生死伤	初中生被打后课堂上将同学割喉致死
	1.6.2 校园血案致老师死伤	一小学校长锤杀女主任
1.7 医院血案	1.7.1 医患纠纷导致血案	西安两名产妇家属在医院内殴打医护人员被拘留

（四）北京市公共安全"危"的形象危机状况统计

在全国公共安全"危""形象危机度"省市排名中,北京市"形象危机度"为 3.70% ,排名第 4。

表 12　北京市公共安全"危"形象危机情况

单位：%

省　份	"形象死亡率"	"形象受损率"	"形象蒙冤率"
北京市	6.67	93.33	0.00

表 13　北京市公共安全"危"风险项统计

风险板块	风险项	典型案例
1.1 恐怖袭击致死伤	1.1.1 恐怖袭击致死伤	"10·28"暴力恐怖袭击案件
1.2 突发事件中群死群伤	1.2.3 社会安全事件处置问题	北京仓库火灾已致 12 人亡
1.3 公共场所死伤风险	1.3.1 基础设施不完善	京四环辅路塌陷成 4 米深大坑
1.4 公共卫生问题和致命传染病	1.4.2 致命传染病处置问题	北京 3 人因甲流或流感死亡,已现 38 例 H1N1 病例
1.5 危害公共安全罪和食品危害	1.5.1 危害公共安全罪	无照男子遇盘查逆行连撞四车,涉嫌危害公共安全罪
	1.5.2 食品危害	奶农中毒牵出烧碱保鲜潜规则
1.7 医院血案	1.7.1 医患纠纷导致血案	安贞医院医患冲突,4 人轻伤

（五）河南省公共安全"危"的形象危机状况统计

在全国公共安全"危""形象危机度"省市排名中，河南省"形象危机度"为3.29%，排名第5。

表14　河南省公共安全"危"形象危机情况

单位：%

省　份	"形象死亡率"	"形象受损率"	"形象蒙冤率"
河南省	33.33	66.67	0.00

表15　河南省公共安全"危"风险项统计

风险板块	风险项	典型案例
1.3 公共场所死伤风险	1.3.1 基础设施不完善	压路机作业晃动大楼如地震，超3000人逃命引踩踏
1.5 危害公共安全罪和食品危害	1.5.2 食品危害	不良商家血豆腐里掺甲醛保鲜，4个月生产40万斤
1.6 校园血案	1.6.1 校园暴力致学生死伤	女中学生被同学用刀毁容，伤口长达13厘米

（六）湖北省公共安全"危"的形象危机状况统计

在全国公共安全"危""形象危机度"省市排名中，湖北省"形象危机度"为3.29%，并列第5。

表16　湖北省公共安全"危"形象危机情况

单位：%

省　份	"形象死亡率"	"形象受损率"	"形象蒙冤率"
湖北省	18.18	81.82	0

表17　湖北省公共安全"危"风险项统计

风险板块	风险项	典型案例
1.2 突发事件中群死群伤	1.2.2 安全事故处置问题	国家安委办:湖北襄阳"4·14"火灾事故暴露诸多问题
	1.2.3 社会安全事件处置问题	湖北襄阳老河口市薛集镇秦集小学，发生严重踩踏事故

风险板块	风险项	典型案例
1.4 公共卫生问题和致命传染病	1.4.1 疫苗管理问题	川鄂又现两婴打乙肝疫苗后死亡,疫苗来自北京天坛生物
1.5 危害公共安全罪和食品危害	1.5.2 食品危害	汉口一汤馆老板用双氧水泡猪蹄,涉嫌产销毒食品被捕
1.7 医院血案	1.7.1 医患纠纷导致血案	护士拔针不顺,竟被狂扇耳光

（七）广西壮族自治区公共安全"危"的形象危机状况统计

在全国公共安全"危""形象危机度"省市排名中,广西壮族自治区"形象危机度"为2.47%,排名第7。

表18　广西壮族自治区公共安全"危"形象危机情况

单位：%

省　份	"形象死亡率"	"形象受损率"	"形象蒙冤率"
广西壮族自治区	50.00	50.00	0.00

表19　广西壮族自治区公共安全"危"风险项统计

风险板块	风险项	典型案例
1.2 突发事件中群死群伤	1.2.1 自然灾害处置问题	游客漂游遇洪峰8人死亡9人受伤
	1.2.2 安全事故处置问题	南宁地铁污水管线迁改工程塌方事故致2死1伤
1.5 危害公共安全罪和食品危害	1.5.1 危害公共安全罪	广西孕妇命丧醉酒警察枪口,政府70万埋单惹争议
	1.5.2 食品危害	无良商贩用工业双氧水加工鸡爪牛百叶获刑
1.7 医院血案	1.7.1 医患纠纷导致血案	桂林市两家医院连续发生3起患者家属殴打医护人员事件

（八）吉林省公共安全"危"的形象危机状况统计

在全国公共安全"危""形象危机度"省市排名中,吉林省"形象危机度"为2.47%,并列第7。

表 20　吉林省公共安全"危"形象危机情况

单位：%

省　份	"形象死亡率"	"形象受损率"	"形象蒙冤率"
吉林省	50.00	50.00	0.00

表 21　吉林省公共安全"危"风险项统计

风险板块	风险项	典型案例
1.2 突发事件中群死群伤	1.2.2 安全事故处置问题	吉林宝源丰禽业发生火灾，死亡 119 人
	1.2.3 社会安全事件处置问题	吉林白城一小学发生踩踏事件，造成 8 名学生受伤
1.3 公共场所死伤风险	1.3.1 基础设施不完善	长春市一地铁施工处发生施工事故 1 人死亡 2 人受伤
	1.3.2 安全隐患的处理问题	和龙庆兴煤矿瓦斯爆炸事故

（九）湖南省公共安全"危"的形象危机状况统计

在全国公共安全"危""形象危机度"省市排名中，湖南省"形象危机度"为 2.06%，并列第 9。

表 22　湖南省公共安全"危"形象危机情况

单位：%

省　份	"形象死亡率"	"形象受损率"	"形象蒙冤率"
湖南省	25.00	75.00	0.00

表 23　湖南省公共安全"危"风险项统计

风险板块	风险项	典型案例
1.2 突发事件中祥死群伤	1.2.1 自然灾害处置问题	湖南蓝山县暴雨引发泥石流，致 9 人死亡 95 人受伤
	1.2.2 安全事故处置问题	近日湖南两起烟花爆竹事故致 7 人死亡
1.3 公共场所死伤风险	1.3.1 基础设施不完善	湖南长沙县跳马镇发生地面塌陷

续表

风险板块	风险项	典型案例
1.4 公共卫生问题和致命传染病	1.4.1 疫苗管理问题	两月大男婴接种疫苗后休克,家长希望尽快给答复
	1.4.2 致命传染病处置问题	湖南首例 H7N9 病例,因多器官功能衰竭死亡
1.5 危害公共安全罪和食品危害	1.5.1 危害公共安全罪	看守所警察收死刑犯红包,险助其持刀越狱
	1.5.2 食品危害	湖南一商贩为保鲜在猪血中添加甲醛被判刑
1.6 校园血案	1.6.1 校园暴力致学生死伤	女小学生未帮忙打架,遭同班女生围殴摘掉脾脏
1.7 医院血案	1.7.1 医患纠纷导致血案	患者对手术效果不太满意,医院三护士被砍伤

（十）安徽省公共安全"危"的形象危机状况统计

在全国公共安全"危""形象危机度"省市排名中,安徽省"形象危机度"为 2.06%,并列第 9。

表 24　安徽省公共安全"危"形象危机情况

单位:%

省　份	"形象死亡率"	"形象受损率"	"形象蒙冤率"
安徽省	33.33	66.67	0.00

表 25　安徽省公共安全"危"风险项统计

风险板块	风险项	典型案例
1.2 突发事件中群死群伤	1.2.1 自然灾害处置问题	安徽黄山、宣城洪涝灾害已造成 5 人死亡
	1.2.2 安全事故处置问题	"3·14"六安矿井事故
1.4 公共卫生问题和致命传染病	1.4.2 致命传染病处置问题	禽流感 H7N9 首现人感染,上海安徽 2 人死亡 1 人危重
1.5 危害公共安全罪和食品危害	1.5.1 危害公共安全罪	父子斗气驾驶豪车相撞以危险方法危害公共安全罪被批捕
1.7 医院血案	1.7.1 医患纠纷导致血案	男子骑摩托车摔伤,未得到及时治疗泄私愤怒砸医院

（十一）辽宁省公共安全"危"的形象危机状况统计

在全国公共安全"危""形象危机度"省市排名中，辽宁省"形象危机度"为2.06%，并列第9。

表26　辽宁省公共安全"危"形象危机情况

单位：%

省　　份	"形象死亡率"	"形象受损率"	"形象蒙冤率"
辽宁省	22.22	77.78	0.00

表27　辽宁省公共安全"危"风险项统计

风险板块	风险项	典型案例
1.2 突发事件中群死群伤	1.2.1 自然灾害处置问题	辽宁抚顺洪灾164人遇难失踪
1.3 公共场所死伤风险	1.3.1 基础设施不完善	辽宁多地遭历史罕见暴雨,沈阳城内积水严重路塌方
	1.3.2 安全隐患的处理问题	中石油大连石化分公司发生爆炸火灾事故

（十二）四川省公共安全"危"的形象危机状况统计

在全国公共安全"危""形象危机度"省市排名中，四川省"形象危机度"为2.06%，并列第9。

表28　四川省公共安全"危"形象危机情况

单位：%

省　　份	"形象死亡率"	"形象受损率"	"形象蒙冤率"
四川省	22.22	77.78	0.00

表29　四川省公共安全"危"风险项统计

风险板块	风险项	典型案例
1.2 突发事件中群死群伤	1.2.1 自然灾害处置问题	四川暴雨洪涝灾害致344.4万人受灾68人死亡179人失踪
	1.2.2 安全事故处置问题	四川省泸州市泸县桃子沟煤矿瓦斯爆炸事故

续表

风险板块	风险项	典型案例
1.4 公共卫生问题和致命传染病	1.4.1 疫苗管理问题	川鄂又现两婴打乙肝疫苗后死亡,疫苗来自北京天坛生物
1.5 危害公共安全罪和食品危害	1.5.1 危害公共安全罪	男子7楼楼顶扔板凳花盆涉嫌危害公共安全被批捕
	1.5.2 食品危害	眉山市东坡区应天学校因使用细菌污染的食品导致学生群体腹泻
1.6 校园血案	1.6.1 校园暴力致学生死伤	女生学校里被打,只因同学间口角起纷争
1.7 医院血案	1.7.1 医患纠纷导致血案	四川宜宾一医院医生围殴就诊民工,院方致歉

(十三)云南省公共安全"危"的形象危机状况统计

在全国公共安全"危""形象危机度"省市排名中,云南省"形象危机度"为2.06%,并列第9。

表30 云南省公共安全"危"形象危机情况

单位:%

省　份	"形象死亡率"	"形象受损率"	"形象蒙冤率"
云南省	22.22	77.78	0.00

表31 云南省公共安全"危"风险项统计

风险板块	风险项	典型案例
1.2 突发事件中群死群伤	1.2.1 自然灾害处置问题	云南部分地区发生洪涝灾害95万人受灾31人死亡
	1.2.2 安全事故处置问题	因矿方违规作业引事故,云南昭通镇雄矿难迟报5小时
1.3 公共场所死伤风险	1.3.2 安全隐患的处理问题	昆明地铁脱轨事故原因查明,未严格施工致防火门坠落
1.7 医院血案	1.7.1 医患纠纷导致血案	夫妇嫌医院不管生病儿女棒打医生,院方称其欠费130万

（十四）江苏省公共安全"危"的形象危机状况统计

在全国公共安全"危""形象危机度"省市排名中，江苏省"形象危机度"为1.65%，排名第14。

表32　江苏省公共安全"危"形象危机情况

单位：%

省　份	"形象死亡率"	"形象受损率"	"形象蒙冤率"
江苏省	9.09	90.91	0.00

表33　江苏省公共安全"危"风险项统计

风险板块	风险项	典型案例
1.2 突发事件中群死群伤	1.2.2 安全事故处置问题	江苏万吨级食用油罐爆裂致2死3伤
	1.2.3 社会安全事件处置问题	江苏如东致3死3失踪事故游艇涉非法营运并超载
1.3 公共场所死伤风险	1.3.1 基础设施不完善	南京一老化水管爆裂，大水淹了派出所和高校
1.5 危害公共安全罪和食品危害	1.5.1 危害公共安全罪	内急乘客高速上抢方向盘，被控危害公共安全罪受审
	1.5.2 食品危害	肉贩子滥用添加剂红润熟牛肉，亚硝酸盐严重超标
1.7 医院血案	1.7.1 医患纠纷导致血案	医生劝阻患者插队被殴，颅骨迸裂13厘米缝12针

（十五）山东省公共安全"危"的形象危机状况统计

在全国公共安全"危""形象危机度"省市排名中，山东省"形象危机度"为1.65%，并列第14。

表34　山东省公共安全"危"形象危机情况

单位：%

省　份	"形象死亡率"	"形象受损率"	"形象蒙冤率"
山东省	20.00	80.00	0.00

表35　山东省公共安全"危"风险项统计

风险板块	风险项	典型案例
1.2 突发事件中群死群伤	1.2.2 安全事故处置问题	中石化青岛输油管道发生爆炸62人遇难
1.3 公共场所死伤风险	1.3.2 安全隐患的处理问题	青岛爆炸孕妇死亡其夫称送医半小时无人管
1.5 危害公共安全罪和食品危害	1.5.1 危害公共安全罪	青岛宣判9起重大毒品犯罪案件4人判处死刑
1.6 校园血案	1.6.1 校园暴力致学生死伤	青岛一初三男生教室内被砍四刀

（十六）江西省公共安全"危"的形象危机状况统计

在全国公共安全"危""形象危机度"省市排名中，江西省"形象危机度"为1.65%，并列第14。

表36　江西省公共安全"危"形象危机情况

单位：%

省　份	"形象死亡率"	"形象受损率"	"形象蒙冤率"
江西省	12.50	87.50	0.00

表37　江西省公共安全"危"风险项统计

风险板块	风险项	典型案例
1.2 突发事件中群死群伤	1.2.2 安全事故处置问题	乙木石水电站重大安全生产事故
1.3 公共场所死伤风险	1.3.1 基础设施不完善	江西省会昌县水电站坍塌
1.4 公共卫生问题和致命传染病	1.4.2 致命传染病处置问题	我国现首例H10N8禽流感致人死亡
1.5 危害公共安全罪和食品危害	1.5.2 食品危害	"夫妻作坊"假鸭血里掺甲醛
1.7 医院血案	1.7.1 医患纠纷导致血案	患者纠集数人医院追砍医生家属，事发江西医院

（十七）上海市公共安全"危"的形象危机状况统计

在全国公共安全"危""形象危机度"省市排名中，上海市"形象危机度"为1.65%，并列第14。

表38　上海市公共安全"危"形象危机情况

单位：%

省　份	"形象死亡率"	"形象受损率"	"形象蒙冤率"
上海市	12.50	87.50	0.00

表39　上海市公共安全"危"风险项统计

风险板块	风险项	典型案例
1.2 突发事件中群死群伤	1.2.2 安全事故处置问题	上海致 15 死液氨泄漏事故发生前曾有 2 次安全检查
1.4 公共卫生问题和致命传染病	1.4.2 致命传染病处置问题	禽流感 H7N9 首现人感染，上海安徽 2 人死亡 1 人危重
1.5 危害公共安全罪和食品危害	1.5.1 危害公共安全罪	克隆出租车闹市区"疯狂撞车"，司机涉嫌以危险方法危害公共安全被捕
1.7 医院血案	1.7.1 医患纠纷导致血案	数名男子冲进医院重症病房，打砸打伤医生被拘

（十八）福建省公共安全"危"的形象危机状况统计

在全国公共安全"危""形象危机度"省市排名中，福建省"形象危机度"为 1.65%，并列第 14。

表40　福建省公共安全"危"形象危机情况

单位：%

省　份	"形象死亡率"	"形象受损率"	"形象蒙冤率"
福建省	16.67	83.33	0.00

表41　福建省公共安全"危"风险项统计

风险板块	风险项	典型案例
1.2 突发事件中群死群伤	1.2.2 安全事故处置问题	福州福清工地坍塌事故致 4 人死，疑未按图施工
1.3 公共场所死伤风险	1.3.1 基础设施不完善	福州某地下水管爆裂，致交通短暂拥堵居民区停水
1.4 公共卫生问题和致命传染病	1.4.2 致命传染病处置问题	福建省 3 月报告传染病死亡 11 例，肝炎发病数居首

续表

风险板块	风险项	典型案例
1.5 危害公共安全罪和食品危害	1.5.1 危害公共安全罪	公司在矿洞内私藏爆炸物品危及公共安全 3 人被捕
1.7 医院血案	1.7.1 医患纠纷导致血案	男子暴打救护车司机抢走车,中医院开到第一医院

（十九）贵州省公共安全"危"的形象危机状况统计

在全国公共安全"危""形象危机度"省市排名中,贵州省"形象危机度"为 1.23%,排名第 19。

表 42　贵州省公共安全"危"形象危机情况

单位：%

省　份	"形象死亡率"	"形象受损率"	"形象蒙冤率"
贵州省	28.57	71.43	0.00

表 43　贵州省公共安全"危"风险项统计

风险板块	风险项	典型案例
1.2 突发事件中群死群伤	1.2.2 安全事故处置问题	福泉"10·17"瓦斯爆炸事故 4 人死亡
1.4 公共卫生问题和致命传染病	1.4.2 致命传染病处置问题	贵州另一禽流感患者死亡,政府加强传染病防控
1.7 医院血案	1.7.1 医患纠纷导致血案	患者认为医院检查不及时迁怒医生,涉聚众伤人

（二十）新疆维吾尔自治区公共安全"危"的形象危机状况统计

在全国公共安全"危""形象危机度"省市排名中,新疆维吾尔自治区"形象危机度"为 1.23%,并列第 19。

表44 新疆维吾尔自治区公共安全"危"形象危机情况

单位：%

省 份	"形象死亡率"	"形象受损率"	"形象蒙冤率"
新疆维吾尔自治区	80.00	20.00	0.00

表45 新疆维吾尔自治区公共安全"危"风险项统计

风险板块	风险项	典型案例
1.1 恐怖袭击致死伤	1.1.1 恐怖袭击致死伤	新疆鄯善县发生暴力恐怖袭击案,造成24人遇害
1.5 危害公共安全罪和食品危害	1.5.2 食品危害	非法添加工业明胶,新疆克拉玛依打掉毒皮冻黑窝点

（二十一）山西省公共安全"危"的形象危机状况统计

在全国公共安全"危""形象危机度"省市排名中,山西省"形象危机度"为1.23%,并列第19。

表46 山西省公共安全"危"形象危机情况

单位：%

省 份	"形象死亡率"	"形象受损率"	"形象蒙冤率"
山西省	40.00	60.00	0.00

表47 山西省公共安全"危"风险项统计

风险板块	风险项	典型案例
1.2 突发事件中群死群伤	1.2.1 自然灾害处置问题	山西8市遭受洪涝灾害,14.4万人受灾7人死亡
1.3 公共场所死伤风险	1.3.2 安全隐患的处理问题	山西苯胺泄漏污染红旗渠,事故瞒报迟报
1.5 危害公共安全罪和食品危害	1.5.1 危害公共安全罪	太原爆炸案告破严惩危害公共安全暴力犯罪

（二十二）重庆市公共安全"危"的形象危机状况统计

在全国公共安全"危""形象危机度"省市排名中,重庆市"形象危机度"为0.82%,排名第22。

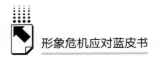

表 48　重庆市公共安全"危"形象危机情况

单位：%

省　份	"形象死亡率"	"形象受损率"	"形象蒙冤率"
重庆市	20.00	80.00	0.00

表 49　重庆市公共安全"危"风险项统计

风险板块	风险项	典型案例
1.2 突发事件中群死群伤	1.2.2 安全事故处置问题	重庆丰都"10·12"长江二桥垮塌事故致 11 人死亡
1.3 公共场所死伤风险	1.3.1 基础设施不完善	解放碑昨晚水管爆裂,喷泉四层楼高持续两小时
1.4 公共卫生问题和致命传染病	1.4.2 致命传染病处置问题	重庆 3 月份乙类传染病死亡 39 人,37 人死于艾滋病
1.5 危害公共安全罪和食品危害	1.5.1 危害公共安全罪	殴打公交司机,危害公共安全

（二十三）黑龙江省公共安全"危"的形象危机状况统计

在全国公共安全"危""形象危机度"省市排名中,黑龙江省"形象危机度"为 0.82%,并列第 22。

表 50　黑龙江省公共安全"危"形象危机情况

单位：%

省　份	"形象死亡率"	"形象受损率"	"形象蒙冤率"
黑龙江省	0.00	100.00	0.00

表 51　黑龙江省公共安全"危"风险项统计

风险板块	风险项	典型案例
1.3 公共场所死伤风险	1.3.2 安全隐患的处理问题	中国储备粮管理总公司"5·31"火灾事故
1.5 危害公共安全罪和食品危害	1.5.2 食品危害	黑作坊化工盐炖猪蹄,小工电话举报称不愿昧良心

（二十四）内蒙古自治区公共安全"危"的形象危机状况统计

在全国公共安全"危""形象危机度"省市排名中，内蒙古自治区"形象危机度"为0.82%，并列第22。

表52　内蒙古自治区公共安全"危"形象危机情况

单位：%

省　份	"形象死亡率"	"形象受损率"	"形象蒙冤率"
内蒙古自治区	0.00	100.00	0.00

表53　内蒙古自治区公共安全"危"风险项统计

风险板块	风险项	典型案例
1.2 突发事件中群死群伤	1.2.1 自然灾害处置问题	内蒙古赤峰呼伦贝尔等地遭受洪涝灾害5人死亡
	1.2.2 安全事故处置问题	新巴尔虎右旗荣达矿业发生火灾，造成7人死亡
1.3 公共场所死伤风险	1.3.1 基础设施不完善	呼和浩特发生燃气管道泄漏事故，疑因施工不慎引发

（二十五）河北省公共安全"危"的形象危机状况统计

在全国公共安全"危""形象危机度"省市排名中，河北省"形象危机度"为0.41%，并列第25。

表54　河北省公共安全"危"形象危机情况

单位：%

省　份	"形象死亡率"	"形象受损率"	"形象蒙冤率"
河北省	0.00	100.00	0.00

表55　河北省公共安全"危"风险项统计

风险板块	风险项	典型案例
1.2 突发事件中群死群伤	1.2.1 自然灾害处置问题	河北武安市厂房塌陷16人失踪
1.3 公共场所死伤风险	1.3.1 基础设施不完善	邢台天然气输送管道破裂、泄露事故由非法采沙所致

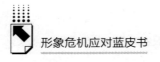

续表

风险板块	风险项	典型案例
1.5 危害公共安全罪和食品危害	1.5.1 危害公共安全罪	男子醉驾撞死 3 人以危害公共安全定罪,为河北首例
1.6 校园血案	1.6.1 校园暴力致学生死伤	班长维持纪律同学不服,找人打架致一死三伤

(二十六)甘肃省公共安全"危"的形象危机状况统计

在全国公共安全"危""形象危机度"省市排名中,甘肃省"形象危机度"为 0.41%,并列第 25。

表 56　甘肃省公共安全"危"形象危机情况

单位:%

省　份	"形象死亡率"	"形象受损率"	"形象蒙冤率"
甘肃省	0.00	100.00	0.00

表 57　甘肃省公共安全"危"风险项统计

风险板块	风险项	典型案例
1.2 突发事件中群死群伤	1.2.1 自然灾害处置问题	甘肃定西地震已致 94 人遇难 1 失踪 1001 人受伤
1.3 公共场所死伤风险	1.3.2 安全隐患的处理问题	甘肃兰州碧桂园兰州新城施工现场滑坡致 1 人死亡
1.6 校园血案	1.6.1 校园暴力致学生死伤	甘肃会宁学生校内被戳伤眼

(二十七)海南省公共安全"危"的形象危机状况统计

在全国公共安全"危""形象危机度"省市排名中,海南省"形象危机度"为 0.41%,并列第 25。

表58　海南省公共安全"危"形象危机情况

单位：%

省　份	"形象死亡率"	"形象受损率"	"形象蒙冤率"
海南省	0.00	100.00	0.00

表59　海南省公共安全"危"风险项统计

风险板块	风险项	典型案例
1.2 突发事件中群死群伤	1.2.3 社会安全事件处置问题	海口一小学放学发生踩踏事故致4学生受伤
1.6 校园血案	1.6.1 校园暴力致学生死伤	海南儋州市民族中学一13岁男生教室门口被刺伤

（二十八）天津市公共安全"危"的形象危机状况统计

在全国公共安全"危""形象危机度"省市排名中，天津市"形象危机度"为0.41%，并列第25。

表60　天津市公共安全"危"形象危机情况

单位：%

省　份	"形象死亡率"	"形象受损率"	"形象蒙冤率"
天津市	0.00	100.00	0.00

表61　天津市公共安全"危"风险项统计

风险板块	风险项	典型案例
1.7 医院血案	1.7.1 医患纠纷导致血案	天津武清中医院医生急诊室内遭围殴打致颅骨骨折

四　公共安全"危"形象危机应对指南

（一）"重点改"：重点整改"社会责任事故"

社会责任事故是指省市政府等责任主体负有主要责任并造成恶劣后果和社

会影响的危机事件，是导致省市"形象危机"的主因。而省市形象在公共安全"危"方面的危机主要源自各个领域内的社会责任事故。"社会责任事故率"的计算公式为："社会责任事故率"＝某省的社会责任事故典型案例频次/某省的全部典型案例频次。

据课题组统计，全国公共安全"危"的社会责任事故案例数量已占到其形象危机案例总数的61.04%，吉林省、天津市"社会责任事故率"为100.00%，排名第一；新疆维吾尔自治区紧随其后，"社会责任事故率"为80.00%（见表62）。

表62　全国公共安全"危""社会责任事故率"省市排名

单位：%

等　级	排名	省　份	"社会责任事故率"
高危 ≥90	1	吉　林	100.00
		天　津	100.00
中危 60~89	3	新　疆	80.00
	4	广　西	75.00
	5	湖　北	72.73
	6	浙　江	72.22
	7	河　南	66.67
		福　建	66.67
		黑龙江	66.67
		内蒙古	66.67
	11	陕　西	64.71
	12	广　东	60.00
		北　京	60.00
		山　西	60.00
低危 <60	15	安　徽	55.56
		四　川	55.56
		云　南	55.56
	18	江　西	50.00
		上　海	50.00
		海　南	50.00
	21	辽　宁	44.44
	22	贵　州	42.86
	23	湖　南	41.67

等 级	排名	省 份	"社会责任事故率"
低危 <60	24	重 庆	40.00
	25	江 苏	36.36
		山 东	36.36
	27	甘 肃	25.00
	28	河 北	20.00

据课题组统计，全国公共安全"危"风险项中"恐怖袭击致死伤"的"社会责任事故率"为100.00%，排名第一；"公共场所死伤风险"的"社会责任事故率"为94.84%，排名第二；"医院血案"的"社会责任事故率"为79.41%（见表63）。

表63　全国公共安全"危"风险项"社会责任事故率"统计

单位：%

风险板块	"社会责任事故率"	风险项	"社会责任事故率"
1.1 恐怖袭击致死伤	100.00	1.1.1 恐怖袭击致死伤	100.00
1.2 突发事件中群死群伤	75.00	1.2.1 自然灾害处置问题	16.67
		1.2.2 安全事故处置问题	90.74
		1.2.3 社会安全事件处置问题	100.00
1.3 公共场所死伤风险	94.87	1.3.1 基础设施不完善	96.55
		1.3.2 安全隐患的处理问题	90.00
1.4 公共卫生问题和致命传染病	0.00	1.4.1 疫苗管理问题	0.00
		1.4.2 致命传染病处置问题	0.00
1.5 危害公共安全罪和食品危害	12.50	1.5.1 危害公共安全罪	10.71
		1.5.2 食品危害	15.00
1.6 校园血案	33.33	1.6.1 校园暴力致学生死伤	28.57
		1.6.2 校园血案致老师死伤	100.00
1.7 医院血案	79.41	1.7.1 医患纠纷导致血案	79.41

社会责任事故带来的形象危机影响程度较强，是公共安全形象风险的重点整改对象。首先，加强高度部署与管控，强化责任意识，明晰各部门的权力、

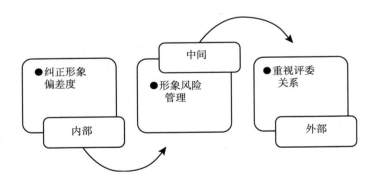

职能与责任，明确划分责任主体与责任范围，做到权责对等，进行责任的层层落实。其次，切实做好相关工作，提高社会责任事故防范与处置能力，加强监管，完善管理机制。再次，形成行之有效的问责机制，严厉打击处理玩忽职守、渎职的责任相关人员。

（二）"全面防"：立体化形象管理

在"重点改"的基础上，针对公共安全"危"形象危机，应加强立体化形象管理，形成"全面防"的形象管理体系。立体化形象管理需要从"内部—中间—外部"三个维度入手，内部纠正形象偏差度，中间强化形象风险管理，外部重视评委关系，让形象管理做到立体化与整体化，从而对形象危机做好全面防范与管理。立体化形象管理如图 1 所示。

图1　公共安全"危"的立体化形象管理图

1. 内部：纠正形象偏差度

职能定位、实际运行及社会预期三者之间存在的差距与失衡，构成了形象偏差。形象预期是共性和理想的，具体形象是个性和现实的。社会各界对形象的看法本身可能存在偏差和误解，既有传统上形象定位的偏差，也有由于个别情况导致的整体偏差或误解。只有当职能定位、实际运行及社会预期三者之间达到平衡或成为一种良性循环，才能有效纠正形象偏差。

公众对公共安全"危"事件的防范预期是一种"全面预防式"防范，对于人员伤亡与财产损失等事件后果较为关注，尤其对于可量化的如人数、数额等数据较为敏感。社会公众期待的是危及公共安全的事件在发生之前或刚刚发生时即能够得到有效的遏制与处理。在公共安全"危"面前，社会公众期望的是政府的无所不能，而通常忽略"全面预防式"所需的巨大成本。由于资源、成本、能力的有限性，政府的实际应对状况与公众预期产生偏差，造成公众不满。针对形象偏差，政府应从增强对形象危机与能力、职责解释两方面着手。

（1）加强形象危机的解释度。

及时系统地在主流媒体上针对已发生的危机事件进行权威有效的解释，注重及时性与有效性，在事态发展前有预见性地发布相关解释，或在事态发生后、形象危机可控范围内发布解释，防止事态的恶化。注重形象解释发布的广度，不仅通过官方媒体，还需要联动官方媒体以外的具有一定影响力的媒体，确保相关解释能够进入公众视野。

（2）增强能力、职责辨析度。

公众对政府的能力、资源的有限性认知不清，将政府能力过于夸大化，单方面将社会责任事故的范围扩大，加重政府公共安全的形象危机负担。政府可从改善与公众的关系方面着手，"以诚待人"，增强公众对于政府的信任与体谅，提高公众对于政府能力的认知。同时，现阶段公众对政府相关部门的职责划分认识不清，需要政府部门构建简明清晰的职责体系，并预先通过媒体渠道向公众系统宣传，以防止事故之后再解释造成互推责任的形象危机。

2. 中间：形象风险管理

公共安全形象危机事件的频繁发生，严重破坏政府应对事故灾难的形象。政府应建立公共安全防范体系，形成全方位、宽领域的立体公共安全防范格局，综合运用人防、物防、技防等手段，增强联动，进行整体防范。全方位开展公共安全的风险管理工作，提高公众的危机意识与应急能力，加强公众、社会组织的参与，构建多主体的风险管理体系，形成公共安全的风险管理长效机制。

防患于未然是处理公共安全危机事件的重点，也是风险管理的必然趋势。通过对已发生的公共安全形象危机事件进行总结，加强对自身能力、薄弱之处的了解，提高能力，改善不足。

（1）风险地图。

用好 2013 年全国省市形象危机公共安全"危"的风险地图（见表 2）的研究成果，掌握省市形象危机公共安全"危"中的风险规律，主动规避省市形象风险。

对 2013 年公共安全"危"形象危机风险项进行深入分析，风险排名如下。

第一位："安全事故处置问题"，典型案例如："吉林宝源丰禽业发生火灾，死亡 119 人"。

第二位："危害公共安全罪"，典型案例如："无照男子遇盘查逆行连撞四车，涉嫌危害公共安全罪"。

第三位："公共场所死伤风险"，典型案例如："陕西西安自来水管爆裂路面塌陷，冲出 30 米大坑"。

第四位："医院血案"，典型案例如："温岭一患者行凶，三医生一死两伤"。

第五位："食品危害"，典型案例如："'毒面条'防腐用甲醛，一天能卖出多达 420 斤"。

第六位："校园血案"，典型案例如："初中生被打后，课堂上将同学割喉致死"。

第七位："恐怖袭击致死伤"，典型案例如："新疆鄯善县发生暴力恐怖袭击案，造成 24 人遇害"。

从被动处置到主动预防，从消极应对到积极监管，风险管理要求政府掌握主动权，积极监管，对未依法获得批准，擅自从事有关活动的单位或个人，给予及时的处理或处置；对构成公共安全隐患的活动、设施、场所进行及时排查与重点防范，完善风险管理体系，提高风险管理效率。

（2）风险月历。

风险月历是通过对典型案例、季节特征、地域特征、法规制度等因素的梳理，所形成的一年中 12 个月的高危、频发风险列表，是在对省市形象风险规律总结的基础上，实现形象危机的事前预防预警。

省市形象危机风险月历以危机爆发的规律性特征为基础。形象危机因季

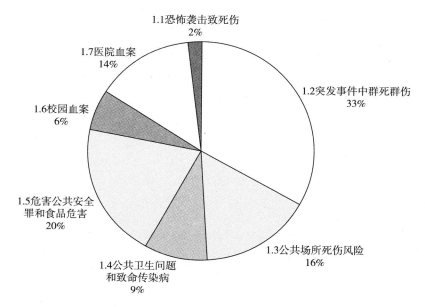

图2 全国公共安全"危"形象危机风险项分布情况

注：数据来源于中国人民大学危机管理研究中心"2013年省市形象危机典型案例库"，时间段为2013年1月1日至2013年12月31日；不含港澳台；具有此类研究方法的相应误差。

节、地域、管理事务等因素具有类似性，因此危机在爆发时呈现出一定的规律性。针对各省市高危频发的形象事件，可以通过对其发生的时间、地域、人群等要素的把握，总结出危机爆发的规律性特征，形成省市形象危机风险月历。

课题组总结形成全国公共安全"危"省市形象危机的按月份分析表，涉及若干典型风险指标（见表64）。

表64 全国公共安全"危"省市形象危机按月份分布表

月份	典型风险指标	典型案例
1月	突发事件中群死群伤	山西吕梁山隧道爆炸事故
	公共场所死伤风险	山西苯胺泄漏污染红旗渠,事故瞒报迟报
	公共卫生问题和致命传染病	北京3人因甲流或流感死亡,已现38例H1N1病例
	校园血案	山东一女生被殴打4小时,边打边拍照
	医院血案	天津武清中医院医生急诊室内遭围殴打致颅骨骨折

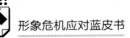

续表

月份	典型风险指标	典型案例
2 月	突发事件中群死群伤	河北艾家沟矿难 11 人遇难,煤矿超期开采
	公共卫生问题和致命传染病	贵州另一禽流感患者死亡,政府加强传染病防控
	危害公共安全罪和食品危害	海参产业乱象:违禁使用火碱等化学物品加工
3 月	突发事件中群死群伤	因矿方违规作业引事故,云南昭通镇雄矿难迟报 5 小时
	危害公共安全罪和食品危害	男子为情自杀被判刑,罪名为危害公共安全
	医院血案	患者不满治疗效果行凶,民营医院医生被捅身亡
4 月	恐怖袭击致死伤	新疆巴楚县"4·23"严重暴力恐怖犯罪案件,死伤多人
	突发事件中群死群伤	安徽桐城 8 死 6 伤事故起因查明:系违规施工监管不严造成
	公共场所死伤风险	和龙庆兴煤矿瓦斯爆炸事故
	公共卫生问题和致命传染病	禽流感 H7N9 首现人感染,上海安徽 2 人死亡 1 人危重
	危害公共安全罪和食品危害	肉贩子滥用添加剂制红润熟牛肉,亚硝酸盐严重超标
	校园血案	女中学生被同学用刀毁容,伤口长达 13 厘米
	医院血案	西安两名产妇家属在医院内殴打医护人员被拘留
5 月	突发事件中群死群伤	山东严肃处理章丘埠东黏土矿"5·23"重大透水事故
	公共场所死伤风险	中国储备粮管理总公司"5·31"火灾事故
	公共卫生问题和致命传染病	重庆 3 月份乙类传染病死亡 39 人,37 人死于艾滋病
	校园血案	初中生被打后课堂上将同学割喉致死
6 月	恐怖袭击致死伤	新疆鄯善县发生暴力恐怖袭击案,造成 24 人遇害
	突发事件中群死群伤	吉林宝源丰禽业发生火灾,死亡 119 人
	公共场所死伤风险	江西省会昌县水电站坍塌
	危害公共安全罪和食品危害	"夫妻作坊"假鸭血里掺甲醛
	校园血案	女生学校里被打,只因同学间口角起纷争
	医院血案	桂林市两家医院连续发生 3 起患者家属殴打医护人员事件
7 月	突发事件中群死群伤	新巴尔虎右旗荣达矿业发生火灾,造成 7 人死亡
	公共场所死伤风险	西安人行道路面塌陷一小伙掉坑中,因自来水爆管
	危害公共安全罪和食品危害	西安一黑作坊双氧水泡牛肚,明矾氢氧化钠随意加
	医院血案	儿研所人满难挂号,想加号遭拒男子猛踹女医生
8 月	突发事件中群死群伤	安徽宿州市砀山县发生一起重大道路交通事故,10 人死亡、5 人受伤
	公共场所死伤风险	辽宁多地遭历史罕见暴雨,沈阳城内积水严重路塌方
	危害公共安全罪和食品危害	双氧水和硫黄制毒猪浮皮,老板:从来没吃死过人
	医院血案	患者家属打伤急救医生,遭起诉赔款近 3000 元
9 月	突发事件中群死群伤	广州白云区仓库爆炸事故已致 7 人死亡、36 人受伤
	公共卫生问题和致命传染病	报告称广东省 8 月有 54 人因艾滋病死亡
	危害公共安全罪和食品危害	乘客殴打公交司机,危害公共安全
	医院血案	患者对手术效果不太满意,医院三护士被砍伤

续表

月份	典型风险指标	典型案例
10月	恐怖袭击致死伤	"10·28"暴力恐怖袭击案件
	突发事件中群死群伤	福泉"10·17"瓦斯爆炸事故4人死亡
	公共场所死伤风险	陕西西安自来水管爆裂路面塌陷,冲出30米大坑
	公共卫生问题和致命传染病	梅毒列深圳甲乙类传染病之首
	危害公共安全罪和食品危害	无照男子遇盘查逆行连撞四车,涉嫌危害公共安全罪
	医院血案	广医二院"抗非"英雄医生被围殴,因家属欲运尸被拒
11月	恐怖袭击致死伤	巴楚县果断处置一起暴力恐怖袭击案件,2名协警牺牲,2名民警受伤
	突发事件中群死群伤	广西岑溪爆炸事故已致11人死亡
	公共场所死伤风险	郑州一马路塌陷,公交车路过"崴"进坑里
	公共卫生问题和致命传染病	长江流域宜昌段再次出现"猪漂流"现象
	危害公共安全罪和食品危害	公司在矿洞内私藏爆炸物品危及公共安全3人被捕
	校园血案	海南儋州市民族中学一13岁男生教室门口被刺伤
	医院血案	医生问孕妇病情被骂太啰唆,遭暴打致3根肋骨骨折
12月	恐怖袭击致死伤	新疆疏附暴力恐袭事件:暴徒用砍刀等袭击干警
	突发事件中群死群伤	陕西榆林一加气站液化气泄漏,抢修过程中4人中毒身亡
	公共场所死伤风险	城西淘宝城门口,新建马路像豆腐一样塌了下去
	公共卫生问题和致命传染病	江西H10N8患者死亡:H10N8也来了,首例患者现江西
	危害公共安全罪和食品危害	男子中途下车不成拉扯司机,涉嫌危害公共安全
	医院血案	患者认为医院检查不及时迁怒医生,涉聚众伤人

各省市可根据风险月历的警示,提前做好预防预警工作:一是重点排查,对可能存在的形象潜在危机进行重点排查,通过应急工作的关口前移,有针对性地开展危机防范;二是准确发布,通过恰当的方式和渠道向相关利益群体(或下文中提到的评委各方)及时有效地发布合适的、精确的预警信息,达到防止危机发生、减少危机损失的效果。

3. 外部:重视评委关系

形象危机的评价是内外多重评委共同评判的结果。形象危机的评委关系图罗列了形象危机涉及的三重评委关系:上下级关系、监督关系、利益关系。由此构成了上下级评委、监督方评委和利益方评委三重评委。不同的评委方对形象危机的评判机理和评价标准存在差异,因此风险防治要在多元评委关系中做好工作,具体见图3。

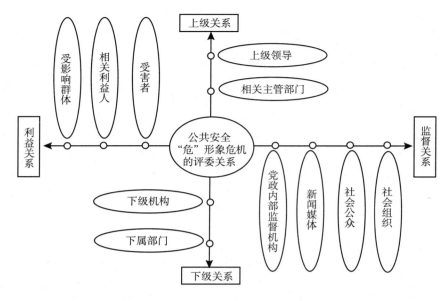

图3　公共安全"危"形象危机的评委关系图

注：数据来源于中国人民大学危机管理研究中心"2013年省市形象危机典型案例库"，时间段为2013年1月1日至2013年12月31日；不含港澳台；具有此类研究方法的相应误差。

形象危机的评价是内外多重评委评判的结果。传统的形象危机应对关注以上级评委为主的内部评委评价，忽略了外部评委，形成了行政导向的形象维护。新时期，针对内、外部评委结合的评价机制，要形成"两手抓"的形象改善新战略，针对不同评委的需求做出不同反应。

（1）改善内部评委关系。

改善内部评委关系的重点在于改善上级评委关系。按照国家规定的程序与时限要求上报相关公共安全事件，不得隐瞒不报、谎报或迟报，并应当配合协助事故调查。加强调查研究，了解基层实际问题，对影响公共安全形象的突出问题进行重点整改，对公共安全隐患进行彻底全面的清查。同时，积极加强政府执行力建设，确保迅速有效完成上级任务。

（2）改善外部评委关系。

将社会公众放在首位，以保障社会公众利益作为自身的根本立足点，消除"不作为"形象，强化"积极应对"形象。第一，提高官员应对突发事件的能力,对应对过程中的不当行为及时进行整顿、弥补,防止矛盾激化与危机升级,积极推动形象危机事件的处理工作。第二,化解社会矛盾,解决沉积问题,提高对公共安全隐患的重视,规避高危风险。第三,加强多方沟通,利用信息渠道,加强媒体宣传,及时披露有关信息,向公众解释有关事项,充分利用大学、社会研究机构等第三方力量的解释权威度,获得公众认可,形成对舆论的主动与正确引导。第四,加强培养社会公众的信任感,切实化解矛盾、解决问题,提高社会公共安全度,增强群众社会安全感;塑造政府—公众的平等交流平台,给予群众利益诉求的理性表达空间,促进相互信任,增进官民的"鱼水"之情。

B.3
省市形象危机应对研究报告之
社会秩序"乱"

中国人民大学危机管理研究中心课题组*

摘　要：

　　社会秩序"乱"由治安秩序、社会环境秩序、经济秩序、新闻秩序四大风险板块构成，并细分为 11 个风险项，形成"风险地图"。当前，针对"形象危机度"与"社会责任事故率"的分析表明，警察维护秩序的过失、校园治安秩序乱、城管维护秩序的过失、银行保险证券问题最为突出。建议：针对城管维护秩序的过失等风险项的"形象蒙冤"问题，做好"善解冤"；针对企业经营秩序混乱等风险项的"形象死亡"问题，做好"重点改"；针对形象偏差度与多元评委关系，并结合"风险地图"等规律，做好"全面防"。

关键词：

　　社会秩序"乱"　形象危机　治安秩序　社会环境秩序　经济秩序　新闻秩序

一　社会秩序"乱"情况综述

　　社会管理工作的关键是社会秩序，形象危机防范工作的重点是社会秩序"乱"。所谓社会秩序是指社会正常而有规律的活动状态，是保证社会生活正

　＊　课题负责人：唐钧、龚琬岚；课题成员：郑雯、孙永生、顾琰、杨璐宇等中国人民大学危机管理研究中心课题组成员。

常进行的必要条件。在《社会管理概论》一书中，社会秩序被界定为：在一定社会发展阶段内，个人、群体或组织在一系列制度化或非制度化的社会规则下相互联系、相互作用所形成的一种有序协调和动态平衡的社会状态。社会秩序具有稳定性和变动性、自发性和建构性、冲突性和一致性等特征。社会秩序的类型多种多样，社会秩序体系的内涵也很丰富。良好的社会秩序是和谐社会的基础，也是社会良性运行的保障。相反，社会秩序"乱"会导致一系列的社会问题，影响社会的正常运行与经济的协调发展，也会危害省市形象，对政府、企业、公民等一系列社会主体的形象造成影响。因此，在"省市形象危机应对研究报告"中，我们将社会秩序"乱"作为其中重要一部分，在此集中分析治安秩序、社会环境秩序、经济秩序和新闻秩序四大秩序。社会秩序"乱"包括治安秩序"乱"、社会环境秩序"乱"、经济秩序"乱"、新闻秩序"乱"等4大风险板块，下属11个风险项。具体如表1所示。

表1 社会秩序"乱"风险板块设计

风险板块	板块描述（定性研究）	风险项（定量研究）
治安秩序"乱"	治安秩序是指"由国家公安机关治安部门依照法律法规进行管理和维护的特定场所的公共秩序"。它是社会秩序体系的重要组成部分,产生于人类活动,受制于法律规则。治安秩序混乱直接影响到国家和社会稳定、公共安全、他人的生命和财产安全	治安犯罪猖獗 警察维护秩序的过失 医疗领域治安秩序乱 校园治安秩序乱 文物破坏
社会环境秩序"乱"	社会环境秩序中的环境不是自然环境,而是社会环境,包括街面环境、市容市貌、基础设施、交通秩序等。社会环境秩序"乱"即为上述环境的混乱	社会环境秩序被破坏 城管维护秩序的过失
经济秩序"乱"	经济秩序是指在市场经济中,商品和服务通过公正合理、自由平等、合作共赢的经济关系体系的调节,从而规范交易主体的行为,降低市场总体交易费用,达到最佳利益组合的状态。经济秩序"乱"则说明这种最佳状态的被打破与失衡	企业经济秩序混乱 银行、保险、证券问题 地方政府债务问题
新闻秩序"乱"	新闻秩序是指新闻传播媒体在社会中营造的气氛与环境,以及国家新闻出版广电总局等政府管理部门对该新闻环境的监管以及大众对该新闻环境的反应与评价。新闻秩序"乱"是指在新闻环境中出现秩序混乱等的问题	新闻秩序混乱

（一）治安秩序"乱"风险地图

治安秩序是社会秩序体系的重要组成部分，产生于人类活动，受制于法律规则，直接关系到国家和社会稳定、公共安全、他人的生命和财产安全。参照《社会管理概论》一书，本书将治安秩序界定为"由国家公安机关治安部门依照法律法规进行管理和维护的特定场所的公共秩序"。治安秩序"乱"主要包括治安犯罪猖獗、警察维护秩序的过失、医疗领域治安秩序乱、校园治安秩序乱、文物破坏等5个风险项（见表2）。

表2 治安秩序"乱"风险地图

一级风险项	二级风险项	风险要素
1 治安犯罪猖獗	1.1 现实社会犯罪	1.1.1 偷盗抢劫
		1.1.2 黑恶势力
	1.2 虚拟社会犯罪	1.2.1 网络诈骗
		1.2.2 黑客入侵
2 警察维护秩序的过失	2.1 执法问题	2.1.1 违规执法
		2.1.2 过失执法
		2.1.3 粗暴执法
	2.2 使用公权力问题	2.2.1 滥用职权
		2.2.2 与黑恶势力勾结
		2.2.3 非正常死亡
3 医疗领域治安秩序乱	3.1 医闹问题（除医院血案）	3.1.1 医闹问题（除医院血案）
	3.2 "看病难、看病贵"	3.2.1 高要价、高医疗费
		3.2.2 乱收费
4 校园治安秩序乱	4.1 事故灾难	4.1.1 校车安全
		4.1.2 校园踩踏
		4.1.3 意外伤亡
	4.2 校园暴力（除校园血案）	4.2.1 教师性侵
		4.2.2 其他暴力
5 文物破坏	5.1 文物安全事故	5.1.1 文物单位受损
		5.1.2 文物被盗掘（包括古葬墓、古遗址等）
		5.1.3 文物火灾事故
		5.1.4 博物馆被盗
	5.2 文物保护单位违法行为	5.2.1 "破坏性修复"
		5.2.2 商业与旅游设施乱建
		5.2.3 违法施工
		5.2.4 房地产违法开发

（二）社会环境秩序"乱"风险地图

社会环境秩序中的环境不是自然环境，而是社会环境，包括街面环境、市容市貌、基础设施、交通秩序等。社会环境秩序的主要维护部门与成员是城管部门及城管人员，同时也需要民政部门、卫生部门、交通部门的综合执法与管理。社会环境秩序"乱"主要包括社会环境秩序被破坏和城管维护秩序的过失等2个风险（见表3）。

表3　社会环境秩序"乱"风险地图

一级风险项	二级风险项	风险要素
1 社会环境秩序被破坏	1.1 街面环境秩序乱	1.1.1 无照经营
		1.1.2 非法小广告
		1.1.3 非法营运（"黑车"）
2 城管维护秩序的过失	2.1 执法问题	2.1.1 暴力执法
	2.2 公权力使用问题	2.2.1 收取"保护费"

（三）经济秩序"乱"风险地图

在市场经济中，以企业为经营主体开展经营活动，需要遵循相关法律规定，遵守相关秩序道德。参照《社会管理概论》中的相关定义，本书将经济秩序定义为：在市场经济中，商品和服务通过公正合理、自由平等、合作共赢的经济关系体系的调节，从而规范交易主体的行为，降低市场总体交易费用，达到最佳利益组合的状态。经济秩序反映出一个国家国民经济运行质量、社会经济管理水平和法制建设的程度，经济秩序"乱"则说明市场经济出现一些问题。经济秩序"乱"主要包括企业经营问题，银行、保险、证券问题和地方政府债务问题等3个风险项（见表4）。

（四）新闻秩序"乱"风险地图

在传播学中，媒介环境是指大众传播机构在运作管理中所呈现出来的一种整体气氛，是由大众传播活动全体参与者的行为方式聚合后形成的一种习惯模

表4　经济秩序"乱"风险地图

一级风险项	二级风险项	风险要素
1 企业经营秩序混乱	1.1 市场运营	1.1.1 恶性竞争
		1.1.2 垄断问题
	1.2 社会责任	1.2.1 偷税漏税
		1.2.2 损害员工福利
		1.2.3 丧失伦理道德
2 银行、保险、证券问题	2.1 客户信息安全问题	2.1.1 客户信息意外泄露
		2.1.2 客户信息被非法出售
3 地方政府债务问题	3.1 显性债务	3.1.1 国债转贷资金
		3.1.2 欠发工资
		3.1.3 粮食亏损挂账
		3.1.4 乡镇财政债务
	3.2 隐性债务	3.2.1 社会保障资金缺口

式。参照媒介环境的定义，我们认为新闻秩序是指新闻传播媒体在社会中营造的气氛与环境，以及国家新闻出版广电总局等政府管理部门对该新闻环境的监管以及大众对该新闻环境的反应与评价。新闻秩序"乱"是指在新闻环境中出现秩序混乱等的问题，主要包括新闻秩序混乱这一风险项（见表5）。

表5　新闻秩序"乱"风险地图

一级风险项	二级风险项	风险要素
1 新闻秩序混乱	1.1 违法乱纪问题	1.1.1 新闻敲诈
	1.2 违背职业伦理问题	1.2.1 虚假报道
		1.2.2 蓄意炒作
		1.2.3 造谣传谣

二　社会秩序"乱""形象危机度"总体排名

（一）社会秩序"乱""形象危机度"指标设计

社会责任事故是指省市政府等责任主体负有主要责任并造成恶劣后果和社

会影响的危机事件，是导致省市"形象危机"的主因。而省市形象在社会秩序"乱"方面的危机主要源自各个领域内的社会责任事故。

典型案例频次指在 2013 年 1 月 1 日至 2013 年 12 月 31 日一年时间内，全国省市在相关领域出现形象危机的事件次数。

社会责任事故频次指在 2013 年 1 月 1 日至 2013 年 12 月 31 日一年时间内的典型案例中，被研判为社会责任事故的形象危机的事件次数。

"形象危机度"指某省的社会责任事故在全国典型案例中所占比重，计算公式为："形象危机度" = 某省的社会责任事故典型案例频次/全国典型案例频次。

（二）社会秩序"乱""形象危机度"省市排名

据课题组统计，在全国社会秩序"乱""形象危机度"省市排名中，位列"形象危机度"前三名的分别是广东省 8.10%、陕西省 4.52%、河南省和北京市 4.05%（见表 6）。

表 6　全国社会秩序"乱""形象危机度"省市排名

单位：%

等　级	排　名	省　份	"形象危机度"
高危 ≥30	暂　无		
中危 10~29	暂　无		
低危 <10	1	广　东	8.10
	2	陕　西	4.52
	3	河　南	4.05
		北　京	4.05
	5	湖　南	3.81
	6	海　南	3.57
		江　苏	3.57
	8	云　南	3.33
	9	安　徽	3.10
	10	河　北	2.86
		四　川	2.86
		山　东	2.86
	13	浙　江	2.62

续表

等　级	排　名	省　份	"形象危机度"
低危 <10	14	广　西	2.14
		江　西	2.14
		湖　北	2.14
	17	甘　肃	1.43
		新　疆	1.43
		福　建	1.43
		山　西	1.43
	21	辽　宁	0.95
		上　海	0.95
	23	青　海	0.48
		黑龙江	0.48
		内蒙古	0.48
		重　庆	0.48
	27	贵　州	0.24
		天　津	0.24
	29	宁　夏	0.00

注：数据来源于中国人民大学危机管理研究中心"2013年省市形象危机典型案例库"，时间段为2013年1月1日至2013年12月31日；不含港澳台；具有此类研究方法的相应误差。表7～表70的数据来源与表6相同，以下不一一列出。

课题组将省市形象危机进行细化研究，可分解为"形象死亡""形象受损"和"形象蒙冤"三个维度，这三个维度是省市"形象危机度"的有机组成部分。

"形象死亡"是形象危机研判中形象危机度最为严重的一种，是相关部门最应该防治和避免的形象危机研判。在对省市"形象死亡"的研判时，我们主要考虑三大因素：公信力是否受损、是否触犯刑法、是否对社会造成恶劣影响。

"形象受损"是形象危机研判中最为常见的一种类型，主要指形象主体由于一些不当的行为导致其在形象评委眼中产生不良影响，但这种影响还不至于导致其形象死亡。

"形象蒙冤"是指形象主体由于"被冒名""被诬陷"等方式致其产生形象危机，但其本身并没有做出任何影响其形象的行为。

而作为衡量省市形象危机的量化指标，省市的"形象危机度"也可以分解为"形象死亡率""形象受损率"和"形象蒙冤率"三个指标。

（三）社会秩序"乱""形象死亡"情况省市排名

"形象死亡率"指某省的"形象死亡"典型案例在某省的全部典型案例中所占比重，计算公式为："形象死亡率" ＝某省的"形象死亡"典型案例频次/某省的全部典型案例频次。

据课题组统计，在社会秩序"乱""形象死亡"情况省市排名中，青海省"形象死亡率"为100.00%，排第一名；黑龙江省和云南省并列第二名，"形象死亡率"为66.67%；新疆维吾尔自治区排第4名，"形象死亡率"为62.50%（见表7）。

表7 社会秩序"乱""形象死亡"情况省市排名

单位：%

排　名	省　份	"形象死亡率"
1	青　海	100.00
2	黑龙江	66.67
	云　南	66.67
4	新　疆	62.50
5	河　北	57.14
6	陕　西	56.52
7	广　西	54.55
	江　西	54.55
9	福　建	50.00
	贵　州	50.00
	山　西	50.00
12	海　南	47.37
	湖　南	47.06
	浙　江	47.06
15	四　川	46.67
16	安　徽	44.44
17	河　南	42.86
	上　海	42.86
19	重　庆	40.00

续表

排　名	省　份	"形象死亡率"
20	湖　北	38.89
21	辽　宁	33.33
	山　东	33.33
	天　津	33.33
24	广　东	27.45
25	江　苏	26.92
26	内蒙古	25.00
27	北　京	20.93
28	甘　肃	14.29
29	宁　夏	0.00

（四）社会秩序"乱""形象受损"情况省市排名

"形象受损率"指某省的"形象受损"典型案例在某省的全部典型案例中所占比重，计算公式为："形象受损率" = 某省的"形象受损"典型案例频次/某省的全部典型案例频次。

据课题组统计，在社会秩序"乱""形象受损"情况省市排名中，宁夏回族自治区"形象受损率"为100.00%，排第一名；甘肃省排第二名，"形象受损率"为85.71%；内蒙古自治区排第三名，"形象受损率"为75.00%（见表8）。

表8　社会秩序"乱""形象受损"情况省市排名

单位：%

排　名	省　份	"形象受损率"
1	宁　夏	100.00
2	甘　肃	85.71
3	内蒙古	75.00
4	广　东	66.67
	辽　宁	66.67
	天　津	66.67
7	江　苏	65.38

续表

排　名	省　份	"形象受损率"
8	北　京	65.12
9	重　庆	60.00
10	河　南	57.14
	上　海	57.14
12	安　徽	55.56
13	湖　南	52.94
14	山　东	52.38
15	福　建	50.00
	贵　州	50.00
	山　西	50.00
18	海　南	47.37
19	浙　江	47.06
20	四　川	46.67
21	广　西	45.45
	江　西	45.45
23	陕　西	43.48
24	河　北	42.86
25	黑龙江	33.33
	湖　北	33.33
27	云　南	27.78
28	新　疆	25.00
29	青　海	0.00

（五）社会秩序"乱""形象蒙冤"情况省市排名

"形象蒙冤率"指某省的"形象蒙冤"典型案例在某省的全部典型案例中所占比重，计算公式为："形象蒙冤率"＝某省的"形象蒙冤"典型案例频次/某省的全部典型案例频次。

据课题组统计，在社会秩序"乱""形象蒙冤"情况省市排名中，山东省"形象蒙冤率"为 14.29%，排第一名；湖北省"形象蒙冤率"为 11.11%，排第二名；浙江省"形象蒙冤率"为 5.88%，排第三名（见表 9）。

表9 社会秩序"乱""形象蒙冤"情况省市排名

单位：%

排　名	省　份	"形象蒙冤率"
1	山　东	14.29
2	湖　北	11.11
3	浙　江	5.88
4	广　东	3.92
5	江　苏	3.85
6	安　徽	0.00
	北　京	0.00
	福　建	0.00
	甘　肃	0.00
	广　西	0.00
	贵　州	0.00
	海　南	0.00
	河　北	0.00
	河　南	0.00
	黑龙江	0.00
	湖　南	0.00
	江　西	0.00
	辽　宁	0.00
	内蒙古	0.00
	宁　夏	0.00
	青　海	0.00
	山　西	0.00
	陕　西	0.00
	上　海	0.00
	四　川	0.00
	天　津	0.00
	新　疆	0.00
	云　南	0.00
	重　庆	0.00

三　社会秩序"乱"省市"形象危机度"具体状况统计

根据社会秩序"乱"中各风险板块，课题组以社会责任事故与典型案例
为基础，综合全国省市"形象死亡""形象受损"和"形象蒙冤"情况，将

全国 29 个省份的"形象危机度"做总排名，并将全国省市的"形象危机度"分别做具体分析。

（一）广东省社会秩序"乱"的形象危机状况统计

在全国社会秩序"乱""形象危机度"省市排名中，广东省"形象危机度"为 8.10%，排名第 1。

课题组将"形象危机度"细化进行研究，可分解为"形象死亡率""形象受损率"和"形象蒙冤率"三个维度，这三个维度是省市形象危机的组成部分，也是全国省市进行风险管理和危机应对时的参照指标。广东省的"形象死亡率""形象受损率"和"形象蒙冤率"统计见表10。

表 10　广东省社会秩序"乱"形象危机情况

单位：%

省　份	"形象死亡率"	"形象受损率"	"形象蒙冤率"
广东省	27.45	66.67	3.92

在形象危机研究中，课题组不仅通过"形象死亡率""形象受损率"和"形象蒙冤率"三个维度进行分析，同时对该省的典型形象危机社会责任事故案例进行搜索与研判，并与省市形象危机社会秩序"乱"风险地图相结合，得出影响该省的社会秩序"乱"形象的风险要素，具体情况见表11。

表 11　广东省社会秩序"乱"风险要素统计

风险板块	一级风险项	风险要素	典型案例
治安秩序"乱"	治安犯罪猖獗	黑恶势力	镇党委书记等6人为黑恶势力当保护伞受贿数百万
		网络诈骗	男子冒充国家公务人员通过网络征婚诈骗千万被抓
	警察维护秩序的过失	粗暴执法	深圳原警察李才坤设局毙"匪"被判死缓，当庭露出写有"喊冤"背心
		过失执法	江西男子因外貌似盗车贼被警察误抓身体受伤（对民众造成伤害）

续表

风险板块	一级风险项	风险要素	典型案例
治安秩序"乱"	警察维护秩序的过失	滥用职权	深圳一女交警微博晒超速遭举报被处罚
		与黑恶势力勾结	广州吸毒交警被双开
		非正常死亡	广州一便衣警察疑因不堪工作压力大坠亡
	医疗领域治安秩序乱	医闹问题(除医院血案)	辱骂殴打儿童医院护士一男子扰乱医院秩序被刑拘十天
		乱收费	深圳女孩做人流被层层加价俩医生竟用同一名字
	社会环境秩序乱	高要价与高医疗费	癌症患者赌印度仿制药:国内正版药价高医保报销少
	校园治安秩序乱	意外伤亡	深圳一学生被同学的铅笔划破了眼角膜,视力永远也不能回到从前
		其他暴力	清远市某学校15岁就读少女与室友吵架跳窗逃学致残,学校赔15万
社会环境秩序"乱"	城管维护秩序的过失	暴力执法	广东城管局公开"城管掐女小贩脖子"视频
经济秩序"乱"	地方政府债务问题	社会保障资金缺口	广州千亿社保基金打瞌睡
	企业经营秩序混乱	偷税漏税	中国黄金偷税事件
		丧失伦理道德	多美滋被曝光为争夺"第一口奶"重金行贿医生
	银行、保险、证券问题	客户信息意外泄露	男子卡在手上被盗刷7万银行被判担责任7成
新闻秩序"乱"	新闻秩序混乱	新闻敲诈	南方日报传媒集团两记者涉受贿被捕均已认罪
		造谣传谣	山西被挖眼男童母亲:电视报道说我有20多情人
		虚假报道	《南风窗》就"村官腐败透视"一文发致歉声明
		蓄意炒作	女孩给乞丐喂饭被指假新闻,目击者称是摆拍

（二）陕西省社会秩序"乱"的形象危机状况统计

在全国社会秩序"乱""形象危机度"省市排名中，陕西省"形象危机度"为4.52%，排名第2。

表12　陕西省社会秩序"乱"形象危机情况

单位：%

省　份	"形象死亡率"	"形象受损率"	"形象蒙冤率"
陕西省	56.52	43.48	0.00

表13　陕西省社会秩序"乱"风险要素统计

风险板块	一级风险项	风险要素	典型案例
治安秩序"乱"	治安犯罪猖獗	偷盗抢劫	铜川警方抓获"榔头"抢劫惯犯，专袭独行女性
	警察维护秩序的过失	违规执法	铜川高速路交警收费站外拦车罚款　只罚款不扣分
		过失执法	城管施暴时，警察在干什么
		滥用职权	陕西安康一民警挪用公款6万余元潜逃8年落法网
		非正常死亡	陕西神木一民警疑因经济投资失败服毒自杀
	医疗领域治安秩序乱	医闹问题（除医院血案）	父子"医闹"围攻医院打伤民警两儿子被刑拘
	校园治安秩序乱	意外伤亡	西安市小学生课间摔伤家长将校方告上法院，校方不愿担责
社会环境秩序"乱"	城管维护秩序的过失	暴力执法	西安商贩因违规占道经营遭城管围殴
经济秩序"乱"	地方政府债务问题	欠发工资	西安未央区政府发还拖欠保洁员工资副区长当面道歉
	企业经营秩序混乱	偷税漏税	延长石油重组操盘港商再遭举报，偷税1700万

（三）河南省社会秩序"乱"的形象危机状况统计

在全国社会秩序"乱""形象危机度"省市排名中，河南省"形象危机度"为4.05%，排名第3。

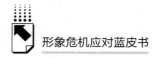

表 14   河南省社会秩序"乱"形象危机情况

单位：%

省　份	"形象死亡率"	"形象受损率"	"形象蒙冤率"
河南省	42.86	57.14	0.00

表 15   河南省社会秩序"乱"风险要素统计

风险板块	一级风险项	风险要素	典型案例
治安秩序"乱"	警察维护秩序的过失	粗暴执法	河南民警摔婴案涉事者曾被围观者打倒
		过失执法	河南济源回应警车撞人事件交警已介入事故调查
		滥用职权	洛南一交警队长开套牌车被拘留15天罚款并扣12分
		乱收费	南阳桐柏县中医院违规乱收费"一日清单"成空话
	医疗领域治安秩序乱	意外伤亡	河南光山校园安全事件:4名小学生上学途中溺水身亡
	校园治安秩序乱	校园踩踏	河南一学校开安全教育会会后两名学生被踩伤,会议时间长,学生内急
		其他暴力	新乡市一小学外精神病人长期逗留,曾砖砸教师车辆
社会环境秩序"乱"	城管维护秩序的过失	暴力执法	商丘开发区城管再现暴力执法

（四）北京市社会秩序"乱"的形象危机状况统计

在全国社会秩序"乱""形象危机度"省市排名中，北京市"形象危机度"为4.05%，并列第3。

表 16   北京市社会秩序"乱"形象危机情况

单位：%

省　份	"形象死亡率"	"形象受损率"	"形象蒙冤率"
北京市	20.93	65.12	0.00

表 17　北京市社会秩序"乱"风险要素统计

风险板块	一级风险项	风险要素	典型案例
治安秩序"乱"	治安犯罪猖獗	偷盗抢劫	90 后小伙想买 iPad 抢劫 1 元钱被批捕
		网络诈骗	北京 60 辆警车深夜带走数百人调查疑与网络诈骗有关
	警察维护秩序的过失	粗暴执法	北京警察被指派出所内多次殴打保安官方已介入调查
		滥用职权	民警收 3 万好处费放掉卖淫人员被判两年半
	医疗领域治安秩序乱	医闹问题(除医院血案)	儿研所人满难挂号,想加号遭拒男子猛踹女医生
	校园治安秩序乱	意外伤亡	位于中国音乐学院女生公寓 2 号楼东面 6 层的一间学生寝室遭遇不明物体袭击
社会环境秩序"乱"	城管维护秩序的过失	暴力执法	北京大北窑南公交站一男子割喉自杀,称曾遭城管殴打无钱治疗
			网曝北京查黑车现暴力执法,城管公安均否认
			六旬老太蜗居井下 20 年:城管多次封我井盖
			北京井底人:曾被城管关狗笼里谈何尊严
经济秩序"乱"	企业经营秩序混乱	垄断问题	茅台价格垄断风波
	银行、保险、证券问题	客户信息被非法出售	银行职员间高价买卖个人信息每位客户 50 元
		客户信息意外泄露	顾客挂失银行卡后账户少了 24 万银行表示可能泄露密码正式答复几天后再给
新闻秩序"乱"	新闻秩序混乱	新闻敲诈	《购物导报》记者敲诈,总署责令报社停业整顿
		造谣传谣	新华社编辑造谣"正部级官员喝人奶"被查处
		虚假报道	美国默克公司否认开价 500 亿元求购我国中药方
		蓄意炒作	北京"月薪 28800"月嫂:我不知道这事,没人采访我

（五）湖南省社会秩序"乱"的形象危机状况统计

在全国社会秩序"乱""形象危机度"省市排名中，湖南省"形象危机度"为3.81%，排名第5。

表18　湖南省社会秩序"乱"形象危机情况

单位：%

省　份	"形象死亡率"	"形象受损率"	"形象蒙冤率"
湖南省	47.06	52.94	0.00

表19　湖南省社会秩序"乱"风险要素统计

风险板块	一级风险项	风险要素	典型案例
治安秩序"乱"	警察维护秩序的过失	违规执法	湖南4名警察涉嫌刑讯逼供炮制6名抢劫案疑犯
		过失执法	男子9年"被吸毒"驾照遭吊销系民警失误所致
		滥用职权	看守所警察收死刑犯红包险助其持刀越狱
			开着警车去练车　临湘民警被处理
			私用警车在驾校内练车　岳阳一民警被禁闭5天
			湖南岳阳一交警中队长开套牌车被停职
			违规使用警车民警已被行政记过
			张家界警车"湘G0326警"违停　长沙交警贴罚单
		与黑恶势力勾结	湖南郴州警察涉嫌包庇毒贩被捕举报者曾遭免职
	校园治安秩序乱	意外伤亡	湖南省岳阳县筻口镇10月30日发生一起绑架杀人案,3名学童遇害
		其他暴力	女小学生未帮忙打架遭同班女生围殴摘掉脾脏
社会环境秩序"乱"	城管维护秩序的过失	暴力执法	张家界城管被指暴力执法围观者被打断肋骨
			两城管队员酒后逞凶殴打农民工致其住院
			湖南卖甘蔗老人疑与城管起冲突死亡
			城管当街暴打女精神病患者引非议
经济秩序"乱"	企业经营秩序混乱	丧失伦理道德	湖南衡东人大代表举报董事长后被当街捅9刀
	银行、保险、证券问题	客户信息被非法出售	90后情侣非法出售400人信息得利2万元获刑

（六）海南省社会秩序"乱"的形象危机状况统计

在全国社会秩序"乱""形象危机度"省市排名中，海南省"形象危机度"为 3.57%，排名第 6。

表 20　海南省社会秩序"乱"形象危机情况

单位：%

省　份	"形象死亡率"	"形象受损率"	"形象蒙冤率"
海南省	47.37	47.37	0.00

表 21　海南省社会秩序"乱"风险要素统计

风险板块	一级风险项	风险要素	典型案例
治安秩序"乱"	治安犯罪猖獗	偷盗抢劫	偷手机不成变明抢男子三亚抢劫被判 3 年
		黑恶势力	海口恶势力自称城管索保护费一块地砖月租一百
		网络诈骗	东方破获特大网络诈骗案，假卖装备 400 万
	警察维护秩序的过失	粗暴执法	海南一交警驾车执行公务撞倒绿化工人致死
		过失执法	市民路边散步被警察突然带走释放后警方拒道歉
		滥用职权	海南一警察开套牌车被停职
		与黑恶势力勾结	海南万宁一公安民警竟在工作时间携枪赌博
治安秩序"乱"	医疗领域治安秩序乱	乱收费	1 元检查治疗花 8000　患者:我是不是被宰了
	校园治安秩序乱	教师性侵	小学教师 30 年性侵 16 名女生,称敢告诉家长就剁手
		其他暴力	海南儋州市民族中学一 13 岁男生教室门口被刺伤
社会环境秩序"乱"	城管维护秩序的过失	暴力执法	女摊贩称称遭城管暴力执法:我被摁在胯下脸贴地
		收取保护费	海口最牛违建"保护伞"是城管局长

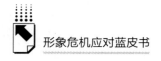

（七）江苏省社会秩序"乱"的形象危机状况统计

在全国社会秩序"乱""形象危机度"省市排名中，江苏省"形象危机度"为3.57%，并列第6。

表22　江苏省社会秩序"乱"形象危机情况

单位：%

省　份	"形象死亡率"	"形象受损率"	"形象蒙冤率"
江苏省	26.92	65.38	3.85

表23　江苏省社会秩序"乱"风险要素统计

风险板块	一级风险项	风险要素	典型案例
治安秩序"乱"	治安犯罪猖獗	黑恶势力	南京市长被双规："推土机市长"强拆肥了黑恶势力
		网络诈骗	裸聊网站三月诈骗700余万,性感女主播多是男人
	警察维护秩序的过失	违规执法	江苏徐州交警乱罚款被央视曝光当地连夜处理
		滥用职权	警车未挂后车牌民警被扣13分公安局长批示严查
	医疗领域治安秩序乱	医闹问题(除医院血案)	医生劝阻患者插队被殴颅骨迸裂13厘米缝12针
	校园治安秩序乱	意外伤亡	扬州大学女大学生在窗口晒被子时从3楼坠落
		校园踩踏	灌南县长茂中心小学一起学生相互拥挤导致4名学生受伤
		其他暴力	幼儿园老师在校煮泡面随手泼开水烫伤三岁女童
社会环境秩序"乱"	城管维护秩序的过失	暴力执法	大学生拍城管执法遭暴力对待回应正调查
经济秩序"乱"	企业经营秩序混乱	偷税漏税	天泽信息濒临亏损边缘,IPO时子公司曾偷漏税
		损害员工福利	凯盈服饰拖欠残疾职工17个月社保,企业主承诺6月底交清

续表

风险板块	一级风险项	风险要素	典型案例
经济秩序"乱"	银行、保险、证券问题	客户信息意外泄露	民生银行等滥查个人征信信息被客户起诉后遭罚
新闻秩序"乱"	新闻秩序混乱	虚假报道	"丈母娘婚宴送宾利"被疑假新闻:时间地点人物对不上
		蓄意炒作	"市民排队喝鹿血"是假新闻,当事人现身辟谣

(八)云南省社会秩序"乱"的形象危机状况统计

在全国社会秩序"乱""形象危机度"省市排名中,云南省"形象危机度"为3.33%,排名第8。

表24　云南省社会秩序"乱"形象危机情况

单位:%

省　份	"形象死亡率"	"形象受损率"	"形象蒙冤率"
云南省	66.67	27.78	0.00

表25　云南省社会秩序"乱"风险要素统计

风险板块	一级风险项	风险要素	典型案例
治安秩序"乱"	警察维护秩序的过失	粗暴执法	昆明民警被多位目击者指殴打小孩逼其下跪
		过失执法	云南39名吸毒人员趁民警不注意集体冲出拘留所
		滥用职权	云南勐腊县两民警涉嫌滥用职权、徇私枉法罪被依法逮捕
治安秩序"乱"	医疗领域治安秩序乱	医闹问题(除医院血案)	云大医院医生遭病患家属打伤　院方:对方无理索赔无果故意伤人
		乱收费	云南网友曝做手术需自掏轮椅担架费 医院进行整改
社会环境秩序"乱"	城管维护秩序的过失	暴力执法	占道小贩被关车里殴打?五华城管调查
经济秩序"乱"	地方政府债务问题	欠发工资	云南东川一事业单位2年不发工资　职工举债上班

（九）安徽省社会秩序"乱"的形象危机状况统计

在全国社会秩序"乱""形象危机度"省市排名中，安徽省"形象危机度"为3.10%，排名第9。

表26　安徽省社会秩序"乱"形象危机情况

单位：%

省　份	"形象死亡率"	"形象受损率"	"形象蒙冤率"
安徽省	44.44	55.56	0.00

表27　安徽省社会秩序"乱"风险要素统计

风险板块	一级风险项	风险要素	典型案例
治安秩序"乱"	治安犯罪猖獗	偷盗抢劫	两男子超市盗窃被发现　为阻止报警改持刀抢劫
		黑客入侵	安徽籍90后黑客入侵多家政府网将内容改成一夜情
	警察维护秩序的过失	粗暴执法	安徽一民警违规办案殴打当事人　检察机关介入调查
		滥用职权	交警队长开假牌照警车岂能以"暗访督察"为借口
		与黑恶势力勾结	警察"内鬼"倒卖公民信息获刑一年
		非正常死亡	交警射杀肇事嫌疑人失踪潜伏交警队20年
	医疗领域治安秩序乱	医闹问题（除医院血案）	省立儿童医院医生与患者家属发生肢体冲突疑因言语不和
		乱收费	蒙城网友反映村卫生室看病乱收费　官方作出整改
	校园治安秩序乱	教师性侵	安徽小学生遭性侵事件:校长成"恐怖色狼"
社会环境秩序"乱"	城管维护秩序的过失	暴力执法	合肥城管殴打货车司机　市民拍摄手机被砸碎
经济秩序"乱"	银行、保险、证券问题	客户信息意外泄露	刚存入4万便被转出　银行拒绝冻结账号被判不担责

（十）河北省社会秩序"乱"的形象危机状况统计

在全国社会秩序"乱""形象危机度"省市排名中，河北省"形象危机度"为 2.86%，排名第 10。

表 28　河北省社会秩序"乱"形象危机情况

单位：%

省　份	"形象死亡率"	"形象受损率"	"形象蒙冤率"
河北省	57.14	42.86	0.00

表 29　河北省社会秩序"乱"风险要素统计

风险板块	一级风险项	风险要素	典型案例
治安秩序"乱"	警察维护秩序的过失	粗暴执法	河北盐山交警违规执法持棒伤人　涉事民警被免职
		过失执法	河北馆陶女医生坠楼死亡事件调查治安室无警察值守
		滥用职权	河北邯郸回应警察之子暴力抗法称其父系辅警
	校园治安秩序乱	校车事故	沧县民办幼儿园"黑校车"核载 15 人，实载 72 人事件
		教师性侵	河北永清一私立小学教师猥亵学生被刑事拘留
			河北保定一 59 岁体育老师猥亵 6 岁女童被逮捕
		其他暴力	班长维持纪律同学不服找人打架致一死三伤
社会环境秩序"乱"	城管维护秩序的过失	暴力执法	河北保定一城管打女菜贩被曝光停职双方和解
			河北保定城管对女商贩过肩摔丢其在路边哭
			河北对女商贩使过肩摔城管被停职
			保定："城管抱摔女菜贩"网络视频引关注
			商贩向城管执法队员下跪　唐山城管:执法欠妥
			女摊贩下跪城管　城管拍照"笑纳"
新闻秩序"乱"	新闻秩序混乱	虚假报道	柴静澄清:没说过"你幸福吗"提问方式简单粗暴

（十一）四川省社会秩序"乱"的形象危机状况统计

在全国社会秩序"乱""形象危机度"省市排名中，四川省"形象危机度"为2.86%，并列第10。

表30 四川省社会秩序"乱"形象危机情况

单位：%

省　份	"形象死亡率"	"形象受损率"	"形象蒙冤率"
四川省	46.67	46.67	0.00

表31 四川省社会秩序"乱"风险要素统计

风险板块	一级风险项	风险要素	典型案例
治安秩序"乱"	警察维护秩序的过失	粗暴执法	四川一交警当街打人？回应当事人是辅警
		违规执法	四川泸州交警未着警服开豪车执行任务被停职
		过失执法	男子因长得太瘦被误当吸毒者抓获　民警已道歉
		滥用职权	公车私用高速路擦挂后逃逸　德阳交警支队一副科长被停职
		与黑恶势力勾结	110女接线员当"内鬼"致警察多次抓赌扑空
	校园治安秩序乱	其他暴力	女生学校里被打　只因同学间口角起纷争
社会环境秩序"乱"	城管维护秩序的过失	暴力执法	官方回应郫县城管打人事件：将对违纪人员严肃处理
经济秩序"乱"	企业经营秩序混乱	垄断问题	经销商利润率下跌过半，整车厂商或涉嫌渠道垄断

（十二）山东省社会秩序"乱"的形象危机状况统计

在全国社会秩序"乱""形象危机度"省市排名中，山东省"形象危机度"为2.86%，并列第10。

表32　山东省社会秩序"乱"形象危机情况

单位：%

省　份	"形象死亡率"	"形象受损率"	"形象蒙冤率"
山东省	33.33	52.38	14.29

表33　山东省社会秩序"乱"风险要素统计

风险板块	一级风险项	风险要素	典型案例
治安秩序"乱"	治安犯罪猖獗	偷盗抢劫	小偷入户盗窃强奸女房主拍裸照威逼不准报警
	警察维护秩序的过失	违规执法	聊城严肃查处东阿交警执勤人员违规收费问题
		滥用职权	聊城市纪委介入"交警收黑钱"　交警大队长停职
	医疗领域治安秩序乱	医闹问题(除医院血案)	孩子医院打针拔针起争执　家长护士都说被打了
	校园治安秩序乱	其他暴力	青岛一初三男生教室内被砍四刀
			山东一女生被殴打4小时,边打边拍照
社会环境秩序"乱"	城管维护秩序的过失	暴力执法	崂山城管遇暴力抗法　村民挥酒瓶威胁城管
经济秩序"乱"	企业经营秩序混乱	损害员工福利	山东26家建筑企业因拖欠农民工工资被通报处理
	银行、保险、证券问题	客户信息意外泄露	滨州男子信息泄露造成不良记录,办贷款"卡了壳"

（十三）浙江省社会秩序"乱"的形象危机状况统计

在全国社会秩序"乱""形象危机度"省市排名中,浙江省"形象危机度"为2.62%,排名第13。

表34　浙江省社会秩序"乱"形象危机情况

单位：%

省　份	"形象死亡率"	"形象受损率"	"形象蒙冤率"
浙江省	47.06	47.06	5.88

表 35　浙江省社会秩序"乱"风险要素统计

风险板块	一级风险项	风险要素	典型案例
治安秩序"乱"	治安犯罪猖獗	偷盗抢劫	男子酒后偷葡萄被发现,拿剪刀吓人被判抢劫
		黑恶势力	黑恶势力嚣张　"四哥"让新鲜肉在浙江安吉消失一个月(警方已介入调查)
		网络诈骗	浙江上半年万人遭电信网络诈骗　"老内容套新花样"
		黑客入侵	黑客入侵医院盗取数据倒卖给医药代表获利 740 万
	警察维护秩序的过失	粗暴执法	浙江奉化一民警醉驾逆行致两人死亡被判刑 5 年
		过失执法	记者采访杭州酒驾事故被殴打　现场 5 名交警无人制止
		滥用职权	浙江嘉兴一民警因涉嫌受贿近 190 万受审
		非正常死亡	嫌犯派出所"非正常死亡"　浙永康涉事警察被停职
	医疗领域治安秩序乱	医闹问题(除医院血案)	一急诊医生被打断三根肋骨
		乱收费	82 岁老人胸闷　医院查艾滋梅毒被家属称乱收费
	校园治安秩序乱	意外伤亡	18 岁温籍大学生与同学在寝室庆祝双"十一"饮酒致死
		教师性侵	教师以帮做手工为由强奸女学生被刑拘
社会环境秩序"乱"	城管维护秩序的过失	暴力执法	宁波城管依法拆除违建　遭暴力抗法右手被砍伤
新闻秩序"乱"	新闻秩序混乱	新闻敲诈	浙江三名财经记者涉嫌受贿最高受贿 332 万元
		虚假报道	浙江一媒体头版刊登女兵学习十八大精神摆拍照

（十四）广西壮族自治区社会秩序"乱"的形象危机状况统计

在全国社会秩序"乱""形象危机度"省市排名中,广西壮族自治区"形象危机度"为 2.14%,排名第 14。

表 36 广西壮族自治区社会秩序"乱"形象危机情况

单位：%

省　份	"形象死亡率"	"形象受损率"	"形象蒙冤率"
广西壮族自治区	54.55	45.45	0.00

表 37 广西壮族自治区社会秩序"乱"风险要素统计

风险板块	一级风险项	风险要素	典型案例
治安秩序"乱"	警察维护秩序的过失	粗暴执法	广西孕妇命丧醉酒警察枪口　政府70万埋单惹争议
		过失执法	广西警察被指打死赌徒获刑　出狱频上访喊冤
	医疗领域治安秩序乱	医闹问题（除医院血案）	我市两家医院连续发生3起患者家属殴打医护人员事件
	校园治安秩序乱	意外伤亡	小学男生恶作剧抽掉凳子，致一名女生摔倒颈椎受伤
社会环境秩序"乱"	城管维护秩序的过失	暴力执法	南宁城管被指围殴拍照学生　城管：干扰执法
经济秩序"乱"	银行、保险、证券问题	客户信息被非法出售	银行经理卖千余份客户信息　犯罪分子盗8人23万多元

（十五）江西省社会秩序"乱"的形象危机状况统计

在全国社会秩序"乱""形象危机度"省市排名中，江西省"形象危机度"为2.14%，并列第14。

表 38 江西省社会秩序"乱"形象危机情况

单位：%

省　份	"形象死亡率"	"形象受损率"	"形象蒙冤率"
江西省	54.55	45.45	0.00

表39　江西省社会秩序"乱"风险要素统计

风险板块	一级风险项	风险要素	典型案例
治安秩序"乱"	治安犯罪猖獗	网络诈骗	90后农家子弟组建团伙网络诈骗银行存款近百万
	警察维护秩序的过失	粗暴执法	网曝江西一交警酒驾撞人逃逸　官方回应称非酒驾
		滥用职权	江西鹰潭退休交警实名举报原副支队长分赃38万
	校园治安秩序乱	教师性侵	江西一老师猥亵7名女童致6人患性病
社会环境秩序"乱"	城管维护秩序的过失	暴力执法	永修城管和摊主对打四人受伤　警方已介入
		收取保护费	城管局副局长收"感谢费"充当违法建筑"保护伞"获刑
新闻秩序"乱"	新闻秩序混乱	虚假报道	《信息日报》刊登虚假报道
经济秩序"乱"	银行、保险、证券问题	客户信息意外泄露	女子银行卡内现金不翼而飞　银行疑客户信息遭泄露

（十六）湖北省社会秩序"乱"的形象危机状况统计

在全国社会秩序"乱""形象危机度"省市排名中，湖北省"形象危机度"为2.14%，并列第14。

表40　湖北省社会秩序"乱"形象危机情况

单位：%

省　份	"形象死亡率"	"形象受损率"	"形象蒙冤率"
湖北省	38.89	33.33	11.11

表41　湖北省社会秩序"乱"风险要素统计

风险板块	一级风险项	风险要素	典型案例
治安秩序"乱"	治安犯罪猖獗	偷盗抢劫	为抢劫钱财深夜故意驾车撞人　曾因盗窃被判死缓
		黑恶势力	十堰黑恶势力成员当街公然殴打警察38人被起诉

续表

风险板块	一级风险项	风险要素	典型案例
治安秩序"乱"	警察维护秩序的过失	粗暴执法	湖北随州民警政府门口对上访者粗暴执法被停职
		滥用职权	武汉天河机场交警选择性贴罚单 鄂O车"免于处罚"
		与黑恶势力勾结	湖北鄂州1名警察涉毒被强戒或将被"双开"
	校园治安秩序乱	意外伤亡	大学男生雨夜骑自行车赶路撞死同学,被判赔18万余
		校园踩踏	湖北省老河口市秦集小学发生踩踏事件,4死7伤
社会环境秩序"乱"	城管维护秩序的过失	暴力执法	实拍武汉开发区城管暴力执法引大家围观
			武汉城管建议对车窗抛物未交罚款车辆不年审
		收取保护费	受伤的城管在替谁流血?

（十七）甘肃省社会秩序"乱"的形象危机状况统计

在全国社会秩序"乱""形象危机度"省市排名中,甘肃省"形象危机度"1.43%,排名第17。

表42　甘肃省社会秩序"乱"形象危机情况

单位:%

省　份	"形象死亡率"	"形象受损率"	"形象蒙冤率"
甘肃省	14.29	85.71	0.00

表43　甘肃省社会秩序"乱"风险要素统计

风险板块	一级风险项	风险要素	典型案例
治安秩序"乱"	警察维护秩序的过失	违规执法	交警执勤令人代开罚单续:无证交警被暂停执行公务
			交警错误输入车辆违法信息 车主东奔西跑无法审车
		过失执法	纵火案现场警察拒绝协助 检察官痛斥:你应觉得惭愧

风险板块	一级风险项	风险要素	典型案例
治安秩序"乱"	医疗领域治安秩序乱	高要价与高医疗费	60人接力献血挽救年轻生命 巨额医疗费让生命再陷渺茫
	校园治安秩序乱	其他暴力	甘肃会宁学生校内被戳伤眼
社会环境秩序"乱"	城管维护秩序的过失	暴力执法	全城洒水折射城市管理缺乏智慧
			张贴"决定"后拆房 城管局被房东告了

（十八）新疆维吾尔自治区社会秩序"乱"的形象危机状况统计

在全国社会秩序"乱""形象危机度"省市排名中，新疆维吾尔自治区"形象危机度"为 1.43%，并列第 17。

表 44　新疆维吾尔自治区社会秩序"乱"形象危机情况

单位：%

省　份	"形象死亡率"	"形象受损率"	"形象蒙冤率"
新疆维吾尔自治区	62.50	25.00	0.00

表 45　新疆维吾尔自治区社会秩序"乱"风险要素统计

风险板块	一级风险项	风险要素	典型案例
治安秩序"乱"	治安犯罪猖獗	偷盗抢劫	未成年人伙同抢劫盗窃超20起 最重者被判16年
		网络诈骗	电话诈骗最爱冒充"公检法" 乌市一年骗走数千万
	警察维护秩序的过失	粗暴执法	新疆暴力恐怖案还原:被查时泼油烧死民警等9人
			新疆鄯善发生暴力恐怖袭击案件,造成24人遇害 公安民警当场击毙11名暴徒
社会环境秩序"乱"	城管维护秩序的过失	暴力执法	城管称摆摊给社会抹黑 小贩夫妻被打住院
			新疆网友发微博:小贩违规摆摊遭城管暴力执法
			乌鲁木齐城管摊贩冲突 8岁男童头受伤
			城管摊贩冲突男童受伤 城管回应:没打孩子,是误伤

（十九）福建省社会秩序"乱"的形象危机状况统计

在全国社会秩序"乱""形象危机度"省市排名中，福建省"形象危机度"为1.43%，并列第17。

表46 福建省社会秩序"乱"形象危机情况

单位：%

省　份	"形象死亡率"	"形象受损率"	"形象蒙冤率"
福建省	50.00	50.00	0.00

表47 福建省社会秩序"乱"风险要素统计

风险板块	一级风险项	风险要素	典型案例
治安秩序"乱"	治安犯罪猖獗	偷盗抢劫	雕刻工不务正业驾摩托车从盗窃到抢劫终获刑
	医疗领域治安秩序乱	高要价与高医疗费	最高零售价8.4元药店卖18元　岛内4家药店药过高
	校园治安秩序乱	意外伤亡	晋江2天发生2起溺水事件
社会环境秩序"乱"	城管维护秩序的过失	暴力执法	女商贩与城管肢体接触后倒地昏迷　暴力执法还是反抗执法
			福建泉州城管现暴力执法　踹车辆砸商贩引发争议
			福州屏西城管小贩口角引发流血冲突
经济秩序"乱"	地方政府债务问题	乡镇财政债务	镇政府欠修路款十几年后报县财政三年仍在审核
			漳州政府百亿负债风险在乡镇

（二十）山西省社会秩序"乱"的形象危机状况统计

在全国社会秩序"乱""形象危机度"省市排名中，山西省"形象危机度"为1.43%，并列第17。

表48 山西省社会秩序"乱"形象危机情况

单位：%

省　份	"形象死亡率"	"形象受损率"	"形象蒙冤率"
山西省	50.00	50.00	0.00

表49　山西省社会秩序"乱"风险要素统计

风险板块	一级风险项	风险要素	典型案例
治安秩序"乱"	治安犯罪猖獗	偷盗抢劫	太原:男子抢劫强奸单身女性被抓获
	警察维护秩序的过失	违规执法	临汾一市民不服罚单将交警队告上法庭获判胜诉
			司机不满偷拍测速山西交警闻过则改
		滥用职权	交警开万张"下不为例"罚单被疑滥用职权
			山西运城"房媳"被立案调查涉案民警遭停职
			山西省公安厅副厅长李亚力在处理其子违章驾车并妨碍交警执行公务过程中违反规定
社会环境秩序"乱"	城管维护秩序的过失	暴力执法	山西原平城管与商户冲突打人致伤负责人被停职
			山西:城管执法打人骨折　新闻办公室主任骂采访记者"猖狂"
			山西大同3名城管用灭火器砸人被清退

（二十一）辽宁省社会秩序"乱"的形象危机状况统计

在全国社会秩序"乱""形象危机度"省市排名中,辽宁省"形象危机度"为0.95%,排名第21。

表50　辽宁省社会秩序"乱"形象危机情况

单位:%

省　份	"形象死亡率"	"形象受损率"	"形象蒙冤率"
辽宁省	33.33	66.67	0.00

表51　辽宁省社会秩序"乱"风险要素统计

风险板块	一级风险项	风险要素	典型案例
治安秩序"乱"	治安犯罪猖獗	偷盗抢劫	男子入室盗窃变抢劫只抢到50元被判10年
			15岁男孩组团持刀抢劫五块三:靠偷东西抢劫生活

续表

风险板块	一级风险项	风险要素	典型案例
治安秩序"乱"	警察维护秩序的过失	滥用职权	辽宁鞍山警察协会发放特权"通行证"责任人引咎辞职
		与黑恶势力勾结	两名假官员通过警察假装帮人捞涉黑罪犯诈骗800万
社会环境秩序"乱"	城管维护秩序的过失	暴力执法	第一追问:辽阳"城管打记者"真相到底何在
经济秩序"乱"	银行、保险、证券问题	客户信息意外泄露	泄露密码被骗50万银行无责损失自负

（二十二）上海市社会秩序"乱"的形象危机状况统计

在全国社会秩序"乱""形象危机度"省市排名中,上海市"形象危机度"为0.95%,并列第21。

表52　上海市社会秩序"乱"形象危机情况

单位:%

省　份	"形象死亡率"	"形象受损率"	"形象蒙冤率"
上海市	42.86	57.14	0.00

表53　上海市社会秩序"乱"风险要素统计

风险板块	一级风险项	风险要素	典型案例
治安秩序"乱"	治安犯罪猖獗	网络诈骗	16岁男生冒充空姐网络诈骗他人2.8万元
	警察维护秩序的过失	过失执法	上海枪案死者家属质疑警察在场嫌犯仍能行凶
	校园治安秩序乱	其他暴力	班主任因个别学生调皮要求全班互抽耳光
			上海学校发生惨案学生争床铺刺死同学
经济秩序"乱"	企业经营秩序混乱	恶性竞争	ST联华对决方曝争夺内幕
		丧失伦理道德	网评葛兰素史克在华研发跨越道德伦理底线
	银行、保险、证券问题	客户信息被非法出售	银行卡地下买卖蔓延上海满足七种隐秘需求

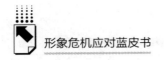

（二十三）青海省社会秩序"乱"的形象危机状况统计

在全国社会秩序"乱""形象危机度"省市排名中，青海省"形象危机度"为0.48%，排名第23。

表54　青海省社会秩序"乱"形象危机情况

单位：%

省　份	"形象死亡率"	"形象受损率"	"形象蒙冤率"
青海省	100	0	0

表55　青海省社会秩序"乱"风险要素统计

风险板块	一级风险项	风险要素	典型案例
社会环境秩序"乱"	城管维护秩序的过失	暴力执法	西宁民警遭强拆城管围殴,城管队长:要不是看你穿着这身皮就打死你
			西宁民警遭城管殴打事件:打人者为城建局工作人员

（二十四）黑龙江省社会秩序"乱"的形象危机状况统计

在全国社会秩序"乱""形象危机度"省市排名中，黑龙江省"形象危机度"为0.48%，并列第23。

表56　黑龙江省社会秩序"乱"形象危机情况

单位：%

省　份	"形象死亡率"	"形象受损率"	"形象蒙冤率"
黑龙江省	66.67	33.33	0.00

表57　黑龙江省社会秩序"乱"风险要素统计

风险板块	一级风险项	风险要素	典型案例
治安秩序"乱"	治安犯罪猖獗	黑客入侵	80后"黑客"入侵服务器窃取6000张电话充值卡
社会环境秩序"乱"	城管维护秩序的过失	暴力执法	哈尔滨城管打伤瓜农　记者求证遭抢摄像机险被打
			七台河城管暴力殴打无辜路人,太猖狂!

（二十五）内蒙古自治区社会秩序"乱"的形象危机状况统计

在全国社会秩序"乱""形象危机度"省市排名中，内蒙古自治区"形象危机度"为0.48%，并列第23。

表58　内蒙古自治区社会秩序"乱"形象危机情况

单位：%

省　份	"形象死亡率"	"形象受损率"	"形象蒙冤率"
内蒙古自治区	25.00	75.00	0.00

表59　内蒙古自治区社会秩序"乱"风险要素统计

风险板块	一级风险项	风险要素	典型案例
治安秩序"乱"	治安犯罪猖獗	网络诈骗	夫妻冒充银行客服人员利用网络诈骗获刑
	警察维护秩序的过失	过失执法	包头10名警察因值班脱岗等被免职和行政警告处分
社会环境秩序"乱"	城管维护秩序的过失	暴力执法	一瓜农与二城管发生争执持刀行凶至一死一伤被逮捕
经济秩序"乱"	地方政府债务问题	欠发工资	鄂尔多斯成债城：政府向企业借15亿给官员发工资

（二十六）重庆市社会秩序"乱"的形象危机状况统计

在全国社会秩序"乱""形象危机度"省市排名中，重庆市"形象危机度"为0.48%，并列第23。

表60　重庆市社会秩序"乱"形象危机情况

单位：%

省　份	"形象死亡率"	"形象受损率"	"形象蒙冤率"
重庆市	40.00	60.00	0.00

表 61　重庆市社会秩序"乱"风险要素统计

风险板块	一级风险项	风险要素	典型案例
治安秩序"乱"	治安犯罪猖獗	偷盗抢劫	男子偷车抢劫后赃车被盗酿事故报警寻车落法网
		网络诈骗	网络话费充值诈骗　重庆一团伙3个月敛财近百万
		黑客入侵	黑客入侵重庆车管所想要啥子号码都可以
社会环境秩序"乱"	城管维护秩序的过失	暴力执法	重庆一城管在马路上打人后欲驾车离开,却遭十多辆出租车和多位市民截停
			城管当街殴打孕妇续:当事人道歉　设立"委屈奖"

（二十七）贵州省社会秩序"乱"的形象危机状况统计

在全国社会秩序"乱""形象危机度"省市排名中,贵州省"形象危机度"为0.24%,排名第27。

表 62　贵州省社会秩序"乱"形象危机情况

单位:%

省　份	"形象死亡率"	"形象受损率"	"形象蒙冤率"
贵州省	50.00	50.00	0.00

表 63　贵州省社会秩序"乱"风险要素统计

风险板块	一级风险项	风险要素	典型案例
治安秩序"乱"	治安犯罪猖獗	网络诈骗	贵州警方破获百万元网络诈骗案嫌疑人系师生
	警察维护秩序的过失	粗暴执法	贵州警察枪杀2人一审获刑8年法院认定防卫过当

（二十八）天津市社会秩序"乱"的形象危机状况统计

在全国社会秩序"乱""形象危机度"省市排名中,天津市"形象危机度"为0.24%,并列第27。

表64　天津市社会秩序"乱"形象危机情况

单位：%

省　份	"形象死亡率"	"形象受损率"	"形象蒙冤率"
天津市	33.33	66.67	0.00

表65　天津市社会秩序"乱"风险要素统计

风险板块	一级风险项	风险要素	典型案例
治安秩序"乱"	医疗领域治安秩序乱	医闹问题(除医院血案)	天津武清中医院医生急诊室内遭围殴打致颅骨骨折
经济秩序"乱"	银行、保险、证券问题	客户信息被非法出售	银行职员伙同同学贩卖客户信息187条获刑一年
		客户信息意外泄露	骗子借银行客服热线冒充客服骗市民22万元

（二十九）宁夏回族自治区社会秩序"乱"的形象危机状况统计

在全国社会秩序"乱""形象危机度"省市排名中，宁夏回族自治区"形象危机度"为0.00%，排名第29。

表66　宁夏回族自治区社会秩序"乱"形象危机情况

单位：%

省　份	"形象死亡率"	"形象受损率"	"形象蒙冤率"
宁夏回族自治区	0.00	100.00	0.00

表67　宁夏回族自治区社会秩序"乱"风险要素统计

风险板块	一级风险项	风险要素	典型案例
治安秩序"乱"	警察维护秩序的过失	粗暴执法	陕西司机在宁夏被交警群殴续：宁夏警方跨省道歉
	校园治安秩序乱	意外伤亡	男子闯入幼儿园挟持两幼儿,胁迫警方找离家妻子

四 社会秩序"乱"形象危机应对指南

（一）"善解冤"：妥善解决"形象蒙冤"问题

1. 全国省市"形象蒙冤率"排名

据课题组统计，在社会秩序"乱""形象蒙冤"情况省市排名中，山东省排第一名；湖北省排第二名；浙江省排第三名（见表9）。

2. 社会秩序"乱"风险项"形象蒙冤率"统计

据课题组统计，全国社会秩序"乱"的"形象蒙冤"案例数量已占到其形象危机总数的 2.46%，各风险板块下属风险项"形象蒙冤率"统计见表68。

表 68 社会秩序"乱"一级风险项"形象蒙冤"情况统计

单位：%

风险板块	一级风险项	"形象蒙冤率"
治安秩序"乱"	治安犯罪猖獗	0.00
	警察维护秩序的过失	0.00
	医疗秩序混乱	3.13
	校园秩序混乱	4.17
	文物破坏	0.00
社会环境秩序"乱"	社会环境秩序被破坏	0.00
	城管维护秩序的过失	4.03
经济秩序"乱"	地方政府债务问题	0.00
	企业经营秩序混乱	0.00
	银行、保险、证券问题	4.17
新闻秩序"乱"	新闻秩序混乱	6.25
总　计		2.46

针对"形象蒙冤"情况，课题组建议：一方面，"形象蒙冤"主体要善于借助媒体力量，及时、有效澄清省市形象"冤情"；另一方面，"形象蒙冤"高危行业需要建立风险预防长效机制，积极防范省市形象"被抹黑"。

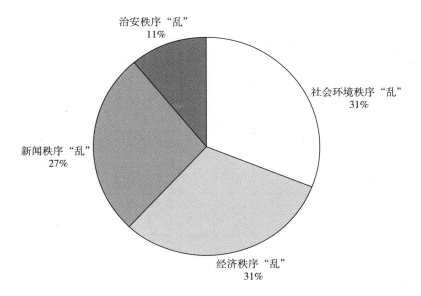

图 1　社会秩序"乱"风险板块的"形象蒙冤"分布情况

注：数据来源于中国人民大学危机管理研究中心"2013 年省市形象危机典型案例库"，时间段为 2013 年 1 月 1 日至 2013 年 12 月 31 日；不含港澳台；具有此类研究方法的相应误差。

（二）"重点改"：重点整改"社会责任事故"

1. 重点整改"社会责任事故"

据课题组统计，全国社会秩序"乱"的社会责任事故案例数量已占到其形象危机案例总数的 38.93%，全国社会秩序"乱""社会责任事故率"省市排名见表 69。

表 69　社会秩序"乱""社会责任事故率"省市排名

单位：%

等　级	排　名	省　份	"社会责任事故率"
高危≥90	1	青　海	100.00
	2	湖　南	94.12
中危 60～89	3	甘　肃	85.71
		河　北	85.71

续表

等　级	排　名	省　份	"社会责任事故率"
中危 60～89	5	陕　西	82.61
	6	云　南	82.35
	7	广　西	81.82
		江　西	81.82
	9	河　南	80.95
	10	四　川	80.00
	11	海　南	78.95
	12	新　疆	75.00
	13	安　徽	72.22
	14	广　东	66.67
		黑龙江	66.67
		辽　宁	66.67
	18	福　建	60.00
		山　西	60.00
低危 <60	20	江　苏	57.69
	21	山　东	57.14
		上　海	57.14
	23	贵　州	50.00
		湖　北	50.00
		内蒙古	50.00
	27	浙　江	42.31
	28	重　庆	40.00
	29	北　京	39.53
	30	天　津	33.33
	31	宁　夏	0.00

2. 重点改善"形象死亡"问题

　　据课题组统计，全国社会秩序"乱"的"形象死亡"案例数量已占到其形象危机总数的38.46%，全国社会秩序"乱"一级风险项"形象死亡率"排名统计见表70。

表70 社会秩序"乱"一级风险项"形象死亡率"排名统计

单位：%

排名	一级风险项	"形象死亡率"
1	城管维护秩序的过失	21.56
2	警察维护秩序的过失	9.78
3	校园治安秩序乱	3.78
4	企业经营秩序乱	1.56
5	治安犯罪猖獗	0.89
6	银行、保险、证券问题	0.89
7	医疗领域治安秩序乱	0.00
8	文物破坏	0.00
9	社会环境秩序被破坏	0.00
10	地方债务问题	0.00
11	新闻秩序混乱	0.00
总　计		38.46

（三）"全面防"：立体化形象管理

在"善解冤"与"重点改"的基础上，针对社会秩序"乱"形象危机，加强立体化形象管理从而做到"全面放"是重中之重。立体化形象管理需要从"内部—中间—外部"三个维度入手，内部纠正形象偏差度，中间强化形象风险管理，外部重视评委关系，让形象管理做到立体化与整体化，从而对形象危机做好全面防范与管理。立体化形象管理如图2所示。

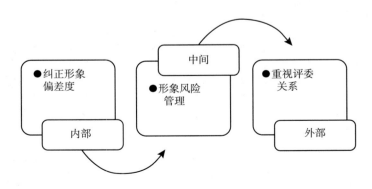

图2 社会秩序"乱"的立体化形象管理图

1. 内部：纠正形象偏差度

职能定位、实际运行及社会预期三者之间存在的差距与失衡，构成了形象偏差。形象预期是共性和理想的，具体形象是个性和现实的。社会各界对形象的看法本身可能存在偏差和误解，既有传统上形象定位的偏差，也有由于个别情况导致的整体偏差或误解。只有当职能定位、实际运行及社会预期三者之间达到平衡或成为一种良性循环，才能有效纠正形象偏差。

在社会秩序中，治安秩序与社会环境秩序容易产生形象偏差。其中，警察在维护治安秩序的时候，社会预期与其实际的职能定位之间存在着较大偏差；城管在维护社会环境秩序中，社会预期与其实际的职能定位之间存在着较大偏差。具体如表71、表72所示。

表71　社会对警察的形象预期及形象偏差

形象预期项	社会形象预期描述	实际的职能定位	形象偏差
1. 忠诚卫士（"保护神"形象）	1. 维护国家安全和社会治安秩序，预防、制止和惩治违法犯罪活动 2. 忠诚可靠，听党指挥，热爱人民，忠于法律 3. 英勇善战，坚忍不拔，机智果敢，崇尚荣誉	依法办事	忠诚卫士与依法办事的偏差
2. 秉公执法（"包青天"形象）	1. 秉公执法，事实为据，秉持公正，惩恶扬善 2. 文明理性，理性平和，文明礼貌，诚信友善	警务公开，程序和方法正当	结果导向和过程导向的偏差
3. 人民公仆（"活雷锋"形象）	1. 热诚服务，情系民生，服务社会，热情周到 2. 坚持把人们放在心中最高位置 3. 关注群众需要，服务平台态度好	管理为主，服务为辅	管理职能与服务职能的偏差 有限能力与无限职责的偏差 需求增大与警力不足的偏差
4. 法纪楷模（"任长霞"形象）	1. 严守纪律，令行禁止，廉洁正直，克己奉公 2. 爱岗敬业，精益求精，甘于奉献，任劳任怨	队伍纪律严明，约束权力职责	强势权力与弱势地位的偏差 个体行为与组织推论的偏差

表72　社会对城管的形象预期及形象偏差

形象预期项	社会形象预期的描述	实际的职能定位
预期1. 文明执法	依法执法、有理有据、文明礼貌、柔性执法、人性执法	依法进行管制,允许比较强行的执法
预期2. 维护秩序	长久维护和保持良好的城市环境,并做好社会服务工作	履行城市环境管理职能,无服务要求

2. 中间：形象风险管理

（1）风险地图。

用好 2013 年全国省市形象危机社会秩序"乱"风险地图的研究成果，掌握省市形象危机社会秩序"乱"中的风险规律，主动规避省市形象风险。

表73　社会秩序"乱"总体风险地图

风险板块	一级风险项	二级风险项	风险要素
1 治安秩序"乱"	1.1 治安犯罪猖獗	1.1.1 现实社会犯罪	1.1.1.1 偷盗抢劫
			1.1.1.2 黑恶势力
		1.1.2 虚拟社会犯罪	1.1.2.1 网络诈骗
			1.1.2.2 黑客入侵
	1.2 警察维护秩序的过失	1.2.1 执法问题	1.2.1.1 违规执法
			1.2.1.2 过失执法
			1.2.1.3 粗暴执法
		1.2.2 使用公权力问题	1.2.2.1 滥用职权
			1.2.2.2 与黑恶势力勾结
			1.2.2.3 非正常死亡
	1.3 医疗领域治安秩序乱	1.3.1 医闹问题（除医院血案）	1.3.1.1 医闹问题（除医院血案）
		1.3.2 "看病难、看病贵"	1.3.2.1 高要价、高医疗费
			1.3.2.2 乱收费
	1.4 校园治安秩序乱	1.4.1 事故灾难	1.4.1.1 校车安全
			1.4.1.2 校园踩踏
			1.4.1.3 意外伤亡
		1.4.2 校园暴力（除校园血案）	1.4.2.1 教师性侵
			1.4.2.2 其他暴力

续表

风险板块	一级风险项	二级风险项	风险要素
1 治安秩序"乱"	1.5 文物破坏	1.5.1 文物安全事故	1.5.1.1 文物单位受损
			1.5.1.2 文物被盗掘（包括古葬墓、古遗址等）
			1.5.1.3 文物火灾事故
			1.5.1.4 博物馆被盗
		1.5.2 文物保护单位违法行为	1.5.2.1 "破坏性修复"
			1.5.2.2 商业与旅游设施乱建
			1.5.2.3 违法施工
			1.5.2.4 房地产违法开发
2 社会环境秩序"乱"	2.1 社会环境秩序被破坏	2.1.1 街面环境秩序乱	2.1.1.1 无照经营
			2.1.1.2 非法小广告
			2.1.1.3 非法营运（"黑车"）
	2.2 城管维护秩序的过失	2.2.1 执法问题	2.2.1.1 暴力执法
		2.2.2 公权力使用问题	2.2.2.1 收取"保护费"
3 经济秩序"乱"	3.1 企业经济秩序混乱	3.1.1 市场运营	3.1.1.1 恶性竞争
			3.1.1.2 垄断问题
		3.1.2 社会责任	3.1.2.1 偷税漏税
			3.1.2.2 损害员工福利
			3.1.2.3 丧失伦理道德
	3.2 银行、保险、证券问题	3.2.1 客户信息安全问题	3.3.1.1 客户信息意外泄露
			3.3.1.2 客户信息被非法出售
	3.3 地方政府债务问题	3.3.1 显性债务	3.3.1.1 国债转贷资金
			3.3.1.2 欠发工资
			3.3.1.3 粮食亏损挂账
			3.3.1.4 乡镇财政债务
		3.3.2 隐性债务	3.3.2.1 社会保障资金缺口
4 新闻秩序"乱"	4.1 新闻秩序混乱	4.1.1 违法乱纪问题	4.1.1.1 新闻敲诈
		4.1.2 违背职业伦理问题	4.1.2.1 虚假报道
			4.1.2.2 蓄意炒作
			4.1.2.3 造谣传谣

为应对社会秩序"乱"省市形象危机，首先要全面防范社会秩序"乱"风险地图中各风险要素。

据课题组统计，2013 年全国社会秩序"乱"的"形象危机度"为

63.76%，2013年全国社会秩序"乱"一级风险项"形象危机度"排名统计见表74。

表74　2013年全国社会秩序"乱"一级风险项"形象危机度"统计

单位：%

风险板块	一级风险项	"形象危机度"
治安秩序"乱"	治安犯罪猖獗	12.50
	警察维护秩序的过失	88.07
	医疗领域秩序混乱	28.13
	校园秩序混乱	68.75
	文物破坏	0.00
社会环境秩序"乱"	社会环境秩序被破坏	0.00
	城管维护秩序的过失	86.29
经营秩序"乱"	企业经营秩序混乱	57.14
	银行、保险、证券问题	66.67
	地方政府债务问题	0.00
新闻秩序"乱"	新闻秩序混乱	18.75
	总　　计	63.76

注：数据来源于中国人民大学危机管理研究中心"2013年省市形象危机典型案例库"，时间段为2013年1月1日至2013年12月31日；不含港澳台；具有此类研究方法的相应误差。表75的注与之同，不列出。

社会秩序"乱"一级风险项"形象危机度"统计显示，警察维护秩序的过失是社会秩序"乱"省市形象社会责任事故最严重的因素，"形象危机度"为88.07%，而城管维护秩序的过失是省市形象社会责任事故严重发生的第二因素，"形象危机度"为86.29%，校园秩序混乱是省市形象社会责任事故发生的第三位的影响因素，"形象危机度"为68.75%。

（2）风险月历。

风险月历是通过对典型案例、季节特征、地域特征、法规制度等因素的梳理，所形成的一年中12个月的高危、频发风险列表，是在对省市形象风险规律总结的基础上，实现形象危机的事前预防预警。

省市形象危机风险月历以危机爆发的规律性特征为基础。形象危机因季节、地域、管理事务等因素具有类似性，因此危机在爆发时呈现出一定的规律性。针对全国省市高危频发的形象事件，课题组通过对其发生的时间、地域、人群等要素的把握，总结出危机爆发的规律性特征，形成省市形象危机风险月历。

在全国社会秩序"乱"省市形象危机按月份分布情况中，涉及若干典型风险指标，见表75。

表75　全国社会秩序"乱"省市形象危机按月份分布情况

月份	典型风险指标	典型案例
1月	警察维护秩序的过失	延安交警"违规收费"遭调查，两名中队长被免职
	医疗领域治安秩序乱	儿研所人满难挂号，想加号遭拒男子猛踹女医生
2月	警察维护秩序的过失	办公室被砸报案月余不处理，办案警察被指收贿赂
	新闻秩序混乱	《购物导报》记者敲诈，总署责令报社停业整顿
3月	警察维护秩序的过失	四川泸州交警未着警服开豪车执行任务被停职
	城管维护秩序的过失	张家界城管被指暴力执法，围观者被打断肋骨
	治安犯罪猖獗	17岁黑客网络诈骗被擒，涉案价值近百万元
4月	警察维护秩序的过失	私用警车在驾校内练车，岳阳一民警被禁闭5天
	银行、保险、证券问题	数十名客户集体收到诈骗短信银行否认泄露信息
	城管维护秩序的过失	小贩因车被扣下跪求情，城管为防误会与其对跪
5月	警察维护秩序的过失	湖北随州民警政府门口对上访者粗暴执法被停职
	校园治安秩序乱	初中生被打后课堂上将同学割喉致死
6月	警察维护秩序的过失	收18万给赌场报信　民警上演"无间道"
	校园治安秩序乱	河北永清一私立小学教师猥亵学生被刑事拘留
	企业经营秩序混乱	京东发出战书各大电商大闹价格战
7月	企业经营秩序混乱	湖南衡东人大代表举报董事长后被当街捅9刀
	城管维护秩序的过失	福建泉州城管现暴力执法，踹车辆砸商贩引发争议
	警察维护秩序的过失	警察父子涉嫌开枪杀人，物证在检察院全部失踪
8月	治安犯罪猖獗	村委书记勾结黑恶势力，鱼肉商家瓜分400万元
	警察维护秩序的过失	湖南4名警察涉嫌刑讯逼供炮制6名抢劫案疑犯
	地方政府债务问题	广州千亿社保基金打瞌睡
9月	企业经营秩序混乱	多美滋被曝光为争夺"第一口奶"重金行贿医生
	新闻秩序混乱	江苏侦破自建网站冒充记者敲诈勒索系列案件
	城管维护秩序的过失	湖南卖甘蔗老人疑与城管起冲突死亡
10月	校园治安秩序乱	江西一老师猥亵7名女童致6人患性病
	文物破坏	故宫四大乱象盘点:文物遭游客破坏垃圾扫不完
	新闻秩序混乱	新华社编辑造谣"正部级官员喝人奶"被查处

月份	典型风险指标	典型案例
11 月	校园治安秩序乱 治安犯罪猖獗 城管维护秩序的过失	男子闯入幼儿园挟持两幼儿,胁迫警方找离家妻子 夫妻冒充银行客服人员利用网络诈骗获刑 女摊贩下跪城管,城管拍照"笑纳"
12 月	治安犯罪猖獗 文物破坏	男子冒充国家公务人员通过网络征婚诈骗千万被抓 当年川东最大庄园如今一片凋零,文物保护遇 4 大困难

全国各省市可根据风险月历的警示,提前做好预防预警工作:一是重点排查,对可能存在的潜在危机进行重点排查,通过应急工作的关口前移,有针对性地开展危机防范;二是准确发布,通过恰当的方式和渠道向相关利益群体(或下文中提到的评委各方)及时有效地发布合适的、精确的预警信息,达到防止危机发生、减少危机损失的效果。

3. 外部:重视评委关系

形象危机的评价是内外多重评委共同评判的结果。形象危机的评委关系图罗列了形象危机涉及的三重评委关系:上下级关系、监督关系、利益关系,由此构成了上下级评委、监督方评委和利益方评委三重评委。不同的评委方对形象危机的评判机理和评价标准存在差异,因此风险防治要在多元评委关系中做好工作。

在"党委领导、政府负责、社会协同、公众参与"的四位一体社会管理格局下,社会秩序的维护不仅需要党政的尽责、尽义、尽心、尽力,还需要社会组织与公众的协同参与。在省市形象的评价体系中,针对社会秩序"乱"这一领域,党政机关、各类社会组织与公众构成三重评委,具体如图 3 所示。

党政机关作为社会秩序的规则建立者与秩序的维护者,其责任与义务不可或缺,作为上下级关系评委,属于内部评委,不仅了解内部情况,容易发现问题并及时找到解决问题的方法,又容易相互理解与体谅。同时,党政内部监督机构与部门,如政府、人大、纪检监察机关等,在实践中也发挥着重要作用。

社会组织和公众,既是社会秩序的潜在保护者与破坏者,具有双重属性,更是社会秩序维护的主体和中心,诸多领域秩序的维护需要社会与公众的理解、配合与支持。同时社会组织与公众作为监督方与利益方评委,属于外部评

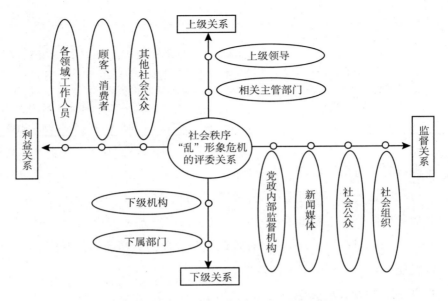

图3 社会秩序"乱"形象危机的评委关系图

委。针对社会组织与公众，社会秩序的维护以及省市形象危机的防范需要对社会态度与社会需求的了解，体察民众，关注舆论。公众也要积极参与，协同配合，尽好自己的义务。

B.4
省市形象危机应对研究报告之
生态环境"脏"

中国人民大学危机管理研究中心课题组 *

摘　要：

生态环境"脏"由空气脏、水脏、土壤问题、生态破坏四大风险板块构成，并细分为 6 个风险项，形成"风险地图"。当前，针对"形象危机度"与"社会责任事故率"的分析表明，污水乱排放和土壤污染影响种植问题最为突出。建议：针对"形象蒙冤"问题，做好"善解冤"；针对土壤污染影响种植等风险项的"形象死亡"问题，做好"重点改"；针对形象偏差度与多元评委关系，并结合"风险地图"等规律，做好"全面防"。

关键词：

生态环境"脏"　形象危机

一　生态环境"脏"情况综述

生态环境是社会管理工作的重要方面，省市对生态环境的管理效果影响其形象。所谓生态环境是指影响人类生存与发展的水资源、土地资源、生物资源以及气候资源数量与质量的总称，是关系到社会和经济持续发展的复合生态系统。良好的生态环境能够使得居民生活更加幸福，对政府的满意度更高，然而当前随着经济发展，环境被日益破坏，导致环境退化，影响社会与经济的协调

---

* 课题负责人：唐钧、贺丹；课题成员：王春、李思奇、杭天宇等中国人民大学危机管理研究中心课题组成员。

发展，也会危害省市形象，对政府、企业、公民等一系列社会主体造成影响。因此，在"省市形象危机应对研究报告"中，我们将生态环境"脏"作为其中重要一部分，在此集中分析空气脏、水脏、土壤问题、生态破坏四大风险板块，其中涵盖了 6 个风险项。具体如表 1 所示。

表 1 生态环境"脏""风险地图"

风险领域	风险板块	风险项
1 生态环境"脏"	1.1 空气脏	1.1.1 雾霾导致百姓遭殃
		1.1.2 废气粉尘祸害群众
		1.1.3 机动车尾气管理问题
	1.2 水脏	1.2.1 污水乱排放
	1.3 土壤问题	1.3.1 土壤污染影响种植
	1.4 生态破坏	1.4.1 偷猎和滥采问题

注：数据来源于中国人民大学危机管理研究中心"2013 年环境监管形象危机典型案例库"，时间段为 2013 年 1 月 1 日至 12 月 29 日；西藏未有相关报道；不含港澳台；具有此类研究方法的相应误差。以下各表的数据来源与之相同，不一一列出。

二 生态环境"脏""形象危机度"总体排名

（一）生态环境"脏""形象危机度"指标设计

"社会责任事故"是指省市政府等责任主体负有主要责任，违法违规并造成恶劣后果和社会影响的危机事件，是导致省市"形象危机"的主因。

典型案例频次指在 2013 年 1 月 1 日至 2013 年 12 月 31 日一年时间内，全国各省市在相关领域出现形象危机的事件次数。

社会责任事故频次指在 2013 年 1 月 1 日至 2013 年 12 月 31 日一年时间内的典型案例中，被研判为社会责任事故的形象危机的事件次数。

"形象危机度"指某省的社会责任事故在全国典型案例中所占比重，计算公式为："形象危机度"＝某省的社会责任事故典型案例频次/全国典型案例频次。

（二）生态环境"脏""形象危机度"省市排名

据课题组统计，在全国生态环境"脏""形象危机度"的省市排名中，广东省、山东省和江苏省名列前三，"形象危机度"分别为 10.99%、7.33%、6.81%，其他各省市的"形象危机度"情况详见表 2。

表 2　全国生态环境"脏""形象危机度"省市排名

单位：%

等　级	排　名	省　份	"形象危机度"
高危 ≥30	暂无		
中危 10～29	1	广　东	10.99
低危 <10	2	山　东	7.33
	3	江　苏	6.81
	4	河　北	6.28
	5	福　建	5.24
	6	陕　西	4.71
	7	河　南	3.14
		江　西	3.14
		浙　江	3.14
	10	海　南	2.62
		湖　北	2.62
		内蒙古	2.62
	13	广　西	2.09
		黑龙江	2.09
		湖　南	2.09
	16	贵　州	1.57
		山　西	1.57
		重　庆	1.57
	19	安　徽	1.05
		吉　林	1.05
		宁　夏	1.05
		新　疆	1.05

等　级	排　名	省　份	"形象危机度"
	23	北　京	0.52
		甘　肃	0.52
		辽　宁	0.52
		上　海	0.52
		四　川	0.52
		云　南	0.52
	29	青　海	0.00
		天　津	0.00

（三）生态环境"脏""形象死亡"情况省市排名

"形象死亡率"指某省的"形象死亡"典型案例在某省的全部典型案例中所占比重，计算公式为："形象死亡率"＝某省的"形象死亡"典型案例频次／某省的全部典型案例频次。

据课题组统计，在生态环境"脏""形象死亡"情况省市排名中，海南省"形象死亡率"为37.50%，排第一名；黑龙江省、湖北省、江西省和新疆维吾尔自治区并列第二名，"形象死亡率"为33.33%，见表3。

表3　生态环境"脏""形象死亡"情况省市排名

单位：%

排　名	省　份	"形象死亡率"
1	海　南	37.50
2	黑龙江	33.33
	湖　北	33.33
	江　西	33.33
	新　疆	33.33
6	广　西	25.00
	贵　州	25.00
8	安　徽	20.00
	湖　南	20.00

排　名	省　份	"形象死亡率"
10	广　东	14.29
	河　北	14.29
	浙　江	14.29
13	福　建	9.09
	陕　西	9.09
15	江　苏	6.25
16	山　东	5.00
17	北　京	0.00
	甘　肃	0.00
	河　南	0.00
	吉　林	0.00
	辽　宁	0.00
	内蒙古	0.00
	宁　夏	0.00
	青　海	0.00
	山　西	0.00
	上　海	0.00
	四　川	0.00
	天　津	0.00
	云　南	0.00
	重　庆	0.00

（四）生态环境"脏""形象受损"情况省市排名

"形象受损率"指某省的"形象受损"典型案例在某省的全部典型案例中所占比重，计算公式为："形象受损率" = 某省的"形象受损"典型案例频次/某省的全部典型案例频次。

据课题组统计，在生态环境"脏""形象受损"情况省市排名中，重庆市、云南省、天津市等14个省份并列第一，"形象受损率"为100.00%（见表4）。

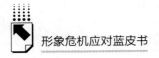

表4 生态环境"脏""形象受损"情况省市排名

单位：%

排　名	省　份	"形象受损率"
1	重　庆	100.00
	云　南	100.00
	天　津	100.00
	四　川	100.00
	上　海	100.00
	山　西	100.00
	青　海	100.00
	宁　夏	100.00
	内蒙古	100.00
	辽　宁	100.00
	吉　林	100.00
	河　南	100.00
	甘　肃	100.00
	北　京	100.00
15	山　东	95.00
16	江　苏	93.75
17	陕　西	90.91
	福　建	90.91
19	浙　江	85.71
	河　北	85.71
	广　东	85.71
22	湖　南	80.00
	安　徽	80.00
24	贵　州	75.00
	广　西	75.00
26	新　疆	66.67
	江　西	66.67
	湖　北	66.67
	黑龙江	66.67
30	海　南	62.50

（五）全国生态环境"脏"风险板块的"形象危机度"

表5　生态环境"脏"风险板块的"形象危机度"统计

风险板块	"形象危机度"（%）	风险项	社会责任事故	典型案例数	"形象危机度"（%）
空气脏	46.91	机动车尾气管理问题	1	4	25.00
		废气粉尘祸害群众	25	28	89.29
		雾霾导致百姓遭殃	12	49	24.49
水脏	100.00	污水乱排放	49	49	100.00
土壤问题	100.00	土壤污染影响种植	26	26	100.00
生态破坏	97.00	偷猎和滥采问题	34	35	97.00

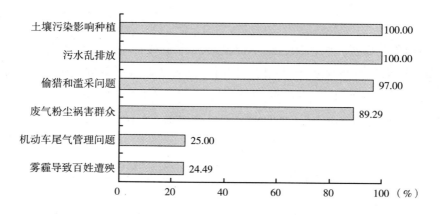

图1　生态环境"脏"风险项的"形象危机度"统计

三　生态环境"脏"省市"形象危机度"具体状况统计

根据生态环境"脏"各风险板块，课题组以社会责任事故与典型案例为基础，综合各省市"形象死亡""形象受损"情况（生态环境"脏"在2013

年没有"形象蒙冤"事件），将全国 30 个省份的"形象危机度"做总排名，并将各省市的"形象危机度"单独抽离做系统分析。

（一）广东省生态环境"脏"的形象危机状况统计

在全国生态环境"脏""形象危机度"省市排名中，广东省"形象危机度"为 10.99%，排名第 1。

课题组将"形象危机度"细化进行研究，可分解为"形象死亡率""形象受损率"和"形象蒙冤率"三个维度，这三个维度是省市形象危机的组成部分，也是各省市进行风险管理和危机应对时的参照指标。广东省的"形象死亡率""形象受损率"和"形象蒙冤率"统计见表 6。

表 6　广东省生态环境"脏"形象危机情况

单位：%

省　份	"形象死亡率"	"形象受损率"	"形象蒙冤率"
广东省	14.29	85.71	0.00

在形象危机研究中，课题组不仅通过"形象死亡率""形象受损率"和"形象蒙冤率"三个维度进行分析，同时对该省的典型形象危机社会责任事故案例进行搜索与研判，并与省市形象危机生态环境"脏"风险地图相结合，得出影响该省的生态环境"脏"形象的风险要素，具体情况见表 7。

表 7　广东省生态环境"脏"风险项统计

风险板块	风险项	典型案例
空气脏	废气粉尘祸害群众	工业区排放废气似农药味与居民区仅一路之隔
水脏	污水乱排放	广州环保局一队长受贿放任乳胶厂排污受审
土壤问题	土壤污染影响种植	望牛墩一纸厂倾倒废水污染农田被依法查处
生态破坏	偷猎和滥采问题	韶关一村民猎捕杀害"黄猄"获刑三年

（二）山东省生态环境"脏"的形象危机状况统计

在全国生态环境"脏""形象危机度"省市排名中，山东省"形象危机度"为 7.33%，排名第 2。

表8　山东省生态环境"脏"形象危机情况

单位：%

省　　份	"形象死亡率"	"形象受损率"	"形象蒙冤率"
山东省	5.00	95.00	0.00

表9　山东省生态环境"脏"风险项统计

风险板块	风险项	典型案例
空气脏	废气粉尘祸害群众	胶州一化工厂排放有毒气体致7人中毒　工厂已被关停
	雾霾导致百姓遭殃	济南14日空气为全国最差　雾霾天气已持续9天
水脏	污水乱排放	山东华舜排污水毁耕地　土地赔偿无人管陷僵局
土壤问题	土壤污染影响种植	小清河里漂着生活垃圾沿岸污水排放难防
生态破坏	偷猎和滥采问题	安丘市辉渠镇私挖滥采严重　村民生活受影响

（三）江苏省生态环境"脏"的形象危机状况统计

在全国生态环境"脏""形象危机度"省市排名中，江苏省"形象危机度"为6.81%，排名第3。

表10　江苏省生态环境"脏"形象危机情况

单位：%

省　　份	"形象死亡率"	"形象受损率"	"形象蒙冤率"
江苏省	6.25	93.75	0.00

表11　江苏省生态环境"脏"风险项统计

风险板块	风险项	典型案例
空气脏	废气粉尘祸害群众	江苏常州：工厂排废气包围学校　学生回家双眼通红
	雾霾导致百姓遭殃	65岁老汉外出游玩猝死　医生说或与雾霾天气有关
水脏	污水乱排放	今世缘酒业被指违规排污多年　臭水河离小学仅20米
土壤问题	土壤污染影响种植	农田被填满受污染的泥土　村民称被熏得头晕
生态破坏	偷猎和滥采问题	徐州猎杀"黄鼠狼"　4村民获刑

（四）河北省生态环境"脏"的形象危机状况统计

在全国生态环境"脏""形象危机度"省市排名中，河北省"形象危机度"为6.28%，排名第4。

表12　河北省生态环境"脏"形象危机情况

单位：%

省　份	"形象死亡率"	"形象受损率"	"形象蒙冤率"
河北省	14.29	85.71	0.00

表13　河北省生态环境"脏"风险项统计

风险板块	风险项	典型案例
空气脏	雾霾导致百姓遭殃	河北出现严重的雾霾天气　22条高速公路关闭
水脏	污水乱排放	邯郸循环经济示范区企业偷排污井水变臭村民不敢喝水
土壤问题	土壤污染影响种植	行唐县无证煤场污染严重，场地脏乱农田没法种
生态破坏	偷猎和滥采问题	河北省承德市围场县一些乡镇有人乱砍滥伐

（五）福建省生态环境"脏"的形象危机状况统计

在全国生态环境"脏""形象危机度"省市排名中，福建省"形象危机度"为5.24%，排名第5。

表14　福建省生态环境"脏"形象危机情况

单位：%

省　份	"形象死亡率"	"形象受损率"	"形象蒙冤率"
福建省	9.09	90.91	0.00

表15　福建省生态环境"脏"风险项统计

风险板块	风险项	典型案例
空气脏	废气粉尘祸害群众	闽侯桐岭一工厂排废气　工人阻拦记者还砸采访车
	雾霾导致百姓遭殃	没了大风大雨　昨日福州又现雾霾天气
水脏	污水乱排放	福州湖前河已截污又现污水　部门称是生活污水
土壤问题	土壤污染影响种植	莆田养猪场污水直排灌溉口　村民叫苦不迭
生态破坏	偷猎和滥采问题	南平网友反映某村民乱砍滥伐　因有林业局长当靠山

（六）陕西省生态环境"脏"的形象危机状况统计

在全国生态环境"脏""形象危机度"省市排名中，陕西省"形象危机度"为4.71%，排名第6。

表16 陕西省生态环境"脏"形象危机情况

单位：%

省　份	"形象死亡率"	"形象受损率"	"形象蒙冤率"
陕西省	9.09	90.91	0.00

表17 陕西省生态环境"脏"风险项统计

风险板块	风险项	典型案例
空气脏	机动车尾气管理	车辆尾气检测达标却无标可领　环保局卖标检测站嫌贵
	雾霾导致百姓遭殃	陕西雾霾天气影响致电网最大负荷创历史新高
水脏	污水乱排放	生活污水染了灞河水　相关部门研究排污问题　部分生活污水直接入河　铜川王益区漆水河成臭河
生态破坏	偷猎和滥采问题	户县甘峪河私采滥挖现象猖獗

（七）河南省生态环境"脏"的形象危机状况统计

在全国生态环境"脏""形象危机度"省市排名中，河南省"形象危机度"为3.14%，排名第7。

表18 河南省生态环境"脏"形象危机情况

单位：%

省　份	"形象死亡率"	"形象受损率"	"形象蒙冤率"
河南省	0.00	100.00	0.00

表 19 河南省生态环境"脏"风险项统计

风险板块	风险项	典型案例
空气脏	废气粉尘祸害群众	河南通报 17 家企业超标排放废水废气中孚公司上榜
	雾霾导致百姓遭殃	郑州雾霾天气频发 哮喘宝宝增多
水脏	污水乱排放	遂平工业区直排污水污染河流 环保局推诿不管
土壤问题	土壤污染影响种植	郸城金丹乳酸被曝数万吨废渣堆放农田旁污染环境

（八）江西省生态环境"脏"的形象危机状况统计

在全国生态环境"脏""形象危机度"省市排名中，江西省"形象危机度"为 3.14%，并列第 7。

表 20 江西省生态环境"脏"形象危机情况

单位：%

省　份	"形象死亡率"	"形象受损率"	"形象蒙冤率"
江西省	33.33	66.67	0.00

表 21 江西省生态环境"脏"风险项统计

风险板块	风险项	典型案例
空气脏	废气粉尘祸害群众	江西进贤县工业园区废气排放 居民每日捂鼻出行
	雾霾导致百姓遭殃	江西受雾霾天气影响 各医院呼吸道疾病患者增加
水脏	污水乱排放	江西广丰县排山镇"博今矿业"水污染严重，主管部门处理反应冷漠
土壤问题	土壤污染影响种植	吉安数百亩农田荒了三年 村民直指油盘铁矿污染
生态破坏	偷猎和滥采问题	资溪"猎杀猕猴案"涉案人员获刑

（九）浙江省生态环境"脏"的形象危机状况统计

在全国生态环境"脏""形象危机度"省市排名中，浙江省"形象危机度"为 3.14%，并列第 7。

表 22 浙江省生态环境"脏"形象危机情况

单位：%

省 份	"形象死亡率"	"形象受损率"	"形象蒙冤率"
浙江省	14.29	85.71	0.00

表 23 浙江省生态环境"脏"风险项统计

风险板块	风险项	典型案例
空气脏	废气粉尘祸害群众	温州小学生中毒调查结果：废气排放和油漆为主因
	雾霾导致百姓遭殃	杭州再遇雾霾天气将持续到 26 日前后
水脏	污水乱排放	浙江绍兴古镇河道成化粪池
土壤问题	土壤污染影响种植	废液外泄致农田严重污染 浙江一对作坊夫妇被批捕

（十）海南省生态环境"脏"的形象危机状况统计

在全国生态环境"脏""形象危机度"省市排名中，海南省"形象危机度"为 2.62%，排名第 10。

表 24 海南省生态环境"脏"形象危机情况

单位：%

省 份	"形象死亡率"	"形象受损率"	"形象蒙冤率"
海南省	37.50	62.50	0.00

表 25 海南省生态环境"脏"风险项统计

风险板块	风险项	典型案例
空气脏	雾霾导致百姓遭殃	海口遭遇雾霾天气影响百姓生活
水脏	污水乱排放	海口生活污水直排农田 水稻枯死
土壤问题	土壤污染影响种植	海南文昌：农田疑遭医院排污污染 减产过半
生态破坏	偷猎和滥采问题	猎杀国家二级保护动物 五指山市一男子被森林公安擒获

（十一）湖北省生态环境"脏"的形象危机状况统计

在全国生态环境"脏""形象危机度"省市排名中，湖北省"形象危机度"为 2.62%，并列第 10。

表26　湖北省生态环境"脏"形象危机情况

单位：%

省　份	"形象死亡率"	"形象受损率"	"形象蒙冤率"
湖北省	33.33	66.67	0.00

表27　湖北省生态环境"脏"风险项统计

风险板块	风险项	典型案例
空气脏	废气粉尘祸害群众	湖北一学校被工厂包围　师生每天生活在废气中
	雾霾导致百姓遭殃	武汉持续雾霾天气　居民生活受影响
水脏	污水乱排放	绿漆铺满武汉千米湖岸线　气味刺鼻疑工业排污
土壤问题	土壤污染影响种植	武汉垃圾填埋场污水外渗　多亩农田土质遭污染

（十二）内蒙古自治区生态环境"脏"的形象危机状况统计

在全国生态环境"脏""形象危机度"省市排名中，内蒙古自治区"形象危机度"为 2.62%，并列第 10。

表28　内蒙古自治区生态环境"脏"形象危机情况

单位：%

省　份	"形象死亡率"	"形象受损率"	"形象蒙冤率"
内蒙古自治区	0.00	100.00	0.00

表29　内蒙古自治区生态环境"脏"风险项统计

风险板块	风险项	典型案例
土壤问题	土壤污染影响种植	内蒙古藏在农田里的废机油回收点无人管
生态破坏	偷猎和滥采问题	赤峰市:4人非法猎杀野生动物被捕

（十三）广西壮族自治区生态环境"脏"的形象危机状况统计

在全国生态环境"脏""形象危机度"省市排名中，广西壮族自治区"形象危机度"为 2.09%，排名第 13。

表30　广西壮族自治区生态环境"脏"形象危机情况

单位：%

省　份	"形象死亡率"	"形象受损率"	"形象蒙冤率"
广西壮族自治区	25.00	75.00	0.00

表31　广西壮族自治区生态环境"脏"风险项统计

风险板块	风险项	典型案例
水脏	污水乱排放	广西环江发生水污染事件　缘起养鱼户投放甘蔗滤泥和鱼料
土壤问题	土壤污染影响种植	广西资源县一非法开采稀土矿点污染水源农田被查处
生态破坏	偷猎和滥采问题	三个"火枪手"猎杀国家二级保护动物均获刑

（十四）黑龙江省生态环境"脏"的形象危机状况统计

在全国生态环境"脏""形象危机度"省市排名中，黑龙江省"形象危机度"为 2.09%，并列第 13。

表32　黑龙江省生态环境"脏"形象危机情况

单位：%

省　份	"形象死亡率"	"形象受损率"	"形象蒙冤率"
黑龙江省	33.33	66.67	0.00

表33　黑龙江省生态环境"脏"风险项统计

风险板块	风险项	典型案例
生态破坏	偷猎和滥采问题	黑龙江石墨之都乱采滥挖　种出黑芯大米

（十五）湖南省生态环境"脏"的形象危机状况统计

在全国生态环境"脏""形象危机度"省市排名中，湖南省"形象危机度"为2.09%，并列第13。

表34　湖南省生态环境"脏"形象危机情况

单位：%

省　份	"形象死亡率"	"形象受损率"	"形象蒙冤率"
湖南省	20.00	80.00	0.00

表35　湖南省生态环境"脏"风险项统计

风险板块	风险项	典型案例
空气脏	废气粉尘祸害群众	湘潭页岩砖厂排放废气引村民不满
	雾霾导致百姓遭殃	湖南今年雾霾天气已持续6天　长株潭重度污染超8天
水脏	污水乱排放	浏阳河污水横流:38个排污口直排污水　威胁下游饮水安全
土壤问题	土壤污染影响种植	湖南毒大米产地遍布化工厂　农民取污水灌溉农田
生态破坏	偷猎和滥采问题	常德5团伙壶瓶山猎杀野生动物　5被告人已判刑

（十六）贵州省生态环境"脏"的形象危机状况统计

在全国生态环境"脏""形象危机度"省市排名中，贵州省"形象危机度"为1.57%，并列第16。

表36　贵州省生态环境"脏"形象危机情况

单位：%

省　份	"形象死亡率"	"形象受损率"	"形象蒙冤率"
贵州省	25.00	75.00	0.00

表 37　贵州省生态环境"脏"风险项统计

风险板块	风险项	典型案例
空气脏	雾霾导致百姓遭殃	贵阳雾霾天气持续
水脏	污水乱排放	污水流进金钟河污染水体
土壤问题	土壤污染影响种植	贵州从江锰矿山污染农田　涉事企业已停止探矿活动
生态破坏	偷猎和滥采问题	遵义一男子私挖滥采　破坏矿产 4000 吨

（十七）山西省生态环境"脏"的形象危机状况统计

在全国生态环境"脏""形象危机度"省市排名中，山西省"形象危机度"为 1.57%，并列第 16。

表 38　山西省生态环境"脏"形象危机情况

单位：%

省　份	"形象死亡率"	"形象受损率"	"形象蒙冤率"
山西省	0.00	100.00	0.00

表 39　山西省生态环境"脏"风险项统计

风险板块	风险项	典型案例
空气脏	雾霾导致百姓遭殃	山西多地现雾霾天气　司机难辨红绿灯
生态破坏	偷猎和滥采问题	太原尖草坪区矿山私挖滥采　折射监管缺位

（十八）重庆市生态环境"脏"的形象危机状况统计

在全国生态环境"脏""形象危机度"省市排名中，重庆市"形象危机度"为 1.57%，并列第 16。

表 40　重庆市生态环境"脏"形象危机情况

单位：%

省　份	"形象死亡率"	"形象受损率"	"形象蒙冤率"
重庆市	0.00	100.00	0.00

表 41　重庆市生态环境"脏"风险项统计

风险板块	风险项	典型案例
空气脏	废气粉尘祸害群众	网友反映长安汽车工厂废气扰民
	雾霾导致百姓遭殃	重庆首拉雾霾黄色预警
水脏	污水乱排放	任志强曝长江水像橙汁　攀渝钛业直排污水
生态破坏	偷猎和滥采问题	猎杀二级保护动物　男子获刑一年

（十九）安徽省生态环境"脏"的形象危机状况统计

在全国生态环境"脏""形象危机度"省市排名中，安徽省"形象危机度"为 1.05%，排名第 19。

表 42　安徽省生态环境"脏"形象危机情况

单位：%

省　份	"形象死亡率"	"形象受损率"	"形象蒙冤率"
安徽省	20.00	80.00	0.00

表 43　安徽省生态环境"脏"风险项统计

风险板块	风险项	典型案例
空气脏	机动车尾气管理问题	蚌埠机动车尾气环保检测"黄牛"不少
	雾霾导致百姓遭殃	安徽淮北雾霾天气患儿增多
土壤问题	土壤污染影响种植	明光：剧毒氧化锌泄漏农田被污染堪忧
生态破坏	偷猎和滥采问题	合肥高速绿化带竟被人开垦种菜

（二十）吉林省生态环境"脏"的形象危机状况统计

在全国生态环境"脏""形象危机度"省市排名中，吉林省"形象危机度"为 1.05%，并列第 19。

表 44　吉林省生态环境"脏"形象危机情况

单位：%

省　份	"形象死亡率"	"形象受损率"	"形象蒙冤率"
吉林省	0.00	100.00	0.00

表45　吉林省生态环境"脏"风险项统计

风险板块	风险项	典型案例
空气脏	雾霾导致百姓遭殃	吉林遭遇雾霾天气
生态破坏	偷猎和滥采问题	团伙自制"炸子"　8只野生棕熊遭非法猎杀

（二十一）宁夏回族自治区生态环境"脏"的形象危机状况统计

在全国生态环境"脏""形象危机度"省市排名中，宁夏回族自治区"形象危机度"为1.05%，并列第19。

表46　宁夏回族自治区生态环境"脏"形象危机情况

单位：%

省　份	"形象死亡率"	"形象受损率"	"形象蒙冤率"
宁夏回族自治区	0.00	100.00	0.00

表47　宁夏回族自治区生态环境"脏"风险项统计

风险板块	风险项	典型案例
生态破坏	偷猎和滥采问题	宁夏破获一起猎杀濒危野生动物案

（二十二）新疆维吾尔自治区生态环境"脏"的形象危机状况统计

在全国生态环境"脏""形象危机度"省市排名中，新疆维吾尔自治区"形象危机度"为1.05%，并列第19。

表48　新疆维吾尔自治区生态环境"脏"形象危机情况

单位：%

省　份	"形象死亡率"	"形象受损率"	"形象蒙冤率"
新疆维吾尔自治区	33.33	66.67	0.00

表 49　新疆维吾尔自治区生态环境"脏"风险项统计

风险板块	风险项	典型案例
空气脏	机动车尾气管理问题	乌鲁木齐同一辆车两次尾气检测结果数据差百倍
土壤问题	土壤污染影响种植	新疆农田残膜污染严重　白色污染触目惊心
生态破坏	偷猎和滥采问题	新疆拜城警方破获一起猎杀重点保护野生动物案

（二十三）北京市生态环境"脏"的形象危机状况统计

在全国生态环境"脏""形象危机度"省市排名中，北京市"形象危机度"为 0.52%，排名第 23。

表 50　北京市生态环境"脏"形象危机情况

单位：%

省　份	"形象死亡率"	"形象受损率"	"形象蒙冤率"
北京市	0.00	100.00	0.00

表 51　北京市生态环境"脏"风险项统计

风险板块	风险项	典型案例
空气脏	机动车尾气管理问题	"十一"京城机动车尾气污染投诉量急剧增加
	雾霾导致百姓遭殃	北京因雾霾天气前往医院就诊人数明显增多

（二十四）甘肃省生态环境"脏"的形象危机状况统计

在全国生态环境"脏""形象危机度"省市排名中，甘肃省"形象危机度"为 0.52%，并列第 23。

表 52　甘肃省生态环境"脏"形象危机情况

单位：%

省　份	"形象死亡率"	"形象受损率"	"形象蒙冤率"
甘肃省	0.00	100.00	0.00

表53　甘肃省生态环境"脏"风险项统计

风险板块	风险项	典型案例
水脏	污水乱排放	居民私接排污管污水直排路面　半年无人过问

（二十五）辽宁省生态环境"脏"的形象危机状况统计

在全国生态环境"脏""形象危机度"省市排名中,辽宁省"形象危机度"为0.52%,并列第23。

表54　辽宁省生态环境"脏"形象危机情况

单位:%

省　份	"形象死亡率"	"形象受损率"	"形象蒙冤率"
辽宁省	0.00	100.00	0.00

表55　辽宁省生态环境"脏"风险项统计

风险板块	风险项	典型案例
空气脏	工业生产废气粉尘排放 雾霾导致百姓遭殃	环保局称沈阳米其林工厂排放气体达标　居民质疑 辽宁出现雾霾天气　多条高速公路封闭

（二十六）上海市生态环境"脏"的形象危机状况统计

在全国生态环境"脏""形象危机度"省市排名中,上海市"形象危机度"为0.52%,并列第23。

表56　上海市生态环境"脏"形象危机情况

单位:%

省　份	"形象死亡率"	"形象受损率"	"形象蒙冤率"
上海市	0.00	100.00	0.00

表57　上海市生态环境"脏"风险项统计

风险板块	风险项	典型案例
空气脏 生态破坏	雾霾导致百姓遭殃 偷猎和滥采问题	上海雾霾天气持续 浦东:曝偷猎者投毒药死野生候鸟卖给餐馆供食用

（二十七）四川省生态环境"脏"的形象危机状况统计

在全国生态环境"脏""形象危机度"省市排名中，四川省"形象危机度"为0.52%，并列第23。

表58　四川省生态环境"脏"形象危机情况

单位：%

省　份	"形象死亡率"	"形象受损率"	"形象蒙冤率"
四川省	0.00	100.00	0.00

表59　四川省生态环境"脏"风险项统计

风险板块	风险项	典型案例
空气脏	工业生产废气粉尘排放	成都：深夜排放废气制药企业被要求整改

（二十八）云南省生态环境"脏"的形象危机状况统计

在全国生态环境"脏""形象危机度"省市排名中，云南省"形象危机度"为0.52%，并列第23。

表60　云南省生态环境"脏"形象危机情况

单位：%

省　份	"形象死亡率"	"形象受损率"	"形象蒙冤率"
云南省	0.00	100.00	0.00

表61　云南省生态环境"脏"风险项统计

风险板块	风险项	典型案例
生态破坏	偷猎和滥采问题	云南省森林公安局通报景洪亚洲象遭猎杀案4嫌犯被捕

（二十九）青海省生态环境"脏"的形象危机状况统计

在全国生态环境"脏""形象危机度"省市排名中，青海省"形象危机度"为0.00%，排名第29。

表62   青海省生态环境"脏"形象危机情况

单位：%

省　份	"形象死亡率"	"形象受损率"	"形象蒙冤率"
青海省	0.00	100.00	0.00

表63   青海省生态环境"脏"风险项统计

风险板块	风险项	典型案例
空气脏	雾霾导致百姓遭殃	青海西宁出现雾霾天气

（三十）天津市生态环境"脏"的形象危机状况统计

在全国生态环境"脏""形象危机度"省市排名中，天津市"形象危机度"为0.00%，并列第29。

表64   天津市生态环境"脏"形象危机情况

单位：%

省　份	"形象死亡率"	"形象受损率"	"形象蒙冤率"
天津市	0.00	100.00	0.00

表65   天津市生态环境"脏"风险项统计

风险板块	风险项	典型案例
空气脏	雾霾导致百姓遭殃	天津雾霾天气严重

四　生态环境"脏"形象危机应对指南

（一）"善解冤"：妥善解决"形象蒙冤"问题

生态环境"脏"中有这样一些案例："环保局称沈阳米其林工厂排放气体达标居民质疑""宁夏市民投诉药企污染严重环保局称污水排放达标"，反映我国当前存在的由于排污标准较低导致废气废水虽达标但仍污染环境的现象。

这种情况很容易导致居民误以为地方环保部门纵容工厂排放废气废水污染环境，因此，地方环保部门需要做好相关事件的解释工作，争取赢得居民的理解，同时改进工作。

（二）"重点改"：重点整改"社会责任事故"

1. 重点整改"社会责任事故"

表66　生态环境"脏""社会责任事故率"省市排名

单位：%

等　级	排　名	省　份	"社会责任事故率"
高危≥90	1	内蒙古	100.00
		云　南	100.00
		甘　肃	100.00
		四　川	100.00
		广　西	100.00
		广　东	100.00
		宁　夏	100.00
		江　西	100.00
	9	河　北	91.00
中危60~89	10	福　建	86.00
		浙　江	86.00
	12	湖　北	83.00
	13	陕　西	82.00
	14	江　苏	81.00
	15	湖　南	80.00
	16	贵　州	75.00
		河　南	75.00
	18	山　东	70.00
	19	黑龙江	67.00
		新　疆	67.00
	21	海　南	63.00
	22	山　西	60.00
		重　庆	60.00

续表

等 级	排 名	省 份	"社会责任事故率"
低危＜60	24	吉 林	50.00
		上 海	50.00
	26	安 徽	40.00
	27	北 京	33.00
	28	辽 宁	25.00
	29	青 海	0.00
		天 津	0.00

2. 重点改善"形象死亡"问题

据课题组统计，生态环境"脏"的"形象死亡"案例数量已占到其形象危机案例总数的 12.57%，生态环境"脏"风险项"形象死亡率"排名统计见表67。

表 67　生态环境"脏"风险项"形象死亡率"排名统计

单位：%

排 名	风险项	"形象死亡率"
1	土壤污染影响种植	5.76
2	偷猎和滥采问题	2.62
3	废气粉尘祸害群众	2.09
4	污水乱排放	1.57
5	机动车尾气管理问题	0.52
6	雾霾导致百姓遭殃	0.00

（三）"全面防"：立体化形象管理

在"善解冤"与"重点改"的基础上，针对生态环境"脏"形象危机，加强立体化形象管理从而做到"全面防"是重中之重。立体化形象管理需要从"内部—中间—外部"三个维度入手，内部纠正形象偏差度，中间强化形象风险管理，外部重视评委关系，让形象管理做到立体化与整体化，从而对形象危机做好全面防范与管理。立体化形象管理如图2所示。

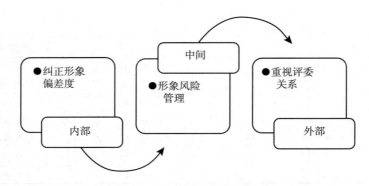

图2　生态环境"脏"的立体化形象管理图

1. 内部：纠正形象偏差度

职能定位、实际运行及社会预期三者之间存在的差距与失衡，构成了形象偏差。形象预期是共性和理想的，具体形象是个性和现实的。社会各界对形象的看法本身可能存在偏差和误解，既有传统上形象定位的偏差，也有由于个别情况导致的整体偏差或误解。只有当职能定位、实际运行及社会预期三者之间达到平衡或成为一种良性循环，才能有效纠正形象偏差。

表68　社会对政府环境监管的形象预期

形象预期项目	形象预期的描述	实际的职能定位
1. 护航者	为环保事业保驾护航	掌舵者
2. 环保硬汉	敢于执法,善于执法,文明执法	协调者

"护航者"角色要求环境主管部门为环保事业保驾护航，成为值得公众信赖和能够依靠的坚强后盾。

"环保硬汉"角色要求环境主管部门要加强部门执法权威和震慑力，严格执法，绝不姑息。同时又要讲究策略，善于执法，文明执法，依法行事。

偏差一：护航者与掌舵者。

中央政府给环境保护部制定了总共12项职责和职能，概括起来主要有以下六个方面：拟定法律法规；监督开发和保护活动；制定标准规范；执行环境保护制度；直接检测污染和环境质量；负责环境的国际合作。按照《中华人民共和国环境保护法》和国务院的职能定位，环保部门是环境监管的主体，即"掌舵者",其最为重要的是充当监管和执法的功能。社会需要的不是一个定方向的管理部门,而是一个真正能够保驾护航的服务部门。社会对政府环境监管的形象预期是"护航者"。但是,"掌舵者"的实际职能定位在一定程度上与"护航者"的形象预期有契合之处,其宗旨都是保护环境,所以形象偏差属于中等。

偏差二:环保硬汉与协调者。

在管理体制方面,我国环境管理不是垂直管理体制,而是双重管理体制。一级环保主管部门在受上级环保主管部门业务指导的同时,又要受同级人民政府的统一领导。由于地方环保部门的领导任免、职位晋升和行政事业费开支主要来自所在地的地方人民政府,并且环保法规定当地人民政府对本辖区的环境质量负责,所以环保部门的定位很尴尬。而地方政府受绩效考核的利益驱使,往往为追求 GDP 的增长而忽视环境保护,所以处于夹缝中的环保部门往往执法受限,在保护环境的同时还需协调好地方的经济发展利益,做不到强硬执法。

在法律授权方面,法律赋予环保部门监督管理、项目审批、排污收费、行政处罚和现场检查五种权力,而未赋予环保部门限期治理、责令停业整顿、现场查封、冻结扣押、没收违法排污所得等强制执行的权力,导致环保部门执法强制力不足,做出的处罚决定约束力不足,环保部门往往陷入弱势、被动地位。

在管理资源方面,环保部升级不久,很多方面还沿用环保总局的编制,地方环保部门又受限于地方政府,所以人力物力不足、经费短缺一直是环境监管的一大短板。由于上述因素的影响,环境主管部门一直扮演着"协调者"的角色。

而社会又需要一个能够重拳出击、严惩破坏环境行为的环保硬汉,于是政府实际职能定位与社会预期之间的偏差很大,导致形象危机的风险增大。

2. 中间:形象风险管理

(1)风险地图。

据课题组统计,2013 年全国生态环境"脏"的"形象危机度"为57.7%,2013 年全国生态环境"脏"风险项"形象危机度"排名统计见图 1。

生态环境"脏"形象危机度风险要素统计显示,土壤污染影响种植和污水乱排放是生态环境"脏"省市形象社会责任事故最严重的因素，形象危机度为 100.00%，而偷猎和滥采问题是省市形象社会责任事故严重发生的次要因素，形象危机度为 97.00%，对省市形象社会责任事故发生影响居于第三的是废气粉尘祸害群众，形象危机度为 89.29%。

（2）风险月历。

风险月历是通过对典型案例、季节特征、地域特征、法规制度等因素的梳理，所形成的一年中 12 个月的高危、频发风险列表，是在对省市形象风险规律总结的基础上，实现形象危机的事前预防预警。

省市形象危机风险月历以危机爆发的规律性特征为基础。形象危机因季节、地域、管理事务等因素具有类似性，因此危机在爆发时呈现出一定的规律性。针对各省市高危频发的形象事件，课题组通过对其发生的时间、地域、人群等要素的把握，总结出危机爆发的规律性特征，形成省市形象危机风险月历。

在全国生态环境"脏"省市形象危机的风险月历中，涉及若干风险项，见表 69。

表 69　全国生态环境"脏"省市形象危机风险月历

月份	风险项	典型案例
1 月	1.3 雾霾导致百姓遭殃	湖南今年雾霾天气已持续 6 天　长株潭重度污染超 8 天
	1.2 废气粉尘祸害群众	金陵石化突遇断电致废气超标排放　南京城区二氧化硫浓度异常飙升
2 月	1.3 雾霾导致百姓遭殃	华北黄淮苏皖雾霾天气持续
	4.1 偷猎和滥采问题	云南省森林公安局通报景洪亚洲象遭猎杀案 4 嫌犯被捕
	2.1 污水乱排放	部分生活污水直接入河　铜川王益区漆水河成臭河
3 月	2.1 工业废水随意排放	邯郸循环经济示范区企业偷排污　井水变臭村民不敢喝水
4 月	2.1 工业废水随意排放	遂平工业区直排污水污染河流　环保局推诿不管
	4.1 偷猎和滥采问题	长春团伙自制"炸子"　8 只野生棕熊遭非法猎杀
5 月	4.1 偷猎和滥采问题	常德 5 团伙壶瓶山猎杀野生动物　5 被告人已判刑
6 月	1.2 废气粉尘祸害群众	烟台一化工厂排放废气异味熏天
	2.1 污水乱排放	厦门每天十万吨污水直接排放岛外　十条溪流整治没动静
	3.1 土壤污染影响种植	广西敢槐坡：重金属污染田地　农民宁愿外出打工

续表

月份	风险项	典型案例
7 月	1.2 废气粉尘祸害群众	胶州一化工厂排放有毒气体致 7 人中毒　工厂已被关停
8 月	2.1 工业废水随意排放	生活污水直排龙津河致河水黑臭　已列入整治计划
	3.1 土壤污染影响种植	郸城金丹乳酸被曝数万吨废渣堆放农田旁污染环境
9 月	3.1 土壤污染影响种植	南通农田被填满受污染的泥土村民称被熏得头晕
	2.1 工业废水随意排放	兰州居民私接排污管污水直排路面半年无人过问
10 月	1.3 雾霾导致百姓遭殃	沈阳又现雾霾天晴雾天气对比显著
	1.2 废气粉尘祸害群众	福州工厂直排废气　师大千名学生被臭气连熏 4 天
	2.1 工业废水随意排放	洋泾河又现大量死鱼　水质变差或与上游排污有关
11 月	1.3 雾霾导致百姓遭殃	郑州雾霾天气频发　哮喘宝宝增多
	1.2 废气粉尘排放	湖北一学校被工厂包围　师生每天生活在废气中
	4.1 偷猎和滥采问题	黑龙江石墨之都乱采滥挖种出黑芯大米
12 月	1.3 雾霾导致百姓遭殃	哈尔滨出现雾霾天气发空气重度污染预报

各省市可根据风险月历的警示，提前做好预防预警工作：一是重点排查，对可能存在的形象潜在危机进行重点排查，通过应急工作的关口前移，有针对性地开展危机防范；二是准确发布，通过恰当的方式和渠道向相关利益群体（或下文中提到的评委各方）及时有效地发布合适的、精确的预警信息，达到防止危机发生、减少危机损失的效果。

3. 外部：重视评委关系

形象危机的评价是内外多重评委共同评判的结果。形象危机的评委关系图罗列了形象危机涉及的三重评委关系：上下级关系、监督关系、利益关系。由此构成了上下级评委、监督方评委和利益方评委三重评委。不同的评委方对形象危机的评判机理和评价标准存在差异，因此风险防治要在多元评委关系中做好工作。

（1）上级关系。

由于我国环境管理实行的是双重管理体制，所以在这个维度上环境监管部门要同时受到地方同级人民政府和上级环境主管部门的双重评判。而两者的评判标准是存在差异的。上级环境主管部门主要根据环境监管的各个具体考核指标来评价监管实效，而地方政府的考核标准则往往还夹杂着复杂的地方利益考量。

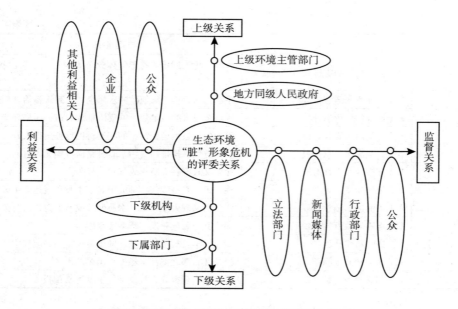

图3　生态环境"脏"形象危机的评委关系图

（2）监督关系。

环境监管部门会受到各级人大及其常委会的立法监督、其他职能部门及地方政府的行政监督、公众（包括 NGO 和大众）和媒体的社会监督等。所以政府环境监管必须严格依法行政，保持监管工作的公开、透明、规范，同时加强与公众和媒体的沟通互动，倾听社会各界的声音，改进自身工作。

（3）利益关系。

环境关系到公众、企业等多方利益，政府形象也会受到这些利益相关人的评判。公众的评判标准是环境的好坏、对污染源的治理情况、对污染主体的清理整顿等。而企业则希望环境监管的标准不能超出企业能承受的范围。

B.5
省市形象危机应对研究报告之
公共服务"难"

中国人民大学危机管理研究中心课题组*

摘　要:

公共服务"难"由生活"难"、办事"难"、出行"难"、维权"难"四大风险板块构成,并细分为 10 个风险项,形成"风险地图"。当前,针对"形象危机度"与"社会责任事故率"的分析表明,医疗难问题、办事审批难问题、民政服务难问题最为突出。建议:针对银行、保险、证券服务难等风险项的"形象蒙冤"问题,做好"善解冤";针对医疗难问题等风险项的"形象死亡"问题,做好"重点改";针对形象偏差度与多元评委关系,并结合"风险地图"等规律,做好"全面防"。

关键词:

公共服务　形象危机　生活"难"　办事"难"　出行"难"维权"难"

一　公共服务"难"情况综述

公共服务是指由政府或公共组织或经过公共授权的组织提供的具有共同消费性质的公共物品和服务,但是在现实生活中,政府或公共组织由于政府职能转变未完全到位,政府公共服务的投入严重不足,公共服务产品短缺,公共服

---

* 课题负责人:唐钧、史一棋;课题成员:李泽钧、刘念、李宏宇、梁婧捷、齐瑜等中国人民大学危机管理研究中心课题组成员。

务产品的分配严重不均衡等原因，提供的公共服务并不能满足公众的实际需求，产生了一系列问题，中国人民大学危机管理研究中心"省市形象研究基地"课题组将由于公共服务提供而产生的对省市形象具有恶劣影响的问题称为公共服务"难"问题。

公共服务"难"涉及多行业多领域，诸如城乡公共设施建设，科技、教育、文化、卫生、体育等公共事业，为社会公众参与社会经济、政治、文化活动提供保障等。中国人民大学危机管理研究中心"省市形象研究基地"课题组择取其中与公众生活密切相关的，对省市形象具有恶劣影响的风险问题予以研究，研究领域主要包括生活"难"、办事"难"、出行"难"、维权"难"等四大风险板块，下属 10 个一级风险项。如表 1 所示。

表 1　公共服务"难"风险板块

风险板块		风险板块描述（定性研究）	统计项目（定量研究）
1	生活"难"	指政府在提供公众生活中衣、食、住、行等方面公共服务时"缺位"，使公众的正常生活受到影响或者危害	1.1 医疗难问题
			1.2 教育难问题
			1.3 民政服务难问题
2	办事"难"	指公众为生存发展的需要，要求政府提供系列常规性公共服务时，出现的诸如办事流程冗繁拖沓、效率低下等问题	2.1 办事审批难问题
			2.2 政府网站服务难问题
			2.3 银行、保险、证券服务难问题
			2.4 公积金提取、借贷难问题
3	出行"难"	指由于政府在提供出行方面公共服务时会出现诸如乱收费、事故处理不当等问题，使公众的正常出行受到影响	3.1 公共交通问题
			3.2 民航问题
4	维权"难"	指公众在维护自身合法权益时，因为政府提供相关公共服务不到位而引起的困难与问题	4.1 维权难问题

（一）生活"难"综述与风险地图

生活指为生存发展而进行的各种活动，也是人类这种生命的所有日常活动和经历，人的各种活动，包括日常生活中的衣、食、住、行等方方面面都属于生活范畴。政府提供到位的公共服务，对于要获得较高生活质量的公众来说是必不可少的，但是由于政府在提供生活方面公共服务时的"缺位"现象，使得公众遇到一系列生活"难"问题。

中国人民大学危机管理研究中心"省市形象研究基地"课题组主要择取其中典型的，对省市形象具有恶劣影响的风险问题予以研究，抽取了医疗难问题、教育难问题、民政服务难问题等3个一级风险项。

（1）医疗难问题指公众在就医过程中遇到的一系列因医疗机构及其医务人员在医疗活动中未提供良好的公共服务而导致的损害自身利益的问题，主要包括"看病难""看病贵"和医疗服务差等3个二级风险项。

（2）教育难问题俗称"上学难"，指公众在接受教育过程中遇到的教育资源分配不公平、监管不到位、制度漏洞等有损自身受教育权益的问题，主要包括教育不公平、教育服务差等2个二级风险项。

（3）民政服务难问题指主管民间社会事务的行政部门，在婚姻登记、救灾救济、优抚安置、拥政爱民、区划地名、老龄工作、低保、福利、慈善、殡葬、救助等工作中出现的公共服务提供问题，课题组将其归为民政服务差与民政机构管理不规范等2个二级风险项。

表2　生活"难"风险地图

一级风险项	二级风险项	风险要素
1 医疗难问题	1.1"看病难"	1.1.1 医院拒收不治
		1.1.2 看病挂号难
		1.1.3 医院诊疗失误为害患者
	1.2"看病贵"	1.2.1 治疗费用高
		1.2.2 过度诊疗与强制医疗坑害患者
	1.3 医疗服务差	1.3.1 医药管理不善
		1.3.2 管理缺陷问题
		1.3.3 机构监管不力问题
		1.3.4 虚假医疗广告坑害患者
2 教育难问题	2.1 教育不公平	2.1.1 弱势群体上学困难
		2.1.2 上学交通不便
		2.1.3 教学资源严重不足
		2.1.4 教育制度漏洞
	2.2 教育服务差	2.2.1 蓄意欺骗坑害学生
		2.2.2 违规办学
		2.2.3 监管不到位
		2.2.4 推卸教育责任

续表

一级风险项	二级风险项	风险要素
3 民政服务难问题	3.1 民政服务差	3.1.1 冒领、贪污、挪用低保金问题
		3.1.2 群众获取救助困难
		3.1.3 群众"死不起"
		3.1.4 服务胡乱收费
	3.2 民政机构管理不规范	3.2.1 福利彩票管理不规范
		3.2.2 救灾物资管理不规范

（二）办事"难"综述与风险地图

办事俗称"跑衙门"，指公众为生存发展的需要，要求政府或者公共部门提供系列常规性公共服务。但众所周知，"跑衙门"在中国并不是一件容易的事情，比较突出的问题就是办事流程冗繁拖沓、效率低下，严重影响相关部门的形象，公众的办事"难"问题在生活中普遍存在。

中国人民大学危机管理研究中心"省市形象研究基地"课题组主要择取其中典型的，对省市形象具有恶劣影响的风险问题，抽取了办事审批难问题，政府网站服务难问题，银行、保险、证券服务难问题，公积金提取、借贷难问题等4个一级风险项予以研究。

（1）办事审批难问题指有关部门对公众需求的办事项目进行审查批示过程中出现的审批困难之类的问题，主要包括审批服务效果不良、审批服务方式不佳等2个二级风险项。

（2）政府网站指一级政府在各部门的信息化建设基础之上，建立起跨部门的、综合的业务应用系统，使公民、企业与政府工作人员都能快速便捷地接入所有相关政府部门的政务信息与业务应用，使合适的人能够在恰当的时间获得恰当的服务。在政府网站的服务过程中，主要出现政府网站公开信息错误、缺失，政府网站在线互动服务不到位等两类问题，即2个二级风险项。

（3）银行、保险、证券服务难问题指出现在银行、保险、证券等金融领域，由于公共部门提供服务不到位而产生的问题，包括银行、保险、证券服务乱收费问题，银行、保险、证券客户信息保密不严，银行、保险、证券经营服务差等3个二级风险项。

（4）公积金提取、借贷难问题指公众在提取、使用公积金过程中出现的，由于相关部门提供服务不到位而产生的各类问题，主要包括公积金办理服务不到位、公积金运营管理不规范等2个二级风险项。

表3　办事"难"风险地图

一级风险项	二级风险项	风险要素
1 办事审批难问题	1.1 审批服务效果不良	1.1.1 流程过于烦琐
		1.1.2 相关部门推诿"扯皮"
	1.2 审批服务方式不佳	1.2.1 服务态度不佳
		1.2.2 服务管理不到位
2 政府网站服务难问题	2.1 政府网站公开信息错误、缺失	2.1.1 信息更新不及时
		2.1.2 信息出错、造假
		2.1.3 重要信息缺失
	2.2 政府网站在线互动服务不到位	2.2.1 互动服务不及时
		2.2.2 互动服务不真诚
		2.2.3 互动服务虚设
3 银行、保险、证券服务难问题	3.1 银行、保险、证券服务乱收费问题	3.1.1 胡乱收费
		3.1.2 隐性收费
	3.2 银行、保险、证券客户信息保密不严	3.2.1 非法出售客户信息坑害顾客
		3.2.2 不慎泄露客户信息坑害顾客
	3.3 银行、保险、证券经营服务差	3.3.1 经营服务管理不到位
		3.3.2 歧视性经营
		3.3.3 强制、欺骗交易
		3.3.4 拒不理赔
		3.3.5 信息违规披露
4 公积金提取、借贷难问题	4.1 公积金办理服务不到位	4.1.1 服务态度不佳
		4.1.2 办事效率低下
		4.1.3 政策不稳多变
	4.2 公积金运营管理不规范	4.2.1 缴存、提取违规问题
		4.2.2 胡乱收费
		4.2.3 资金管理不善

（三）出行"难"综述与风险地图

出行指车辆、行人从出发地向目的地移动的交通行为。交通行为的基础是必要的交通建设，而这对政府的公共服务便提出了相应要求，但是由于政府在提供出行方面公共服务时会出现诸如乱收费、事故处理不当等问题，使得公众遇到一系列出行"难"的问题，严重影响政府的影响塑造。

出行"难"内涵广阔，中国人民大学危机管理研究中心"省市形象研究基地"课题组主要择取其中典型的，对省市形象具有恶劣影响的风险问题予以研究，抽取了公共交通问题、民航问题等2个一级风险项。

（1）公共交通，广义而言，包括民航、铁路、公路、水运等交通方式；狭义上的公共交通是指城市范围内定线运营的公共汽车及轨道交通、渡轮、索道等交通方式，但无论哪种解释，公共交通都是人们日常出行的主要方式。课题组抽取的公共交通问题包括公共交通拥堵问题、公共交通乱收费等2个二级风险项。

（2）民航是民用航空的简称，是指使用各类航空器从事除了军事性质（包括国防、警察和海关）以外的所有航空活动。这里的民航问题主要指公众在乘坐民航过程中遇到的由于公共服务提供不到位而引发的问题，主要包括机票诈骗、超售问题，民航服务差，民航管理不规范等3个二级风险项。

表4　出行"难"风险地图

一级风险项	二级风险项	风险要素
1 公共交通问题	1.1 公共交通拥堵问题	1.1.1 交通事故处理不及时致拥堵
		1.1.2 城市规划不合理致拥堵
	1.2 公共交通乱收费	1.2.1 收费站胡乱收费
		1.2.2 违规设置收费站
2 民航问题	2.1 机票诈骗、超售问题	2.1.1 机票诈骗坑害顾客
		2.1.2 机票超售坑害顾客
	2.2 民航服务差	2.2.1 "天价"服务费用
		2.2.2 托运物品丢失、损毁
	2.3 民航管理不规范	2.3.1 机场交通管理混乱
		2.3.2 机场治安维护不力

（四）维权"难"综述与风险地图

维权是指维护合法权益，而这里的合法权益内涵宽广，包括经济财产权利、生命安全权利、食品药品环境权利、消费权利、劳动权利、名誉权、知识产权等。维权难问题早已有之，而以信访维权与消费维权最为典型。

中国人民大学危机管理研究中心"省市形象研究基地"课题组主要择取其中典型的，对省市形象具有恶劣影响的风险问题予以研究，抽取了维权难问题 1 个一级风险项，下属信访困难、消费维权成本高等 2 个二级风险项。

表5 维权"难"风险地图

一级风险项	二级风险项	风险要素
1 维权难问题	1.1 信访困难	1.1.1 粗暴截访
		1.1.2 接访处置不当
	1.2 消费维权成本高	1.2.1 住房利益受损
		1.2.2 生活用品交易被侵权
		1.2.3 旅游时利益受损

二 公共服务"难""形象危机度"总体排名

（一）公共服务"难"形象危机度指标设计

"社会责任事故"是导致省市形象危机的主因，指省市政府等责任主体负有主要责任并造成恶劣后果和社会影响的危机事件。而省市形象在公共服务"难"方面的危机主要源自各个领域内的社会责任事故。

典型案例指在全国各省市在相关领域出现具有代表性的形象危机的事件。

"社会责任事故"频次指在 2013 年 1 月 1 日至 2013 年 12 月 31 日一年时间内的典型案例中，被研判为"社会责任事故"的形象危机的事件数量。

典型案例频次指在 2013 年 1 月 1 日至 2013 年 12 月 31 日一年时间内，全国各省市在相关领域出现具有代表性的形象危机的事件数量。

"形象危机度"指某省的社会责任事故在全国典型案例中所占比重，计算公式为："形象危机度" ＝某省的社会责任事故典型案例频次/全国典型案例频次。

（二）公共服务"难""形象危机度"省市排名

据课题组统计，在全国公共服务"难""形象危机度"省市排名中，位列前三名的分别是北京市6.45%、广东省5.66%、山东省4.09%（见表6）。

表6 全国公共服务"难""形象危机度"省市排名

单位：%

等　级	排　名	省　份	"形象危机度"
高危 ≥30		暂　无	
中危 10～29		暂　无	
低危 <10	1	北　京	6.45
	2	广　东	5.66
	3	山　东	4.09
	4	海　南	3.14
		河　南	3.14
	6	江　苏	2.67
	7	湖　北	2.36
		四　川	2.36
	9	浙　江	2.20
	10	安　徽	2.04
	11	陕　西	1.89
	12	河　北	1.73
	13	湖　南	1.57
	14	福　建	1.26
	15	重　庆	1.10
		上　海	1.10
		云　南	1.10
	18	内蒙古	0.94
		广　西	0.94
	20	甘　肃	0.79
		辽　宁	0.79
	22	江　西	0.63

等　级	排　名	省　份	"形象危机度"
低危 <10	23	吉　林	0.47
		黑龙江	0.47
		天　津	0.47
		新　疆	0.47
		贵　州	0.47
		山　西	0.47
	29	青　海	0.16
	30	宁　夏	0.00
		西　藏	0.00

注：数据来源于中国人民大学危机管理研究中心"2013 年省市形象危机典型案例库"，时间段为 2013 年 1 月 1 日至 2013 年 12 月 31 日；不含港澳台；具有此类研究方法的相应误差。表 7～表 73 的数据来源与之相同，以下不一一列出。

　　课题组将省市形象危机进行细化研究，可分解为"形象死亡""形象受损"和"形象蒙冤"三个维度，这三个维度是省市"形象危机度"的有机组成部分。

　　"形象死亡"是形象危机研判中形象危机度最为严重的一种，是相关部门最应该防治和避免的形象危机研判。在对省市"形象死亡"的研判时，我们主要考虑三大因素：公信力是否受损、是否触犯刑法、是否对社会造成恶劣影响。

　　"形象受损"是形象危机研判中最为常见的一种类型，主要指形象主体由于一些不当的行为导致其在形象评委眼中产生不良影响，但这种影响还不至于导致其形象死亡。

　　"形象蒙冤"是指形象主体由于"被冒名""被诬陷"等方式致其产生形象危机，但其本身并没有做出任何影响其形象的行为。

　　而作为衡量省市形象危机的量化指标，省市的"形象危机度"也可以分解为"形象死亡率""形象受损率"和"形象蒙冤率"三个指标。

（三）公共服务"难""形象死亡"情况省市排名

　　"形象死亡"案例频次指在 2013 年 1 月 1 日至 2013 年 12 月 31 日一年时

间内的典型案例中，被研判为"形象死亡"的事件数量。

"形象死亡率"指某省的"形象死亡"典型案例在某省的全部典型案例中所占比重，计算公式为："形象死亡率" ＝ 某省的"形象死亡"典型案例频次/某省的全部典型案例频次。

据课题组统计，在全国公共服务"难""形象死亡"情况的省市排名中，位列"形象死亡率"前三名的分别是吉林省75.00%、黑龙江省66.67%，青海省50.00%（见表7）。

表7　全国公共服务"难""形象死亡"情况省市排名

单位：%

排　名	省　份	"形象死亡率"
1	吉　林	75.00
2	黑龙江	66.67
3	青　海	50.00
4	河　北	42.86
	内蒙古	42.86
6	新　疆	40.00
7	甘　肃	37.50
8	山　东	36.84
9	安　徽	33.33
	海　南	33.33
	陕　西	33.33
12	湖　南	31.82
13	河　南	29.55
14	广　东	26.08
15	北　京	25.81
16	福　建	23.53
17	辽　宁	23.00
18	云　南	21.43
19	浙　江	20.69
20	江　苏	20.59
21	天　津	20.00
22	湖　北	19.05
23	四　川	17.39
24	上　海	16.67

续表

排　名	省　份	"形象死亡率"
25	江　西	15.38
26	山　西	12.50
27	广　西	11.11
28	重　庆	0.00
	贵　州	0.00
	宁　夏	0.00
	西　藏	0.00

（四）公共服务"难""形象受损"情况省市排名

"形象受损"案例频次指在 2013 年 1 月 1 日至 2013 年 12 月 31 日一年时间内的典型案例中，被研判为"形象受损"的事件数量。

"形象受损率"指某省的"形象受损"典型案例在某省的全部典型案例频次中所占比重，计算公式为："形象受损率" = 某省的"形象受损"典型案例频次/某省的全部典型案例频次。

据课题组统计，在全国公共服务"难""形象受损"情况的省市排名中，位列"形象受损率"前三名的分别是宁夏回族自治区 100.00%、重庆市 90.00%、广西壮族自治区 83.33%（见表 8）。

表 8　全国公共服务"难""形象受损"情况省市排名

单位：%

排　名	省　份	"形象受损率"
1	宁　夏	100.00
2	重　庆	90.00
3	广　西	83.33
4	福　建	76.47
5	山　西	75.00
6	四　川	73.91
7	浙　江	72.41
8	湖　北	71.43
	云　南	71.43
	贵　州	71.43

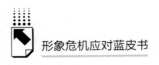
续表

排　名	省　份	"形象受损率"
11	江　西	69.23
12	北　京	67.74
13	上　海	66.67
14	辽　宁	66.00
15	江　苏	64.71
16	海　南	62.96
17	甘　肃	62.50
18	广　东	62.31
19	安　徽	61.90
20	天　津	60.00
21	内蒙古	57.14
22	山　东	55.26
23	陕　西	50.00
	湖　南	50.00
	河　北	50.00
	青　海	50.00
27	河　南	36.36
28	黑龙江	33.33
29	吉　林	25.00
30	新　疆	20.00
31	西　藏	0.00

（五）公共服务"难""形象蒙冤"情况省市排名

"形象蒙冤"案例频次指在2013年1月1日至2013年12月31日一年时间内的典型案例中，被研判为"形象蒙冤"的事件数量。

"形象蒙冤率"指某省的"形象蒙冤"典型案例在某省的全部典型案例频次中所占比重，计算公式为："形象蒙冤率"＝某省的"形象蒙冤"典型案例频次/某省的全部典型案例频次。

据课题组统计，在全国公共服务"难""形象蒙冤"情况的省市排名中，天津市与新疆维吾尔自治区并列第一名，为20.00%，湖南省排名第三，为18.18%（见表9）。

表9　全国公共服务"难""形象蒙冤"情况省市排名

单位：%

排　名	省　份	"形象蒙冤率"
1	天　津	20.00
	新　疆	20.00
3	湖　南	18.18
4	上　海	16.67
5	陕　西	12.50
	山　西	12.50
7	江　苏	11.76
8	辽　宁	11.00
9	湖　北	9.52
10	四　川	8.70
11	广　东	8.69
12	山　东	7.89
13	江　西	7.69
14	河　北	7.14
	云　南	7.14
16	浙　江	6.90
17	北　京	4.84
18	安　徽	4.76
19	海　南	3.70
20	河　南	0.00
	广　西	0.00
	福　建	0.00
	重　庆	0.00
	甘　肃	0.00
	内　蒙	0.00
	贵　州	0.00
	吉　林	0.00
	黑龙江	0.00
	青　海	0.00
	宁　夏	0.00
	西　藏	0.00

三　公共服务"难"省市"形象危机度"具体状况统计

根据公共服务"难"中各风险板块，课题组以社会责任事故与典型案例为基础，综合全国各省市"形象死亡""形象受损"和"形象蒙冤"情况，将全国 31 个省份的"形象危机度"做总排名，并将全国各省市的"形象危机度"分别做具体分析。

（一）北京市公共服务"难"的形象危机状况统计

在全国公共服务"难""形象危机度"省市排名中，北京市"形象危机度"为 6.45%，排名第 1。

课题组将"形象危机度"细化进行研究，可分解为"形象死亡率""形象受损率"和"形象蒙冤率"三个维度，这三个维度是省市形象危机的组成部分，也是全国各省市进行风险管理和危机应对时的参照指标。北京市的"形象死亡率""形象受损率"和"形象蒙冤率"统计见表 10。

表 10 北京市公共服务"难"形象危机情况

单位：%

省　份	"形象死亡率"	"形象受损率"	"形象蒙冤率"
北京市	25.81	67.74	4.84

在形象危机研究中，课题组不仅通过"形象死亡率""形象受损率"和"形象蒙冤率"三个维度进行分析，同时对该省份的典型形象危机社会责任事故案例进行搜索与研判，并与省市形象危机公共服务"难"风险地图相结合，得出影响该省份的公共服务"难"形象的风险要素，具体情况见表 11。

表 11 北京市公共服务"难"风险要素统计

一级风险项	二级风险项	风险要素	典型案例
医疗难问题	"看病难"	医院拒收不治	弃婴被强制转往较差医院死亡　医院称系抢救无效
		医院诊疗失误为害患者	3 月 15 日,不满眼睛美容手术起诉医院赔偿
	"看病贵"	过度诊疗与强制医疗坑害患者	过度治疗致人残致患者医院门前讨说法
	医疗服务差	医药管理不善	医院打错吊瓶致患者死亡　院方确认错误用药
		管理缺陷问题	中国医生出诊不上厕所成常态　医生尊严需制度保障

续表

一级风险项	二级风险项	风险要素	典型案例
医疗难问题	医疗服务差	机构监管不力问题	京多部门检查国贸一美容机构两名医生无资质
		虚假医疗广告坑害患者	公司推销药品涉嫌非法传销宣称包治百病
教育难问题	教育不公平	教育制度漏洞	北京通州:务工人员无社保 孩子难上小学
民政服务难问题	民政服务差	冒领、贪污、挪用低保金问题	北京村官截留7户村民9万余元低保金
		群众获取救助困难	福利院一张床位要等166年?
		服务胡乱收费	殡仪馆租用1天要价万元 天价守灵费凸显黑色暴利
办事审批难问题	审批服务效果不良	流程过于烦琐	排队要等4个月?公积金组合贷:让你跑断腿
	审批服务方式不佳	服务管理不到位	开发商想涨价遭遇审批难 3月中上旬仅4个项目入市
政府网站服务难问题	公开信息错误、缺失	信息更新不及时	新街口总结打串到西长安街 更新慢奥运村首页新闻是去年
	在线互动服务不到位	互动服务不真诚	北京4区县政务微博谈政不足60%
银行、保险、证券服务难问题	乱收费问题	胡乱收费	广发银行乱收费被起诉 信用卡未使用竟信用不良
	客户信息保密不严	非法出售客户信息坑害顾客	银行职员间高价买卖个人信息 每位客户50元
		不慎泄露客户信息坑害顾客	顾客挂失银行卡后账户少了24万 银行表示可能泄露密码正式答复几天后再给
	经营服务差	经营服务管理不到位	226万志愿者上保险方案遭遇难产
		强制、欺骗交易	保险业务员骗走老太60万拆迁款
		拒不理赔	接送朋友出车祸 安邦保险以"非法运营"为由拒赔
		信息违规披露	北京两保险人员倒卖公民信息11万条被批捕
公积金提取、借贷难问题	办理服务不到位	服务态度不佳	20人日接万个电话,网友吐槽北京公积金"世上最难打通"
		办事效率低下	北京买房公积金组合贷排队要等4个月

续表

一级风险项	二级风险项	风险要素	典型案例
公积金提取、借贷难问题	运营管理不规范	缴存、提取违规问题	公积金套现乱象丛生，取 10 万需 4300 元中介费
		胡乱收费	18 家消费维权单位：房产评估费不应由消费者承担
公共交通问题	公共交通拥堵问题	交通事故处理不及时致拥堵	两车出事故先后撞护栏致路段严重拥堵
		城市规划不合理致拥堵	北京拥堵调查：城市规划羁绊奔跑车轮
民航问题	机票诈骗、超售问题	机票超售坑害顾客	大新华航空机票超售提前 1 小时到已无座
	民航服务差	托运物品丢失、损毁	国航被指弄丢乘客价值万元行李 21 天仍未找到
	民航管理不规范	机场治安维护不力	首都机场一女子扬言炸飞机　警方称其精神状态不好
维权难问题	消费维权成本高	住房利益受损	星河 185 业主维权两年　市政供暖今年仍难实现
		生活用品交易被侵权	宝马车主痛诉维权难　高速行驶方向盘竟莫名锁死

（二）广东省公共服务"难"的形象危机状况统计

在全国公共服务"难""形象危机度"省市排名中，广东省"形象危机度"为 5.66%，排名第 2。

表 12　广东省公共服务"难"形象危机情况

单位：%

省　份	"形象死亡率"	"形象受损率"	"形象蒙冤率"
广东省	26.08	62.31	8.69

表 13 广东省公共服务"难"风险要素统计

一级风险项	二级风险项	风险要素	典型案例
医疗难问题	"看病难"	医院拒收不治	男子突发急病求医被值班医生拒绝治疗
		看病挂号难	卫生厅官员扮成患者体验看病难：耗时 80 分钟医生只看 3 分钟
		医院诊疗失误为害患者	男子手术修复眼袋致"十级伤残"不属医疗事故
	"看病贵"	治疗费用高	深圳女孩做人流被层层加价　俩医生竟用同一名字
	医疗服务差	医药管理不善	女婴诊后疑窒息死亡　婴儿用药标准模糊
		管理缺陷问题	婴儿出生 2 小时后死亡　家属怀疑医院删改病历
		机构监管不力问题	广州南方医院调查：坐诊医生成保健品"直销员"
教育难问题	教育不公平	上学交通不便	农村孩子路远上学难
		教育制度漏洞	深圳某小区校车费猛涨 50%　家长投诉被"踢皮球"
	教育服务差	监管不到位	清远市某学校 15 岁就读少女与室友吵架跳窗逃学致残，学校赔 15 万
民政服务难问题	民政服务差	冒领、贪污、挪用低保金问题	广东一镇政府民政员伙同村支书骗取低保金
		群众获取救助困难	广州"天价养老院"床位费 40 万曾因涉违规关闭
		群众"死不起"	广东陆丰千亩公墓涉嫌违规征地巨额补偿款去向不明
办事审批难问题	审批服务效果不良	流程过于烦琐	广州办准生证需 13 个章需 19 日涉 8 个部门
	审批服务方式不佳	服务态度不佳	深圳换二代证记者探访驻深办事处服务反差大
政府网站服务难问题	公开信息错误、缺失	信息更新不及时	政府网站排名下滑并不让人惊奇
	在线互动服务不到位	互动服务不及时	别让网络问政有"问"无"回"
		互动服务不真诚	广东东莞 15 份政府文件官网征集民意全部零意见

一级风险项	二级风险项	风险要素	典型案例
银行、保险、证券服务难问题	乱收费问题	隐性收费	银行三大扣费成隐形吞钱机
	客户信息保密不严	不慎泄露客户信息坑害顾客	男子卡在手上被盗刷7万 银行被判担责任7成
	经营服务差	经营服务管理不到位	老太太银行借厕所 女员工警棍一顿打
		强制、欺骗交易	银行理财变保险 客户投诉交行
		拒不理赔	业内人士称在广东惠州买香港保险"不保险"
公积金提取、借贷难问题	办理服务不到位	办事效率低下	跑了4趟银行,取不出公积金
	运营管理不规范	缴存、提取违规问题	公积金类广州贷款为何一直受到歧视
		胡乱收费	网友吐槽提取公积金,打印相关材料贵
		资金管理不善	近百万"公积金"睡大觉,购房却提不了"公积金"?
民航问题	机票诈骗、超售问题	机票超售坑害顾客	深圳航空超售机票30张 致旅客滞留咸阳机场3小时
	民航服务差	"天价"服务费用	广州:收费太贵 机场高速路变身停车场
	民航管理不规范	机场治安维护不力	弱视男子为引关注报假警致飞机返航
维权难问题	信访困难	接访处置不当	广东设立8个处置不合格党员的试点单位,把上访、拆迁这些社会矛盾的热点问题,纳入"不合格党员"标准的管理范畴,引争议
	消费维权成本高	生活用品交易被侵权	进口食品标识乱全是外语、缺信息、难维权

（三）山东省公共服务"难"的形象危机状况统计

在全国公共服务"难""形象危机度"省市排名中,山东省"形象危机度"为4.09%,排名第3。

表14 山东省公共服务"难"形象危机情况

单位：%

省 份	"形象死亡率"	"形象受损率"	"形象蒙冤率"
山东省	36.84	55.26	7.89

表15 山东省公共服务"难"风险要素统计

一级风险项	二级风险项	风险要素	典型案例
维权难问题	信访困难	接访处置不当	山东27位老人为讨薪上访百次 镇干部伪造罢访书了事
			上访男子两度被山东临沂救助站强送精神病院
	消费维权成本高	住房利益受损	物业私自提高车位费 业主不满却遇维权难

（四）海南省公共服务"难"的形象危机状况统计

在全国公共服务"难""形象危机度"省市排名中，海南省"形象危机度"为3.14%，排名第4。

表16 海南省公共服务"难"形象危机情况

单位：%

省 份	"形象死亡率"	"形象受损率"	"形象蒙冤率"
海南省	33.33	62.69	3.70

表17 海南省公共服务"难"风险要素统计

一级风险项	二级风险项	风险要素	典型案例
医疗难问题	"看病难"	医院诊疗失误为害患者	患者成植物人引纠纷 海南一医院被判赔逾104万
	"看病贵"	治疗费用高	指定药店买高价药 医生吃"回扣"？
	医疗服务差	医药管理不善	违规用药村医致人死亡获刑
		管理缺陷问题	海南省人民医院救护车无车牌
		机构监管不力问题	海南：家属称主治医生无行医资格追踪

一级风险项	二级风险项	风险要素	典型案例
教育难问题	教育不公平	教学资源严重不足	海口学校用地被挤占 人大代表:不能一割了之
		教育制度漏洞	海口撤并152所学校 一边闲置一边"吃紧"
	教育服务差	监管不到位	白马井中学29名学生发烧呕吐,疑似食物中毒
民政服务难问题	民政服务差	冒领、贪污、挪用低保金问题	海南儋州:多名村干部家属吃低保(经调查,有几户村干部家属明显不符合低保条件)
	民政服务差	群众获取救助困难	领3万危房改造款 须分1万给村干部
	民政机构管理不规范	福利彩票管理不规范	三亚福彩中心财务管理混乱 出纳四年贪676万元
政府网站服务难问题	在线互动服务不到位	互动服务虚设	海南:网曝部分政府网站板块成摆设 网站:正在修复
公共交通问题	公共交通拥堵问题	交通事故处理不及时致拥堵	海口金盘路小事故致拥堵1小时
民航问题	机票诈骗、超售问题	机票诈骗坑害顾客	网络发布虚假机票广告 儋州2男子诈骗被判8个月
	民航管理不规范	机场交通管理混乱	海口美兰机场打车乱象惊动三部门
维权难问题	消费维权成本高	旅游时利益受损	海南统一受理旅游投诉 游客过度维权执法难

（五）河南省公共服务"难"的形象危机状况统计

在全国公共服务"难""形象危机度"省市排名中,河南省"形象危机度"为3.14%,并列第4。

表18 河南省公共服务"难"形象危机情况

单位：%

省 份	"形象死亡率"	"形象受损率"	"形象蒙冤率"
河南省	29.55	36.36	0.00

表 19　河南省公共服务"难"风险要素统计

一级风险项	二级风险项	风险要素	典型案例
医疗难问题	"看病贵"	治疗费用高	荥阳八旬老翁医院检查被收妇科检查费　医院致歉
	医疗服务差	医药管理不善	河南一产妇县医院输液后死亡　院方称没有过错
		虚假医疗广告坑害患者	"郑州圣玛妇产医院"发布医疗广告被指违法
教育难问题	教育不公平	教学资源严重不足	郑州规划5年小学未建好　家长愁孩子上学难
		教育制度漏洞	盲人报名参加高考遭拒　官方称因无盲文试卷
	教育服务差	监管不到位	九岁男孩校园嬉闹造成锁骨骨折
民政服务难问题	民政服务差	冒领、贪污、挪用低保金问题	河南村官为孙子孙女骗低保
		群众获取救助困难	河南许昌民政拒低保户救助申请称其不作为
办事审批难问题	审批服务效果不良	流程过于烦琐	郑州一孕妇4个月内跑近20趟仍未办下准生证
政府网站服务难问题	公开信息错误、缺失	信息出错、造假	鹿邑县人民政府网站群众留言被提示为非法广告
	在线互动服务不到位	互动服务不真诚	县政府官网"万能回复"是藐视民意
银行、保险、证券服务难问题	乱收费问题	胡乱收费	银行乱收费跨行转账失败　手续费为啥不退?
	经营服务差	经营服务管理不到位	信阳淮滨邮储行多窗口无人值班ATM机被写"天天坏"
		强制、欺骗交易	市民珍藏10年金币系铁块:诉太平洋保险欺诈
		拒不理赔	村医为患者以身试药身亡　保险公司拒绝赔偿
公共交通问题	公共交通拥堵问题	交通事故处理不及时致拥堵	郑少高速昨日连发两起追尾事故导致拥堵数公里
		城市规划不合理致拥堵	郑州市民送规划局鸭梨,抗议"乱规划"
		收费站胡乱收费	河南公路乱收费致女车主自杀　副省长:正研究治理

续表

一级风险项	二级风险项	风险要素	典型案例
维权难问题	信访困难	粗暴截访	河南鹤壁人巩进军上访四年,多次被截访,2013年11月15日,在押送回原籍的高速路上,刺死、刺伤截访者各一名
		接访处置不当	河南上访农妇"被精神病"132天,接受电针治疗
	消费维权成本高	生活用品交易被侵权	买"二手礼品"遭掉包维权难 礼品市场乱象纷纷

（六）江苏省公共服务"难"的形象危机状况统计

在全国公共服务"难""形象危机度"省市排名中,江苏省"形象危机度"为 2.67%,排名第 6。

表20　江苏省公共服务"难"形象危机情况

单位：%

省　份	"形象死亡率"	"形象受损率"	"形象蒙冤率"
江苏省	20.59	64.71	11.76

表21　江苏省公共服务"难"风险要素统计

一级风险项	二级风险项	风险要素	典型案例
医疗难问题	"看病难"	医院诊疗失误为害患者	老汉被烧伤大医院称难救活 小医院20万元治好
	"看病贵"	过度诊疗与强制医疗坑害患者	苏州首例强制医疗案件:男子精神分裂持榔头砸人
	医疗服务差	医药管理不善	苏州一医院将保胎药开成避孕药孕妇面临流产
		管理缺陷问题	海门一医生拍手术照传网络被指违职业道德
		机构监管不力问题	冒名顶替做医生致孕妇妇女节殒命
教育难问题	教育不公平	教学资源严重不足	老年大学何时"虚席以待"

续表

一级风险项	二级风险项	风险要素	典型案例
民政服务难问题	民政服务差	冒领、贪污、挪用低保金问题	虚报低保垂涎补偿款　村干部贪污9万元
		群众获取救助困难	前夫不付扶养费玩失踪　女子申办低保多次遭拒
办事审批难问题	审批服务效果不良	流程过于烦琐	徐州丰县大学生为办营业执照连跑11次工商局
政府网站服务难问题	公开信息错误、缺失	信息更新不及时	江宁区物价局网站两年多没更新
		重要信息缺失	群众无权限查看的政务网站是做给谁的
	在线互动服务不到位	互动服务不真诚	淮安政府论坛政府人员说脏话
银行、保险、证券服务难问题	客户信息保密不严	不慎泄露客户信息坑害顾客	窃取银行客户交易信息　软件工程师盗刷银行卡获刑
	经营服务差	经营服务管理不到位	南京老太急用卡上10万元密码输错银行要7天后才能取
		拒不理赔	父亲倒车轧死幼子　保险拒绝理赔　法院判赔26万
公积金提取、借贷难问题	办理服务不到位	办事效率低下	公积金贷款排长龙,新房放款时间普遍拉长至两到三个月
		政策不稳多变	苏州公积金贷款调整遭质疑,连房子都没资格买
	运营管理不规范	缴存、提取违规问题	扬州公积金月缴存:超4成人月缴176至614元　最高与最低相差15.3倍
		资金管理不善	南京370亿公积金"睡觉"
民航问题	机票诈骗、超售问题	机票诈骗坑害顾客	女子误登山寨机票网被骗42万　嫌犯被判刑8年半
		机票超售坑害顾客	有机票却上不了飞机　赔偿没谈拢乘客要起诉南航
	民航服务差	"天价"服务费用	曝常州机场卖"山寨"食品　回应称进货渠道正规
	民航管理不规范	机场治安维护不力	乘客被通知飞机故障返航　南京机场惊魂3小时
维权难问题	消费维权成本高	生活用品交易被侵权	无锡哥伦布商户维权跟踪:协商无实质进展　"三桥联动"难兑现

（七）湖北省公共服务"难"的形象危机状况统计

在全国公共服务"难""形象危机度"省市排名中，湖北省"形象危机度"为2.36%，排名第7。

表22　湖北省公共服务"难"形象危机情况

单位：%

省　份	"形象死亡率"	"形象受损率"	"形象蒙冤率"
湖北省	19.05	71.43	9.52

表23　湖北省公共服务"难"风险要素统计

一级风险项	二级风险项	风险要素	典型案例
医疗难问题	"看病难"	医院诊疗失误为害患者	湖北一妇女"结扎"致死
	"看病贵"	治疗费用高	湖北多家医院"就诊卡"违规收费
	医疗服务差	医药管理不善	汉川一患者输液后出现不适　经抢救无效死亡
教育难问题	教育不公平	教育制度漏洞	湖北通报14起教育乱收费案例　武汉三所小学校长受处分
	教育服务差	监管不到位	湖北省老河口市秦集小学发生踩踏事件,4死7伤,校园安全管理不到位
民政服务难问题	民政服务差	冒领、贪污、挪用低保金问题	湖北约40名福利院长拿低保
		群众获取救助困难	湖北十堰某儿童福利院多名儿童非正常死亡
		群众"死不起"	武汉墓地"山寨"天坛,称"让百姓享皇家礼仪"
		服务胡乱收费	仙桃市婚姻登记为何收费多达200～300元
办事审批难问题	审批服务效果不良	流程过于烦琐	武汉一学生为申请助学贷款,盖了26个章
	审批服务方式不佳	服务管理不到位	武汉约有3万栋旧楼加装电梯　面临筹资难审批难
政府网站服务难问题	公开信息错误、缺失	信息更新不及时	武汉多个政府网站更新滞后　多数系旧闻

续表

一级风险项	二级风险项	风险要素	典型案例
银行、保险、证券服务难问题	乱收费问题	胡乱收费	多家银行乱收费 汉福超市被罚10万
	经营服务差	经营服务管理不到位	武汉一市民买保险忘记续费保险"被清零"
		强制、欺骗交易	八旬老汉20万买理财被忽悠买保险不敢告诉儿子
公共交通问题	公共交通拥堵问题	城市规划不合理致拥堵	阮成发:越修路越拥堵 归根结底是顶层规划不清晰
民航问题	民航管理不规范	机场治安维护不力	女博士乘飞机拒关手机 被机场警方治安处罚
维权难问题	消费维权成本高	住房利益受损	武昌小区业委会2年难成立,业主选举被管理部门待定

（八）四川省公共服务"难"的形象危机状况统计

在全国公共服务"难""形象危机度"省市排名中,四川省"形象危机度"为 2.36%,并列第 7。

表24 四川省公共服务"难"形象危机情况

单位：%

省 份	"形象死亡率"	"形象受损率"	"形象蒙冤率"
四川省	17.39	73.91	8.70

表25 四川省公共服务"难"风险要素统计

一级风险项	二级风险项	风险要素	典型案例
医疗难问题	"看病难"	医院诊疗失误为害患者	南充一医生动手术弄错左右致患者9级伤残
	医疗服务差	医药管理不善	四川一女子感冒输液时死亡遭药房老板连夜抛尸
		管理缺陷问题	歪诊所医生坐诊玩游戏、用废纸包药、不登记患者信息、不问过敏史

一级风险项	二级风险项	风险要素	典型案例
教育难问题	教育不公平	弱势群体上学困难	幼儿学前教育不属义务教育　自闭儿的童年怎么过？
	教育服务差	蓄意欺骗坑害学生	学校称代管工资学生家长一致同意　家长称不知情
民政服务难问题	民政服务差	冒领、贪污、挪用低保金问题	男子开奔驰领低保取消资格并被处三倍罚款
	民政机构管理不规范	福利彩票管理不规范	三万"巨款"买彩票　原来用的是冥币
		救灾物资管理不规范	北川：救灾物资被封存未发放
政府网站服务难问题	公开信息错误、缺失	信息出错、造假	四川内江现领导PS照
	在线互动服务不到位	互动服务不及时	成都成华区政府网站"不便阅读"教授"拍砖"挑刺
	在线互动服务不到位	互动服务不真诚	阆中国土局网站"神"回复　背后的"真"焦虑
银行、保险、证券服务难问题	乱收费问题	隐性收费	华夏银行境外取款暗中收费　免费服务增加隐形门槛
	经营服务差	经营服务管理不到位	成都多个银行网点未设无障碍通道
公积金提取、借贷难问题	运营管理不规范	缴存、提取违规问题	公积金代取属骗局，成都公积金秩序被严重干扰
公共交通问题	公共交通拥堵问题	交通事故处理不及时致拥堵	四川泸县瓦斯事故地道路拥堵　救援车辆缓慢前行
民航问题	机票诈骗、超售问题	机票超售坑害顾客	机票超售潜规则坑人　值机柜台称机票超售是惯例
	民航管理不规范	机场交通管理混乱	四川成都查处双流机场周边交通环境乱停乱放62起

（九）浙江省公共服务"难"的形象危机状况统计

在全国公共服务"难""形象危机度"省市排名中，浙江省"形象危机度"为2.20%，排名第9。

表 26   浙江省公共服务"难"形象危机情况

单位：%

省　份	"形象死亡率"	"形象受损率"	"形象蒙冤率"
浙江省	20.69	72.41	6.90

表 27   浙江省公共服务"难"风险要素统计

一级风险项	二级风险项	风险要素	典型案例
医疗难问题	"看病难"	医院诊疗失误为害患者	医院拒为产妇剖腹产　致巨型儿难产后神经受损
	"看病贵"	治疗费用高	82岁老人胸闷医院查艾滋梅毒被家属称乱收费
	医疗服务差	管理缺陷问题	温州一医生不满春节被排班　持刀写血书讨说法
			温州一医生被曝上班打牌无视病人院方称已处理
		机构监管不力问题	网上挂号"黄牛"秒杀　最高要价2000元
教育难问题	教育不公平	弱势群体上学困难	6岁女童遇车祸致残,母亲拿走52万赔偿弃女离去,没有幼儿园愿意接收
		上学交通不便	湖州:城郊孩子的漫漫求学路(交通不便导致上学难)
	教育服务差	监管不到位	瑞安瑞祥高中(原云江中学)学校食堂早餐惊现老鼠头
民政服务难问题	民政服务差	群众获取救助困难	六旬老人养老院内身亡　手脚有勒痕被褥被尿浸湿
		群众"死不起"	遍地高价墓,"坟地产"暴利超过房地产
	民政机构管理不规范	救灾物资管理不规范	曝余姚救灾物资遭哄抢? 政府被疑救灾不力
政府网站服务难问题	在线互动服务不到位	互动服务不真诚	网络问政要真效率而非"神效率"
银行、保险、证券服务难问题	乱收费问题	胡乱收费	持白金卡却未获相应服务　储户怒告光大银行乱收费
	经营服务差	歧视性经营	银行应消除对民企"身份歧视"
		拒不理赔	490万豪车"撞"出273万维修费法院判保险公司赔付

续表

一级风险项	二级风险项	风险要素	典型案例
公积金提取、借贷难问题	运营管理不规范	缴存、提取违规问题	绍兴网友称，农村自建房申请公积金贷款的条件太苛刻，形同虚设
		资金管理不善	1万元公积金年贬值268元，存20年将贬值殆尽
民航问题	民航服务差	"天价"服务费用	温州机场被曝一杯果汁78元　回应称商户不违规
维权难问题	消费维权成本高	住房利益受损	家居行业缺标准难检测　消费者维权或陷死循环

（十）安徽市公共服务"难"的形象危机状况统计

在全国公共服务"难""形象危机度"省市排名中，安徽省"形象危机度"为2.04%，排名第10。

表28　安徽省公共服务"难"形象危机情况

单位：%

省　份	"形象死亡率"	"形象受损率"	"形象蒙冤率"
安徽省	33.33	61.90	4.76

表29　安徽省公共服务"难"风险要素统计

一级风险项	二级风险项	风险要素	典型案例
医疗难问题	"看病难"	医院拒收不治	安徽一高危孕妇就医多次"碰壁"
		医院诊疗失误为害患者	医院误把癌症当结石治　患者死亡家属获赔
	"看病贵"	治疗费用高	蒙城网友反映村卫生室看病乱收费官方作出整改
教育难问题	教育不公平	教学资源严重不足	灵璧民办留守儿童学校去留未定学生已在正常上课
民政服务难问题	民政服务差	冒领、贪污、挪用低保金问题	休宁县：万余元资金低保账户上玩"快闪"
		服务胡乱收费	铜陵殡葬服务超政府指导价收费被查
	民政机构管理不规范	福利彩票管理不规范	曝宿州强迫老师买彩票　民政局：定指标为促进工作

续表

一级风险项	二级风险项	风险要素	典型案例
政府网站服务难问题	公开信息错误、缺失	信息更新不及时	巢湖部分政府网站建设滞后将纳入考核
		信息出错、造假	政府网站现领导慰问百岁老人悬浮照
	在线互动服务不到位	互动服务不真诚	村民网上投诉 县政府用"百度"回复
银行、保险、证券服务难问题	客户信息保密不严	不慎泄露客户信息坑害顾客	刚存入4万便被转出 银行拒绝冻结账号被判不担责
公积金提取、借贷难问题	运营管理不规范	资金管理不善	合肥实行住房公积金"贷款轮候制"应对"钱荒" 民众抱怨贷款速度变慢
民航问题	机票诈骗、超售问题	机票超售坑害顾客	购超售机票被迫改乘飞机 航空公司付六成机票款
维权难问题	信访困难	接访处置不当	安徽省霍邱县村民郭仁寇,为讨要家中4亩多地的粮食补贴,在镇政府大院里的农经站三楼坠楼身亡
	消费维权成本高	生活用品交易被侵权	进口大众4S店暗售展会用车 消费者维权难

（十一）陕西省公共服务"难"的形象危机状况统计

在全国公共服务"难""形象危机度"省市排名中,陕西省"形象危机度"为1.89%,排名第11。

表30 陕西省公共服务"难"形象危机情况

单位:%

省　份	"形象死亡率"	"形象受损率"	"形象蒙冤率"
陕西省	33.33	50.00	12.50

表31　陕西省公共服务"难"风险要素统计

一级风险项	二级风险项	风险要素	典型案例
医疗难问题	"看病难"	医院诊疗失误为害患者	粗心医生拔错患者一颗牙　被法院宣判赔2万元
			米脂一女子患慢性咽喉炎遭医生误诊被切瘘管
	医疗服务差	机构监管不力问题	医生谎报新生儿死亡跨省贩卖　7户家庭有相似经历
教育难问题	教育不公平	教育制度漏洞	陕西渭南经开区助学贷款遭扯皮数百学生上学难
	教育服务差	违规办学	西安多所中学暑期违规补课　老师抱怨学生求救
		监管不到位	西安市小学生课间摔伤,家长将校方告上法院,校方不愿担责
民政服务难问题	民政服务差	冒领、贪污、挪用低保金问题	渭南村干部违规私拆低保单　低保款被二次分配
		服务胡乱收费	西安殡仪馆一捆烧纸50元　网友直呼死不起
	民政机构管理不规范	福利彩票管理不规范	陕西山阳教师被指遭摊派买体彩官方已介入调查
政府网站服务难问题	在线互动服务不到位	互动服务不及时	咸阳城管局网站现色情导航　官方称被黑客攻击
银行、保险、证券服务难问题	乱收费问题	隐性收费	14家银行隐形收费　农行最高　银行卡补办需15元
	经营服务差	歧视性经营	歧视零钞者涉嫌违法
公积金提取、借贷难问题	运营管理不规范	缴存、提取违规问题	西安市住房公积金管理中心原主任薛华锋等4人因挪用公款被开除党籍
公共交通问题	公共交通拥堵问题	交通事故处理不及时致拥堵	连霍高速河南段交通事故致车辆拥堵到陕西华阴
	公共交通乱收费	收费站胡乱收费	西铜高速公路乱收费:如此处理违章　交罚款就可不扣分
民航问题	机票诈骗、超售问题	机票超售坑害顾客	机票销售管理缺位　多家航空公司称机票超售是惯例
	民航管理不规范	机场治安维护不力	东航一飞往深圳航班未起飞
维权难问题	信访困难	接访处置不当	西安男子为洗脱盗窃罪名上访34年仍未彻底解决,因长年"告状",3个子女受到牵连

（十二）河北省公共服务"难"的形象危机状况统计

在全国公共服务"难""形象危机度"省市排名中，河北省"形象危机度"为 1.73%，排名第 12。

表 32　河北省公共服务"难"形象危机情况

单位：%

省　份	"形象死亡率"	"形象受损率"	"形象蒙冤率"
河北省	42.86	50.00	7.14

表 33　河北省公共服务"难"风险要素统计

一级风险项	二级风险项	风险要素	典型案例
医疗难问题	"看病贵"	治疗费用高	张家口男子被要求妇科检查　医院道歉称纯属失误
	医疗服务差	机构监管不力问题	石家庄一男子网上销售假冒复方丹参滴丸药
教育难问题	教育服务差	监管不到位	河北"校园强奸案"：宿舍不在监控范围也无专职监控人员
民政服务难问题	民政服务差	冒领、贪污、挪用低保金问题	一村支书代管存折　低保金大幅"缩水"事发邢台威县
		群众"死不起"	农村公益性墓地违规出售　催热"小产权墓"
办事审批难问题	审批服务方式不佳	服务态度不佳	河北武邑县公安局出入境管理大队工作人员态度粗暴、刁难办证群众
政府网站服务难问题	在线互动服务不到位	互动服务虚设	一桩小投诉,5 个电话没解决
银行、保险、证券服务难问题	经营服务差	强制、欺骗交易	老人买保险被忽悠　合同签到 122 岁
民航问题	民航服务差	"天价"服务费用	1 元气泡膜卖价 30　乘客质疑石家庄机场打包暴利
	民航管理不规范	机场治安维护不力	又有数十男子新桥机场打人
维权难问题	信访困难	接访处置不当	河北省安新县刘老根夫妇,出生 11 天的女儿因超生被乡政府派人强行抱走,至今下落不明
	消费维权成本高	生活用品交易被侵权	世嘉安全气囊喷火灼伤孩子　消费者维权取证难

（十三）湖南省公共服务"难"的形象危机状况统计

在全国公共服务"难""形象危机度"省市排名中，湖南省"形象危机度"为 1.57%，排名第 13。

表 34　湖南省公共服务"难"形象危机情况

单位：%

省　份	"形象死亡率"	"形象受损率"	"形象蒙冤率"
湖南省	31.82	50.00	18.18

表 35　湖南省公共服务"难"风险要素统计

一级风险项	二级风险项	风险要素	典型案例
医疗难问题	"看病难"	医院诊疗失误为害患者	挂上吊针医生去喝酒　13 岁少年活活痛死
	医疗服务差	机构监管不力问题	3 家医院专家号遭爆炒　6 名"号贩子"被刑拘
		虚假医疗广告坑害患者	湖南虚假医药广告大清理　涉及媒体将被严肃处理
教育难问题	教育不公平	上学交通不便	长沙县多家幼儿园校车停运　孩子上学难倒家长
		教学资源严重不足	希望小学给百亿大项目让路
民政服务难问题	民政服务差	群众获取救助困难	八旬老人敬老院内悲凉死去　隔壁老人称死者曾遭殴打
		群众"死不起"	长沙殡葬中介利用市民信息不对称牟取暴利　2000 多元花销竟收取 6000 多
银行、保险、证券服务难问题	客户信息保密不严	非法出售客户信息坑害顾客	90 后情侣非法出售 400 人信息　得利 2 万元获刑
公积金提取、借贷难问题	办理服务不到位	服务态度不佳	长沙市住房公积金管理中心好舒服，9 点多居然无人上班
公共交通问题	公共交通拥堵问题	交通事故处理不及时致拥堵	事故后锁车离去引发大拥堵
	公共交通乱收费	收费站胡乱收费	湖南邵阳：公路乱收费两年多无人管——政府大院旁"买路钱"收了两年多

续表

一级风险项	二级风险项	风险要素	典型案例
民航问题	机票诈骗、超售问题	机票诈骗坑害顾客	"内鬼"利用机票改签漏洞牟利两月作案40多起
	民航管理不规范	机场治安维护不力	长沙飞杭州航班遭"诈弹"威胁紧急备降南昌
维权难问题	信访困难	粗暴截访	信访局长与访民合影,摆胜利V手势,庆祝截访成功

（十四）福建省公共服务"难"的形象危机状况统计

在全国公共服务"难""形象危机度"省市排名中,福建省"形象危机度"为1.26%,排名第14。

表36　福建省公共服务"难"形象危机情况

单位：%

省　份	"形象死亡率"	"形象受损率"	"形象蒙冤率"
福建省	23.53	76.47	0.00

表37　福建省公共服务"难"风险要素统计

一级风险项	二级风险项	风险要素	典型案例
医疗难问题	"看病难"	医院拒收不治	长乐男子眼球被砸伤,手术前查出感染艾滋,医院拒绝治疗
	"看病贵"	治疗费用高	最高零售价8.4元药店卖18元　岛内4家药店药过高
	医疗服务差	机构监管不力问题	福建医腐案调查:个别女医代靠权色交易搞定领导
教育难问题	教育不公平	弱势群体上学困难	五千外来娃"拼"一千个学位　厦门岛内民办校长遭"围攻"
		教育制度漏洞	厦门一中学界定8条恋爱标准遭吐槽
	教育服务差	监管不到位	女生"七不许"校规被叫停　专家对学生缺尊重

一级风险项	二级风险项	风险要素	典型案例
银行、保险、证券服务难问题	乱收费问题	胡乱收费	办两次业务市民遭遇不同收费　银行收费乱
	经营服务差	歧视性经营	莆田东园路银行拒收万元零钞　工人认为存歧视
		强制、欺骗交易	农民工存血汗钱被银行忽悠成保险
公积金提取、借贷难问题	办理服务不到位	服务态度不佳	网友吐槽，给公积金中心打电话没人接
民航问题	机票诈骗、超售问题	机票超售坑害顾客	泉州一市民遇机票超售无法登机可改签或退票
	民航服务差	"天价"服务费用	机场打包费是邮局的37.5倍　回应称打包服务外包
		托运物品丢失、损毁	乘客8000元项链托运中丢失　航空公司赔2箱牛奶
维权难问题	消费维权成本高	旅游时利益受损	游泳游成感染，想维权举证难。范大姐提醒：去游泳馆前，先看经营资质和水质公示

（十五）重庆市公共服务"难"的形象危机状况统计

在全国公共服务"难""形象危机度"省市排名中，重庆市"形象危机度"为1.10%，排名第15。

表38　重庆市公共服务"难"形象危机情况

单位：%

省　份	"形象死亡率"	"形象受损率"	"形象蒙冤率"
重庆市	0	90.00	0

表39　重庆市公共服务"难"风险要素统计

一级风险项	二级风险项	风险要素	典型案例
医疗难问题	"看病难"	医院诊疗失误为害患者	女子被麻醉后遭医生临时改手术被治成歪嘴面瘫
教育难问题	教育不公平	教学资源严重不足	乡村小学校长的期盼:给山里娃一间温暖宿舍

续表

一级风险项	二级风险项	风险要素	典型案例
民政服务难问题	民政服务差	服务胡乱收费	巫山官渡镇婚姻登记点设"套餐"违规收费被查处
银行、保险、证券服务难问题	经营服务差	拒不理赔	男子奔驰开进积水维修花43万 保险公司拒赔
公积金提取、借贷难问题	办理服务不到位	办事效率低下	公积金贷款通过已经8个月还未放款,导致现在无法接房,求关注、求帮助、求安慰
	运营管理不规范	缴存、提取违规问题	重庆住房公积金贷款一年了还没批!求关注!求指点!求注意!
民航问题	民航服务差	"天价"服务费用	改善混乱定价民用机场才能为民所用
维权难问题	消费维权成本高	住房利益受损	业主公共权益频受侵犯却难维权

（十六）上海市公共服务"难"的形象危机状况统计

在全国公共服务"难""形象危机度"省市排名中,上海市"形象危机度"为1.10%,并列第15。

表40 上海市公共服务"难"形象危机情况

单位:%

省　份	"形象死亡率"	"形象受损率"	"形象蒙冤率"
上海市	16.67	66.67	16.67

表41 上海市公共服务"难"风险要素统计

一级风险项	二级风险项	风险要素	典型案例
银行、保险、证券服务难问题	乱收费问题	胡乱收费	同行异地存款仍收0.5%手续费 建行乱收费何时了?
银行、保险、证券服务难问题	客户信息保密不严	非法出售客户信息坑害顾客	银行卡地下买卖蔓延上海满足七种隐秘需求
	经营服务差	拒不理赔	喝蜂王浆猝死 家属和保险公司各执一词
		信息违规披露	沪16万条家长学生信息泄露 保险证券电信行业出卖信息

续表

一级风险项	二级风险项	风险要素	典型案例
公积金提取、借贷难问题	运营管理不规范	资金管理不善	上海公积金贷款办理变慢,市民忧账户余额不足
民航问题	机票诈骗、超售问题	机票诈骗坑害顾客	退机票不成反被骗万余元
		机票超售坑害顾客	消费者投诉东方航空公司官网超售机票
	民航管理不规范	机场治安维护不力	吉祥航空一航班今晨遭遇威胁返航虹桥机场

（十七）云南省公共服务"难"的形象危机状况统计

在全国公共服务"难""形象危机度"省市排名中,云南省"形象危机度"为1.10%,并列第15。

表42　云南省公共服务"难"形象危机情况

单位：%

省　份	"形象死亡率"	"形象受损率"	"形象蒙冤率"
云南省	21.43	71.43	7.14

表43　云南省公共服务"难"风险要素统计

一级风险项	二级风险项	风险要素	典型案例
医疗难问题	"看病难"	医院诊疗失误为害患者	老人痛风就医意外身亡　家属索要百万赔偿
	"看病贵"	治疗费用高	云南网友曝做手术需自掏轮椅担架费　医院进行整改
	医疗服务差	机构监管不力问题	云南无医生无护士无医疗设备,三无医院骗取医保126万
教育难问题	教育不公平	弱势群体上学困难	贫困家庭连生5个娃全是黑户,入学成问题
		上学交通不便	云南山村学生徒步十余公里上学月走坏2双鞋
		教学资源严重不足	昆明一小学教学楼3年盖不起来家长怀疑地被卖
		教育制度漏洞	"景谷3高中生提饭进教室被开除"续:新校规将于明年施行

续表

一级风险项	二级风险项	风险要素	典型案例
民政服务难问题	民政服务差	群众"死不起"	昆明薄葬"标准"动辄数万元
公共交通问题	公共交通拥堵问题	城市规划不合理致拥堵	市民反映昆明11月交通拥堵升级 回应:加快路网布局
民航问题	民航管理不规范	机场交通管理混乱	昆明长水机场公交专线:沿途路堵,线路太绕
	民航管理不规范	机场治安维护不力	昆明至北京航班又现"诈弹"事件 涉案人已被控制

（十八）内蒙古自治区公共服务"难"的形象危机状况统计

在全国公共服务"难""形象危机度"省市排名中,内蒙古自治区"形象危机度"为 0.94%,排名第 18。

表 44 内蒙古自治区公共服务"难"形象危机情况

单位:%

省　份	"形象死亡率"	"形象受损率"	"形象蒙冤率"
内蒙古自治区	42.86	57.14	0.00

表 45 内蒙古自治区公共服务"难"风险要素统计

一级风险项	二级风险项	风险要素	典型案例
医疗难问题	"看病难"	医院诊疗失误为害患者	产妇出现意外母子双亡　家属摆花圈致医院歇业
	"看病贵"	治疗费用高	7名医生为拿回扣开高价药被捕
	医疗服务差	机构监管不力问题	内蒙古7医生收受回扣做假　精神病鉴定案23日开审
政府网站服务难问题	在线互动服务不到位	互动服务虚设	内蒙古部分政府网站找不到上不去
公共交通问题	公共交通乱收费	违规设置收费站	内蒙古国道收费站五一违规收费　1名责任人受处分
民航问题	民航服务差	"天价"服务费用	呼和浩特机场收费按摩椅取代免费椅20分钟10块

（十九）广西壮族自治区公共服务"难"的形象危机状况统计

在全国公共服务"难""形象危机度"省市排名中，广西壮族自治区"形象危机度"为0.94%，并列第18。

表46　广西壮族自治区公共服务"难"形象危机情况

单位：%

省　份	"形象死亡率"	"形象受损率"	"形象蒙冤率"
广西壮族自治区	11.11	83.33	0.00

表47　广西壮族自治区公共服务"难"风险要素统计

一级风险项	二级风险项	风险要素	典型案例
教育难问题	教育不公平	上学交通不便	广西藤县小学生撑竹筏上学续：当地人称此为常态
		教学资源严重不足	南宁一学校停办　小学走读部上百名学生面临上学难
民政服务难问题	民政服务差	冒领、贪污、挪用低保金问题	村干亲属死去多年仍领低保　活着的困难人群难申领
		群众获取救助困难	灵山县残疾人家庭申请低保遭"卡脖子"
银行、保险、证券服务难问题	乱收费问题	胡乱收费	虚构业务骗取137万手续费　鼎和财产保险被罚
	客户信息保密不严	非法出售客户信息坑害顾客	银行经理卖千余份客户信息　犯罪分子盗8人23万多元
	经营服务差	强制、欺骗交易	南宁一电动车上牌点涉嫌搭售保险强制购买属于违规
公积金提取、借贷难问题	办理服务不到位	服务态度不佳	关于防城港市住房公积金管理中心办证存在问题的投诉
		政策不稳多变	南宁住房公积金突然执行新政策,之前无公示无通知,说变就变,坑人无数啊
公共交通问题	公共交通拥堵问题	交通事故处理不及时致拥堵	南友高速近南宁高速出口收费站处发生交通事故造成车辆拥堵

续表

一级风险项	二级风险项	风险要素	典型案例
民航问题	民航管理不规范	机场治安维护不力	男子南宁机场阻碍民警执法受到拘留七日处罚
维权难问题	消费维权成本高	住房利益受损	南宁一小区会所变身幼儿园遭质疑 律师称维权很难
		生活用品交易被侵权	部分驾校"异地报考本地练车"此举属非法维权难

（二十）甘肃省公共服务"难"的形象危机状况统计

在全国公共服务"难""形象危机度"省市排名中，甘肃省"形象危机度"为 0.79%，排名第 20。

表 48　甘肃省公共服务"难"形象危机情况

单位：%

省　份	"形象死亡率"	"形象受损率"	"形象蒙冤率"
甘肃省	37.50	62.50	0.00

表 49　甘肃省公共服务"难"风险要素统计

一级风险项	二级风险项	风险要素	典型案例
医疗难问题	"看病贵"	治疗费用高	60 人接力献血挽救年轻生命　巨额医疗费让生命再陷渺茫
教育难问题	教育不公平	上学交通不便	上学路上，谁挡我们的道？
	教育服务差	监管不到位	甘肃高校新生信息泄露，学生收到移动校园信息卡
民政服务难问题	民政服务差	冒领、贪污、挪用低保金问题	村支书虚报冒领国家补助 3.97 万元
		群众获取救助困难	甘肃漳县低保户被强迫买手机　部分人敢怒不敢言
银行、保险、证券服务难问题	经营服务差	拒不理赔	货车起火曝先险后保　永安保险败诉拒赔 28.6 万
公积金提取、借贷难问题	运营管理不规范	缴存、提取违规问题	兰州石化被曝公积金缴存最高月均 1 万

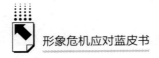

（二十一）辽宁省公共服务"难"的形象危机状况统计

在全国公共服务"难""形象危机度"省市排名中，辽宁省"形象危机度"为0.79%，并列第20。

表50　辽宁省公共服务"难"形象危机情况

单位：%

省　份	"形象死亡率"	"形象受损率"	"形象蒙冤率"
辽宁省	23.00	66.00	11.00

表51　辽宁省公共服务"难"风险要素统计

一级风险项	二级风险项	风险要素	典型案例
医疗难问题	"看病难"	医院诊疗失误为害患者	大连女子手术拿掉乳腺结节1年后体检竟还在
办事审批难问题	审批服务效果不良	相关部门推诿"扯皮"	勤杂工讨千元工资需办9种证遭多部门踢"皮球"
	审批服务方式不佳	服务管理不到位	大学生创业审批还挺难
政府网站服务难问题	在线互动服务不到位	互动服务不及时	沈阳：不跟网友互动的政务微博就是要流氓
银行、保险、证券服务难问题	客户信息保密不严	不慎泄露客户信息坑害顾客	泄露密码被骗50万　银行无责损失自负
	经营服务差	强制、欺骗交易	保险推销上半年玩新花样瞄上老年人合同藏玄机
民航问题	机票诈骗、超售问题	机票诈骗坑害顾客	男子利用网上办航空机票　3个月诈骗12万余元
	民航管理不规范	机场治安维护不力	大连机场现可疑箱子紧急排爆原是粗心旅客遗落

（二十二）江西省公共服务"难"的形象危机状况统计

在全国公共服务"难""形象危机度"省市排名中，江西省"形象危机度"为0.63%，排名第22。

表52　江西省公共服务"难"形象危机情况

单位：%

省　份	"形象死亡率"	"形象受损率"	"形象蒙冤率"
江西省	15.38	69.23	7.69

表53　江西省公共服务"难"风险要素统计

一级风险项	二级风险项	风险要素	典型案例
医疗难问题	"看病难"	医院诊疗失误为害患者	伤者脚筋被割断医生治疗未发现　医院承认"漏诊"
教育难问题	教育不公平	上学交通不便	江西乐平200多辆校车无一能上路　称政府不让发放标牌
政府网站服务难问题	公开信息错误、缺失	信息出错、造假	千年以后才开庭，法院网站不靠谱
银行、保险、证券服务难问题	客户信息保密不严	不慎泄露客户信息坑害顾客	女子银行卡内现金不翼而飞　银行疑客户信息遭泄露
	经营服务差	强制、欺骗交易	江西建立保险欺诈黑名单　首批15人已录入系统
公积金提取、借贷难问题	运营管理不规范	缴存、提取违规问题	中介签订阴阳合同骗贷住房公积金
公共交通问题	公共交通拥堵问题	交通事故处理不及时致拥堵	两小车发生触碰耗了40分钟　轻微事故不挪窝致拥堵开罚！
民航问题	机票诈骗、超售问题	机票诈骗坑害顾客	女大学生网上退机票被骗6300元
	民航管理不规范	机场治安维护不力	旅客过机场安检笑称"是手榴弹"致误机遭罚
维权难问题	消费维权成本高	住房利益受损	南昌超六成小区未成立业委会，业主称维权很困难
		生活用品交易被侵权	展会上"李鬼"泛滥消费者维权好难

（二十三）吉林省公共服务"难"的形象危机状况统计

在全国公共服务"难""形象危机度"省市排名中，吉林省"形象危机度"为0.47%，排名第23。

表 54   吉林省公共服务"难"形象危机情况

单位：%

省　份	"形象死亡率"	"形象受损率"	"形象蒙冤率"
吉林省	75.00	25.00	0.00

表 55   吉林省公共服务"难"风险要素统计

一级风险项	二级风险项	风险要素	典型案例
民政服务难问题	民政机构管理不规范	救灾物资管理不规范	吉林长春一建设局局长用救灾物资偿还个人债务
公积金提取、借贷难问题	办理服务不到位	政策不稳多变	吉林通化 11 亿公积金遭挪用，十年审计未能追责
	运营管理不规范	缴存、提取违规问题	"天价公积金"频出曝制度漏洞，拉大收入差距
			媒体曝光吉林烟草老总公积金账户余额超百万

（二十四）黑龙江省公共服务"难"的形象危机状况统计

在全国公共服务"难""形象危机度"省市排名中，黑龙江省"形象危机度"为 0.47%，并列第 23。

表 56   黑龙江省公共服务"难"形象危机情况

单位：%

省　份	"形象死亡率"	"形象受损率"	"形象蒙冤率"
黑龙江省	66.67	33.33	0.00

表 57   黑龙江省公共服务"难"风险要素统计

一级风险项	二级风险项	风险要素	典型案例
教育难问题	教育服务差	蓄意欺骗坑害学生	中石油定向班毕业生被分配扫厕所　家长索赔 50 万
民政服务难问题	民政服务差	服务胡乱收费	网曝黑龙江双城市婚姻登记处乱收费已存在多年
维权难问题	信访困难	接访处置不当	黑龙江上访女子之子走失，系因接访处置不当

（二十五）天津市公共服务"难"的形象危机状况统计

在全国公共服务"难""形象危机度"省市排名中，天津市"形象危机度"为0.47%，并列第23。

表58　天津市公共服务"难"形象危机情况

单位：%

省　份	"形象死亡率"	"形象受损率"	"形象蒙冤率"
天津市	20.00	60.00	20.00

表59　天津市公共服务"难"风险要素统计

一级风险项	二级风险项	风险要素	典型案例
银行、保险、证券服务难问题	客户信息保密不严	非法出售客户信息坑害顾客	银行职员伙同同学贩卖客户信息187条获刑一年
		不慎泄露客户信息坑害顾客	骗子借银行客服热线冒充客服骗市民22万元
	经营服务差	拒不理赔	意外伤害不含意外致死？保险公司拒赔理由不成立
公共交通问题	公共交通拥堵问题	城市规划不合理致拥堵	天津"双限"治理拥堵雾霾引争议道路规划是关键
民航问题	机票诈骗、超售问题	机票超售坑害顾客	购票无法登机乘客要解释没人告我是"超售"票

（二十六）新疆维吾尔自治区公共服务"难"的形象危机状况统计

在全国公共服务"难""形象危机度"省市排名中，新疆维吾尔自治区"形象危机度"为0.47%，并列第23。

表60　新疆维吾尔自治区公共服务"难"形象危机情况

单位：%

省　份	"形象死亡率"	"形象受损率"	"形象蒙冤率"
新疆维吾尔自治区	40.00	20.00	20.00

表61 新疆维吾尔自治区公共服务"难"风险要素统计

一级风险项	二级风险项	风险要素	典型案例
医疗难问题	"看病难"	医院诊疗失误为害患者	医院手术错误致患者死亡 法院判赔33万
教育难问题	教育不公平	弱势群体上学困难	"没身份证明8岁女童上学难"追踪:爱心小学愿免费收她
政府网站服务难问题	在线互动服务不到位	互动服务不及时	2013年83%的新疆政府网站发展水平处于起步阶段
民航问题	机票诈骗、超售问题	机票超售坑害顾客	东航被曝因机票超售拒绝乘客登机
	民航服务差	"天价"服务费用	"最差机场"乌鲁木齐机场整改天价饭仍未解决

（二十七）贵州省公共服务"难"的形象危机状况统计

在全国公共服务"难""形象危机度"省市排名中，贵州省"形象危机度"为0.47%，并列第23。

表62 贵州省公共服务"难"形象危机情况

单位：%

省　份	"形象死亡率"	"形象受损率"	"形象蒙冤率"
贵州省	0.00	71.43	0.00

表63 贵州省公共服务"难"风险要素统计

一级风险项	二级风险项	风险要素	典型案例
医疗难问题	"看病难"	医院诊疗失误为害患者	男子疑做包皮手术失败与医院纠纷后坠桥身亡
	医疗服务差	管理缺陷问题	男子昏迷被送医院醒后逃跑欠下3万余元治疗费
民政服务难问题	民政机构管理不规范	福利彩票管理不规范	贵州福彩公益金使用乱象:金额达8000万公告仅100多字
银行、保险、证券服务难问题	经营服务差	歧视性经营	银行为VIP先理业务被指"嫌贫爱富"

续表

一级风险项	二级风险项	风险要素	典型案例
公积金提取、借贷难问题	运营管理不规范	缴存、提取违规问题	"高倍数公积金"让贵阳市民有喜有忧
民航问题	机票诈骗、超售问题	机票超售坑害顾客	航班"一座卖二主"致乘客延误航空公司:不满意就起诉
	民航管理不规范	机场治安维护不力	2名旅客率人冲击贵阳龙洞堡机场登机口受到处罚

（二十八）山西省公共服务"难"的形象危机状况统计

在全国公共服务"难""形象危机度"省市排名中,山西省"形象危机度"为0.47%,并列第23。

表64　山西省公共服务"难"形象危机情况

单位:%

省　份	"形象死亡率"	"形象受损率"	"形象蒙冤率"
山西省	12.50	75.00	12.50

表65　山西省公共服务"难"风险要素统计

一级风险项	二级风险项	风险要素	典型案例
医疗难问题	"看病难"	医院拒收不治	山西当地医院未收治隧道瞒报事故伤亡人员
	"看病贵"	治疗费用高	晒晒医院的医保违规收费
银行、保险、证券服务难问题	乱收费问题	隐性收费	记者调查银行信用卡,"隐性收费"多达十几项
	经营服务差	强制、欺骗交易	车主状告保险合同霸王条款胜诉
公共交通问题	公共交通乱收费	收费站胡乱收费	山西大同被曝公路乱收费,涉事"限高架"已被拆
			央视报道左云公路乱收费问题,纪委监察局牵头调查
维权难问题	消费维权成本高	住房利益受损	装修遇烦心事粗心无凭维权难

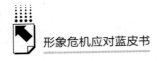

（二十九）青海省公共服务"难"的形象危机状况统计

在全国公共服务"难""形象危机度"省市排名中，青海省"形象危机度"为 0.16%，排名第 29。

表 66　青海省公共服务"难"形象危机情况

单位：%

省　份	"形象死亡率"	"形象受损率"	"形象蒙冤率"
青海省	50.00	50.00	0.00

表 67　青海省公共服务"难"风险要素统计

一级风险项	二级风险项	风险要素	典型案例
银行、保险、证券服务难问题	经营服务差	拒不理赔	理赔价格不理想　五男子冲进阳光保险伤人
公共交通问题	公共交通拥堵问题	交通事故处理不及时致拥堵	昨日西宁市发生交通事故 90 起　未造成人员伤亡和交通大拥堵

（三十）宁夏回族自治区公共服务"难"的形象危机状况统计

在全国公共服务"难""形象危机度"省市排名中，宁夏回族自治区"形象危机度"为 0.00%，排名第 30。

表 68　宁夏回族自治区公共服务"难"形象危机情况

单位：%

省　份	"形象死亡率"	"形象受损率"	"形象蒙冤率"
宁夏回族自治区	0.00	100.00	0.00

表 69　宁夏回族自治区公共服务"难"风险要素统计

一级风险项	二级风险项	风险要素	典型案例
维权难问题	消费维权成本高	生活用品交易被侵权	陷阱多维权难　电视购物要谨慎 宁夏黄金首饰投诉量大增　无"三包"规定维权难

（三十一）西藏自治区公共服务"难"的形象危机状况统计

在全国公共服务"难"形象危机度省市排名中，因课题组未发现关于西藏自治区的典型案例，故西藏自治区"形象危机度"为0.00%，并列第30。

课题组未发现关于西藏自治区的"形象死亡""形象受损"和"形象蒙冤"典型案例，故其"形象死亡率""形象受损率"和"形象蒙冤率"皆为0.00%。

四　公共服务"难"省市形象危机应对指南

（一）"善解冤"：妥善解决"形象蒙冤"问题

据课题组统计，全国公共服务"难"的"形象蒙冤"案例数量已占到其形象危机总数的6.76%，全国公共服务"难"一级风险项"形象蒙冤率"排名统计见表70。

表70　公共服务"难"一级风险项"形象蒙冤率"排名统计

单位：%

排名	一级风险项	"形象蒙冤率"
1	民航问题	16.42
2	银行、保险、证券服务难问题	8.77
3	民政服务难问题	7.35
4	政府网站服务难问题	7.27
5	医疗难问题	7.09
6	公积金提取、借贷难问题	3.70
7	教育难问题	3.28
8	办事审批难问题	0.00
9	公共交通问题	0.00
10	维权难问题	0.00

在四大风险板块中，全国公共服务"难"的"形象蒙冤"分布情况如表71所示。

表71　公共服务"难"风险板块的"形象蒙冤"分布情况

风险板块	"形象蒙冤"案例频次	"形象蒙冤"案例所占比例(%)
生活"难"	16	37.21
办事"难"	16	37.21
出行"难"	11	25.58
维权"难"	0	0.00
总　　计	43	100.00

针对"形象蒙冤"情况，课题组建议：一方面，"形象蒙冤"主体要善于借助媒体力量，及时、有效澄清省市形象"冤情"；另一方面，"形象蒙冤"高危行业需要建立风险预防长效机制，积极防范省市形象"被抹黑"。

（二）"重点改"：重点预防"社会责任事故"与重点改善"形象死亡"问题

省市形象危机应对需要从外部整改形象，内部优化制度与管理，内外结合、标本兼治，立体化、全方位地扭转其负面形象。其中，着重预防"社会责任事故"发生，重点改善"形象死亡"问题。

1. 重点预防"社会责任事故"

"社会责任事故"是导致省市形象危机的主因，指省市政府等责任主体负有主要责任并造成恶劣后果和社会影响的危机事件。而省市形象在公共服务"难"方面的危机主要源自各个领域内的社会责任事故。

典型案例指在全国各省市在相关领域出现具有代表性的形象危机的事件。

"社会责任事故"频次指在2013年1月1日至2013年12月31日一年时间内的典型案例中，被研判为"社会责任事故"的形象危机的事件次数。

典型案例频次指在2013年1月1日至2013年12月31日一年时间内，全国各省市在相关领域出现具有代表性的形象危机的事件数量。

"社会责任事故率"指某省的"社会责任事故"在某省的全部典型案例中所占比重，计算公式为："社会责任事故率"＝某省（或某板块）的社会责任事故典型案例频次/某省的全部典型案例频次。

据课题组统计，在全国公共服务"难""社会责任事故率"省市排名中，位列前三名的分别是内蒙古自治区85.71%、河北省78.57%、重庆市77.78%（见表72）。

表72　公共服务"难""社会责任事故率"省市排名

单位：%

等 级	排名	省 份	"社会责任事故率"
高危 ≥90	暂　无		
中危 60~89	1	内蒙古	85.71
	2	河 北	78.57
	3	重 庆	77.78
	4	吉 林	75.20
	5	黑龙江	75.00
	6	海 南	74.07
	7	河 南	68.97
	8	山 东	68.42
	9	湖 北	68.18
	10	北 京	66.13
	11	四 川	65.22
	12	甘 肃	62.50
	13	安 徽	61.90
	14	天 津	60.00
		新 疆	60.00
低危 <60	16	上 海	58.33
	17	辽 宁	55.56
	18	广 东	52.94
	19	江 苏	50.00
		陕 西	50.00
		云 南	50.00
		青 海	50.00
	23	浙 江	48.28
	24	福 建	47.06
	25	湖 南	45.45
	26	贵 州	42.86
	27	山 西	37.50
	28	广 西	33.33
	29	江 西	30.77
	30	宁 夏	0.00
		西 藏	0.00

2. 重点改善"形象死亡"问题

据课题组统计，全国公共服务"难"的"形象死亡"案例数量已占到其形象危机总数的 25.63%，全国公共服务"难"一级风险项"形象死亡率"排名统计见表73。

表 73　公共服务"难"一级风险项"形象死亡率"排名统计

单位：%

排名	一级风险项	"形象死亡率"
1	医疗难问题	48.82
2	民政服务难问题	45.59
3	维权难问题	24.39
4	公积金提取、借贷难问题	18.52
5	银行、保险、证券服务难问题	18.42
6	公共交通问题	16.67
7	教育难问题	14.75
8	民航问题	13.43
9	办事审批难问题	10.53
10	政府网站服务难问题	7.27
	总　计	25.63

（三）"全面防"：全面防范风险地图中各风险要素

在"善解冤"与"重点改"的基础上，针对公共服务"难"形象危机，加强立体化形象管理从而做到"全面防"是重中之重。立体化形象管理需要从"内部—中间—外部"三个维度入手，内部纠正形象偏差度，中间强化形象风险管理，外部重视评委关系，让形象管理做到立体化与整体化，从而对形象危机做好全面防范与管理。立体化形象管理如图1所示。

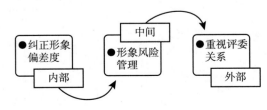

图 1　公共服务"难"的立体化形象管理图

1. 内部：纠正形象偏差度

党的十六届六中全会《决定》明确提出，逐步实现基本公共服务均等化。逐步实现基本公共服务均等化，是逐步形成惠及全民的公共服务体系的基础，是构建社会主义和谐社会的内在要求。

对基本公共服务均等化的内涵，可以从三个方面来理解：第一，全体公民享有基本公共服务的机会应该均等；第二，全体公民享有基本公共服务的结果应该均等；第三，在提供大体均等的基本公共服务的过程中，尊重社会成员的自由选择权。推进基本公共服务均等化，就是要逐步使人民群众在基本公共服务方面的权利得到基本实现和维护，特别是使困难群众和困难地区尽快享受到社会平均水平的基本公共服务，其实质是政府为全体社会成员提供基本而又有保障的公共产品和公共服务，将广大人民群众要求最迫切、与基本生存权和发展权关系最密切的公共服务在城乡、区域和不同社会群体之间均等配置，把差距控制在社会可承受的范围内。

根据课题组研究，社会民众对省市公共服务具有一定的形象预期，据此可得出社会对省市公共服务的形象预期项目，如表74所示。

然而，我国现阶段的情况离真正的基本公共服务均等化还有很大差距，随着我国经济迅速发展，人均可支配收入和人民生活水平不断提高，民众对基本公共服务的需求也不断增长，基本公共服务的提供者不能满足民众在这方面日益增长的需求，在课题组研究的省市形象危机领域中，便会产生省市公共服务的形象偏差，也就是社会对省市公共服务的形象预期与省市实际的公共服务提供能力，或者说公共服务提供者实际职能定位不符。

表74 社会对省市公共服务的形象预期

社会形象预期项目	社会形象预期项目描述
预期1：提供公共服务时按照国际化标准	我国公共服务的提供者在提供公共服务时，应该遵照国际的，很大程度上是发达国家的标准进行，比如，欧洲一些发达国家通过立法等举措，建立起惠及全体民众的"从摇篮到坟墓"的社会保障体系
预期2：民众享有公共服务的机会均等	所有民众在享受基本公共服务的机会方面应该是均等的，也就是让全体人民都能"学有所教、劳有所得、病有所医、老有所养、住有所居"，实现公平正义的和谐社会的目标

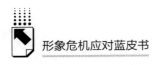

社会形象预期项目	社会形象预期项目描述
预期3:民众对公共服务提供的类别、方式具有自主选择权	民众对公共服务的需求千差万别,某些民众可能不愿意享受社会为之提供的某些方面的公共服务,公共服务的提供者应最大限度地尊重民众对公共服务提供的类别、方式所具有的自主选择权,不应加以强制
预期4:民众享有公共服务的结果均等	民众享有公共服务的结果应该大体相等,即民众作为公共服务的享受者分得的公共服务"红利",或者说从公共服务中得到的利益大体相等,这里的大体相等不是搞平均主义,而是大体均等或相对均等

根据课题组研究,省市公共服务的实际职能定位与形象偏差度如表75所示。

表75　省市公共服务的形象偏差度

社会形象预期项目	实际职能定位
预期1:提供公共服务时按照国际化标准	以我国现阶段经济发展程度和人均国民生产总值来看,按照国际上一些发达国家标准向民众提供公共服务比较困难,只能在未来先实现基本公共服务均等化,之后再向更高的公共服务水平努力
预期2:民众享有公共服务的机会均等	民众在享受公共服务时的机会并不完全均等,主要表现为地区差异、社会阶层差异、民族差异等方面,真正实现全体民众"学有所教、劳有所得、病有所医、老有所养、住有所居"尚需时日
预期3:民众对公共服务提供的类别、方式具有自主选择权	公共服务提供者在尊重民众对公共服务提供的类别、方式所具有的自主选择权方面的表现较为理想,基本满足民众的自主选择权
预期4:民众享有公共服务的结果均等	民众享受公共服务带来的"红利"并没有做到大体相等,但相比平均主义来说,公共服务提供者在"分红"时的表现有极大进步,正在朝结果大体均等或相对均等的目标不断靠近

为纠正省市公共服务形象偏差度,尽可能使省市公共服务的社会形象预期与实际职能定位相契合,最大限度地优化省市形象,课题组提出如下意见。

第一,提高公共服务供给能力。提供公共服务是政府的最基本职能,在推进基本公共服务均等化方面,各级政府充当核心主体,承担着义不容辞的主要责任,其中最重要的便是提高公共服务供给能力,确保有服务可供是纠正省市公共服务形象偏差度的基本前提。

第二，提高社会民众享受基本公共服务的能力。公众能否真正享受基本公共服务，也取决于公众享受基本公共服务能力的高低。为了实现均等化，必须努力追求全体社会成员具备大致相当的享受基本公共服务的能力，特别是困难群体的享受能力。主要包括增强意识，提高公众对公共服务的选择能力与增加就业，提高困难群体公共服务的购买力两方面的内容。

第三，提高落后地区公共服务质量。目前城市拥有比农村更多数量的基本公共服务资源，使城市居民享受到比农村居民更高质量的服务，但造成现阶段城乡居民在享受基本公共服务中的质量上不均，不仅仅在于城市拥有更多数量的基本公共服务资源，而且也是由于城市对基本公共服务资源利用的集中程度更高。而在广大农村，基本公共服务资源有限，又没有被集中利用，极大地影响基本公共服务质量。农村要想得到高质量的基本公共服务，除了政府加大对农村投入外，还应该考虑集中利用农村现有的有限基本公共服务资源。

第四，提高民众对公共服务提供者的满意度。公共服务绩效评价体系包括政府自身的绩效评估和民众对政府公共服务质量的评议。迄今为止，政府自身的绩效评估相对比较完善，但民众对政府公共服务的评价体系尚未建立健全。建立健全民众公共服务评价体系在现阶段尤为重要。它不仅能够对公共部门的行为起到约束和引导作用，而且有利于提高基本公共服务的效率和品质。寻求普及公共服务评价体系的基本理论和方法，完善基本公共服务效果的跟踪反馈制度，明确对公共服务活动监督的主体、内容、对象、程序和方式，规范问责操作程序，健全社情民意沟通渠道，扩大民众在公共服务问责制中的知情权、参与权和监督权，对于提升民众公共服务评价能力、充分表达满意度，实现基本公共服务均等化具有现实意义。

2. 中间：形象风险管理

（1）公共服务"难"风险地图。

用好 2013 年全国省市形象危机公共服务"难"的风险地图（见表76）的研究成果，掌握省市形象危机公共服务"难"中的风险规律，主动规避省市形象风险。

表 76　公共服务"难"风险地图

风险板块	一级风险项	二级风险项	风险要素
1 生活"难"	1.1 医疗难问题	1.1.1 "看病难"	1.1.1.1 医院拒收不治
			1.1.1.2 看病挂号难
			1.1.1.3 医院诊疗失误为害患者
		1.1.2 "看病贵"	1.1.2.1 治疗费用高
			1.1.2.2 过度诊疗与强制医疗坑害患者
		1.1.3 医疗服务差	1.1.3.1 医药管理不善
			1.1.3.2 管理缺陷问题
			1.1.3.3 机构监管不力问题
			1.1.3.4 虚假医疗广告坑害患者
	1.2 教育难问题	1.2.1 教育不公平	1.2.1.1 弱势群体上学困难
			1.2.1.2 上学交通不便
			1.2.1.3 教学资源严重不足
			1.2.1.4 教育制度漏洞
		1.2.2 教育服务差	1.2.2.1 蓄意欺骗坑害学生
			1.2.2.2 违规办学
			1.2.2.3 监管不到位
			1.2.2.4 推卸教育责任
	1.3 民政服务难问题	1.3.1 民政服务差	1.3.1.1 冒领、贪污、挪用低保金问题
			1.3.1.2 群众获取救助困难
			1.3.1.3 群众"死不起"
			1.3.1.4 服务胡乱收费
		1.3.2 民政机构管理不规范	1.3.2.1 福利彩票管理不规范
			1.3.2.2 救灾物资管理不规范
2 办事"难"	2.1 办事审批难问题	2.1.1 审批服务效果不良	2.1.1.1 流程过于烦琐
			2.1.1.2 相关部门推诿"扯皮"
		2.1.2 审批服务方式不佳	2.1.2.1 服务态度不佳
			2.1.2.2 服务管理不到位
	2.2 政府网站服务难问题	2.2.1 政府网站公开信息错误、缺失	2.2.1.1 信息更新不及时
			2.2.1.2 信息出错、造假
			2.2.1.3 重要信息缺失
		2.2.2 政府网站在线互动服务不到位	2.2.2.1 互动服务不及时
			2.2.2.2 互动服务不真诚
			2.2.2.3 互动服务虚设

续表

风险板块	一级风险项	二级风险项	风险要素
2 办事"难"	2.3 银行、保险、证券服务难问题	2.3.1 银行、保险、证券服务乱收费问题	2.3.1.1 胡乱收费
			2.3.1.2 隐性收费
		2.3.2 银行、保险、证券客户信息保密不严	2.3.2.1 非法出售客户信息坑害顾客
			2.3.2.2 不慎泄露客户信息坑害顾客
		2.3.3 银行、保险、证券经营服务差	2.3.3.1 经营服务管理不到位
			2.3.3.2 歧视性经营
			2.3.3.3 强制、欺骗交易
			2.3.3.4 拒不理赔
			2.3.3.5 信息违规披露
	2.4 公积金提取、借贷难问题	2.4.1 公积金办理服务不到位	2.4.1.1 服务态度不佳
			2.4.1.2 办事效率低下
			2.4.1.3 政策不稳多变
		2.4.2 公积金运营管理不规范	2.4.2.1 缴存、提取违规问题
			2.4.2.2 胡乱收费
			2.4.2.3 资金管理不善
3 出行"难"	3.1 公共交通问题	3.1.1 公共交通拥堵问题	3.1.1.1 交通事故处理不及时致拥堵
			3.1.1.2 城市规划不合理致拥堵
		3.1.2 公共交通乱收费	3.1.2.1 收费站胡乱收费
			3.1.2.2 违规设置收费站
	3.2 民航问题	3.2.1 机票诈骗、超售问题	3.2.1.1 机票诈骗坑害顾客
			3.2.1.2 机票超售坑害顾客
		3.2.2 民航服务差	3.2.2.1 "天价"服务费用
			3.2.2.2 托运物品丢失、损毁
		3.2.3 民航管理不规范	3.2.3.1 机场交通管理混乱
4 维权"难"	4.1 维权难问题	4.1.1 信访困难	4.1.1.1 粗暴截访
			4.1.1.2 接访处置不当
		4.1.2 消费维权成本高	4.1.2.1 住房利益受损
			4.1.2.2 生活用品交易被侵权
			4.1.2.3 旅游时利益受损

（2）公共服务"难"风险项排名。

为应对公共服务"难"省市形象危机，全面防范公共服务"难"风险地图中全部风险项和风险要素是很重要的环节。

据课题组统计，全国公共服务"难"一级风险项"社会责任事故率"排名统计见表77。

表 77　全国公共服务"难"一级风险项"社会责任事故率"排名统计

单位：%

等　　级	排名	一级风险项	"社会责任事故率"
高危 ≥90		暂　无	
中危 60 ~ 89	1	医疗难问题	75.50
	2	办事审批难问题	73.60
	3	民政服务难问题	73.50
	4	民航问题	61.90
	5	政府网站服务难问题	61.80
低危 <60	6	银行、保险、证券服务难问题	54.30
	7	教育难问题	47.50
	8	公共交通问题	36.60
	9	公积金提取、借贷难问题	35.10
	10	维权难问题	26.80
		总　计	57.70

注：数据来源于中国人民大学危机管理研究中心"2013 年省市形象危机典型案例库"，时间段为 2013 年 1 月 1 日至 2013 年 12 月 31 日；不含港澳台；具有此类研究方法的相应误差。

在公共服务"难"一级风险项之下，还有 23 个二级风险项和 63 个风险要素，二级风险项和风险要素对一级风险项进行细分。全国公共服务"难"二级风险项"社会责任事故率"排名统计见表 78。

表 78　全国公共服务"难"二级风险项"社会责任事故率"排名统计

单位：%

等　级	排名	二级风险项	风险要素	"社会责任事故率"
高危 ≥90	1	审批服务效果不良	流程过于烦琐	100.00
			相关部门推诿"扯皮"	
		机票诈骗、超售问题	机票诈骗坑害顾客	100.00
			机票超售坑害顾客	
	3	"看病难"	医院拒收不治	90.20
			看病挂号难	
			医院诊疗失误为害患者	

续表

等　级	排名	二级风险项	风险要素	"社会责任事故率"
	4	公共交通乱收费	收费站胡乱收费	85.71
			违规设置收费站	
	5	"看病贵"	治疗费用高	77.42
			过度诊疗与强制医疗坑害患者	
	6	信访困难	粗暴截访	76.92
			接访处置不当	
	7	民政服务差	冒领、贪污、挪用低保金问题	73.68
			群众获取救助困难	
			群众"死不起"	
			服务胡乱收费	
中危 60~89	8	民政机构管理不规范	福利彩票管理不规范	72.73
			救灾物资管理不规范	
	9	教育服务差	蓄意欺骗坑害学生	68.42
			违规办学	
			监管不到位	
			推卸教育责任	
	10	政府网站公开信息错误、缺失	信息更新不及时	62.50
			信息出错、造假	
			重要信息缺失	
		银行、保险、证券客户信息保密不严	非法出售客户信息坑害顾客	62.50
			不慎泄露客户信息坑害顾客	
	12	政府网站在线互动服务不到位	互动服务不及时	61.29
			互动服务不真诚	
			互动服务虚设	
	13	民航服务差	"天价"服务费用	61.11
			托运物品丢失、损毁	
低危 <60	14	医疗服务差	医药管理不善	57.78
			管理缺陷问题	
			机构监管不力问题	
			虚假医疗广告坑害患者	

续表

等 级	排名	二级风险项	风险要素	"社会责任事故率"
低危 <60	15	银行、保险、证券经营服务差	经营服务管理不到位 歧视性经营 强制、欺骗交易 拒不理赔 信息违规披露	54.29
	16	公积金办理服务不到位	服务态度不佳 办事效率低下 政策不稳多变	46.67
	17	银行、保险、证券服务乱收费问题	胡乱收费 隐性收费	45.00
	18	教育不公平	弱势群体上学困难 上学交通不便 教学资源严重不足 教育制度漏洞	38.10
	19	公积金运营管理不规范	缴存、提取违规问题 胡乱收费 资金管理不善	30.77
	20	审批服务方式不佳	服务态度不佳 服务管理不到位	28.57
	21	公共交通拥堵问题	交通事故处理不及时致拥堵 城市规划不合理致拥堵	21.74
	22	民航管理不规范	机场交通管理混乱 机场治安维护不力 住房利益受损	20.83
	23	消费维权成本高	生活用品交易被侵权 旅游时利益受损	3.57

（3）公共服务"难"风险月历。

风险月历是通过对典型案例、季节特征、地域特征、法规制度等因素的梳理，所形成的一年中 12 个月的高危、频发风险列表，是在对省市形象风险规律总结的基础上，实现形象危机的事前预防预警。

省市形象危机风险月历以危机爆发的规律性特征为基础。形象危机因季节、地域、管理事务等因素具有类似性，因此危机在爆发时呈现出一定的规律性。

针对全国各省市高危频发的形象事件，课题组通过对其发生的时间、地域、人群等要素的把握，总结出危机爆发的规律性特征，形成省市形象危机风险月历。

在全国公共服务"难"省市形象危机按月份分布情况中，涉及若干风险项（见表79）。

表79　全国公共服务"难"省市形象危机按月份分布情况

月份	风险项	典型案例
1月	医疗难问题	海南预约诊疗系统尚未完善　患者预约挂号仍排队
	公共交通问题	崇左境内发生一起交通事故　两货车相撞致道路拥堵
2月	教育难问题	长沙县多家幼儿园校车停运　孩子上学难倒家长
	公共交通问题	北京拥堵调查：城市规划羁绊奔跑车轮
	民航问题	购超售机票被迫改乘飞机　航空公司付六成机票款
3月	银行、保险、证券服务难问题	成都多个银行网点未设无障碍通道
	民航问题	男子南宁机场阻碍民警执法受到拘留七日处罚
	维权难问题	山东27位老人为讨薪上访百次　镇干部伪造罢访书了事
4月	医疗难问题	张家口男子被要求妇科检查　医院道歉称纯属失误
	银行、保险、证券服务难问题	窃取客户信息百余人银行卡被盗刷60余万元
	公积金提取、借贷难问题	住房公积金非法套取花样翻新，制度设计仍需完善
5月	教育难问题	江西乐平200多辆校车无一能上路　称政府不让发放标牌
	医疗难问题	石家庄一男子网上销售假冒复方丹参滴丸药
	民政服务难问题	休宁县：万余元资金低保账户上玩"快闪"
	民航问题	昆明至北京航班又现"诈弹"事件　涉案人已被控制
6月	办事审批难问题	部分银行取消首套房贷优惠，消费贷遭遇审批难
	银行、保险、证券服务难问题	八旬老汉20万买理财被忽悠买保险不敢告诉儿子
	公积金提取、借贷难问题	合肥市直公积金"喊渴"市民贷款需"排队"

月份	风险项	典型案例
7月	医疗难问题	"过度治疗"致癌症病患死亡率升高
	民政服务难问题	仙桃市婚姻登记为何收费多达200～300元
	银行、保险、证券服务难问题	开车时挂断保险推销电话 30分钟内遭近百条短信轰炸
	公积金提取、借贷难问题	网友吐槽提取公积金,打印相关材料贵
8月	银行、保险、证券服务难问题	免费项目悄然恢复收费 银行乱收费卷土重来
	民航问题	男子改签一张机票被骗5万元
	医疗难问题	犯罪团伙冒充医院保安拦截患者 谎称帮其找专家
9月	教育难问题	灵璧民办留守儿童学校去留未定 学生已在正常上课
	医疗难问题	中国医生出诊上不上厕所成常态 医生尊严需制度保障
	政府网站服务难问题	部分政府网站信息含糊其辞刻意回避
	银行、保险、证券服务难问题	儿子车祸意外死亡保单被拒赔 老父状告保险公司
	维权难问题	驻马店61岁环卫工被撞身亡,家属智障维权难
10月	医疗难问题	内蒙古7医生收受回扣做假精神病鉴定案23日开审
	教育难问题	厦门一中学界定8条恋爱标准遭吐槽
	银行、保险、证券服务难问题	女子被路边车胎炸伤 车主保险公司均拒绝赔偿
	民航问题	海口美兰机场打车乱象惊动三部门
	公共交通问题	10月1日上午高速出京方向交通流量大增多因事故造成拥堵
11月	教育难问题	海南三亚二小教学楼未过验收,起火或因火星飘入
	民政服务难问题	湖北公安县婚姻登记处向新人收"宣誓费"
	办事审批难问题	六旬老人为取老伴公积金"跑断腿"
	政府网站服务难问题	北京4区县政务微博谈政不足60%
	银行、保险、证券服务难问题	豪车刚买3个月碰撞出租车天价修理费保险公司拒赔
	公积金提取、借贷难问题	公积金套现乱象丛生,取10万需4300元中介费
12月	教育难问题	中石油定向班毕业生被分配扫厕所 家长索赔50万
	民政服务难问题	渭南村干部违规私拆低保单 低保款被二次分配
	公共交通问题	河南公路乱收费致女车主自杀 副省长:正研究治理
	维权难问题	南昌超六成小区未成立业委会,业主称维权很困难

　　全国各省市可根据风险月历的警示,提前做好预防预警工作:一是重点排查,对可能存在的形象潜在危机进行重点排查,通过应急工作的关口前移,有针对性地开展危机防范;二是准确发布,通过恰当的方式和渠道向相关利益群体(或下文中提到的评委各方)及时有效地发布合适的、精确的预警信息,

达到防止危机发生、减少危机损失的效果。

3. 外部：重视评委关系

形象危机的评价是内外多重评委共同评判的结果。形象危机的评委关系图罗列了形象危机涉及的三重评委关系：上下级关系、监督关系、利益关系。由此构成了上下级评委、监督方评委和利益方评委三重评委。不同的评委方对形象危机的评判机理和评价标准存在差异，因此风险防治要在多元评委关系中做好工作。如图2所示。

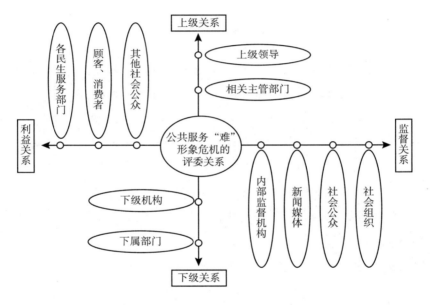

图2 公共服务"难"形象危机的评委关系图

针对上下级评委，降低形象落差度。用好2013年省市形象风险的研究成果，掌握形象危机的风险规律，重点整改当前省市形象危机严重的问题。外部整治形象，内部优化制度与管理，内外结合，标本兼治。

针对监督方评委，调低形象落差度。清理整顿当前影响省市形象的违法违纪行为，强化形象公关工作中的薄弱环节。加强规范化和法制化的管理，使社会秩序的维护有法可依、有规可循。

针对利益方评委，减低形象落差度。争取获得利益方的满意，平衡各利益主体之间的关系，尽可能兼顾各方利益。

B.6
省市形象危机应对研究报告之
官员素质 "差"

中国人民大学危机管理研究中心课题组*

摘　要：

官员素质"差"由"贪"（贪腐问题）、"渎"（失职渎职）、"色"（性丑闻）、"假"（造假问题）、"枉"（作风粗暴）五大风险板块构成，并细分为15个风险项。当前，针对"形象危机度"和"社会责任事故率"的分析表明，"贪""渎"问题最为突出。建议：针对"被影响"等风险项的"形象蒙冤"问题，做好"善解冤"；针对"贪污受贿"等风险项的"形象死亡"问题，做好"重点改"；针对形象偏差度与多元评委关系，并结合"风险地图"等规律，做好"全面防"。

关键词：

官员素质"差"　形象危机　形象死亡　形象受损　形象蒙冤

一　官员素质"差"情况综述

官员素质"差"是影响省市形象的五大风险领域之一，省市的官员素质直接影响到本省市向外展示的形象。本篇中的官员包括党政领导干部、财政供养人员、村（社区）干部和准官员（国企干部、教师、高校和科研机构工作人员等）。官员素质"差"则是指官员违法违规，违背德、能、勤、绩、廉的

＊　课题负责人：唐钧、饶文文；课题成员：中国人民大学危机管理研究中心课题组成员。

标准，不符合群众对官员公正廉洁、勤政爱民等预期，造成恶劣影响和损害公信力。

（一）官员素质"差""风险地图"

中国人民大学危机管理研究中心在"2013年省市形象危机典型案例库"的基础上，形成官员素质"差""风险地图"。官员素质"差""风险地图"主要包括五大风险板块："贪"（贪腐问题）、"渎"（失职渎职）、"色"（性丑闻、强奸）、"假"（包括"火箭提拔"、"被影响"、造假造谣等）、"枉"（暴力执法、遭遇暴力抗法、作风粗暴等）。

表1　官员素质"差""风险地图"

风险板块	风险项	风险项描述	典型案例
1"贪"	1.1 贪污受贿	包括贪污、受贿、行贿、挪用公款等	湖南省高管局原局长冯伟林受贿4000余万
	1.2 消极腐败	主要为公款滥用问题，包括公款吃喝、公款旅游、公车私用等	广西龙胜县委书记公款吃喝被免
	1.3 隐性腐败	包括"赞助费""会员卡"等不易被发现的腐败形式	江苏一派出所收洗浴中心上百万赞助费
2"渎"	2.1 滥用职权	故意逾越职权或者不履行职责	因"违法释放犯罪嫌疑人"新疆阿克苏市法院书记和纪检组长被免职
	2.2 玩忽职守	不认真不负责地对待本职工作，包括冤假错案等	广州原车管所副所长玩忽职守致大量"病车"上路
	2.3 决策失误	官员因决策失误造成负面影响	湖北副省长郭有明因决策失误等问题被调查
	2.4 慵懒散	官员工作懒惰松懈	广东陆丰9名官员办公时间聚赌被免职
3"色"	3.1 性丑闻	包括嫖娼、包养情妇等生活腐化问题	"上海法官嫖娼门"事件
	3.2 强奸	官员强奸妇女、幼女等	福建宁德一官员强奸幼女获刑12年

续表

风险板块	风险项	风险项描述	典型案例
4 "假"	4.1 火箭提拔	官员提拔速度过快、任职资格作假	安徽望江 22 岁团县委副书记任职资格确定造假已被撤职
	4.2 "被影响"	包括被冒充、非正常死亡、被家属牵连等问题	北京一男子冒充民警索要"保护费"
	4.3 造假造谣	官员发布虚假消息、捏造事实等	辽宁辽阳外宣办主任发消息误导社会受警告处分
5 "狂"	5.1 暴力执法	粗暴执法,在执法过程中使用暴力	湖南临武瓜农死亡事件
	5.2 遭遇暴力抗法	警察、城管等遭遇暴力抗法	河南安阳暴力围攻警察案
	5.3 作风粗暴	包括打人、杀人、醉驾、雷语等问题	湖南衡阳正副科长"互咬"被停职

（二）官员素质"差"形象风险板块

1. 官员素质"差"之"贪"

"贪"既包括贪污、受贿、行贿、挪用公款等问题,也包括消极腐败、隐性腐败等问题。贪腐问题高发、多发,产生恶劣的社会影响,易酿成信任危机,并且可能导致社会心态的失衡。其中"贪污受贿"问题尤为严重,在"2013 年官员形象危机典型案例库"中有 266 例,占全库的 47.00%,并且"涉面广""形式多"。"消极腐败"和"隐性腐败"的曝光数量与"贪污受贿"相比,虽然相对较少,但社会负面影响仍然非常恶劣。与 2012 年相比,"消极腐败"问题的曝光数量有很大增加,这既是"社会倒逼"加剧的结果,也和中央推行"八项规定"、加大对公款滥用问题的查处力度有关。

表2 风险板块"贪"概况一览

风险项	风险项频次	所占比例（%）
贪污受贿	266	86.08
消极腐败	41	13.27
隐性腐败	2	0.65

注：此数据来源于中国人民大学危机管理研究中心"2013 年省市形象危机典型案例库",时间段为 2013 年 1 月 1 日至 2013 年 12 月 31 日;不含港澳台;具有此类研究方法的相应误差。表3 至表70 的数据来源与之相同,以下不一一列出。

2. 官员素质"差"之"渎"

"渎"是挫伤公信力的重要原因，包括滥用职权、玩忽职守、决策失误和"慵懒散"等。渎职问题往往和贪腐问题相互交织，相互牵扯。"滥用职权"和"玩忽职守"的曝光数量大、曝光范围广，往往引发广泛的社会关注。其中冤假错案问题是2013年失职渎职形象的典型案例，此类案件影响极其恶劣，导致政府公信力严重受损和对官员的不信任，引发群众的广泛质疑。

表3　风险板块"渎"概况一览

风险项	风险项频次	所占比例（%）
滥用职权	44	50.00
玩忽职守	35	39.77
决策失误	1	1.14
慵懒散	8	9.09

3. 官员素质"差"之"色"

"色"使官员形象"蒙羞"，无论是性丑闻，还是强奸，均突破了道德底线，让民心失望。"性丑闻"具有显著的"连带效应"，往往牵扯出贪腐、涉黑等其他违法违规行为。而强奸行为，尤其是强奸幼女行为，性质更为恶劣，引起社会和舆论的强烈谴责，增大了社会"痛感"，放大了官员形象的阴暗面。

表4　风险板块"色"概况一览

风险项	风险项频次	所占比例（%）
性丑闻	17	35.42
强　奸	31	64.58

4. 官员素质"差"之"假"

"假"包括火箭提拔、造假造谣等问题，也包括官员被假冒、被恶意中伤等致使形象"被影响"。"火箭提拔"大多违反干部选拔任用规定，引起社会对政府人事管理规范性和严肃性的质疑。造假造谣问题则冲击了政府"依法行政"理念，危及政府公信力。而"被影响"问题虽不是官员的责任，但也容易导致官员形象受损，反映了政府的管理不力。

表5 风险板块"假"概况一览

风险项	风险项频次	所占比例(%)
火箭提拔	3	11.54
"被影响"	15	57.69
造假造谣	8	30.77

5. 官员素质"差"之"枉"

"枉"也是导致官员形象备受诟病的重要原因之一，包括暴力执法、遭遇暴力抗法和作风粗暴等。暴力执法问题的频繁被曝光，导致城管、警察等执法官员的形象严重受损，甚至呈"妖魔化"趋势。遭遇暴力抗法表明官员和相对人的关系紧张，而群众反应冷漠显示了对官员形象的不认可。作风粗暴问题则导致官员形象严重受损，背离了社会对官员的形象预期。

表6 风险板块"枉"概况一览

风险项	风险项频次	所占比例(%)
暴力执法	20	23.53
遭遇暴力抗法	9	10.59
作风粗暴	56	65.88

二 官员素质"差""形象危机度"总体排名

（一）官员素质"差""形象危机度"指标设计

社会责任事故是指省市政府等责任主体负有主要责任，并造成恶劣后果和社会影响的危机事件，是导致省市"形象危机"的主因。而省市形象在官员素质"差"方面的危机主要源自各个领域内的社会责任事故。

典型案例频次指在 2013 年 1 月 1 日至 2013 年 12 月 31 日一年时间内，全国各省市在相关领域出现具有代表性的形象危机的事件数量。

"社会责任事故"频次指在 2013 年 1 月 1 日至 2013 年 12 月 31 日一年时间内的典型案例中，被研判为"社会责任事故"的形象危机的事件次数量。

"形象危机度"指某省的社会责任事故在全国典型案例中所占比重，计算公式为："形象危机度"=某省的社会责任事故典型案例频次/全国典型案例频次。

课题组根据对官员素质"差"形象危机的分析评估，将官员素质差"形象危机度"分为高危、中危和低危三个等级。其中"形象危机度"高于 30% 为高危；10% 到 30% 之间为中危；低于 10% 为低危。

（二）官员素质"差""形象危机度"省市排名

据课题组统计，在全国官员素质"差""形象危机度"的省市排名中，位列前三名的分别是广东省 15.40%、湖南省 7.12%、河南省和北京市 6.89%（见表 7）。2013 年广东省官员素质"差""形象危机度"最高，处于中危状态；湖南、河南、北京等 27 个省份官员素质"差""形象危机度"均低于 10%，属低危状态；而天津、青海、西藏则暂无官员素质"差"典型案例，"形象危机度"为零。

课题组将省市形象危机进行细化研究，可分解为"形象死亡""形象受损"和"形象蒙冤"三个维度，这三个维度是省市"形象危机度"的有机组成部分。

"形象死亡"是形象危机研判中形象危机度最为严重的一种，相关部门最应该防治和避免。在对省市"形象死亡"的研判时，我们主要考虑三大因素：公信力是否受损、是否触犯刑法、是否对社会造成恶劣影响。

"形象受损"是形象危机研判中最为常见的一种类型，主要指形象主体由于一些不当的行为导致其在形象评委眼中产生不良影响，但这种影响还不至于导致其形象死亡。

"形象蒙冤"是指形象主体由于"被冒名""被诬陷"等方式致其产生形象危机，但其本身并没有做出任何影响其形象的行为。

而作为衡量省市形象危机的量化指标，省市的"形象危机度"也可以分解为"形象死亡率""形象受损率"和"形象蒙冤率"三个指标。

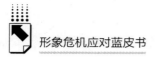

表7 全国官员素质"差""形象危机度"省市排名

单位：%

等 级	排 名	省 份	"形象危机度"
高危 ≥30	暂 无		
中危 10～29	1	广 东	15.40
低危 <10	2	湖 南	7.12
	3	河 南	6.89
		北 京	6.89
	5	浙 江	5.29
	6	安 徽	5.06
	7	四 川	4.82
	8	陕 西	4.60
		云 南	4.60
	10	海 南	4.37
		江 苏	4.37
	12	广 西	3.91
	13	江 西	3.22
	14	甘 肃	2.76
	15	河 北	2.53
		湖 北	2.53
	17	重 庆	2.30
	18	山 东	2.07
	19	内蒙古	1.84
	20	辽 宁	1.61
	21	福 建	1.38
		吉 林	1.38
	23	上 海	1.15
		山 西	1.15
	25	新 疆	0.92
		黑龙江	0.92
	27	宁 夏	0.46
		贵 州	0.46
	29	天 津	0.00
		青 海	0.00
		西 藏	0.00

表8　形象危机研判典型案例

形象研判项	典型案例	形象研判原因	报道时间(2013年)
"形象死亡"	福建宁德一官员强奸幼女获刑12年	强奸幼女,触犯刑法,造成严重的社会负面影响	2月4日
"形象受损"	河南兴隆县孤山子镇原党委书记酒局上辱骂百姓	辱骂百姓,言语不当,违背群众对官员勤政爱民的预期	9月18日
"形象蒙冤"	北京商贩掌掴脚踹城管,自行倒地大喊城管打人	污蔑城管打人,令城管形象"蒙冤"	6月17日

(三)官员素质"差""形象死亡"情况省市排名

"形象死亡率"指某省的"形象死亡"典型案例在某省的全部典型案例中所占比重,计算公式为:"形象死亡率"=某省的"形象死亡"典型案例频次/某省的全部典型案例频次。

据课题组统计,官员素质"差""形象死亡"情况的省市排名如表9所示。2013年省市官员素质"差"的"形象死亡"现象严重,宁夏、山东、内蒙古等8个省份的"形象死亡率"均在80%以上,仅山西、黑龙江等5个省份的"形象死亡率"低于50%。

表9　官员素质"差""形象死亡"情况省市排名

单位:%

排　名	省　份	"形象死亡率"
1	宁　夏	100.00
2	山　东	90.00
3	内蒙古	87.50
4	福　建	85.71
5	甘　肃	84.62
6	云　南	80.95
7	新　疆	80.00
	重　庆	80.00
9	安　徽	75.00

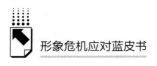

续表

排　名	省　份	"形象死亡率"
10	江　西	73.68
11	海　南	72.72
12	广　西	72.22
13	江　苏	72.00
14	湖　北	71.43
15	广　东	66.67
	浙　江	66.67
	吉　林	66.67
18	陕　西	65.22
19	河　南	61.90
20	北　京	60.98
21	上　海	60.00
22	四　川	55.56
23	湖　南	54.76
24	河　北	50.00
	贵　州	50.00
	辽　宁	50.00
27	山　西	42.86
28	黑龙江	40.00
29	天　津	0.00
	青　海	0.00
	西　藏	0.00

（四）官员素质"差""形象受损"情况省市排名

"形象受损率"指某省的"形象受损"典型案例在某省的全部典型案例中所占比重，计算公式为："形象受损率"＝某省的"形象受损"典型案例频次/某省的全部典型案例频次。

据课题组统计，在官员素质"差""形象受损"情况省市排名中，黑龙江省"形象受损率"为60.00%，排第一名；山西省排第二名，"形象受损率"为57.14%；辽宁省和贵州省并列第三名，"形象受损率"为50.00%（见表10）。

表 10 官员素质"差""形象受损"情况省市排名

单位：%

排　名	省　份	"形象受损率"
1	黑龙江	60.00
2	山　西	57.14
3	辽　宁	50.00
	贵　州	50.00
5	四　川	44.44
6	湖　南	42.86
	河　北	42.86
8	上　海	40.00
9	陕　西	34.78
10	河　南	33.33
	浙　江	33.33
	吉　林	33.33
13	广　东	29.76
14	北　京	29.27
15	广　西	27.78
16	江　西	26.32
17	江　苏	24.00
18	海　南	22.73
19	湖　北	21.43
20	重　庆	20.00
	新　疆	20.00
22	云　南	19.05
23	安　徽	17.86
24	甘　肃	15.38
25	福　建	14.29
26	内蒙古	12.50
27	山　东	10.00
28	宁　夏	0.00
	天　津	0.00
	青　海	0.00
	西　藏	0.00

（五）官员素质"差""形象蒙冤"情况省市排名

"形象蒙冤率"指某省的"形象蒙冤"典型案例在某省的全部典型案例中所占比重，计算公式为："形象蒙冤率"＝某省的"形象蒙冤"典型案例频次/某省的全部典型案例频次。

据课题组统计，在官员素质"差""形象蒙冤"情况省市排名中，北京市"形象蒙冤率"为9.75%，排第一名；河北省、湖北省和安徽省并列第二名，"形象蒙冤率"为7.14%（见表11）。

表11　官员素质"差""形象蒙冤"情况省市排名

单位：%

排　名	省　份	"形象蒙冤率"
1	北　京	9.75
2	河　北	7.14
	湖　北	7.14
	安　徽	7.14
5	河　南	4.77
6	海　南	4.55
7	江　苏	4.00
8	广　东	3.57
9	湖　南	2.38
10	浙　江	0.00
	四　川	0.00
	陕　西	0.00
	云　南	0.00
	广　西	0.00
	江　西	0.00
	甘　肃	0.00
	重　庆	0.00
	山　东	0.00

续表

排　名	省　份	"形象蒙冤率"
	内蒙古	0.00
	辽　宁	0.00
	福　建	0.00
	吉　林	0.00
	上　海	0.00
	山　西	0.00
10	新　疆	0.00
	黑龙江	0.00
	宁　夏	0.00
	贵　州	0.00
	天　津	0.00
	青　海	0.00
	西　藏	0.00

三　官员素质"差"省市"形象危机度"具体状况统计

根据官员素质"差"中各风险项，课题组以社会责任事故与典型案例为基础，综合全国各省市"形象死亡""形象受损"和"形象蒙冤"情况，将全国31个省份的"形象危机度"做总排名，并以省市为单位做具体分析。

（一）广东省官员素质"差"的形象危机状况统计

在全国官员素质"差""形象危机度"省市排名中，广东省"形象危机度"为15.40%，排名第1。

课题组将"形象危机度"细化进行研究，可分解为"形象死亡率""形象受损率"和"形象蒙冤率"三个维度，这三个维度是省市形象危机的组成部

329

分，也是各省市进行风险管理和危机应对时的参照指标。广东省的"形象死亡率""形象受损率"和"形象蒙冤率"统计见表12。

表 12　广东省官员素质"差"形象危机情况

单位：%

省　份	"形象死亡率"	"形象受损率"	"形象蒙冤率"
广东省	66.67	29.76	3.57

在形象危机研究中，课题组不仅通过"形象死亡率""形象受损率"和"形象蒙冤率"三个维度进行分析，同时对该省份的典型形象危机社会责任事故案例进行搜索与研判，并与省市形象危机官员素质"差""风险地图"相结合，得出影响该省份的官员素质"差"形象的风险要素。2013 年广东省官员素质"差"主要包括贪污受贿、消极腐败、滥用职权、玩忽职守、慵懒散、强奸、遭遇暴力抗法和作风粗暴这八个风险项。

表 13　广东省官员素质"差"风险项统计

风险项	典型案例
贪污受贿	广东茂名原国土局官员因受贿罪获刑 5 年(人民网) 深圳"20 亿身家村官"涉受贿行贿等罪被起诉(新华网) 广东"房叔"蔡彬受贿 275 万元获刑 11 年 6 个月(新华网) 深圳民警虚报大运会保安数量贪污 283 万获刑 14 年半(人民网) 深圳皇岗口岸管理处原主任因受贿 20 余万,获刑 6 年(人民网) 广州国有企业老总被查处,涉嫌受贿 9000 多万元(人民网) 广州市民政局原副局长贪污受贿一审获刑 14 年(新华网)
消极腐败	广东省农村信用社人力资源部总经理带领 16 人公款吃喝玩乐被通报(新华网) 东莞村支书公费旅游被调查(人民网) 广东一贫困村组织党员及家属东南亚游支书被调查(人民网)
滥用职权	广东英德市政协副主席凌绿绮因滥用职权被撤职(人民网) 广东看守所民警关照在押人员,终审获刑五年半(人民网) 广东吴川原公安副局长保护黑恶势力进校园赌球被捕(人民网)

续表

风险项	典型案例
玩忽职守	广州原车管所副所长玩忽职守致大量"病车"上路(新华网) 广东惠东县村民因土地纠纷碾死同乡,警方在场只拍照未制止(新华网)
慵懒散	广东陆丰9官员办公时间聚赌被免职(央视网) 广州纪委整治"慵懒散奢"3名公务人员履职不力被处理(人民网)
强奸	广东小学校长涉嫌强奸两名六年级女生被"双开"(人民网) 深圳龙岗发生教师性侵小学生案件,教师已被刑拘(人民网)
遭遇暴力抗法	女小贩脱鞋追打城管,城管亮视频澄清未还手(新华网) 河源五十名城管拆护栏,与百名商城员工对峙(光明网)
作风粗暴	老师遭解聘火烧学校饭堂,5名学生被烧伤(人民网) 佛山执法人员打司机,3人被处理(新华网)

(二)湖南省官员素质"差"的形象危机状况统计

在全国官员素质"差""形象危机度"省市排名中,湖南省"形象危机度"为7.12%,排名第2。

表14　湖南省官员素质"差"形象危机情况

单位:%

省　份	"形象死亡率"	"形象受损率"	"形象蒙冤率"
湖南省	54.76	42.86	2.38

表15　湖南省官员素质"差"风险项统计

风险项	典型案例
贪污受贿	湖南常德鼎城区原副区长王建华因受贿获刑10年(人民网) 湖南三干部虚报工程量,侵占百万公款并私分(人民网) 湖南隆回副县长借深山老人证件开户"藏贿款"(人民网) 湖南公安原副厅长涉贪污受贿挪用公款获判无期(人民网) 永州人大常委会原副主任涉嫌受贿700余万被诉(新华网) 湖南高速公路管理局原局长涉嫌受贿被提起公诉(人民网)

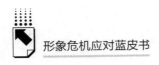

续表

风险项	典型案例
消极腐败	湖南省司法厅副厅长为其子大办婚宴收取礼金被调查（新华网） 湖南辰溪县一副局长顶风违规操办升学宴被免职（人民网）
滥用职权	湖南常宁一副市长因滥用职权被依法逮捕（新华网）
玩忽职守	湖南严查煤矿爆炸事故涉事副县长等先免职再追责（人民网） 湖南严肃查处衡阳破坏选举案件,湖南省政协副主席童名谦失职渎职对此案负直接责任（人民网）
慵懒散	湘潭多名干部因上班赌博被追责（新华网） 湖南警察上班玩电脑游戏,遭网友发帖曝光（人民网）
强奸	湖南新宁一教师强奸11岁女童（人民网） 湖南澧县涉嫌猥亵两女童的纪委常委被捕,所有职务全免（新华网）
火箭提拔	湖南"神童"副局长14岁参加工作（新华网） 常德将调查石门县官员之女火箭提拔（人民网）
"被影响"	假记者向百名官员寄伪艳照敲诈信（新华网）
造假造谣	湖南江永被曝多名领导子女伪造档案拿事业编（新华网） 湖南岳阳一副局长发帖造谣损害店家信誉被刑拘（新华网）
暴力执法	湖南临武瓜农死亡事件两名责任官员被免职（新华网） 湖南调查"店主父亲与监察人员争执死亡"事件（新华网）
作风粗暴	湖南株洲档案局工会主席刺死女局长后跳楼身亡（新华网） 湖南衡阳正副科长"互咬"被停职（人民网） 湖南长沙老师酒后体罚学生照被曝光,记者采访被拦阻（人民网）

（三）河南省官员素质"差"的形象危机状况统计

在全国官员素质"差""形象危机度"省市排名中,河南省"形象危机度"为6.89%,排名第3。

表16　河南省官员素质"差"形象危机情况

单位：%

省　份	"形象死亡率"	"形象受损率"	"形象蒙冤率"
河南省	61.90	33.33	4.77

表17　河南省官员素质"差"风险项统计

风险项	典型案例
贪污受贿	原陕县地税局局长贪污受贿300万元终审获刑17年(人民网) 河南社旗一村支书连番造假贪污60万补偿款获刑12年(人民网) 河南平舆县公安局原局长因受贿获刑13年6个月(人民网) 河南开封市原组织部长李森林受贿1500万一审被判无期(人民网) 河南安阳原副市长受贿600余万被判15年(人民网) 河南安阳原中院副院长因受贿为人减刑被判11年(人民网)
消极腐败	河南省地矿局测绘地理信息院公款吃喝被中央纪委通报(新华网)
滥用职权	叶县水利局灰河管理所所长涉嫌利用职务之便,违规为其子办理事业编制,并长期领空饷(光明网) 河南官员因帮妻子推广麦种致减产2亿斤被刑拘(人民网)
玩忽职守	两遭冤案河南南阳男子自尽,当事所长被双开(人民网) 河南千名高中生打砸学校食堂,校长等人被免职(新华网)
慵懒散	河南省卫生厅服务大厅节后首日工作懒散懈怠(人民网)
性丑闻	河南虞城教育局长被曝艳照,回应称遭诬陷已报案(央视网)
造假造谣	河南村委会与当地台办合伙冒领台湾老兵遗产(新华网)
遭遇暴力抗法	河南安阳暴力围攻警察案6名嫌犯被刑拘(新华网)
作风粗暴	郑州男童被踢伤,警方追捕打人女教师(新华网) 河南小学生被怀疑偷校长手表,2天内遭老师4次毒打(人民网) 商丘市民权县公安局退休干部率众狂殴学生,打人者已被拘留(人民网) 兴隆县孤山子镇原党委书记酒局上辱骂百姓(新华网) 河南官员与门卫互殴,为平息拉对方拜关公结义(人民网)

（四）北京市官员素质"差"的形象危机状况统计

在全国官员素质"差""形象危机度"省市排名中,北京市"形象危机度"为6.89%,并列第3。

表18　北京市官员素质"差"形象危机情况

单位：%

省　份	"形象死亡率"	"形象受损率"	"形象蒙冤率"
北京市	60.98	29.27	9.75

表19　北京市官员素质"差"风险项统计

风险项	典型案例
贪污受贿	密云县园林绿化服务中心主任贪污受贿挪用公款被判20年(人民网) 北航主任贪污挪用260万科研费炒期货获刑10年(人民网) 北京一国企采购部部长受贿350万受审(人民网)
消极腐败	曝村干部花费巨资举办婚宴,北京市朝阳区纪委介入调查(人民网) 中铁建业务招待费检查60余人受处理(人民网)
滥用职权	刘志军涉嫌滥用职权、受贿(人民网) 华润集团董事长宋林涉嫌渎职贪腐(人民网)
性丑闻	中石化女处长身陷"非洲牛郎门"(人民网) 中央美院教授与多名女学生发生关系　妻子留遗书跳楼(新华)
"被影响"	北京一农民冒充警察强奸多名少女被判刑20年(人民网) 骗子冒充官员从万科租赁11套房抛售骗走近亿(新华网) 北京一男子冒充民警索要"保护费"被抓(新华网)
暴力执法	北京城管被曝殴打卖鸭蛋农民,官方发微博否认(新华网)
作风粗暴	北京一数学老师把小学生打成耳鸣,涉事者已被停职(人民网)

(五)浙江省官员素质"差"的形象危机状况统计

在全国官员素质"差""形象危机度"省市排名中,浙江省"形象危机度"为5.29%,排名第5。

表20　浙江省官员素质"差"形象危机情况

省　份	"形象死亡率"	"形象受损率"	"形象蒙冤率"
浙江省	66.67	33.33	0.00

表21　浙江省官员素质"差"风险项统计

风险要素	典型案例
贪污受贿	浙大教授亿元课题经费被控贪污千万(新华网) 浙江舟山原团市委副书记贪污,一审获刑10年(新华网) 浙江嘉兴一民警因涉嫌受贿近190万受审(人民网) 浙江台州一街道办事处副主任贪污受贿获刑11年(人民网) 浙江台州一水利局原副局长受贿获刑10年3个月(光明网) 浙江金华原副市长朱福林涉嫌受贿1580万受审(人民网)

续表

风险要素	典型案例
消极腐败	浙江通报6起公车私用情况(新华网)
玩忽职守	浙江杭州强奸致死案叔侄蒙冤十年(新华网)
性丑闻	二奶曝光浙江绍兴官员不雅视频(人民网)
暴力执法	浙江永康巡防员打死嫌疑人被刑拘,公安局向死者家属道歉(人民网)
作风粗暴	浙江瑞安2名干部KTV互殴被免(新华网)

(六)安徽省官员素质"差"的形象危机状况统计

在全国官员素质"差""形象危机度"省市排名中,安徽省"形象危机度"为5.06%,排名第6。

表22　安徽省官员素质"差"形象危机情况

单位: %

省　份	"形象死亡率"	"形象受损率"	"形象蒙冤率"
安徽省	75.00	17.86	7.14

表23　安徽省官员素质"差"风险项统计

风险项	典型案例
贪污受贿	安徽庐江原副县长受贿索贿近600万被起诉(人民网) 安徽宿州埇桥区国土局原局长受贿71起受审(人民网) 安徽郎溪一村官贪污受贿一审获刑13年(新华网) 安徽环保厅干部利用初核权受贿102万被诉(新华网) 安徽庐江原政法委书记因受贿一审被判11年(新华网) 安徽省地质博物馆原馆长涉嫌受贿被起诉(人民网)
滥用职权	安徽利辛国土局长被下属举报贱卖土地(人民网)
玩忽职守	"安徽霍邱村民坠亡事件"4名责任人受处分(人民网) 安徽一公务员被控杀妻获无期徒刑,17年后真凶被抓(人民网)
强奸	安徽一教师7个月内强奸幼女学生10余次被判8年(人民网) 安徽萧县12岁女学生多次遭班主任强奸(人民网)
火箭提拔	安徽望江22岁团委副书记任职资格确定造假,已被撤职(人民网)
"被影响"	安徽一官员遭PS艳照敲诈:2日内汇款8万(人民网)
暴力执法	安徽一高考生拍摄城管粗暴执法遭围殴受伤被迫弃考(人民网) 安徽一民警违规办案殴打当事人,检察机关介入调查(人民网)
作风粗暴	老师不满学生反驳,连扇几耳光将其耳膜打穿孔(人民网)

（七）四川省官员素质"差"的形象危机状况统计

在全国官员素质"差""形象危机度"省市排名中，四川省"形象危机度"为4.82%，排名第7。

表24 四川省官员素质"差"形象危机情况

单位：%

省　份	"形象死亡率"	"形象受损率"	"形象蒙冤率"
四川省	55.56	44.44	0.00

表25 四川省官员素质"差"风险项统计

风险项	典型案例
贪污受贿	成都工投集团原董事长戴晓明被控受贿1000余万元受审（人民网） 四川省政府采购中心原主任受贿被双开（人民网） 四川理工学院院长曾黄麟涉嫌贪污受贿被移送司法（人民网） 四川攀枝花西区法院原副院长因受贿罪获刑8年（人民网） 峨眉电影集团党委副书记张北川因受贿罪等一审被判18年（人民网） 四川蓬安县一局长受贿7.5万获刑4年（人民网）
消极腐败	四川一镇人大主席为儿办102桌婚庆宴被责令辞职（人民网） 四川达州副局长工作期间公款娱乐被警告处分（新华网） 崇州一社区书记乔迁新居办酒席68桌，收礼近6万被处分（人民网）
滥用职权	四川内江原副市长李仕彬滥用职权被判15年（人民网）
玩忽职守	四川泸县煤矿爆炸事故致28人死亡，7公职人员被立案（人民网） 四川眉山数百学生发烧腹泻，食药监局长免职（人民网）
作风粗暴	四川警察殴打妇女事件被曝光，施暴者称"我就是王法"（人民网） 四川通江人大领导被指上班时间当街暴打妇女（新华网） 四川官员不满工作调整，一家三口大闹派出所（新华网）

（八）陕西省官员素质"差"的形象危机状况统计

在全国官员素质"差""形象危机度"省市排名中，陕西省"形象危机度"为4.60%，排名第8。

表 26 陕西省官员素质"差"形象危机情况

单位：%

省 份	"形象死亡率"	"形象受损率"	"形象蒙冤率"
陕西省	65.22	34.78	0.00

表 27 陕西省官员素质"差"风险项统计

风险项	典型案例
贪污受贿	延安市一林业局副书记涉嫌贪污、巨额财产来源不明被查处(新华网) 陕西柞水原教体局局长受贿63万被起诉(人民网) 陕西交通厅原副巡视员受贿451万被公诉(新华网) 陕西商洛原环保局长受贿150余万被"双开"(人民网) 陕西两村干部贪污移民搬迁建房补助款获刑(人民网) 陕西渭南城建局一科长6年敛财超5000万(人民网)
消极腐败	陕西安康三官员开警车逛法门寺景区被免职(人民网) 陕西宁陕一副县长公款出国旅游被撤职(人民网)
玩忽职守	陕西通报富平贩婴案:书记、县长被训诫,副县长被免(人民网)
强奸	长治县中元学校老师强暴学生案告破(人民网) 陕西石泉一小学教师酒后猥亵女童被刑拘(人民网)
暴力执法	延安城管暴力执法猛踩商户头部,知情者称城管中有人饮酒(人民网)
作风粗暴	陕西潼关国土局长率众围殴记者(人民网) 陕西镇安一官员醉驾撞死4男童,让无驾照侄子顶包(新华网)

（九）云南省官员素质"差"的形象危机状况统计

在全国官员素质"差""形象危机度"省市排名中，云南省"形象危机度"为4.60%，并列第8。

表 28 云南省官员素质"差"形象危机情况

单位：%

省 份	"形象死亡率"	"形象受损率"	"形象蒙冤率"
云南省	80.95	19.05	0.00

表29　云南省官员素质"差"风险项统计

风险项	典型案例
贪污受贿	昆明铁路局原局长伙同情妇收受山西煤老板贿赂1500万(新华网) 云南砚山原副县长贪污32.8万受贿15万获刑(人民网) 曲靖住房公积金管理中心团伙贪污数百万,最高判8年(人民网) 云南楚雄市长赵万祥当选两月因受贿50万落马(人民网)
玩忽职守	云南公布富源17死矿难处理结果,多人被追责(人民网)
强奸	云南一小学教师以捶背名义强奸5名女生被开除(人民网) 云南一小学教师以辅导作业为由强奸两名学生被判9年(人民网)
造假造谣	云南陆良统计造假:政府迫使企业虚报数据超1倍(人民网)
暴力执法	昭通公布"城管打人"处理结果,称乞讨盲人系自进水池,城管存在殴打行为(人民网)
作风粗暴	云南永善县派出所长醉驾警车撞死3岁幼童被停职调查(人民网) 云南元阳城管被曝当街"飞腿"打人,市民被打趴(人民网)

(十)海南省官员素质"差"的形象危机状况统计

在全国官员素质"差""形象危机度"省市排名中,海南省"形象危机度"为4.37%,排名第10。

表30　海南省官员素质"差"形象危机情况

单位:%

省　份	"形象死亡率"	"形象受损率"	"形象蒙冤率"
海南省	72.72	22.73	4.55

表31　海南省官员素质"差"风险项统计

风险项	典型案例
贪污受贿	海南海口琼山医院原院长吴邦发犯受贿罪被判刑(光明网) 儋州市国土局原局长受贿150万获刑(人民网) 琼中公安刑侦大队原副大队长因犯受贿罪获刑10年(人民网) 海南陵水原村主任挪用扶贫互助资金被判处有期徒刑5年(人民网) 海南省卫生厅两处级官员因收受贿赂等严重违纪问题被"双开"(新华网)
消极腐败	海南一农场科长摆乔迁酒收受2.4万礼金被解聘(人民网)
滥用职权	海南三亚一城管队长滥用职权被辞退(人民网) 海南省安监局两名干部滥用职权、收受贿赂被双开(人民网) 海南河道监察人员受贿做样子执法致国家损失2000万(人民网)
作风粗暴	海南儋州人大代表率众打人,称黑道白道都有人(人民网)

（十一）江苏省官员素质"差"的形象危机状况统计

在全国官员素质"差""形象危机度"省市排名中，江苏省"形象危机度"为4.37%，并列第10。

表32　江苏省官员素质"差"形象危机情况

单位：%

省　份	"形象死亡率"	"形象受损率"	"形象蒙冤率"
江苏省	72.00	24.00	4.00

表33　江苏省官员素质"差"风险项统计

风险项	典型案例
贪污受贿	江苏徐州一官员管理公园借机敛财，多次受贿被判徒刑（人民网） 江苏祁东一局长挪用公款1000多万（人民网） 南通港闸区原副区长涉嫌受贿贪污被刑拘（人民网） 江苏沛县一医保专员合谋套取医保基金687万，一审被判无期（人民网）
消极腐败	江苏淮安一局长获刑15年，穿的用的都从单位烟酒费报销（人民网）
玩忽职守	江苏男子蹲8年冤狱，政府赔2.9万元（人民网） 江苏镇江一环保分局原局长放任企业排污被判刑（人民网）
性丑闻	江苏常州钟楼区委办主任因生活作风问题被免职（新华网）
强奸	江苏射阳一初中教师强奸学生获刑六年（人民网）
作风粗暴	江苏女副局长在办公室与下属打架（人民网） 江苏一公务员砍人获刑13个月（新华网） 江苏原女副镇长被曝醉驾撞人多日未处理（人民网）

（十二）广西壮族自治区官员素质"差"的形象危机状况统计

在全国官员素质"差""形象危机度"省市排名中，广西壮族自治区"形象危机度"为3.91%，排名第12。

表34　广西壮族自治区官员素质"差"形象危机情况

单位：%

省　份	"形象死亡率"	"形象受损率"	"形象蒙冤率"
广西壮族自治区	72.22	27.78	0.00

表 35　广西壮族自治区官员素质"差"风险项统计

风险项	典型案例
贪污受贿	广西 19 名村干部集体贪污 390 户边民危房改造款获刑(人民网)
	北海原副秘书长涉贿获刑 11 年(人民网)
	广西梧州市卫生局原局长涉受贿罪被批准逮捕(新华网)
消极腐败	广西龙胜县委书记公款吃喝被免(人民网)
	广西南宁官员因公款购买月饼、违规出国培训等受处分(人民网)
性丑闻	广西一局长被曝签包养协议(人民网)
强奸	广西桂林一派出所长涉强奸 13 岁少女(人民网)

（十三）江西省官员素质"差"的形象危机状况统计

在全国官员素质"差""形象危机度"省市排名中，江西省"形象危机度"为 3.22%，排名第 13。

表 36　江西省官员素质"差"形象危机情况

单位：%

省　份	"形象死亡率"	"形象受损率"	"形象蒙冤率"
江西省	73.68	26.32	0.00

表 37　江西省官员素质"差"风险项统计

风险项	典型案例
贪污受贿	江西星子县国土局原局长贪污百万余元，获刑 12 年半(人民网)
	江西农机局原局长王绍萍巨额受贿一审被判 18 年(人民网)
	江西新余人大常委会原主任涉受贿 1400 余万受审(新华网)
玩忽职守	校车事故致 11 名儿童死亡，江西两官员涉渎职被立案(人民网)
	江西三检疫员玩忽职守，导致 754 头病猪流入市场(人民网)
强奸	女大学生称被老师轮奸，赣南师范学院回应为诬陷(人民网)
作风粗暴	南昌市一官员酒驾致 4 死 1 伤，官员被开除党籍并免职(新华网)
	曝江西赣州城管酒后打人，警方称暂无证据证明(人民网)

（十四）甘肃省官员素质"差"的形象危机状况统计

在全国官员素质"差""形象危机度"省市排名中，甘肃省"形象危机度"为 2.76%，排名第 14。

表38 甘肃省官员素质"差"形象危机情况

单位：%

省 份	"形象死亡率"	"形象受损率"	"形象蒙冤率"
甘肃省	84.62	15.38	0.00

表39 甘肃省官员素质"差"风险项统计

风险项	典型案例
贪污受贿	甘肃平凉原人大副主任贪污991万,一审被判无期(光明网) 甘肃省兰州市七里河区城管执法队长收受贿赂获刑10年(人民网) 甘肃高台工商局原局长贪污收贿获刑13年(人民网) 甘肃酒泉政协原副主席收受巨额财物被开除党籍(新华网)
强奸	兰州派出所副所长涉嫌嫖宿数十名幼女被双开(人民网)

（十五）河北省官员素质"差"的形象危机状况统计

在全国官员素质"差""形象危机度"省市排名中,河北省"形象危机度"为2.53%,排名第15。

表40 河北省官员素质"差"形象危机情况

单位：%

省 份	"形象死亡率"	"形象受损率"	"形象蒙冤率"
河北省	50.00	42.86	7.14

表41 河北省官员素质"差"风险项统计

风险项	典型案例
贪污受贿	河北一医生收回扣视频遭曝光,公安、卫生部门介入调查(人民网) 河北村支书受贿5270万10公斤黄金一审死刑(人民网)
消极腐败	河北蠡县一派出所指导员用警车送女上学被免(人民网) 河北省沽源县平定堡镇党委书记为其女大办婚宴收取礼金被纪委通报批评(新华网)
玩忽职守	河北安国首富蹲2年冤狱一贫如洗,索7000万赔偿(新华网) 河北女子坐冤狱10年,无罪判决后仍被关20个月(人民网)

续表

风险项	典型案例
强奸	河北奸杀 6 岁女童副校长获死刑(新华网)
作风粗暴	河北城管持板砖打人,官方回应称系个人恩怨(人民网) 任丘市回应环保局副局长爆粗口:涉事局长已停职(人民网)

(十六)湖北省官员素质"差"的形象危机状况统计

在全国官员素质"差""形象危机度"省市排名中,湖北省"形象危机度"为 2.53%,并列第 15。

表 42　湖北省官员素质"差"形象危机情况

单位:%

省　份	"形象死亡率"	"形象受损率"	"形象蒙冤率"
湖北省	71.43	21.43	7.14

表 43　湖北省官员素质"差"风险项统计

风险项	典型案例
贪污受贿	原湖北黄石市政府副秘书长贪污受贿 86 万获刑 8 年(光明网) 武汉查处公交集团受贿窝案,涉及 22 人包括 9 名副处级以上干部(人民网) 湖北襄阳 10 多名干部套取粮食直补款被严处(新华网)
消极腐败	湖北省武汉市一街道党工委书记组织 10 名工作人员赴海南省公款旅游被通报批评(新华网)
玩忽职守	湖北致 4 死小学踩踏事故 3 人涉玩忽职守被刑拘(新华网)
性丑闻	湖北省高院一庭长与女性保持不正当关系被查处(人民网)
强奸	湖北恩施一中学副校长涉嫌性侵女生被刑拘(新华网)
暴力执法	湖北随州一民警因撕扯殴打上访女子被停职调查(人民网) 湖北监利城管执法起冲突,路人被误认拍照遭殴打(人民网)
作风粗暴	湖北宜城政法委副书记因 4 元停车费打人被停职(新华网)

(十七)重庆市官员素质"差"的形象危机状况统计

在全国官员素质"差""形象危机度"省市排名中,重庆市"形象危机度"为 2.30%,排名第 17。

表 44　重庆市官员素质"差"形象危机情况

单位：%

省　份	"形象死亡率"	"形象受损率"	"形象蒙冤率"
重庆市	80.00	20.00	0.00

表 45　重庆市官员素质"差"风险项统计

风险项	典型案例
贪污受贿	重庆某区计划科科长冒充领导签字报销贪污 120 余万(人民网) 重庆市公安局原副局长受贿近 1700 万元被双开(人民网) 重庆原市委书记薄熙来涉嫌贪污受贿等问题被公诉(新华网) 重庆不雅视频案原长寿区长韩树明受贿一审获刑 14 年(新华网)
玩忽职守	重庆云阳在案犯考上公务员,多名政审官员受处分(新华网)

（十八）山东省官员素质"差"的形象危机状况统计

在全国官员素质"差""形象危机度"省市排名中,山东省"形象危机度"为 2.07%,排名第 18。

表 46　山东省官员素质"差"形象危机情况

单位：%

省　份	"形象死亡率"	"形象受损率"	"形象蒙冤率"
山东省	90.00	10.00	0.00

表 47　山东省官员素质"差"风险项统计

风险项	典型案例
贪污受贿	山东烟台一名副厅级国企干部受贿超两千万获死缓(人民网) 山东莒县一村支书因贪污村民低保金获刑(人民网) 山东菏泽原统战部长涉嫌受贿被双开(人民网)
性丑闻	山东聊城官员曝性丑闻穿丁字裤向二奶发誓(新华网)
强　奸	山东潍坊一名 15 岁高中女生惨遭老师强暴分尸抛尸荒野(新华网) 山东一女初中生遭老师囚禁强奸,校长被免职(人民网)

（十九）内蒙古自治区官员素质"差"的形象危机状况统计

在全国官员素质"差""形象危机度"省市排名中，内蒙古自治区"形象危机度"为1.84%，排名第19。

表48　内蒙古自治区官员素质"差"形象危机情况

单位：%

省　份	"形象死亡率"	"形象受损率"	"形象蒙冤率"
内蒙古自治区	87.50	12.50	0.00

表49　内蒙古自治区官员素质"差"风险项统计

风险项	典型案例
贪污受贿	内蒙古自治区机关事务管理局房产中心原主任涉嫌贪污受贿挪用公款(光明网) 内蒙古政法委原副书记受贿21套房被判死缓(人民网) 内蒙古国企老总贪污百斤黄金终审获死刑(人民网)
慵懒散	包头市公安局整顿作风狠治"庸懒散奢",6名警察因值班脱岗等被免(人民网)

（二十）辽宁省官员素质"差"的形象危机状况统计

在全国官员素质"差""形象危机度"省市排名中，辽宁省"形象危机度"为1.61%，排名第20。

表50　辽宁省官员素质"差"形象危机情况

单位：%

省　份	"形象死亡率"	"形象受损率"	"形象蒙冤率"
辽宁省	50.00	50.00	0.00

表51　辽宁省官员素质"差"风险项统计

风险项	典型案例
贪污受贿	辽宁省农委原副主任等3人收受巨额贿赂被双开(人民网)
隐性腐败	辽宁两工商局原副局长索要赞助费私分被定罪(人民网)
滥用职权	辽宁铁岭监狱狱警高价向犯人售白酒(新华网)

续表

风险项	典型案例
强　奸	教师强奸猥亵幼女潜逃 25 年获刑 12 年(新华网)
造假造谣	辽宁辽阳外宣办主任受警告处分,发消息误导社会(新华网)
暴力执法	辽宁抚顺城管当街打人(人民网)

（二十一）福建省官员素质"差"的形象危机状况统计

在全国官员素质"差""形象危机度"省市排名中,福建省"形象危机度"为 1.38%,排名第 21。

表 52　福建省官员素质"差"形象危机情况

单位：%

省　份	"形象死亡率"	"形象受损率"	"形象蒙冤率"
福建省	85.71	14.29	0.00

表 53　福建省官员素质"差"风险项统计

风险项	典型案例
贪污受贿	福建龙海市原统计局局长受贿 54 万一审判 7 年(人民网)
玩忽职守	福州警匪勾结杀人,男子被嫁祸蹲冤狱损失 500 万(新华网) 福建一国土所长玩忽职守被查自供受贿 9.1 万一审获刑(人民网)
强　奸	福建宁德一官员强奸幼女获刑 12 年(人民网) 福建云霄物价局长涉强奸,被传奸女生是其帮扶对象(人民网)
暴力执法	网传视频曝鼓浪屿城管又打人,4 名城管拳打摊贩(人民网)

（二十二）吉林省官员素质"差"的形象危机状况统计

在全国官员素质"差""形象危机度"省市排名中,吉林省"形象危机度"为 1.38%,并列第 21。

表 54 吉林省官员素质"差"形象危机情况

单位：%

省　份	"形象死亡率"	"形象受损率"	"形象蒙冤率"
吉林省	66.67	33.33	0.00

表 55 吉林省官员素质"差"风险项统计

风险项	典型案例
贪污受贿	长春市黄金设计院爆出腐败"窝案"原院长等 5 人因贪污被判刑(人民网) 吉林原副省长满头白发者便装受审,85 次受贿 1919 余万(人民网)
消极腐败	吉林省公主岭市委书记违反规定工作日午餐饮酒,受到党内严重警告处分(人民网)
玩忽职守	吉林两名副省长因禽业火灾瓦斯爆炸事故被处分(人民网)

（二十三）上海市官员素质"差"的形象危机状况统计

在全国官员素质"差""形象危机度"省市排名中，上海市"形象危机度"为 1.15%，排名第 23。

表 56 上海市官员素质"差"形象危机情况

单位：%

省　份	"形象死亡率"	"形象受损率"	"形象蒙冤率"
上海市	60.00	40.00	0.00

表 57 上海市官员素质"差"风险项统计

风险项	典型案例
贪污受贿	上海理工大学原校长许晓鸣受贿 113 万受审(人民网) 上海一官员涉受贿 595 万受审(人民网)
消极腐败	上海市宝山区环保局环境监察支队支队长等违规接受宴请和收受礼金(新华网)
性 丑 闻	上海纪委开查"法官嫖娼门"事件(人民网)
作风粗暴	上海一学生抄公式慢被老师打骨折(人民网)

（二十四）山西省官员素质"差"的形象危机状况统计

在全国官员素质"差""形象危机度"省市排名中，山西省"形象危机度"为1.15%，并列第23。

表58　山西省官员素质"差"形象危机情况

单位：%

省　份	"形象死亡率"	"形象受损率"	"形象蒙冤率"
山西省	42.86	57.14	0.00

表59　山西省官员素质"差"风险项统计

风险项	典型案例
贪污受贿	山西晋中原副市长贪污受贿，"两委"资格全撤（人民网） 山西晋中多名农村干部贪污违纪，81人被撤职（人民网）
消极腐败	山西芮城检察院副检察长为女儿大操大办婚礼被撤职（人民网） 豪华嫁女山西一教育局副局长被查（新华网）
玩忽职守	山西水库垮塌事故4公职人员涉渎职罪被立案侦查（人民网）

（二十五）新疆维吾尔自治区官员素质"差"的形象危机状况统计

在全国官员素质"差""形象危机度"省市排名中，新疆维吾尔族自治区"形象危机度"为0.92%，排名第25。

表60　新疆维吾尔自治区官员素质"差"形象危机情况

单位：%

省　份	"形象死亡率"	"形象受损率"	"形象蒙冤率"
新疆维吾尔自治区	80.00	20.00	0.00

表61　新疆维吾尔自治区官员素质"差"风险项统计

风险项	典型案例
贪污受贿	新疆一国企公司董事长涉贪污受贿挪（用）公款3000余万元（央视网）
滥用职权	因"违法释放犯罪嫌疑人"新疆阿克苏市法院书记和纪检组长被免职（人民网）
玩忽职守	乌鲁木齐一名政协委员履职不力被撤销资格（人民网）

（二十六）黑龙江省官员素质"差"的形象危机状况统计

在全国官员素质"差""形象危机度"省市排名中，黑龙江省"形象危机度"为 0.92%，并列第 25。

表62　黑龙江省官员素质"差"形象危机情况

单位：%

省　份	"形象死亡率"	"形象受损率"	"形象蒙冤率"
黑龙江省	40.00	60.00	0.00

表63　黑龙江省官员素质"差"风险项统计

风险项	典型案例
玩忽职守	黑龙江肇东 30 余万补偿款被"错"发，官员称未核查文件（人民网）
强　奸	黑龙江省大庆市肇州县一男教师涉嫌强奸猥亵幼女（人民网）
暴力执法	哈尔滨城管暴力执法，回应称是"临时工"（人民网）
作风粗暴	黑龙江暴打女学生教师被免职（人民网）

（二十七）宁夏回族自治区官员素质"差"的形象危机状况统计

在全国官员素质"差""形象危机度"省市排名中，宁夏回族自治区"形象危机度"为 0.46%，排名第 27。

表64　宁夏回族自治区官员素质"差"形象危机情况

单位：%

省　份	"形象死亡率"	"形象受损率"	"形象蒙冤率"
宁夏回族自治区	100.00	0.00	0.00

表65　宁夏回族自治区官员素质"差"风险项统计

风险项	典型案例
贪污受贿	宁夏中卫市原副市长贪污公款、收受贿赂被开除党籍（人民网） 宁夏林业局原局长王德林涉嫌受贿等罪案开庭审理（人民网）

（二十八）贵州省官员素质"差"的形象危机状况统计

在全国官员素质"差""形象危机度"省市排名中，贵州省"形象危机度"为 0.46%，并列第 27。

表 66　贵州省官员素质"差"形象危机情况

单位：%

省　份	"形象死亡率"	"形象受损率"	"形象蒙冤率"
贵州省	50.00	50.00	0.00

表 67　贵州省官员素质"差"风险项统计

风险项	典型案例
消极腐败	贵州省贵阳市全国劳模奢华嫁女被举报（人民网）
作风粗暴	贵州女童遭护士连扇耳光后死亡（人民网）

四　官员素质"差"形象危机应对指南

（一）"善解冤"：妥善解决"形象蒙冤"问题

"形象蒙冤"问题如果任其发展而不予以积极回应和解释，则有可能往严重方向恶化。因此，应对官员素质"差"导致的省市"形象危机"必须正视"形象蒙冤"问题，努力降低"形象蒙冤率"。

1. 全国官员素质"差""形象蒙冤率"省市排名

据课题组统计，在官员素质"差""形象蒙冤"情况省市排名中，北京市"形象蒙冤率"为 9.75%，排第一名；河北省、湖北省和安徽省并列第二名，"形象蒙冤率"为 7.14%（见表 11）

2. 官员素质"差"风险板块"形象蒙冤"情况统计

据课题组统计，全国官员素质"差"的"形象蒙冤"案例数量已占到其形象危机案例总数的 3%，各个风险板块的典型案例和"形象蒙冤"案例统计见表 68。

针对"形象蒙冤"情况，课题组建议：一方面，"形象蒙冤"主体要善于借助媒体力量，及时、有效澄清省市形象"冤情"。妥善的公关是应对形象危机的必要措施，但针对"形象蒙冤"当前仍存在严重的公关不力的现象，如放任不顾、消极回应、弄巧成拙等。因此，需要加强官员形象的公共关系建设，积极回应问题，善于引导舆论，提高社会理解度，及时解"冤"。另一方面，"形象蒙冤"高危领域需要建立风险预防长效机制，积极防范省市形象"被抹黑"。2013年官员素质"差""形象蒙冤"情况主要集中在"假"和"枉"这两个风险板块，"形象蒙冤"比例分别为26.92%和12.94%。

表68 官员素质"差"风险板块"形象蒙冤"情况统计

风险板块	典型案例频次	"形象蒙冤"案例频次	"形象蒙冤"比例(%) ("形象蒙冤"案例频次/ 典型案例频次)
"贪"	309	0	0.00
"渎"	88	0	0.00
"色"	48	0	0.00
"假"	26	7	26.92
"枉"	85	11	12.94

（二）"重点改"：重点整改"社会责任事故"

据课题组统计，全国官员素质"差"的社会责任事故案例数量已占到其形象危机案例总数的78.24%，因此，需要重点整改"社会责任事故"，加大惩治力度，完善考核制度，强化责任追究。

表69 官员素质"差""社会责任事故率"省市排名

单位：%

等级	排名	省份	"社会责任事故率"
高危 ≥90	1	重庆	100.00
		上海	100.00
		吉林	100.00
		宁夏	100.00
		内蒙古	100.00

续表

等　级	排　名	省　份	"社会责任事故率"
高危 ≥90	6	云　南	95.24
	7	广　西	94.44
	8	甘　肃	92.31
	9	山　东	90.00
中危 60～89	10	陕　西	86.96
	11	海　南	86.36
	12	福　建	85.71
	13	浙　江	85.19
	14	黑龙江	80.00
		新　疆	80.00
	16	广　东	79.76
	17	安　徽	78.57
		河　北	78.57
		湖　北	78.57
	20	四　川	77.78
	21	江　苏	76.00
	22	湖　南	73.81
	23	江　西	73.68
	24	北　京	73.17
	25	河　南	71.43
		山　西	71.43
	27	辽　宁	70.00
		贵　州	70.00
低危 <60	29	天　津	0.00
		青　海	0.00
		西　藏	0.00

表70　官员素质"差"风险板块"社会责任事故率"统计情况

风险板块	典型案例频次	社会责任事故频次	"社会责任事故率"（％） （社会责任事故频次/ 典型案例频次）
"贪"	309	280	90.61
"渎"	88	68	77.27
"色"	48	33	68.75
"假"	26	10	38.46
"枉"	85	44	51.76
总　计	556	435	78.24

（三）"全面防"：倡导"立体化形象管理"

风险防范是应对危机的最佳方案。应对官员素质"差"导致的省市形象危机需要"全面防"，倡导"立体化形象管理"。于"内部"，要降低"形象偏差度"；于"中间"，需强化"形象风险管理"；于"外部"，则应重视"评委关系"。立体化形象管理如图1所示。

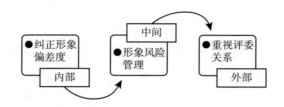

图1　官员素质"差"的立体化形象管理图

1. 内部：纠正形象偏差度

社会形象预期与实际职能定位之间的差距，构成了"形象偏差"。形象预期是共性和理想的，具体形象是个性和现实的。社会各界对形象的看法本身可能存在偏差和误解，既有传统上形象定位的偏差，也有由于个别情况导致的整体偏差和误解。降低"形象偏差度"需要从以下两个方面着手。

一是推动官员形象的社会评价指标的不断修正。重新向社会阐释官员形象的现实定位，官员不是主人也不是仆人，而是服务和管制多重角色的叠加。逐步弱化过高的社会预期，避免为迎合社会预期而扩大形象偏差。

二是完善政府内部监督的指标，合理根据职能定位，依法依规对官员进行监督。

表71　社会对官员的"形象偏差度"

形象预期项目	社会形象预期的描述	实际职能定位
预期1：包青天	公正廉明、刚直不阿、不畏权贵、执法如山、明察秋毫 典型人物：包公	在法定职责范围内严格遵循法定程序执法

形象预期项目	社会形象预期的描述	实际职能定位
预期2：人民公仆	鞠躬尽瘁、亲民爱民、艰苦创业、无私奉献 典型人物：焦裕禄	依法履行公职
预期2：时代楷模	锐意进取、勇于开拓；创新多元、专业化背景、国际视野、知识激情个性的立体化组合 典型人物：任仲夷、孔繁森、任长霞	在既定的行政管理体制框架下，遵循现行官员考核评价制度

2. 中间：形象风险管理

（1）风险地图。

通过对2013年典型案例库的分析，目前官员素质"差"可总结为"贪""渎""色""假""枉"5大风险板块共15个风险项。官员素质"差"风险板块分布情况（见表72），可供自检自查，主动规避。

表72　官员素质"差"风险板块分布情况

排　名	风险板块（占比）	风险项
1	"贪" 55%	1.1 贪污受贿
		1.2 消极腐败
		1.3 隐性腐败
2	"渎" 16%	2.1 滥用职权
		2.2 玩忽职守
		2.3 慵懒散
		2.4 决策失误
3	"枉" 15%	3.1 作风粗暴
		3.2 暴力执法
		3.3 遭遇暴力抗法
4	"色" 9%	4.1 强奸
		4.2 性丑闻
5	"假" 5%	5.1"被影响"
		5.2 造假造谣
		5.3 火箭提拔

注：此数据来源于中国人民大学危机管理研究中心"2013年省市形象危机典型案例库"，时间段为2013年1月1日至2013年12月31日；具有此类研究方法的相应误差。表73～表74的数据来源与之相同，以下不一一列出。

为应对官员素质"差"省市形象危机，首先要全面防范官员素质"差"风险地图中各风险项。

据课题组统计，2013 年全国官员素质"差"的"形象危机度"为 78.24%，2013 年全国官员素质"差"风险板块"形象危机度"排名统计见表 73。

表 73　官员素质"差"风险板块"形象危机度"统计

风险板块	"形象危机度"（%）	风险板块	"形象危机度"（%）
"贪"	64.37	"假"	2.30
"渎"	15.63	"枉"	10.11
"色"	7.59		

（2）风险月历。

风险月历是通过对典型案例、季节特征、地域特征、法规制度等因素的梳理，所形成的一年中 12 个月的高危、频发风险列表，是在对省市形象风险规律总结的基础上，实现形象危机的事前预防预警。

省市形象危机风险月历以危机爆发的规律性特征为基础。形象危机因季节、地域、管理事务等因素具有类似性，因此危机在爆发时呈现出一定的规律性。针对各省市高危频发的形象事件，课题组通过对其发生的时间、地域、人群等要素的把握，总结出危机爆发的规律性特征，可以形成省市形象危机风险月历。本次研究给出了全国官员素质"差"省市形象危机按月份分布的规律，可供进一步形成风险月历，见表 74。

表 74　全国官员素质"差"省市形象危机风险按月份分布

月份	风险项	典型案例
1 月	贪污受贿	东莞安监局官员被控受贿 700 万涉多项贪污罪名（人民网）
	滥用职权	滥用职权构成渎职，太原市公安局长被建议撤职（人民网）
	玩忽职守	校车事故致 11 名儿童死亡，江西两官员涉渎职被立案（新华网）

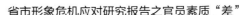

续表

月份	风险项	典型案例
2 月	贪污受贿	深圳民警虚报大运会保安数量贪污 283 万获刑 14 年半（人民网）
	强奸	福建宁德一官员强奸幼女获刑 12 年（人民网）
	作风粗暴	黑龙江穆棱市政协委员在三亚旅游打民警（人民网）
3 月	贪污受贿	广西 19 名村干部集体贪污 390 户边民危房改造款获刑（人民网）
	玩忽职守	江西三检疫员玩忽职守导致 754 头病猪流入市场（新华网）
	强奸	兰州派出所副所长涉嫌嫖宿数十名幼女被双开（人民网）
	暴力执法	网传视频曝鼓浪屿城管又打人 4 城管拳打摊贩（人民网）
	作风粗暴	公安局退休干部率众狂殴学生，打人者已被拘留（人民网）
4 月	贪污受贿	密云县园林绿化服务中心主任贪污受贿挪用公款被判 20 年（人民网）
	慵懒散	广东陆丰 9 官员办公时间聚赌被免职（央视网）
	作风粗暴	江苏一公务员砍人获刑 13 月（新华网）
5 月	贪污受贿	广东司法厅原党委副书记因多次受贿违纪被立案调查（人民网）
	玩忽职守	河北女子坐冤狱 10 年，无罪判决后仍被关 20 个月（人民网）
	慵懒散	警察上班玩电脑游戏遭网友发帖曝光（人民网）
6 月	贪污受贿	湖南公安原副厅长涉贪污受贿挪用公款获判无期（人民网）
	强奸	江苏射阳一初中教师强奸学生获刑六年（人民网）
	火箭提拔	常德将调查石门县官员之女火箭提拔（人民网）
	作风粗暴	河北城管持板砖打人，官方回应称系个人恩怨（人民网）
7 月	贪污受贿	北航主任贪污挪用 260 万科研费炒期货获刑 10 年（人民网）
	消极腐败	四川一镇人大主席为儿办 102 桌婚庆宴被责令辞职（人民网）
	滥用职权	广东吴川原公安副局长保护黑恶势力进校园赌球被捕（人民网）
8 月	贪污受贿	浙江金华原副市长朱福林涉嫌受贿 1580 万受审（人民网）
	消极腐败	广西龙胜县委书记公款吃喝被免（人民网）
	性丑闻	上海纪委开查"法官嫖娼门"（人民网）
	作风粗暴	湖北宜城政法委副书记因 4 元停车费打人被停职（新华网）

月份	风险项	典型案例
9月	贪污受贿	安徽阜阳人大原副主任涉嫌受贿2900多万被起诉(新华网)
	消极腐败	山西芮城检察院副检察长为女儿大操大办婚礼被撤职(人民网)
	强奸	山东潍坊一名15岁高中女生惨遭老师强暴分尸,抛尸荒野(新华网)
10月	贪污受贿	广东中山一村书记侵吞公款近1.5亿(人民网)
	强奸	湖南澧县涉嫌猥亵两女童的纪委常委被捕,所有职务全免(新华网)
	暴力执法	安徽一民警违规办案殴打当事人,检察机关介入调查(人民网)
11月	贪污受贿	海南渔业厅一退休处长涉嫌多次受贿,被开除党籍(人民网)
	消极腐败	陕西安康三官员开警车逛法门寺景区被免职(人民网)
	作风粗暴	老师不满学生反驳,连扇几耳光将其耳膜打穿孔(人民网)
12月	贪污受贿	云南砚山原副县长贪污32.8万受贿15万获刑(人民网)
	性丑闻	湖北省高院一庭长与女性保持不正当关系被查处(人民网)
	作风粗暴	老师遭解聘火烧学校饭堂获刑4年,5名学生被烧伤(人民网)

各省市可根据风险月历的警示,提前做好预防预警工作:一是重点排查,对可能存在的形象潜在危机进行重点排查,通过应急工作的关口前移,有针对性地开展危机防范;二是准确发布,通过恰当的方式和渠道向相关利益群体(或下文中提到的评委各方)及时有效地发布合适的、精确的预警信息,达到防止危机发生、减少危机损失的效果。

3. 外部:重视"评委关系"

形象危机的评价是内外多重评委评判的结果。传统的形象危机应对关注以上级评委为主的内部评委的评价,忽略了外部评委。形象危机的评委关系图罗列了形象危机涉及的三重评委关系:上级关系、监督关系、利益关系,此三方构成了上级评委、监督方评委和利益方评委。不同的评委方,对形象危机的评判机理和评价标准存在差异,因此形象危机的应对要妥善处理好多元评委关系。

(1)上级关系。

官员素质"差"形象危机涉及的上级关系主要是上级主管单位。行政管

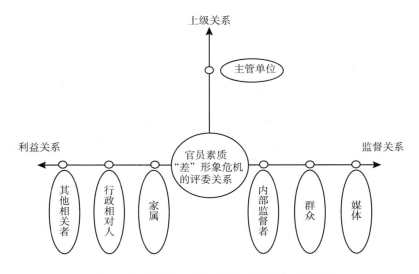

图2　官员素质"差"形象危机的评委关系图

理体制本身的问题可能会表现为外部官员素质的危机，行政管理的层级权限客观上给官员素质"差"形象危机的应对增加了难度。此外，在官员素质"差"形象危机爆发和应对的过程中，危机可能会沿着级别关系蔓延，为上级主管单位带来官员素质"差"形象危机。

（2）监督关系。

官员素质"差"形象危机涉及的监督关系包括政府内部的监督、群众监督和媒体监督。其中，纪检监察机关、人大、审计部门等的监督是目前我国监督体制的主要组成部分，在实践中发挥主体的作用；群众是监督主体中的动力源泉，包括社会团体监督和公民监督等，在官员监督中发挥着日益重要的任用；媒体是我国监督主体中的新兴力量，新闻媒体包括报刊、广播、电视等大众宣传工具以及网络、微博、手机等新兴媒体，其监督作用与日俱增。

（3）利益关系。

官员素质"差"形象危机涉及的利益关系包括官员亲属、行政相对人、其他相关者等。不同的利益主体在具体的情境下，既可能是官员的利益共同体，形成与官员形象"一荣俱荣、一损俱损"的关系；也可能与官员形成利益对抗关系，这种利益对抗的关系使部分利益主体可能充当监督者的角色，发挥监督作用。

行 业 报 告

Industry Reports

B.7
医疗形象危机应对研究报告

中国人民大学危机管理研究中心课题组 *

摘　要：

医疗形象危机的风险项由五部分构成：（1）看病难，看病贵，（2）医疗安全问题，（3）医疗机构的管理问题，（4）医患纠纷，（5）医疗商业广告欠规范。当前，针对"形象危机度"与"社会责任事故率"的分析表明，医疗安全问题（医院诊疗过失）、医疗机构的管理问题（医疗机构监管）与医患纠纷（医患纠纷）问题最突出。建议：针对医患纠纷等风险项的"形象蒙冤"问题，做好"善解冤"；针对医疗安全问题等风险项的"形象死亡"问题，做好"重点改"；针对形象偏差度与多元评委关系，并结合"风险地图"等规律，做好"全面防"。

关键词：

医疗形象　形象危机

---

* 课题负责人：唐钧、张晓涵、刘慧；课题成员：中国人民大学危机管理研究中心课题组成员。

一 医疗形象危机情况综述

（一）医疗形象危机综述

医疗形象危机是指由于医疗系统内服务、管理不当等问题造成的医疗形象损害。中国人民大学危机管理研究中心"医疗形象研究基地"课题组将由医疗服务和管理不当而产生的对省市形象具有负面影响的问题称为医疗形象危机问题。

医疗形象危机涉及多个风险项，医疗形象风险主要涉及五大类型："看病难，看病贵""医疗安全问题""医疗机构的管理问题""医患纠纷"和"医疗商业广告欠规范"。

（二）医疗形象危机风险项分析与风险地图

1. 风险项分析

（1）看病难，看病贵。

"看病难，看病贵"是指由于药价、医疗价格过高，乱收费，医疗资源稀缺（如病人多医生少，空间、器械不足）等原因造成的患者看病费用高，看病不便等问题。

"看病难，看病贵"是医疗系统的首要形象高危风险，直接关系人们诊疗就医的花费和便利程度，媒体和公众对于此类事件关注度较高。

（2）医疗安全问题。

"医疗安全问题"是指患者在医院的诊疗过程中因医疗机构及其医护人员责任心不强、技术过失、医疗设备问题、管理不善等单一或众多原因引发的，造成患者病情、身体、心理和精神不利影响或损害等后果的危机事件。

（3）医疗机构的管理问题。

"医疗机构的管理问题"是指由医疗机构中对医护人员、其他工作人员的管理不善，对病人的管理服务不善，相关部门对医疗机构监管不善等问题导致的诊疗环境不佳、后勤问题、治安问题甚至出现违法犯罪行为等恶劣后果的危机事件。

（4）医患纠纷。

"医患纠纷"是指由于医疗机构和患者一方或双方的过失引起的矛盾。矛盾从争吵到伤人再到致死，程度不等。医患纠纷是当前一个备受关注的话题。医患纠纷，尤其是属医疗机构责任的医患纠纷对医疗系统形象负面影响很大。

（5）医疗商业广告欠规范。

"医疗商业广告欠规范"是指虚假宣传、侵权宣传和其他不合理宣传。不当宣传对患者造成严重误导，形成欺骗行为，严重时可延误治疗、致人死亡，对医疗系统形象有较严重的负面影响。

2. 风险地图

表1　医疗形象危机"风险地图"

风险项	风险要素
1 看病难，看病贵	1.1 挂号难
	1.2 高药价高医疗费
	1.3 附加费用过高
	1.4 乱收费
	1.5 拒收不治
2 医疗安全问题	2.1 用药管理问题
	2.2 医院诊疗过失
	2.3 医院感染
	2.4 药物与医疗器械安全生产问题
	2.5 虐待侵犯患者及其他不当行为
	2.6 过度诊疗
3 医疗机构的管理问题	3.1 诊疗环境问题
	3.2 医疗垃圾处理
	3.3 治安管理问题
	3.4 管理制度缺陷
	3.5 医疗机构监管
4 医患纠纷	4.1 医患纠纷
5 医疗商业广告欠规范	5.1 虚假广告
	5.2 不恰当广告

二 医疗"形象危机度"排名

据课题组统计，在全国医疗"形象危机度"的省市排名中，位列"形象危机度"前三名的分别是广东省 14.29%、北京市 7.74% 与海南省 7.14%（见表2）。

表2 全国医疗"形象危机度"省市排名

单位：%

等　级	排　名	省　份	"形象危机度"
高危≥30		暂　无	
中危 10～29	1	广　东	14.29
	2	北　京	7.74
低危＜10	3	海　南	7.14
	4	山　东	6.55
	5	浙　江	4.76
		陕　西	4.76
	7	河　南	4.17
		江　苏	4.17
	9	安　徽	3.57
		湖　北	3.57
		四　川	3.57
	12	湖　南	2.98
		福　建	2.98
		辽　宁	2.98
	15	云　南	2.38
		江　西	2.38
	17	贵　州	1.79
	18	内蒙古	1.19
		山　西	1.19
		广　西	1.19
	22	河　北	0.6
		上　海	0.6
		天　津	0.6
		新　疆	0.6
		重　庆	0.6

注：数据来源于中国人民大学危机管理研究中心"2013年医疗形象危机典型案例库"，时间段为2013年1月1日至2013年12月31日；不含港澳台；具有此类研究方法的相应误差；西藏自治区、宁夏回族自治区、黑龙江省、青海省、甘肃省、吉林省未有相关报道。表3～表8的数据来源与之相同，以下不一一列出。

（一）医疗"形象死亡"情况省市排名

据课题组统计，在全国医疗"形象死亡"情况的省市排名中，新疆维吾尔自治区的"形象死亡率"为100.00%，排名第一；湖北省、江西省的"形象死亡率"为50.00%，并列第二（见表3）。

表3　医疗"形象死亡"情况省市排名

单位：%

排　名	省　份	"形象死亡率"
1	新　疆	100.00
2	湖　北	50.00
	江　西	50.00
4	湖　南	42.86
5	贵　州	40.00
	云　南	40.00
7	内蒙古	33.33
	四　川	33.33
9	海　南	28.57
10	辽　宁	20.00
11	浙　江	18.18
12	安　徽	14.29
13	江　苏	12.50
	陕　西	12.50
15	北　京	11.76
16	山　东	9.09
17	广　东	8.70
18	福　建	0.00
	广　西	0.00
	河　北	0.00
	河　南	0.00
	山　西	0.00
	上　海	0.00
	天　津	0.00
	重　庆	0.00

（二）医疗"形象受损"情况省市排名

据课题组统计，在全国医疗"形象受损"情况省市排名中，广西壮族自治区、河北省、山西省、上海市、天津市、重庆市"形象受损率"为100.00%，并列第一，见表4。

表4　医疗"形象受损"情况省市排名

单位：%

排　名	省　份	"形象受损率"
	广　西	100.00
	河　北	100.00
1	山　西	100.00
	上　海	100.00
	天　津	100.00
	重　庆	100.00
7	山　东	90.91
8	江　苏	87.50
	陕　西	87.50
10	福　建	83.33
11	广　东	82.61
12	河　南	81.82
13	辽　宁	80.00
14	安　徽	71.43
15	内蒙古	66.67
16	北　京	64.71
17	海　南	64.29
18	贵　州	60.00
19	浙　江	54.55
20	湖　北	50.00
	江　西	50.00
22	湖　南	42.86
23	云　南	40.00
24	四　川	33.33
25	新　疆	0.00

（三）医疗"形象蒙冤"情况省市排名

据课题组统计，在全国医疗"形象蒙冤"情况省市排名中，浙江省的"形象蒙冤率"为27.27%，排名第一；北京市的"形象蒙冤率"为23.53%，排名第二；云南省的"形象蒙冤率"为20.00%，排名第三，见表5。

表5 医疗"形象蒙冤"情况省市排名

单位：%

排 名	省 份	"形象蒙冤率"
1	浙 江	27.27
2	北 京	23.53
3	云 南	20.00
4	河 南	18.18
5	福 建	16.67
6	安 徽	14.29
6	湖 南	14.29
8	广 东	8.70
9	海 南	7.14
10	广 西	0.00
10	贵 州	0.00
10	河 北	0.00
10	湖 北	0.00
10	江 苏	0.00
10	江 西	0.00
10	辽 宁	0.00
10	内蒙古	0.00
10	山 东	0.00
10	山 西	0.00
10	陕 西	0.00
10	上 海	0.00
10	四 川	0.00
10	天 津	0.00
10	新 疆	0.00
10	重 庆	0.00

三 医疗形象危机应对指南

（一）"善解冤"：妥善解决"形象蒙冤"问题

表6 医疗形象风险项"形象蒙冤率"排名统计

单位：%

排　名	风险项	"形象蒙冤率"
1	医疗机构的管理问题	29.73
2	医疗安全问题	4.29
3	看病难，看病贵	3.85
4	医患纠纷	3.33
5	医疗商业广告欠规范	0.00

据课题组统计，在全国医疗"社会责任事故率"省市排名中，广西壮族自治区、江西省、辽宁省、山东省、陕西省、上海市、四川省、天津市、新疆维吾尔自治区、重庆市"社会责任事故率"为100.00%，并列第一，见表7。

表7 医疗"社会责任事故率"省市排名

单位：%

等　级	排　名	省　份	"社会责任事故率"
高危≥90	1	广　西	100.00
		江　西	100.00
		辽　宁	100.00
		山　东	100.00
		陕　西	100.00
		上　海	100.00
		四　川	100.00
		天　津	100.00
		新　疆	100.00
		重　庆	100.00

续表

等　级	排　名	省　份	"社会责任事故率"
中危 60~89	11	江　苏	87.50
	12	安　徽	85.71
		海　南	85.71
	14	福　建	83.33
	15	广　东	82.61
	16	云　南	80.00
	17	北　京	76.47
	18	浙　江	72.73
	19	湖　南	71.43
	20	内蒙古	66.67
		山　西	66.67
	22	河　南	63.63
	23	贵　州	60.00
低危 <60	24	河　北	50.00
		湖　北	50.00

表8　医疗形象风险项"形象死亡率"排名统计

单位：%

排　名	风险项	"形象死亡率"
1	医疗安全问题	31.43
2	医患纠纷	16.67
3	医疗机构的管理问题	8.11
4	看病难，看病贵	3.85
5	医疗商业广告欠规范	0.00

（三）"全面防"：全面防范风险地图中各风险要素

1. 内部：纠正形象偏差度

（1）医疗形象偏差度。

表9 社会对医疗的形象预期

形象预期项目	社会形象预期的描述
预期1:高质量的医疗服务	医疗服务安全、有效和可获得,实现"救死扶伤"的宗旨
预期2:物美价廉的医疗服务	医疗服务质量高,价格便宜

表10 社会对医疗的形象偏差度

社会的形象预期	实际的职能定位
预期1:高质量的医疗服务——认为医疗机构能起死回生,只要医疗机构没有治好患者,就是医疗机构的错	《医疗机构服务条例》第三条规定:医疗机构以救死扶伤、防病治病、为公民的健康服务为宗旨。医疗机构旨在开展疾病诊断、诊疗活动,并不能保证所有患者都能在医疗部门得到治愈
预期2:物美价廉的医疗服务——认为医疗机构不能追求经济利益,只要医疗机构有牟利行为就是不正当的行为	医疗机构是公共服务机构,但是也需要通过一定的药价差额和诊疗费等费用来维持医疗机构的正常运营

（2）医疗形象危机的防治:纠正形象偏差度。

加强形象危机的解释度,增进与媒体、社会公众的沟通,修正媒体和社会公众对医疗形象预期的偏差,树立良好形象。有计划、有重点地开展医疗改革宣传工作,加强对卫生舆情的检测、分析和研判。

2. 中间：进行风险管理

表11 医疗形象危机风险项"社会责任事故率"排名统计

单位：%

等级	排名	风险项	风险要素	"社会责任事故率"
高危≥90	1	医疗商业广告欠规范	虚假广告 / 不恰当广告	100.00
	2	医患纠纷	医患纠纷	96.67
中危 60~89	3	医疗安全问题	用药管理问题 / 医院诊疗过失 / 医院感染 / 药物与医疗器械安全生产问题 / 虐待侵犯患者及其他不当行为 / 过度诊疗	88.57
	4	"看病难,看病贵"	挂号难 / 高药价高医疗费 / 附加费用过高 / 乱收费 / 拒收不治	88.46

续表

等级	排名	风险项	风险要素	"社会责任事故率"
低危＜60	5	医疗机构的管理问题	诊疗环境问题	56.76
			医疗垃圾处理	
			治安管理	
			管理制度缺陷	
			医疗机构监管	

3. 外部：依托评委关系

（1）医疗形象危机的评委关系。

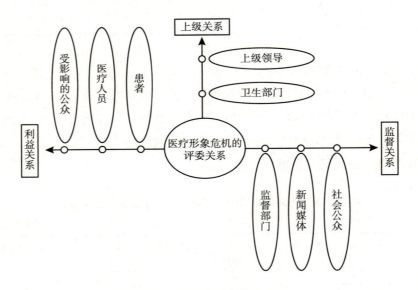

图1　医疗形象危机的评委关系图

一是上级关系。

卫生部门和医疗机构是上下级关系，医疗机构受到卫生部门的行政领导和监管。医疗机构接受卫生部门领导，落实卫生部门的各项政策，和上级领导部门实现有效沟通，更好地处理形象危机；卫生部门领导并组织医疗机构为广大患者提供安全、优质、价廉的医疗服务，改善社会公众对医疗机构的固有形象，削弱医疗形象危机。

二是监督关系。

媒体是医疗机构的重要社会监督主体之一，而社会组织与社会公众是医疗机构的最主要监督群体。近年来，医疗负面形象事件频频出现在媒体上，成为公众关注的焦点，但医疗机构在面对媒体与公众时往往处于被动，不能及时、有效地将相关情况告知民众，甚至对于舆论消息的应对不当加剧了事态的不良影响。在媒体的轰炸式报道下，医疗机构面对的舆论压力呈几何式增长，极易导致医疗机构的形象危机，降低公众对医疗机构的信任度与容忍度。

三是利益关系。

医疗形象危机涉及的利益关系包括患者、医疗人员与受影响的公众。医患关系中，医疗机构多被认为是"强势方"，而患者则被认定为"弱势方"，这使得公众天然会偏向患者一方，造成医疗机构的被动。医疗机构应妥善保管好相关证据、说明，通过法律等渠道有效维护自身的合法权益。另外，当前医患关系较为紧张，对医疗人员的伤害事件时有发生，医疗机构应做好医院的安全保卫工作，保障医疗人员的生命安全，提供一个良好的职业环境。对于受影响的公众，医疗机构应及时对事件或情况加以解释，做好公众的安抚工作，取得公众的理解与认可。

（2）医疗形象危机的防治：依托评委关系。

针对上级部门，医疗机构要努力降低形象落差度，重点整改医院内部腐败，严肃查处相关人员，努力提升软件与硬件设施，为患者提供一个舒适、放心的就医环境。针对监督方，医疗机构要加强对形象的解释，明确自身定位，有计划、有重点地开展宣传工作，争取公众的理解与支持。针对利益方，医疗机构要建立平等互利的关系。建立医院与患者之间的信任关系，保护患者的合法权益，及时公开信息，以避免患者和公众的误解。同时，为医疗人员提供安全的职业环境，保障其人身安全。

B.8
食品安全监管形象危机应对研究报告

中国人民大学危机管理研究中心课题组*

摘　要：

食品安全监管形象危机的风险项由四部分构成：（1）食品加工制造环节监管不力，（2）食品流通运输环节监管不力，（3）餐饮消费环节监管不力，（4）初级农产品生产环节监管不力。当前，针对"形象危机度"与"社会责任事故率"的分析表明，食品加工制造环节监管不力（滥用非食品加工用化学添加物）、食品流通运输环节监管不力（销售假酒）与餐饮消费环节监管不力（供应的食品质量低劣）问题最突出。建议：针对滥用植物激素、出售过期变质食品等风险要素的"社会责任事故"问题，做好"重点改"；针对形象偏差度与多元评委关系，并结合"风险地图"等规律，做好"全面防"。

关键词：

食品安全　食品安全监管　形象危机

一　食品安全监管形象危机情况综述

（一）食品安全监管形象危机综述

食品安全监管形象危机是指由于食品安全各个环节监管不力而造成的形象损害。中国人民大学危机管理研究中心"食品安全监管形象研究基地"课题组将由食品安全环节监管不力而产生的对省市形象具有负面影响的问题称为食

---

* 课题负责人：唐钧、张晓涵、肖择时；课题成员：中国人民大学危机管理研究中心课题组成员。

品安全监管形象危机问题。

食品安全监管形象危机涉及多个风险项，主要涉及四大环节：食品加工制造环节监管不力，食品流通运输环节监管不力，餐饮消费环节监管不力，初级农产品生产环节监管不力。

（二）食品安全监管形象风险项分析与风险地图

1. 风险项分析

（1）食品加工制造环节监管不力。

食品加工制造环节监管不力是指在食品加工制造过程中，由于监管缺位、不力等原因造成的食品安全问题。

"食品加工制造环节监管不力"是食品安全监管的首要高位风险。

（2）食品流通运输环节监管不力。

食品流通运输环节监管不力是指在食品流通运输过程中，由于监管缺位、不力等原因造成的食品安全问题。

（3）餐饮消费环节监管不力。

餐饮消费环节监管不力是指由于监管缺位、不力，在向消费者专门提供各种酒水、食品时，消费场所和设施的食品生产经营单位、场所存在食品安全、环境卫生等问题。

（4）初级农产品生产环节监管不力。

初级农产品生产环节监管不力是指在生产种植业、畜牧业、渔业的未经过加工的产品过程中，由于监管缺位、不力等原因造成的食品安全问题。

2. 风险地图

表1　食品安全监管形象危机风险地图

风险项	风险要素
1 食品加工制造环节监管不力	1.1 病原微生物控制不当
	1.2 对非法加工制造地沟油监管不力
	1.3 对饲料加工制造监管不力
	1.4 非法使用食品添加剂
	1.5 滥用非食品加工用化学添加物
	1.6 食品安全标准混乱
	1.7 食品加工制造环境恶劣
	1.8 食品加工制造使用假冒伪劣原料

续表

风险项	风险要素
2 食品流通运输环节监管不力	2.1 出售过期变质食品 2.2 对肉类流通监管不力 2.3 使用有毒物质保鲜 2.4 销售假酒
3 餐饮消费环节监管不力	3.1 餐具及餐饮设施不卫生 3.2 供应的食品质量低劣 3.3 无证经营
4 初级农产品生产环节监管不力	4.1 过量使用化肥 4.2 过量使用农药 4.3 滥用植物激素

二 食品安全监管"形象危机度"排名

（一）食品安全监管"形象危机度"省市排名

表 2 食品安全监管"形象危机度"省市排名

单位：%

等 级	排 名	省 份	"形象危机度"
高危≥30		暂 无	
中危 10~29	1	广 东	14.29
	2	北 京	12.86
低危 <10	3	江 苏	7.86
	3	浙 江	7.86
	5	陕 西	7.14
	6	江 西	6.43
	7	海 南	5.00
	7	河 南	5.00
	7	山 东	5.00
	7	湖 北	5.00
	11	福 建	3.57
	12	广 西	2.86
	12	新 疆	2.86

续表

等　级	排　名	省　份	"形象危机度"
低危＜10	14	安　徽	2.14
		山　西	2.14
		上　海	2.14
	17	甘　肃	1.43
		湖　南	1.43
		辽　宁	1.43
		四　川	1.43
	21	河　北	0.71
		黑龙江	0.71
		云　南	0.71

注：数据来源于中国人民大学危机管理研究中心"2013年食品安全监管形象危机典型案例库"，时间段为2013年1月1日至12月31日；不含港澳台；具有此类研究方法的相应误差；西藏自治区、宁夏回族自治区、青海省、吉林省、贵州省、天津市、重庆市、内蒙古自治区未有相关报道。表3～表5的数据来源与之相同，以下不一一列出。

（二）食品安全监管"形象死亡"情况省市排名

据课题组统计，在食品安全监管"形象死亡"情况省市排名中，云南省"形象死亡率"为100.00%，排名第一；四川省和湖南省并列第二，"形象死亡率"为50.00%；海南省排名第四，"形象死亡率"为28.57%（见表3）。

表3　食品安全监管"形象死亡"情况省市排名

单位：%

排　名	省　份	"形象死亡率"
1	云　南	100.00
2	四　川	50.00
	湖　南	50.00
4	海　南	28.57
5	福　建	20.00

排　名	省　市	"形象死亡率"
6	山　东	14.29
	湖　北	14.29
	河　南	14.29
9	江　西	11.11
10	广　东	10.00
11	浙　江	9.09
	江　苏	9.09
13	新　疆	0.00
	上　海	0.00
	陕　西	0.00
	山　西	0.00
	辽　宁	0.00
	黑龙江	0.00
	河　北	0.00
	广　西	0.00
	甘　肃	0.00
	北　京	0.00
	安　徽	0.00

（三）食品安全监管"形象受损"情况省市排名

据课题组统计，在食品安全监管"形象受损"情况省市排名中，新疆维吾尔自治区、上海市、陕西省、山西省、辽宁省、黑龙江省、河北省、广西壮族自治区、甘肃省、北京市、安徽省"形象受损率"为100.00%，并列第一（见表4）。

（四）食品安全监管"形象蒙冤"情况省市排名

据课题组统计，在2013年1月1日至12月31日食品安全监管典型案例中全国各省市无"形象蒙冤"情况。

表4 食品安全监管"形象受损"情况省市排名

单位：%

排　名	省　份	"形象受损率"
1	新　疆	100.00
	上　海	100.00
	陕　西	100.00
	山　西	100.00
	辽　宁	100.00
	黑龙江	100.00
	河　北	100.00
	广　西	100.00
	甘　肃	100.00
	北　京	100.00
	安　徽	100.00
12	浙　江	90.91
	江　苏	90.91
14	广　东	90.00
15	江　西	88.89
16	山　东	85.71
	湖　北	85.71
	河　南	85.71
17	福　建	80.00
18	海　南	71.43
19	四　川	50.00
	湖　南	50.00
21	云　南	0.00

三　食品安全监管形象危机应对指南

（一）"重点改"：重点整改"社会责任事故"和"形象死亡"事件

据课题组统计，食品安全监管的社会责任事故案例数量已占到其形象危机案例总数的39.29%，云南省的"社会责任事故率"为100.00%，排名第一；

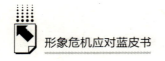

山东省的"社会责任事故率"为71.43%，排名第二；上海市、北京市的"社会责任事故率"为66.67%，并列第三（见表5）。

表5　食品安全监管"社会责任事故率"省市排名

单位：%

排　名	省　份	"社会责任事故率"
1	云　南	100.00
2	山　东	71.43
3	上　海	66.67
	北　京	66.67
5	福　建	60.00
6	海　南	57.14
7	四　川	50.00
	辽　宁	50.00
	湖　南	50.00
	甘　肃	50.00
11	河　南	42.86
12	广　东	35.00
13	江　西	33.33
14	陕　西	30.00
15	浙　江	27.27
	江　苏	27.27
17	新　疆	25.00
18	湖　北	14.29
19	山　西	0.00
	黑龙江	0.00
	河　北	0.00
	广　西	0.00
	安　徽	0.00

（二）"全面防"：全面防范风险地图中各风险要素

1. 内部：纠正形象偏差度

（1）食品安全监管的偏差度。

表6　社会对食品安全监管的形象预期

形象预期项目	社会形象预期的描述
预期1:守门员	把好食品准入关口,加强预防,防止食品安全问题
预期2:安检员	建立从农田到餐桌的全过程零风险监管体系

表7　社会对食品安全监管的形象偏差度

社会的形象预期	实际的职能定位
预期1:守门员	消防员——关注事件发生后的处理和应对,而非如何防范
预期2:安检员	巡逻员——分段监管,各管一段

（2）食品安全监管形象危机的防治：纠正形象偏差度。

一方面，政府应加强信任管理工作，明确监管部门之间的权责，通过树立健全、科学的监管体系，建立食品安全信心，提高公众的参与和监督程度；另一方面，政府应加强形象危机的解释度，增进与媒体、社会公众的沟通，修正媒体和社会公众对食品安全监管形象预期的偏差，争取社会公众的理解与认可。

2. 中间：进行风险管理

分析2013年食品安全监管形象危机典型案例，风险项中"食品加工制造环节监管不力"典型案例最多，占所有食品安全监管形象危机典型案例的48%；其后为"食品流通运输环节监管不力""餐饮消费环节监管不力"；"初级农产品生产环节监管不力"比例最小，仅占5%，见图1。

研究表明，2013年前十位"食品安全监管形象风险"分别为：

第一位："滥用非食品加工用化学添加物"，如新华网"海参产业乱象：违禁使用火碱等化学物品加工"；如人民网"'毒面条'防腐用甲醛，一天能卖出多达420斤"。

第二位："销售假酒"，如人民网"衡水破获跨省销售假酒大案，涉案金额上千万元"。

第三位："供应的食品质量低劣"，如人民网"宿迁一火锅店为招回头客，底料中加罂粟壳粉"。

第四位："出售过期变质食品"，如人民网"乌鲁木齐：校门口商店向小

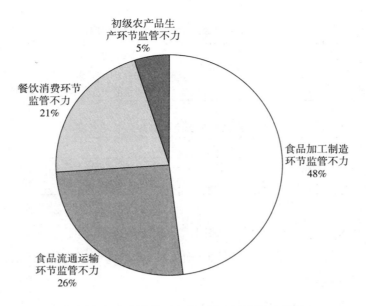

图1 食品安全监管形象危机典型案例分布情况

注：数据来源于中国人民大学危机管理研究中心"2013年食品安全监管形象危机典型案例库"，时间段为2013年1月1日至12月31日；具有此类研究方法的相应误差。

学生出售过期食品"。

第五位："病原微生物控制不当"，如新华网"北京市食品安全办通报：五种桶装水查出细菌超标"。

第六位："食品加工制造使用假冒伪劣原料"，如人民网"镇江润州工商查获一起制作假'羊肉卷'案"。

第七位："餐具及餐饮设施不卫生"，如人民网"吉野家被曝餐具基本不消毒，涉事店面停业"。

第八位："无证经营"，如人民网"四川内江城管办主任妻子开政府餐厅，无证经营10年"。

第九位："非法使用食品添加剂"，如新华网"肉贩子滥用添加剂制红润熟牛肉，亚硝酸盐严重超标"。

第十位："对肉类流通监管不力"，如人民网"网曝海口上万斤垃圾鱼流向市场，官方介入调查"。

表8 食品安全监管形象风险项及风险要素"社会责任事故率"统计

风险项	"社会责任事故"率(%)	风险要素	"社会责任事故"率(%)
1 食品加工制造环节监管不力	34.33	1.1 病原微生物控制不当	36.36
		1.2 对非法加工制造地沟油监管不力	60.00
		1.3 对饲料加工制造监管不力	40.00
		1.4 非法使用食品添加剂	12.50
		1.5 滥用非食品加工用化学添加物	29.41
		1.6 食品安全标准混乱	40.00
		1.7 食品加工制造环境恶劣	50.00
		1.8 食品加工制造使用假冒伪劣原料	30.00
2 食品流通运输环节监管不力	44.44	2.1 出售过期变质食品	85.71
		2.2 对肉类流通监管不力	72.72
		2.3 使用有毒物质保鲜	33.33
		2.4 销售假酒	0.00
3 餐饮消费环节监管不力	34.48	3.1 餐具及餐饮设施不卫生	30.00
		3.2 供应的食品质量低劣	27.27
		3.3 无证经营	50.00
4 初级农产品生产环节监管不力	75.00	4.1 过量使用化肥	66.67
		4.2 过量使用农药	66.67
		4.3 滥用植物激素	100.00

注：数据来源于中国人民大学危机管理研究中心"2013年食品安全监管形象危机典型案例库"，时间段为2013年1月1日至12月31日；具有此类研究方法的相应误差。

风险项中"初级农产品生产环节监管不力"的"社会责任事故率"最高，高达75.00%，其次分别是"食品流通运输环节监管不力""餐饮消费环节监管不力""食品加工制造环节监管不力"，见图2。

3. 外部：依托评委关系

（1）食品安全监管形象危机的评委关系。

一是上级关系。

我国多个省份已将食品安全纳入领导干部政绩考核体系，在重大食品安全问题上实行"一票否决"制。上级行政主管部门的考核主要分为日常考核和年度考核。日常考核内容为上级部门部署的各项工作任务完成情况；年度考核内容主要包括食品安全监管能力建设情况及食品安全监管工作情况、监督抽检与调查评价情况和公众满意度调查情况等。

二是利益关系。

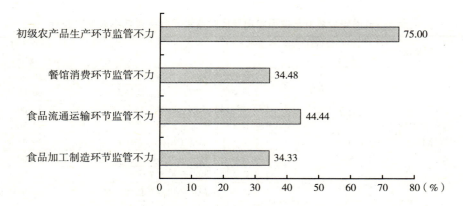

图2 食品安全监管形象风险项"社会责任事故率"统计

注：数据来源于中国人民大学危机管理研究中心"2013年食品安全监管形象危机典型案例库"，时间段为2013年1月1日至12月31日；具有此类研究方法的相应误差。

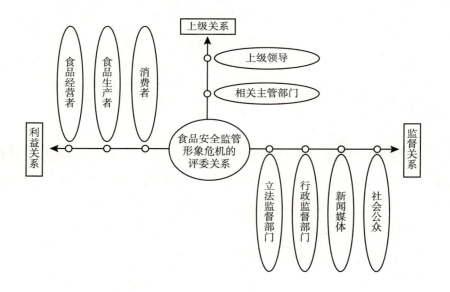

图3 食品安全监管形象危机的评委关系图

　　食品安全关系到消费者、食品生产者、食品经营者等多方利益。消费者以食品质量安全作为评判标准，食品生产者、经营者以食品生产销售的利润作为评判标准。食品安全监管要兼顾多方利益，既要维护食品安全，保障公众的健康，又不能因过度监管损害相关产业的发展。

三是监督关系。

食品安全监管部门要接受各级人大及其常委会的立法监督、其他政府部门及本部门内设检察机关的行政监督、公众和媒体的社会监督等，所以食品安全监管必须依法行政，保持监管工作的公开、透明、规范，同时加强与媒体和公众的沟通互动，倾听社会各界声音，改善自身工作。

（2）食品安全监管形象危机的防治：依托评委关系。

针对上级评委，第一，要做好重点整改工作，开展重点场所、重点品种、重点内容的专项整治，肃清食品市场。第二，要做好食品安全工作的调查研究，实际了解食品生产、加工、运输、流通与消费的情况，为科学决策打好事实与理论基础。第三，要做好职能调整工作，在监管主体上，由政府单一监管向社会共治转变；在监管机制上，从政出多门向统一高效转变；在监管方式上，从行政管控向公共服务转变；在监管环节上，从事后应急处置向源头风险治理转变；在监管手段上，从单一行政手段向多种手段综合运用转变。

针对监督方评委，第一，要做好清理整顿工作，加强对食品生产加工企业、食品经营企业的清理整顿，严厉打击各类非法行为，整顿生产、经营环境，加强对食品生产者、经营者的资质审查。第二，要做好沟通工作，监管部门之间加强沟通，协调配合，弥补监管漏洞；监管部门与媒体加强沟通，及时发布权威信息，解释疑惑，提高食品安全信息公布的时效性、科学性与准确性；监管部门与食品生产、经营主体之间应加强沟通，及时将食品生产经营方面的政策、措施、要求传达到企业，推进工作落实，及时提醒企业需注意的问题，做好食品安全预警工作。

针对利益方评委，第一，要努力争取利益方评委的满意，消费者方面要加强监管力度，确保食品安全，食品生产者、经营者方面要严格市场准入制度，加强对非法食品生产、经营的清理与整顿，对违法违规企业坚决予以查处，打破行业潜规则，维护良好的行业环境，促进公平竞争。第二，做好信任管理工作，监管部门要加强全方位监管，纠正自身形象偏差，树立良好形象，赢得公众的持续信任。

B.9
校园形象危机应对研究报告[*]

中国人民大学危机管理研究中心课题组[**]

摘　要：

学校形象危机的风险项由六部分构成：（1）校园安全问题，（2）学校管理不善，（3）教育制度问题，（4）校园服务失当，（5）教师形象危机，（6）校园卫生问题。当前，针对"形象危机度"与"社会责任事故率"的分析表明，教师形象危机（教师性侵）、校园安全问题（校园暴力）与学校管理不善（校车安全问题）问题最突出。建议：针对校园卫生问题等风险项的"形象蒙冤"问题，做好"善解冤"；针对教师形象危机等风险项的"形象死亡"问题，做好"重点改"；针对形象偏差度与多元评委关系，并结合"风险地图"等规律，做好"全面防"。

关键词：

学校形象危机　校园安全　教师性侵

一　校园形象危机问题综述

近年来，国内外校园事件时有发生，校园安全稳定受到社会各界的高度关注，校园形象也时常面临各种危机的挑战。在持续完善校园形象的能力、科技、制度等多领域保障的同时，校园形象工作也面临着新问题与新挑战。当前

---

[*]　该报告是北京市大兴区安全校园建设（三期）"主动防、科学管、立体化"体系合作的研究成果之一。

[**]　课题负责人：唐钧、龚琬岚、王婵；课题成员：中国人民大学危机管理研究中心课题组成员。

校园形象危机的防范与治理需要从风险特征、管理对象、管理主体、媒体和社会等多个维度，创新风险治理，建立健全科学管理体系，全面维护校园的安全和稳定。

表1 校园形象危机的"风险地图"

风险项	风险要素
1 校园安全问题	1.1 校园暴力
	1.2 意外伤亡
	1.3 校园踩踏
	1.4 学生自杀
2 校园管理不善	2.1 监管漏洞
	2.2 校园腐败
	2.3 推卸责任
	2.4 虚假宣传
	2.5 蓄意欺骗
	2.6 信息外泄
	2.7 目标定位不明
	2.8 校车安全问题
3 教育制度问题	3.1 教育缺位
	3.1 制度漏洞
4 校园服务失当	4.1 服务缺失
	4.2 设施隐患
5 教师形象危机	5.1 校园性侵
	5.2 体罚学生
	5.3 教师失职
6 校园卫生问题	6.1 食物安全问题
	6.2 食物中毒
	6.3 环境污染

二 校园"形象危机度"总体排名

据课题组统计，在校园"形象危机度"的省市排名中，位列"形象危机度"前三名的分别是广东省6.34%、山东省5.63%、海南省4.93%，见表2。

表2 校园"形象危机度"省市排名

单位：%

等级	排名	省份	"形象危机度"
高危 ≥30		暂无	
中危 10～29		暂无	
低危＜10	1	广东	6.34
	2	山东	5.63
	3	海南	4.93
	4	湖北	4.23
		河北	4.23
	6	陕西	3.52
		浙江	3.52
		江苏	3.52
	9	河南	2.82
		广西	2.82
	11	江西	2.11
		四川	2.11
		上海	2.11
		安徽	2.11
	15	北京	1.41
		湖南	1.41
		甘肃	1.41
低危＜10	18	福建	0.70
		云南	0.70
		黑龙江	0.70
		山西	0.70
	22	新疆	0.00
		内蒙古	0.00
		宁夏	0.00
		重庆	0.00

注：数据来源于中国人民大学危机管理研究中心"2013年校园形象危机典型案例库"，时间段为2013年1月1日至2013年12月31日；不含港澳台；具有此类研究方法的相应误差。表3～表8的数据来源与之相同，以下不一一列出。

（一）校园"形象死亡"情况省市排名

据课题组统计，在校园"形象死亡"情况省市排名中，上海市"形象死亡率"为75.00%，排第一名；河北省"形象死亡率"为66.67%，排第二名；广东省和安徽省"形象死亡率"为50.00%，排第三名，见表3。

表3　校园"形象死亡"情况省市排名

单位：%

排　名	省　份	"形象死亡率"
1	上　海	75.00
2	河　北	66.67
3	广　东	50.00
	安　徽	50.00
5	湖　北	42.86
6	江　西	40.00
7	浙　江	28.57
8	陕　西	25.00
9	河　南	22.22
10	四　川	20.00
11	江　苏	16.67
12	海　南	14.29
	北　京	14.29
14	山　东	11.11
15	广　西	0.00
	湖　南	0.00
	福　建	0.00
	云　南	0.00
	甘　肃	0.00
	黑龙江	0.00
	新　疆	0.00
	山　西	0.00
	内蒙古	0.00
	宁　夏	0.00
	重　庆	0.00

（二）校园"形象受损"情况省市排名

据课题组统计，在校园"形象受损"情况省市排名中，广西壮族自治区、福建省、云南省、甘肃省、黑龙江省、新疆维吾尔自治区、山西省、重庆市并列第一名，山东省排第八名，海南省和北京市并列第九名，见表4。

表4　校园"形象受损"情况省市排名

单位：%

排　名	省　份	"形象受损率"
1	广　西	100.00
	福　建	100.00
	云　南	100.00
	甘　肃	100.00
	黑龙江	100.00
	新　疆	100.00
	山　西	100.00
	重　庆	100.00
8	山　东	94.44
9	海　南	85.71
	北　京	85.71
11	江　苏	83.33
	湖　南	83.33
13	四　川	80.00
14	河　南	77.78
15	陕　西	75.00
16	浙　江	71.43
17	江　西	60.00
18	湖　北	57.14
19	广　东	50.00
	安　徽	50.00
21	河　北	33.33
22	上　海	25.00
23	内蒙古	0.00
	宁　夏	0.00

（三）校园"形象蒙冤"情况省市排名

据课题组统计，在校园"形象蒙冤"情况省市排名中，内蒙古自治区和宁夏回族自治区并列第一名；湖南省排第三名；山东省排第四名，见表5。

表5　校园"形象蒙冤"情况省市排名

单位：%

排　名	省　份	"形象蒙冤率"
1	内蒙古	100.00
	宁　夏	100.00
3	湖　南	16.67
4	山　东	5.56

续表

排　名	省　份	"形象蒙冤率"
5	广　东	0.00
	河　南	0.00
	陕　西	0.00
	广　西	0.00
	海　南	0.00
	湖　北	0.00
	浙　江	0.00
	北　京	0.00
	河　北	0.00
	江　苏	0.00
	福　建	0.00
	云　南	0.00
	江　西	0.00
	四　川	0.00
	上　海	0.00
	安　徽	0.00
	甘　肃	0.00
	黑龙江	0.00
	新　疆	0.00
	山　西	0.00
	重　庆	0.00

三　校园形象危机应对指南

（一）"善解冤"：妥善解决"形象蒙冤"问题

据课题组统计，全国校园的"形象蒙冤"案例数量已占到其形象危机总数的2.80%，各个风险项的"形象蒙冤率"见表6。

针对"形象蒙冤"情况，课题组建议：一方面，"形象蒙冤"主体要善于借助媒体力量，及时、有效澄清校园形象"冤情"；另一方面，"形象蒙冤"高危行业需要建立风险预防长效机制，积极防范校园形象"被抹黑"。

387

表6 校园形象风险项"形象蒙冤率"排名统计

排 名	风险项	"形象蒙冤率"（%）
1	校园卫生问题	22.22
2	校园安全问题	4.76
3	学校管理不善	0.00
4	教育制度问题	0.00
5	校园服务失当	0.00
6	教师形象危机	0.00
总 计		2.80

（二）"重点改"：重点整改"社会责任事故"和"形象死亡"问题

据课题组统计，全国校园的社会责任事故案例数量已占到其形象危机案例总数的57.04%，全国校园"社会责任事故率"省市排名中，并列于"社会责任事故率"第一名的是海南省、河北省和山西省，均为100.00%，见表7。

表7 校园"社会责任事故率"省市排名

单位：%

等 级	排 名	省 份	"社会责任事故率"
高危≥90	1	海 南	100.00
		河 北	100.00
		山 西	100.00
中危60~89	4	湖 北	85.71
	5	江 苏	83.33
	6	广 东	75.00
		上 海	75.00
		安 徽	75.00
	9	浙 江	71.43
	10	甘 肃	66.67
	11	陕 西	62.50
	12	江 西	60.00
		四 川	60.00

续表

等　级	排　名	省　份	"社会责任事故率"
低危<60	14	广　西	50.00
		黑龙江	50.00
	16	山　东	44.44
		河　南	44.44
	17	湖　南	33.33
	18	北　京	28.57
	19	福　建	16.67
		云　南	16.67
	21	新　疆	0.00
		内蒙古	0.00
		宁　夏	0.00
		重　庆	0.00

　　据课题组统计，全国校园的"形象死亡"案例数量已占到其形象危机总数的22.38%，全国校园形象风险项"形象死亡率"排名统计见表8。

表8　2013年校园形象风险项"形象死亡率"排名统计

单位：%

排　名	风险项	"形象死亡率"
1	教师形象危机	80.00
2	学校管理不善	30.56
3	校园安全问题	28.57
4	校园卫生问题	11.11
5	教育制度问题	0.00
	校园服务失当	0.00

（三）"全面防"：立体化形象管理

1. 内部：纠正形象偏差度

表9　社会对校园的形象预期

形象预期项目	社会形象预期的描述
预期1：摇篮	安全的校园环境，保护学生的人身安全不受侵害
预期2：学生成长成才	培养德、智、体等方面全面发展的社会主义事业的建设者和接班人

续表

形象预期项目	社会形象预期的描述
预期3:校园周边环境治理	(1)校园周边治安状况良好; (2)校园周边交通秩序良好; (3)校园周边无不利于学生成长的经营服务场所,中学、小校园园周围200米范围内禁止设立互联网上网服务营业场所,校园周边禁止非法出版物的游商和无证照摊点 (4)校园周边无非法经营的小卖部、饮食摊点
预期4:教师是传道、授业、解惑者	教师是履行教育教学职责的专业人员,承担教书育人,培养社会主义事业建设者和接班人、提高民族素质的使命
预期5:教师是春蚕、蜡烛	春蚕到死丝方尽,蜡炬成灰泪始干:教师默默无闻、奉献自我
预期6:教师是人类灵魂的工程师	为人师表:遵守宪法、法律和职业道德,品德修养、治学态度、知识学问等方面都可以作为学生的榜样 言传身教:帮助学生缔造健全的道德人格

表10 社会对校园的形象偏差度

社会形象预期	实际职能定位
预期1:摇篮	校园内的安全管理
预期2:学生成长成才	教育教学管理
预期3:校园周边环境治理	校园周边环境整治协调
预期4:教师是传道、授业、解惑者	按照教学计划开展教育教学工作
预期5:教师是春蚕、蜡烛	执行学校的教学计划,履行教师聘约,完成教育教学工作任务
预期6:教师是人类灵魂的工程师	关心、爱护全体学生,尊重学生人格,促进学生在品德、智力、体质等方面全面发展

2. 中间:进行风险管理

据课题组统计,全国校园形象风险项"社会责任事故率"排名统计见表11。

表11 2013年校园形象风险项"社会责任事故率"排名统计

单位:%

等 级	排 名	风险项	"社会责任事故率"
高危≥90	1	教师形象危机	90.00
中危60~89	2	校园安全问题	78.57
	3	学校管理不善	69.44
	4	校园卫生问题	66.67
低危<60	5	校园服务失当	22.73
	6	教育制度问题	12.50

注:数据来源于中国人民大学危机管理研究中心"2013年校园形象危机典型案例库",时间段为2013年1月1日至2013年12月31日;不含港澳台;具有此类研究方法的相应误差。表12的数据来源与之相同,以下省略。

在校园形象风险项之下，再细分为 22 个风险要素，全国校园形象风险要素的"社会责任事故率"排名统计见表 12。

表 12　全国校园形象风险要素"社会责任事故率"排名统计

单位：%

等级	风险项	风险要素	"社会责任事故率"
低危	校园安全问题	校园暴力	50.00
低危		意外伤亡	38.10
低危		校园踩踏	7.14
低危		学生自杀	4.76
低危	学校管理不善	监管漏洞	36.11
低危		校园腐败	27.78
低危		推卸责任	16.67
低危		虚假宣传	5.56
低危		蓄意欺骗	5.56
低危		信息外泄	2.78
低危		目标定位不明	2.78
低危		校车安全问题	2.78
低危	教育制度问题	教育缺位	54.17
低危		制度漏洞	45.83
高危	校园服务失当	服务缺失	90.91
低危		设施隐患	9.09
中危	教师形象危机	教师性侵	60.00
低危		体罚学生	20.00
低危		教师失职	20.00
低危	校园卫生问题	食品安全问题	33.33
低危		食物中毒	33.33
低危		环境污染	33.33

3. 外部：依托评委关系

（1）学校针对上下级，要努力降低形象偏差度。

例如，重点整改当前校车安全存在的问题，按照《校车安全管理条例》的相关规定，加强校车安全管理，保障乘坐校车学生的人身安全；同时，重点整改当前教师形象危机严重的问题，定期开展师风师德建设活动，加强对教师师德的定期考核。

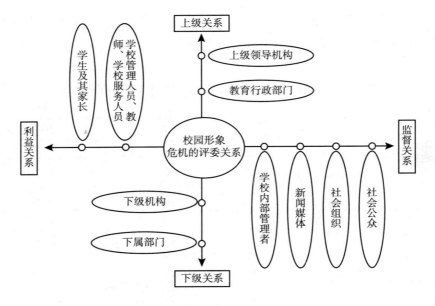

图1　校园形象危机的评委关系图

（2）学校针对监督方，要努力纠正形象偏差度。

清理整顿当前影响学校形象的违法违纪行为，强化工作中的薄弱环节。

一是清理整顿学校财务腐败问题，严肃查处各类学校办学中乱收费问题。严肃查处各类学校特别是学前教育和义务教育阶段学校以各种名目乱收费的案件，严肃查处学校在招生录取、基建招标投标、教学设备和教材教辅资料采购、后勤服务等环节以权谋私、收受贿赂等案件，确保校园成为教书育人的圣洁净土。强调规范化的管理，建立规范清晰的学校财务制度，促使学校财务收支项目清晰、有据可查，以防范校园腐败事件的发生。

二是清理整顿学校管教过程中的违法违规行为，推行法制化的管理，保障学校管教学生有法可依。学校及教师要在法律保障的范围内合理管理和管教学生，有效应对管教冲突，避免因管教学生事件而面临法律责任和道德风险。

三是推动学校形象的社会评价指标的不断修正。重新向社会阐释学校形象的现实定位，学校的教育教学工作是其主要职能，逐步弱化过高的社会预期，避免为迎合社会预期而扩大形象偏差。完善教育行政部门内部的监督标准，合理根据学校的职能定位，依法依规对学校进行监督。

（3）学校针对利益方，首先要努力降低形象偏差度。

一是争取利益方的满意：获得学生的满意，倡导学生参与学校的教育教学，推行学校服务标准化管理；争取获得家长的满意，加强学校与家长之间的沟通交流，及时了解家长的反馈信息，改进学校教育教学管理和服务；争取获得教师的满意，关心教师的工作和生活，关注教师的成长和发展。

二是加强与利益方的沟通，以客户关系管理为基础，通过信任管理，形成长期的信任关系：加强学校与学生间的沟通，学生群体的差异化特征导致学生群体的需求多元化，学校要不断了解学生的多元需求，持续改进学校的教育教学管理和服务，在有限的资源下尽可能地满足学生的要求，消除误会，并努力争取学生的理解和配合；加强学校与家长间的沟通，了解家长对学校教育教学管理和服务方面的需求，持续改进学校的教育教学管理和服务，消除家长误会，努力争取家长的支持和配合；加强学校与教师间的沟通，及时了解教师在工作生活等方面的需求，努力为教师提供优质的教育教学环境，消除教师与学校间的误会，努力争取教师对学校工作的支持和配合。

B.10
民航形象危机应对研究报告

中国人民大学危机管理研究中心课题组 *

摘 要：

民航形象危机的风险项由六部分构成：（1）起飞问题，（2）飞行问题，（3）机票问题，（4）管理问题，（5）服务问题，（6）公共关系。并细化为 29 个风险要素，形成"风险地图"。当前，针对"形象危机度"与"社会责任事故率"的分析表明，机票问题、服务问题、公共关系问题最突出。建议：针对飞行问题等风险项的"形象蒙冤"问题，做好"善解冤"；针对起飞问题等风险项的"形象死亡"问题，做好"重点改"；针对形象偏差度与多元评委关系，并结合"风险地图"等规律，做好"全面防"。

关键词：

民航 形象危机

一 民航形象危机情况综述

（一）民航形象危机综述

民航形象危机是中国人民大学危机管理研究中心"民航形象研究基地"课题组对由民航提供服务而产生的对民航形象具有恶劣影响类问题的总称。

民航形象危机涉及行业多个层面。民航"形象危机"主要涉及六大类型，

---

* 课题负责人：唐钧、史一棋、侯允山；课题组员：中国人民大学危机管理研究中心课题组成员。

分别为："机票问题""起飞问题""飞行问题""管理问题""服务问题"和"公共关系"。

（二）民航形象风险项分析与"风险地图"

1. 风险项分析

（1）机票问题。

机票问题是指乘客从购买机票到乘坐飞机到达目的地之间所有关于机票的问题。我们把机票问题分为五个风险要素，分别为：机票超售、机票改签收费、机票高价（涨价）、机票退票和机票诈骗。

（2）起飞问题。

飞行问题主要是指乘客从登机到起飞之间的过程中所出现的问题。在这部分中我们按照风险的类别项将其分为六个影响飞机起飞的风险要素，分别为：乘客原因、飞机故障、工作人员操作不当、乘客拒载、空中管制、天气状况。

（3）飞行问题。

飞行问题是指在飞机离开滑道进入空中飞行以及在空中飞行的整个过程中所出现的问题。我们把飞行问题分为两个部分，一个是飞机，另一个是天气。根据这两个部分，我们把飞机在飞行过程中所可能出现的影响民航形象危机的风险要素分为七个，分别为：乘客原因导致返航或迫降，机械故障导致返航或返航，停飞，空难，乘客受伤，恐吓、劫机，自然原因导致返航或迫降。

（4）服务问题。

服务问题一般是通过民航公司的服务态度和是否便利于乘客两个维度测量的，我们把这两个维度细化分为三个指标来进行测量（三个风险项），它们分别为机场购物或消费过高、机场交通、收费价格。

（5）管理问题。

管理问题是指民航公司对一些公共性服务的管理，我们将其分为五个风险项，分别为乘务招聘、机场建设、机场治安、偷渡问题、托运物品丢失或受损。

（6）公共关系。

公共关系是指民航公司与社会之间的关系，在这里用民航与乘客、媒体和

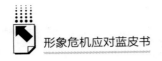

民众三种关系来测量民航公司与社会之间的关系。

2. "风险地图"

表1　民航形象危机的"风险地图"

风险项	风险要素
1 起飞问题	1.1 乘客拒载影响飞机起飞 1.2 乘客原因影响飞机起飞 1.3 飞机故障影响飞机起飞 1.4 工作人员操作不当影响飞机起飞 1.5 空中管制影响飞机起飞 1.6 天气状况不利于飞机起飞
2 飞行问题	2.1 乘客受伤 2.2 乘客原因导致返航或迫降 2.3 机械故障导致返航或迫降 2.4 空难 2.5 恐吓、劫机 2.6 停飞 2.7 自然原因导致返航或迫降
3 机票问题	3.1 机票超售 3.2 机票改签收费 3.3 机票高价 3.4 机票退票 3.5 机票诈骗
4 管理问题	4.1 乘务招聘 4.2 机场建设 4.3 机场治安 4.4 偷渡问题 4.5 托运物品丢失或受损
5 服务问题	5.1 机场购物或消费过高 5.2 机场交通 5.3 收费价格
6 公共关系	6.1 乘客关系 6.2 媒体关系 6.3 噪音扰民

二　民航"形象危机度"省市排名

"社会责任事故"是导致民航"形象危机"的主要原因，是指民航自己负有责任，违法违规并已经造成恶劣后果和社会影响的危机事件。

据课题组统计，"社会责任事故"已经占到民航形象危机总数的54%。在全国民航"形象危机度"的省市排名中，第一名为北京市5.40%，第二名为广东省4.90%，第三名为云南省3.40%。

表2 民航"形象危机度"省市排名

单位：%

等 级	排 名	省 份	"形象危机度"
高危≥30	暂无		
中危10~29	暂无		
低危<10	1	北 京	5.40
	2	广 东	4.90
	3	云 南	3.40
	4	深 圳	2.90
	5	湖 北	2.50
		天 津	2.50
		浙 江	2.50
	8	福 建	2.00
		黑龙江	2.00
		山 东	2.00
		上 海	2.00
		新 疆	2.00
	13	河 北	1.50
		江 苏	1.50
	15	贵 州	1.00
		海 南	1.00
		四 川	1.00
	18	安 徽	0.50
		甘 肃	0.50
		河 南	0.50
		湖 南	0.50
		江 西	0.50
		辽 宁	0.50
		南 京	0.50
		厦 门	0.50
		山 西	0.50
		陕 西	0.50

注：数据来源于中国人民大学危机管理研究中心"2013年民航形象危机典型案例库"，时间段为2013年1月1日至2013年12月31日；不含港澳台；具有此类研究方法的相应误差。表3~表9的数据来源与之相同，以下不一一列出。

（一）民航"形象死亡"情况省市排名

据课题组统计，在全国民航"形象死亡率"的省市排名中，黑龙江省和山西省的"形象死亡率"并列第一名，为50.00%，北京市、河南省、湖北省并列第三名，为33.00%，云南省排第6名，为31.00%。具体统计见表3。

表3 民航"形象死亡"情况省市排名

单位：%

排　名	省　份	"形象死亡率"
1	黑龙江	50.00
	山　西	50.00
3	北　京	33.00
	河　南	33.00
	湖　北	33.00
6	云　南	31.00
7	深　圳	30.00
	天　津	30.00
9	江　苏	29.00
10	江　西	25.00
11	广　东	23.00
12	贵　州	20.00
	河　北	20.00
	浙　江	20.00
15	福　建	11.00
16	上　海	9.00
17	山　东	8.00

（二）民航"形象受损"情况省市排名

据课题组统计，在全国民航"形象受损率"的省市排名中，安徽省、甘肃省并列第一，"形象受损率"为100.00%，其次是新疆维吾尔自治区和广东省，分别居于第三和第四名。从总体上看，全国大多数省市都有"形象受损"的情况出现，具体统计见表4。

表4 民航"形象受损"情况省市排名

单位：%

排　名	省　份	"形象受损率"
1	安　徽	100.00
	甘　肃	100.00
	厦　门	100.00
3	新　疆	66.00
4	广　东	53.00
5	辽　宁	50.00
	陕　西	50.00
	深　圳	50.00
8	江　苏	42.00
9	四　川	40.00
	浙　江	40.00
11	福　建	33.00
	湖　北	33.00
	山　东	33.00
14	北　京	28.00
15	上　海	27.00
16	海　南	25.00
17	贵　州	20.00
	河　北	20.00
	天　津	20.00
20	云　南	18.00
21	黑龙江	16.00
	湖　南	16.00
	重　庆	16.00

（三）民航"形象蒙冤"情况省市排名

据课题组统计，在全国民航，"形象蒙冤率"的省市排名中，吉林省、内蒙古自治区、宁夏回族自治区并列第一，"形象蒙冤率"达100.00%。其次为湖南省和重庆市，并列第四，"形象蒙冤率"为83.00%，江西省为第六名，"形象蒙冤率"为75.00%。具体统计见表5。

表5　民航"形象蒙冤"情况省市排名

单位：%

排　名	省　份	"形象蒙冤率"
1	吉　林	100.00
	内蒙古	100.00
	宁　夏	100.00
4	湖　南	83.00
	重　庆	83.00
6	江　西	75.00
7	河　南	66.00
8	上　海	63.00
9	海　南	62.50
10	贵　州	60.00
	河　北	60.00
	四　川	60.00
13	山　东	58.00
14	辽　宁	50.00
	山　西	50.00
	陕　西	50.00
	天　津	50.00
	云　南	50.00
19	福　建	44.00
20	江　苏	37.50
21	广　西	33.00
	黑龙江	33.00
	湖　北	33.00
24	广　东	30.00
25	浙　江	30.00
26	北　京	28.00
27	新　疆	16.00

三　民航形象危机应对指南

（一）"善解冤"：妥善解决"形象蒙冤"问题

全国民航"形象蒙冤率"已经达到46%，风险项的"形象蒙冤率"排名统计见表6。

表6 民航形象风险项"形象蒙冤率"排名统计

单位：%

排　　名	风险项	"形象蒙冤率"
1	起飞问题	59.00
2	飞行问题	52.00
3	服务问题	42.00
4	管理问题	37.00
5	机票问题	34.00
6	公共关系	21.00

据课题组统计，在全国民航"形象蒙冤"的风险项排名中，"起飞问题"和"飞行问题"占的比率最大，分别位于排名的第一和第二名。由此我们可知在今后的工作中应该在"起飞问题"和"飞行问题"改正一下方法和透明度，使大众得以理解工作的目的和动机。

（二）"重点改"：重点改善"社会责任事故"与"形象死亡"问题

在民航的"形象危机"问题中，"社会责任事故"和"形象死亡"问题已经成为最大的也是我们必须解决的一个问题。根据数据可得总计"社会责任事故率"为45.00%。其中风险项"服务问题"中"社会责任事故率"高达58.00%。这向我们说明了我们在民航的服务问题中还要加大努力。

表7 民航形象风险项的"社会责任事故率"排名统计

单位：%

排　　名	风险项	"社会责任事故率"
1	机票问题	61.00
2	服务问题	58.00
3	公共关系	57.00
4	飞行问题	43.00
5	起飞问题	38.00
6	管理问题	26.00

401

据课题组统计，在全国民航"社会责任事故率"省市排名中，有 2 个省市的事故案例全为"社会责任事故"；另外统计结果还显示，有 11 个省市的"社会责任事故率"过半。具体统计见表 8。

表 8　民航"社会责任事故率"省市排名

单位：%

等　级	排　名	省　份	"社会责任事故率"
高危≥90	1	安　徽	100.00
		甘　肃	100.00
中危 60~89	3	广　东	69.00
	4	黑龙江	66.00
	4	新　疆	66.00
	6	河　北	60.00
低危<60	7	江　苏	57.00
	8	北　京	52.00
	9	辽　宁	50.00
		山　西	50.00
		陕　西	50.00
		天　津	50.00
		浙　江	50.00
	14	福　建	44.00
	15	云　南	43.00
	16	湖　北	41.00
	17	贵　州	40.00
		四　川	40.00
	19	上　海	36.00
	20	河　南	33.00
		山　东	33.00
	22	海　南	25.00
		江　西	25.00
	24	重　庆	16.00
	25	湖　南	8.00

全国民航"形象死亡率"已经达到20%，民航形象风险项"形象死亡率"排名统计见表9。

表9　民航形象风险项"形象死亡率"排名统计

单位：%

排　名	风险项	"形象死亡率"
1	起飞问题	34.00
2	飞行问题	33.00
3	服务问题	11.00
4	公共关系	7.00
5	管理问题	7.00
6	机票问题	0.00

据课题组统计，在全国民航形象风险项的"形象死亡率"排名中，"起飞问题"和"飞行问题"分别居于前两位。

（三）"全面防"：全面防范"风险地图"中各风险要素

1. 内部：　纠正形象偏差度

表10　社会对民航的社会预期

形象预期目的	社会形象预期描述
预期1：准点到达	要求飞机准点到达
预期2：优质服务、国际赔偿标准	服务周到、满足乘客要求、提供优质服务
预期3：物美价廉	机场提供物美价廉的消费品

表11　社会对民航的形象偏差度

社会的形象预期	实际职能定位
预期1：准点到达	安全第一
预期2：整体优质服务，国际赔偿标准	涉及的管理职能多，现阶段实施国际赔偿标准时机还不成熟
预期3：物美价廉	市场经济、稀缺市场的竞争

2. 中间：进行风险管理

表12 全国民航形象风险项的"社会责任事故率"排名统计

单位：%

等 级	风险项	"社会责任事故率"	排 名
中危60~89	机票问题	61.00	1
低危<60	服务问题	58.00	2
	公共关系	57.00	3
	飞行问题	43.00	4
	起飞问题	38.00	5
	管理问题	26.00	6

注：数据来源于中国人民大学危机管理研究中心"2013年省市形象危机典型案例库"，时间段为2013年1月1日至2013年12月31日；不含港澳台；具有此类研究方法的相应误差。

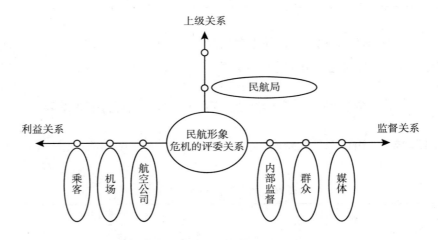

图1 民航形象危机的评委关系图

3. 外部：依托评委关系

（1）民航针对上级，要努力做好"两方面"工作。

根据《中华人民共和国民用航空法》以及相关政策法规进行重点整改，加强工作人员的业务培训和服务教育，落实民航主管部门的职责。强化管理，同时依据《中国民用航空旅客、行李国内运输规则》《关于航空运输服务方面罚款的暂行规定》等规章加强服务方面的工作，明确机场、航空公司以及代理企业之间的服务内容与范围，促进相互之间的交流与协作，形成大民航、泛关联的服务体系。

（2）民航针对监督方，要努力做好"两方面"工作。

第一，针对突出的风险问题进行清理整顿，尽量避免机场治安问题、机票超售问题、空难事故、机场购物和消费过高等十大形象危机行为，并建立完善的应急预案。同时，要及时消除天气造成航班延误等不可抗拒因素导致形象负面影响，增强解释的力度，坚决杜绝对负面影响无作为。

第二，多方面沟通，增强民航服务的透明度，让监督方评委了解民航的实际情况。一方面，明确各部门的管辖范围与职责，在乘客与媒体中树立民航系统保障安全为先的形象，引导公众对民航的评价与监督由整体转向针对各部门；另一方面，加强对民航实际状况的宣传，介绍目前发展所面临的困境，并努力让公众知晓民航产业正逐步向国际化标准靠拢，理解地面、空中的各项管理服务实施。

（3）民航针对利益方，要努力做好"三方面"工作。

第一，积极争取乘客满意。完善对应急问题的处理方案，逐步改善民航延误补偿措施，推行航班延误保险制度。在保障秩序的前提下，提高机场服务水平，提高机场服务意识，降低乘客的消费成本。

第二，开展信任管理，规避高风险行为，对产生恶劣后果的风险行为，特别是天气等不可抗拒因素导致的延误问题，要加强解释的力度。通过生动的形式逐步提高乘客对飞机安全的认知程度，从而开展针对民航整体的信任管理。

第三，加强公共关系建设，注重提高服务质量，增进相互理解，在突发公共事件时，对乘客群体中的正面情绪进行放大，多做解释工作，在不违反法律的前提下，以服务手段为主要的解决方式，尽量避免采用强制手段。

B.11
民政工作形象危机应对研究报告

中国人民大学危机管理研究中心课题组*

摘　要：

民政工作形象危机的风险项由六部分构成：（1）基本生活救助工作，（2）福利机构管理，（3）殡葬管理，（4）婚姻登记，（5）福利彩票管理，（6）救灾工作。并细化为 17 个风险要素，形成"风险地图"。当前，针对"形象危机度"与"社会责任事故率"的分析表明，"虐待服务对象""非法牟利""管理人员腐败"问题最突出。建议：针对"最富低保户问题"等风险要素的"形象蒙冤"问题，做好"善解冤"；针对"虐待服务对象"等风险要素的"形象死亡"问题，做好"重点改"；针对形象偏差度与多元评委关系，并结合"风险地图"等规律，做好"全面防"。

关键词：

民政工作　形象危机

一　民政工作形象危机情况综述

（一）民政工作形象危机综述

民政工作是指政府机关以人民群众为对象，进行的与人民群众切身利益密切相关的具有社会性、政治性的为民施政的国内社会行政管理。中国人民大学危机管理研究中心"民政工作形象研究基地"课题组将政府在民政工作中因工作

---

* 负责人：唐钧、史一棋、鲍晨波。课题成员：中国人民大学危机管理研究中心课题组成员。

失误或失责而产生的对省市形象具有不利影响的问题称为民政工作形象危机。

民政工作形象危机涉及多行业多领域，民政工作形象危机研究领域主要包括基本生活救助工作、福利机构管理、殡葬管理、婚姻登记、福利彩票管理和救灾工作 6 大风险项，下属 17 个风险要素。

（二）民政工作形象风险项分析与风险地图

1. 风险项分析

（1）基本生活救助工作指民政部门在低保申请、资格认证、发放等方面的相关工作。

（2）福利机构管理指民政部门在福利机构建设和管理方面的管理工作。

（3）殡葬管理指民政部门在墓地建造、墓葬费用以及殡葬程序方面的管理工作。

（4）婚姻登记指民政部门在服务登记婚姻方面的工作。

（5）福利彩票管理指民政部门在福利彩票方面的管理工作。

（6）救灾工作指民政部门在救灾中对物资的管理工作。

2. 风险地图

表 1　民政工作形象危机"风险地图"

风险项	风险要素
1 基本生活救助工作	1.1 官员及亲属骗保
	1.2 死人吃低保
	1.3 最富低保户问题
	1.4 冒领、贪污、截留、挪用低保资金
	1.5 设置违规领取条件
	1.6 贫困户申请低保难
2 福利机构管理	2.1 虐待服务对象
	2.2 非法牟利
	2.3 建设标准不规范
3 殡葬管理	3.1 高价墓、违规出售公墓
	3.2 管理人员腐败
	3.3 遗体管理不善
	3.4 殡葬黑中介
	3.5 殡仪馆乱收费
4 婚姻登记	4.1 婚姻登记乱收费
5 福利彩票管理	5.1 福利彩票管理混乱
6 救灾工作	6.1 救灾物资管理不规范

二 民政工作"形象危机度"省市排名

据课题组统计，在民政工作"形象危机度"省市排名中，位列"形象危机度"前三名的分别是广东省9.59%、安徽省8.22%、湖南省6.85%，见表2。

表2 民政工作"形象危机度"省市排名

单位：%

等 级	排 名	省 份	"形象危机度"
高危≥30		暂 无	
中危10～29		暂 无	
低危＜10	1	广 东	9.59
	2	安 徽	8.22
	3	湖 南	6.85
	4	湖 北	5.48
		陕 西	5.48
		山 东	5.48
	7	海 南	4.11
		四 川	4.11
	9	甘 肃	2.74
		河 南	2.74
		北 京	2.74
		浙 江	2.74
	13	广 西	1.37
		江 苏	1.37
		河 北	1.37
		云 南	1.37
		新 疆	1.37
		重 庆	1.37
		黑龙江	1.37
		贵 州	1.37
		吉 林	1.37
	22	福 建	0.00
		上 海	0.00
		内蒙古	0.00
		辽 宁	0.00
		江 西	0.00

等　级	排　名	省　份	"形象危机度"
低危 < 10	22	天　津	0.00
		山　西	0.00
		青　海	0.00
		宁　夏	0.00
		西　藏	0.00

注：数据来源于中国人民大学危机管理研究中心"2013 年民政工作形象危机典型案例库"，时间段为 2013 年 1 月 1 日至 2013 年 12 月 31 日；不含港澳台；具有此类研究方法的相应误差。表 3 ～表 8 的数据来源与之相同，以下不一一列出。

（一）民政工作"形象死亡"情况省市排名

据课题组统计，在民政工作"形象死亡"情况省市排名中，并列"形象死亡率"第一名的是黑龙江省、吉林省，为 100.00%，甘肃省排第三，为 66.67%，见表 3。

表 3　民政工作"形象死亡"情况省市排名

单位：%

排　名	省　份	"形象死亡率"
1	黑龙江	100.00
	吉　林	100.00
3	甘　肃	66.67
4	湖　南	60.00
5	江　苏	50.00
6	安　徽	42.86
7	山　东	40.00
8	广　东	37.50
9	北　京	33.33
10	海　南	20.00
	湖　北	20.00
	四　川	20.00
	浙　江	20.00
14	陕　西	16.67

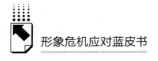

排　名	省　份	"形象死亡率"
15	福　建	0.00
	广　西	0.00
	贵　州	0.00
	河　北	0.00
	河　南	0.00
	江　西	0.00
	辽　宁	0.00
	内蒙古	0.00
	宁　夏	0.00
	青　海	0.00
	山　西	0.00
	上　海	0.00
	天　津	0.00
	西　藏	0.00
	新　疆	0.00
	云　南	0.00
	重　庆	0.00

（二）民政工作"形象受损"情况省市排名

据课题组统计，在民政工作"形象受损"情况省市排名中，并列"形象受损率"第一名的是广西壮族自治区、贵州省、河北省、河南省、新疆维吾尔自治区和重庆市，为 100.00%，见表 4。

表 4　民政工作"形象受损"情况省市排名

单位：%

排　名	省　份	"形象受损率"
1	广　西	100.00
	贵　州	100.00
	河　北	100.00
	河　南	100.00
	新　疆	100.00
	重　庆	100.00

续表

排　名	省　份	"形象受损率"
7	陕　西	66.67
8	广　东	62.50
9	海　南	60.00
	湖　北	60.00
11	安　徽	57.14
12	云　南	50.00
13	湖　南	40.00
	山　东	40.00
	四　川	40.00
	浙　江	40.00
17	甘　肃	33.33
	北　京	33.33
19	黑龙江	0.00
	吉　林	0.00
	江　苏	0.00
	福　建	0.00
	江　西	0.00
	辽　宁	0.00
	内蒙古	0.00
	宁　夏	0.00
	青　海	0.00
	山　西	0.00
	上　海	0.00
	天　津	0.00
	西　藏	0.00

（三）民政工作"形象蒙冤"情况省市排名

据课题组统计，在民政工作"形象蒙冤"情况省市排名中，位于"形象蒙冤率"前几位的是云南省50.00%、江苏省50.00%、四川省40.00%和浙江省40.00%，见表5。

表5 民政工作"形象蒙冤"情况省市排名

单位：%

排 名	省 份	"形象蒙冤率"
1	云 南	50.00
1	江 苏	50.00
3	四 川	40.00
3	浙 江	40.00
5	北 京	33.33
6	海 南	20.00
6	湖 北	20.00
6	山 东	20.00
9	陕 西	16.67
10	广 西	0.00
10	贵 州	0.00
10	河 北	0.00
10	河 南	0.00
10	新 疆	0.00
10	重 庆	0.00
10	广 东	0.00
10	安 徽	0.00
10	湖 南	0.00
10	甘 肃	0.00
10	黑龙江	0.00
10	吉 林	0.00
10	福 建	0.00
10	江 西	0.00
10	辽 宁	0.00
10	内蒙古	0.00
10	宁 夏	0.00
10	青 海	0.00
10	山 西	0.00
10	上 海	0.00
10	天 津	0.00
10	西 藏	0.00

三　民政工作形象危机应对指南

（一）"善解冤"：妥善解决"形象蒙冤"问题

"形象蒙冤"指政府的形象在危机事件中被不当扭曲，即蒙受冤屈。

"善解冤"是指民政部门在应对形象危机中，在了解主要产生"形象蒙冤"的风险要素的基础上，从制度设计和工作调整方面做出努力。

民政工作形象风险要素"形象蒙冤率"排名统计见表6。

表6　民政工作形象风险要素"形象蒙冤率"排名统计

单位：%

排　名	风险要素	"形象蒙冤率"
1	最富低保户问题	75.00
2	高价墓、违规出售公墓	40.00
3	贫困户申请低保难	33.33
	建设标准不规范	33.33
	福利彩票管理混乱	33.33
6	冒领、贪污、截留、挪用低保资金	0.00
	官员及亲属骗保	0.00
	虐待服务对象	0.00
	婚姻登记乱收费	0.00
	死人吃低保	0.00
	殡葬黑中介	0.00
	殡仪馆乱收费	0.00
	救灾物资管理不规范	0.00
	设置违规领取条件	0.00
	非法牟利	0.00
	管理人员腐败	0.00
	遗体管理不善	0.00

（二）"重点改"：重点改善"社会责任事故"与"形象死亡"问题

"社会责任事故"是导致省市形象危机的主因，指省市政府等责任主体负有主要责任并造成恶劣后果和社会影响的危机事件；"形象死亡"指满足触犯刑法、破坏公信力或造成恶劣社会影响情形之一的危机事件。"重点改"是指民政部门在应对形象危机中，要从这些容易产生严重后果的领域和工作出发，集中力量解决与百姓生活和民政工作形象息息相关的问题。

据课题组统计，在全国民政工作"社会责任事故率"省市排名中，并列"社会责任事故率"第一名的是贵州省、河南省、新疆维吾尔自治区、重庆市、湖南省、黑龙江省和吉林省，为100.00%，见表7。

表7　民政工作"社会责任事故率"省市排名

单位：%

等　级	排　名	省　份	"社会责任事故率"
高危≥90	1	贵　州	100.00
		河　南	100.00
		新　疆	100.00
		重　庆	100.00
		湖　南	100.00
		黑龙江	100.00
		吉　林	100.00
中危60~89	8	广　东	87.50
	9	安　徽	85.71
	10	湖　北	80.00
		山　东	80.00
	12	北　京	66.67
		陕　西	66.67
		甘　肃	66.67
	15	四　川	60.00
		海　南	60.00
低危<60	17	云　南	50.00
		江　苏	50.00
		河　北	50.00
	20	浙　江	40.00
	21	广　西	33.33
	22	福　建	0.00
		江　西	0.00
		辽　宁	0.00
		内蒙古	0.00
		宁　夏	0.00
		青　海	0.00
		山　西	0.00
		上　海	0.00
		天　津	0.00
		西　藏	0.00

据课题组统计，全国民政工作的"形象死亡"案例数量已占到其形象危机总数的30.14%，全国民政工作形象风险要素"形象死亡率"排名统计见表8。

表8 民政工作形象风险要素"形象死亡率"排名统计

单位：%

排 名	风险要素	"形象死亡率"
1	虐待服务对象	100.00
	非法牟利	100.00
	管理人员腐败	100.00
4	冒领、贪污、截留、挪用低保资金	50.00
	设置违规领取条件	50.00
6	官员及亲属骗保	42.86
7	婚姻登记乱收费	25.00
8	救灾物资管理不规范	40.00
9	福利彩票管理混乱	16.67
10	高价墓、违规出售公墓	10.00
11	最富低保户问题	0.00
	贫困户申请低保难	0.00
	建设标准不规范	0.00
	死人吃低保	0.00
	殡葬黑中介	0.00
	殡仪馆乱收费	0.00
	遗体管理不善	0.00

（三）"全面防"：全面防范风险地图中各风险要素

"全面防"是指民政部门在应对形象危机中，需要从内部、中间和外部同时出发，考虑到影响民政工作形象的各类风险要素，全面做好防范工作。

1. 内部：纠正形象偏差度

（1）民政工作形象偏差度。

形象偏差度，是指主体的形象状况与评价方预期之间的差距。形象偏差度是客观判断（违法违规属于客观评判）与主观判断（预期设置、责任追查是否到位等属于主观评判）相结合的过程。

表9　社会对民政工作的形象预期

形象预期项目	社会形象预期的描述
预期1：积极服务	认真主动地做好低保、福利机构、婚姻登记等管理和服务,积极回应社会需求
预期2：严格执法	严格履行民政部门的法定义务,切实做好殡葬、福利、救灾等工作

表10　社会对民政工作的形象偏差度

社会的形象预期	实际的职能定位	偏差度
预期1：积极服务	积极回应社会需求、做好服务工作,不搞特权	偏差度较大
预期2：严格执法	履行法定义务,做好本职工作	偏差度中等

（2）民政工作形象危机的防治：纠正形象偏差度。

第一,完善立法,强调权责一致,坚决打击不作为、乱作为行为;加强对民政工作的监督和审查工作,鼓励社会与公众参加到民政工作之中。

第二,加快关于民政职能的立法工作,尤其在一些执法盲点、薄弱环节需要用规范化的方法防止工作人员的不作为。

2. 中间：进行风险管理

据课题组统计,全国民政工作形象风险项"社会责任事故率"排名统计见表11。

表11　民政工作形象风险项"社会责任事故率"排名统计

单位：%

等　级	排　名	风险项	"社会责任事故率"
高危≥90	1	婚姻登记	100.00
中危60~89	2	殡葬管理	88.89
	3	福利彩票管理	83.33
	4	救灾工作	80.00
	5	基本生活救助工作	62.50
低危<60	6	福利机构管理	42.86
		总　计	57.70

注：数据来源于中国人民大学危机管理研究中心"2013年民政工作形象危机典型案例库",时间段为2013年1月1日至2013年12月31日;不含港澳台;具有此类研究方法的相应误差。表12的数据来源与之相同,以下省略。

全国民政工作形象风险要素"社会责任事故率"排名统计见表12。

表 12　民政工作形象风险要素"社会责任事故率"排名统计

单位：%

等　级	排　名	风险要素	"社会责任事故率"
高危≥90	1	设置违规领取条件	100.00
		虐待服务对象	100.00
		非法牟利	100.00
		管理人员腐败	100.00
		遗体管理不善	100.00
		殡葬黑中介	100.00
		殡仪馆乱收费	100.00
		婚姻登记乱收费	100.00
		救灾物资管理不规范	100.00
中危 60~89	10	冒领、贪污、截留、挪用低保资金	90.00
	11	官员及亲属骗保	71.43
	12	贫困户申请低保难	66.67
		福利彩票管理混乱	66.67
低危 <60	14	高价墓、违规出售公墓	50.00
	15	死人吃低保	33.33
	16	最富低保户问题	0.00
		建设标准不规范	0.00

3. 外部：依托评委关系

民政部门作为政府社会服务与管理的重要平台，起到了整合各方资源、密切联系内部行政环境与外部社会环境的作用。在政府内部，本级政府和上级民政部门是民政工作绩效考核的主要评定者；在政府外部，社会组织以及公民群众对民政工作的评判是民政工作形象的基础；此外，作为被管理者的福利院、殡仪馆等机构单位，在民政工作形象的塑造过程中也起到了重要作用。

民政工作的主要相关主体如图 1 所示。

就相关主体与民政部门的关系来看，主要分为上级关系、利益关系、监督关系三种类型，如图 2 所示。

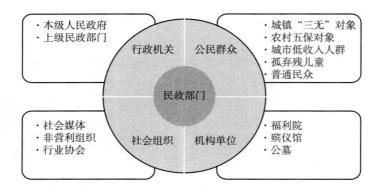

图1　民政工作的主要相关主体示意图

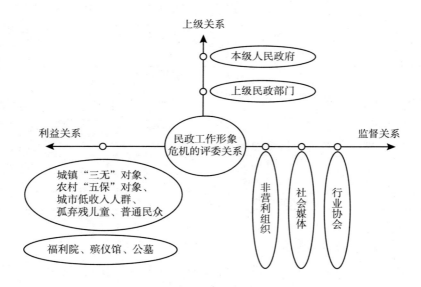

图2　民政工作形象危机的评委关系图

（1）上级关系。

上级关系的主体是指在政府内部对民政工作的形象起主要考察作用的行政机关，主要包括本级人民政府和上级民政部门。作为政府内部的评定机制，本级人民政府和上级民政部门对民政工作形象的考察，是从管理和危机应对两方面评估的。

在管理方面，考察民政部门对当地民政方针政策的贯彻落实情况，在改善民生、服务群众、管理社会、促进和谐等方面是否发挥了促进作用，这正面的、积极的形象考核。在危机应对方面，则是重点关注当地民政部门是否妥善处理与民政工作有关的投诉、矛盾纠纷等方面，这是负面的、消极的形象评估。

（2）利益关系。

利益关系的主体，是指在民政部门开展工作中，涉及利益分配、利益往来的相关主体。作为民政服务与管理对象的公民群众以及相关机构单位，其对民政工作形象的评价是建立在相互间的利益关系基础上的。

一方面，公民群众基于自身获取的民政服务，在民政服务的获取难易程度、社会救助水平、社会服务质量等方面形成主观的、综合的认识，进而评价民政工作形象。另一方面，福利院、殡仪馆、公墓等相关机构单位，则从财政资金的投入、管理机制的顺畅程度等方面对民政工作进行评价。

（3）监督关系。

监督关系的主体是指与民政部门没有直接利益关系，其社会行为、社会活动与民政工作息息相关的主体，主要包括社会媒体、非营利组织、行业协会。这类主体对民政工作形象的评价是以社会道德、公众价值、职业规划为标准的。

B.12

政府网站（含政务微博）形象危机应对研究报告

中国人民大学危机管理研究中心课题组[*]

摘　要：

政府网站（含政务微博）形象危机的风险项由信息公开问题、在线服务问题、网站安全问题三部分构成，并细化为 8 个风险要素，形成"风险地图"。当前，针对"形象危机度"与"社会责任事故率"的分析表明，信息公开问题、在线服务问题、网站安全问题最突出。建议：针对黑客攻击等风险要素的"形象蒙冤"问题，做好"善解冤"；针对信息失范等风险要素的"形象死亡"问题，做好"重点改"；针对形象偏差度与多元评委关系，并结合"风险地图"等规律，做好"全面防"。

关键词：

政府网站　政务微博　形象危机

一　政府网站（含政务微博）形象危机情况综述

政府网站是我国各级政府机关履行职能、面向社会提供服务的官方网站，是政府机关实现政务信息公开、服务企业和社会公众、互动交流的重要渠道。政务微博，是指中国政府部门推出的官方微博账户，力行"织博为民"。

政府网站（含政务微博）领域形象危机涉及 3 个风险项，8 个风险要素，形成"风险地图"，具体如表 1 所示。

---

[*] 课题负责人：唐钧、史一棋、常宇豪；课题成员：中国人民大学危机管理研究中心课题组成员。

表1　政府网站（含政务微博）形象危机的"风险地图"

风险项	风险要素
1 信息公开问题	1.1 信息低效
	1.2 信息失范
	1.3 信息缺失
2 在线服务问题	2.1 服务低效
	2.2 服务失范
	2.3 服务缺失
3 网站安全问题	3.1 安全漏洞
	3.2 黑客攻击

风险项"信息公开问题"是指政府网站（含政务微博）在提供各种政务信息时出现的问题，包括信息低效、信息失范和信息缺失三个风险要素。

风险项"在线服务问题"是指政府网站（含政务微博）在提供各种在线服务过程中出现的问题，包括服务低效、服务失范和服务缺失三个风险要素。

风险项"网站安全问题"是指政府网站（含政务微博）存在的安全问题，包括安全漏洞和黑客攻击两个风险要素。

二　政府网站（含政务微博）"形象危机度"省市排名

据课题组统计，在全国政府网站（含政务微博）"形象危机度"的省市排名中，位列"形象危机度"前三名的分别是四川省8.75%、江苏省5.00%、安徽省5.00%，见表2。

表2　政府网站（含政务微博）"形象危机度"省市排名

单位：%

等　级	排　名	省　份	"形象危机度"
高危≥30		暂　无	
中危10~29		暂　无	
低危<10	1	四　川	8.75
	2	江　苏	5.00
		安　徽	5.00
	4	广　东	3.75
		河　南	3.75

续表

等　级	排　名	省　份	"形象危机度"
低危＜10	6	北　京	2.50
		海　南	2.50
		辽　宁	2.50
		内蒙古	2.50
	10	河　北	1.25
		湖　北	1.25
		江　西	1.25
		山　东	1.25
		浙　江	1.25
		福　建	0.00
		甘　肃	0.00
		广　西	0.00
		贵　州	0.00
		黑龙江	0.00
		湖　南	0.00
		吉　林	0.00
		宁　夏	0.00
		青　海	0.00
		山　西	0.00
		陕　西	0.00
		上　海	0.00
		天　津	0.00
		西　藏	0.00
		新　疆	0.00
		云　南	0.00
		重　庆	0.00

　　注：数据来源于中国人民大学危机管理研究中心"2013年政府网站（含政务微博）形象危机典型案例库"，时间段为2013年1月1日至2013年12月31日；不含港澳台；具有此类研究方法的相应误差。表3～表8的数据来源与之相同，以下不一一列出。

　　课题组将省市形象危机进行细化研究，可分解为"形象死亡""形象受损"和"形象蒙冤"三个维度，这三个维度是省市"形象危机度"的有机组成部分。

　　而作为衡量省市形象危机的量化指标，省市的"形象危机度"也可以分解为"形象死亡率""形象受损率"和"形象蒙冤率"三个指标。

（一）政府网站（含政务微博）"形象死亡"情况省市排名

据课题组统计，政府网站（含政务微博）"形象死亡"情况省市排名，见表3。

表3 政府网站（含政务微博）"形象死亡"情况省市排名

单位：%

排 名	省 份	"形象死亡率"
1	内蒙古	100.00
	江 西	100.00
	山 东	100.00
4	河 南	66.67
5	北 京	50.00
6	安 徽	37.50
7	辽 宁	33.33
8	四 川	12.50
9	广 东	0.00
	海 南	0.00
	河 北	0.00
	湖 北	0.00
	江 苏	0.00
	浙 江	0.00
	福 建	0.00
	甘 肃	0.00
	广 西	0.00
	贵 州	0.00
	黑龙江	0.00
	湖 南	0.00
	吉 林	0.00
	宁 夏	0.00
	青 海	0.00
	山 西	0.00
	陕 西	0.00
	上 海	0.00
	天 津	0.00
	西 藏	0.00
	新 疆	0.00
	云 南	0.00
	重 庆	0.00

（二）政府网站（含政务微博）"形象受损"情况省市排名

据课题组统计，政府网站（含政务微博）"形象受损"情况省市排名，见表4。

表4　政府网站（含政务微博）"形象受损"情况省市排名

单位：%

排　名	省　份	"形象受损率"
1	河　北	100.00
	江　苏	100.00
	新　疆	100.00
	浙　江	100.00
5	四　川	75.00
6	海　南	66.67
7	北　京	50.00
	广　东	50.00
9	河　南	33.33
	湖　北	33.33
	辽　宁	33.33
12	安　徽	25.00
13	江　西	0.00
	内蒙古	0.00
	山　东	0.00
	福　建	0.00
	甘　肃	0.00
	广　西	0.00
	贵　州	0.00
	黑龙江	0.00
	湖　南	0.00
	吉　林	0.00
	宁　夏	0.00
	青　海	0.00
	山　西	0.00
	陕　西	0.00
	上　海	0.00
	天　津	0.00
	西　藏	0.00
	云　南	0.00
	重　庆	0.00

（三）政府网站（含政务微博）"形象蒙冤"情况省市排名

据课题组统计，政府网站（含政务微博）"形象蒙冤"情况省市排名，见表5。

表5 政府网站（含政务微博）"形象蒙冤"情况省市排名

单位：%

排　名	省　份	"形象蒙冤率"
1	湖　南	100.00
	陕　西	100.00
3	湖　北	66.67
4	广　东	50.00
5	安　徽	37.50
6	海　南	33.33
	辽　宁	33.33
8	四　川	12.50
9	北　京	0.00
	河　南	0.00
	河　北	0.00
	江　苏	0.00
	浙　江	0.00
	新　疆	0.00
	江　西	0.00
	内蒙古	0.00
	山　东	0.00
	福　建	0.00
	甘　肃	0.00
	广　西	0.00
	贵　州	0.00
	黑龙江	0.00
	吉　林	0.00
	宁　夏	0.00
	青　海	0.00
	山　西	0.00
	上　海	0.00
	天　津	0.00
	西　藏	0.00
	云　南	0.00
	重　庆	0.00

三 政府网站（含政务微博）形象危机应对指南

（一）"善解冤"：妥善解决"形象蒙冤"问题

表6 政府网站（含政务微博）形象风险要素"形象蒙冤率"排名统计

单位：%

排名	风险要素	"形象蒙冤率"
1	黑客攻击	94.44
2	服务失范	20.00
3	信息低效	0.00
	信息失范	0.00
	信息缺失	0.00
	服务低效	0.00
	服务缺失	0.00
	安全漏洞	0.00

（二）"重点改"：重点改善"社会责任事故"与 "形象死亡"问题

据课题组统计，在政府网站（含政务微博）"社会责任事故率"省市排名中，并列"社会责任事故率"第一名的是北京市、河北省、河南省、江苏省、江西省、内蒙古自治区、山东省、浙江省，为100.00%，见表7。

表7 政府网站（含政务微博）"社会责任事故率"省市排名

单位：%

等 级	排 名	省 份	"社会责任事故率"
高危≥90	1	北 京	100.00
		河 北	100.00
		河 南	100.00
		江 苏	100.00
		江 西	100.00
		内蒙古	100.00
		山 东	100.00
		浙 江	100.00

续表

等　级	排　名	省　份	"社会责任事故率"
中危 60~89	9	四　川	87.50
	10	海　南	66.67
		辽　宁	66.67
低危 <60	12	安　徽	50.00
		广　东	50.00
	14	湖　北	33.33
	15	湖　南	0.00
		陕　西	0.00
		新　疆	0.00
		福　建	0.00
		甘　肃	0.00
		广　西	0.00
		贵　州	0.00
		黑龙江	0.00
		吉　林	0.00
		宁　夏	0.00
		青　海	0.00
		山　西	0.00
		上　海	0.00
		天　津	0.00
		西　藏	0.00
		云　南	0.00
		重　庆	0.00

据课题组统计，政府网站（含政务微博）的"形象死亡"案例数量已占其形象危机总数的 16.25%，政府网站（含政务微博）形象风险要素"形象死亡率"排名统计见表8。

表8　政府网站（含政务微博）形象风险要素"形象死亡率"排名统计

单位：%

排　名	风险要素	"形象死亡率"
1	信息失范	40.00
2	服务缺失	37.50
3	信息缺失	33.33
4	信息低效	18.75
5	服务失范	13.33
6	服务低效	0.00
	黑客攻击	0.00
	安全漏洞	0.00

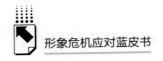

（三）"全面防"：全面防范风险地图中各风险要素

1. 内部：纠正形象偏差度

表9　社会对政府网站（含政务微博）的形象预期

形象预期项目	形象预期的描述
预期1. 国际化的标准：可触及、可升级、人性化	访问速度快捷，加载速度稳定，信息查询便捷，链接安全有效 能够及时升级，搭载更多服务 针对特殊人群（例如盲人）提供便利服务；保护用户隐私
预期2. 立体的功能：静态信息发布、双向互动交流沟通、简单的网上办事	按照《中华人民共和国政府信息公开条例》对涉及公民、法人或者其他组织切身利益等信息主动公开 开设公民参与板块同群众真诚交流，解答问题 提供网上政府高效服务，实现网上办事
预期3. 以用户为中心的动态政务办公	按照用户的生命周期、办事路径设置政府网站（含政务微博）的工作时间及内容 针对地区的文化特色和用户使用习惯，根据用户办事内容提供动态服务与数据参考

政府网站（含政务微博）的形象偏差可以概括为社会的电子政务办公预期与实际的信息公开职能的不匹配，具体偏差见表10。

表10　社会对政府网站（含政务微博）的形象偏差度

社会的形象预期	实际的职能定位
预期1：国际化的标准	以经济发展为中心，信息化服务于社会发展，政府网站（含政务微博）现有可支配资源难以达到国际标准
预期2：立体的功能	以信息发布为主，在优化完善此功能基础上，推进功能的提升
预期3：以用户为中心的动态政务办公	以行政为中心，在落实主管部门交办的事务基础上，满足能力范围之内的群众要求

2. 中间：进行风险管理

据课题组统计，政府网站（含政务微博）形象风险项"社会责任事故率"排名统计见表11。

表11　政府网站（含政务微博）形象风险项"社会责任事故率"排名统计

单位：%

等　级	排名	风险项	"社会责任事故率"
高危≥90	1	信息公开问题	96.55
中危60~89	2	在线服务问题	77.42
低危<60	3	网站安全问题	15.00

注：数据来源于中国人民大学危机管理研究中心"2013年政府网站（含政务微博）形象危机典型案例库"，时间段为2013年1月1日至2013年12月31日；不含港澳台；具有此类研究方法的相应误差。表12的数据来源与之相同，以下省略。

在政府网站（含政务微博）形象风险项之下，还有8个风险要素，对风险项进行细分。政府网站（含政务微博）形象风险要素"社会责任事故率"排名统计见表12。

表12　政府网站（含政务微博）形象风险要素"社会责任事故率"排名统计

单位:%

等　级	排名	风险要素	"社会责任事故率"
高危≥90	1	信息低效	100.00
		信息缺失	100.00
		安全漏洞	100.00
	4	信息失范	90.00
中危60~89	5	服务低效	87.50
	6	服务缺失	75.00
	7	服务失范	73.33
低危<60	8	黑客攻击	5.56

3. 外部：依托评委关系

上级评委对政府网站（含政务微博）的形象风险度评价主要关注相关政策规定的落实以及实际运营情况。

监督方评委对政府网站（含政务微博）的形象风险度评价主要关注外部直接指标，以政府网站（含政务微博）形象危机事件作为主要的监督点。

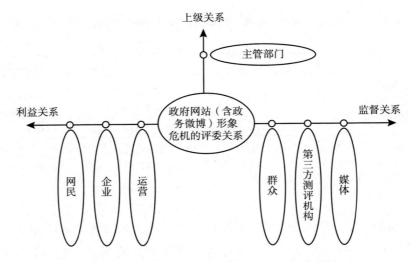

图1 政府网站（含政务微博）形象危机的评委关系图

利益方评委对政府网站（含政务微博）的形象风险度评价主要关注实际的使用，突出强调政府网站（含政务微博）的服务职能。

B.13
银行、保险、证券形象危机
应对研究报告

中国人民大学危机管理研究中心课题组 *

摘　要:

银行、保险、证券形象危机的风险项由五部分构成:(1)负责
人违法问题,(2)收费问题,(3)客户信息安全问题,(4)经
营问题,(5)监管问题。当前,针对"形象危机度"与"社会
责任事故率"的分析表明,客户信息安全问题、负责人违法问
题、监管问题最突出。建议:针对客户信息安全问题等风险项
的"形象蒙冤"问题,做好"善解冤";针对监管问题等风险
项的"形象死亡"问题,做好"重点改";针对形象偏差度与
多元评委关系,并结合"风险地图"等规律,做好"全面防"。

关键词:

银行　保险　证券　形象危机

一　银行、保险、证券形象危机情况综述

银行、保险、证券是金融体系的主体部分,是关系国民经济发展、社会稳
定和政府管理的头等大事。银行、保险、证券行业的形象状况能直接反映出整
个金融体系的可靠性和危机性。所以中国人民大学危机管理研究中心"全国
银行、保险、证券形象研究基地"课题组专门就银行、保险、证券行业出现
的涉及行业形象的案例进行收集与研究,并对其中的形象危机状况进行分析与

---

* 课题负责人:唐钧、史一棋、李玮洁;课题成员:中国人民大学危机管理研究中心课题组成员。

思考。

银行、保险、证券形象危机由"负责人违法问题""收费问题""客户信息安全问题""经营问题""监管问题"5个风险项构成，并细化为17个风险要素，如表1所示。

表1　银行、保险、证券形象危机的风险地图

风险项	风险项描述	风险要素
1 负责人违法问题	针对银行、保险、证券责任人违法犯罪情况	1.1 挪用资金
		1.2 贪污腐败
		1.3 违规放贷
2 收费问题	针对银行、保险、证券提供服务过程中的不良收费情况	2.1 滥收费
		2.2 隐性收费
3 客户信息安全问题	针对银行、保险、证券提供服务过程中的信息安全情况	3.1 员工非法出售客户信息
		3.2 客户信息泄露
4 经营问题	针对银行、保险、证券在经营过程中存在的问题	4.1 服务问题
		4.2 违规经营
		4.3 歧视性经营
		4.4 理财不当
		4.5 强制或欺骗买保
		4.6 拒不理赔
		4.7 信息披露违规
		4.8 内幕交易
5 监管问题	针对银行、保险、证券监管系统出现的问题	5.1 价格监管问题
		5.2 财务造假

二　银行、保险、证券"形象危机度"省市排名

"社会责任事故"是导致全国银行、保险、证券形象危机的主要原因，是指银行、保险或证券公司自己负有责任，违法违规并已经造成恶劣后果和社会影响的危机事件。

据课题组统计，"社会责任事故"已经占到银行、保险、证券形象危机总数的68.95%。在全国银行、保险、证券"形象危机度"的省市排名

中，江苏省排第一，其次是北京市和广东省，并列第二，上海市排第四，具体见表2。

表2　银行、保险、证券"形象危机度"省市排名

单位：%

等　级	排　名	省　份	"形象危机度"
高危≥30		暂　无	
中危10～29		暂　无	
低危＜10	1	江　苏	5.65
	2	北　京	4.84
		广　东	4.84
	4	上　海	4.44
	5	重　庆	3.23
	6	山　东	2.82
	7	安　徽	2.42
	8	四　川	1.61
	9	天　津	1.21
		河　南	1.21
		湖　北	1.21
		浙　江	1.21
		福　建	1.21
		广　西	1.21
	15	吉　林	0.81
		辽　宁	0.81
		湖　南	0.81
		江　西	0.81
		山　西	0.81
		陕　西	0.81
	21	河　北	0.40
		青　海	0.40
		甘　肃	0.40
		宁　夏	0.40
	25	云　南	0.00
		贵　州	0.00
		新　疆	0.00
		西　藏	0.00
		内蒙古	0.00

　　注：数据来源于中国人民大学危机管理研究中心"2013年银行、保险、证券形象危机典型案例库"，时间段为2013年1月1日至12月19日；不含港澳台；具有此类研究方法的相应误差。表3～表8的数据来源与之相同，以下不一一列出。

课题组将省市形象危机进行细化研究，可分解为"形象死亡""形象受损"和"形象蒙冤"三个维度，这三个维度是省市"形象危机度"的有机组成部分。

而作为衡量省市形象危机的量化指标，省市的"形象危机度"也可以分解为"形象死亡率""形象受损率"和"形象蒙冤率"三个指标。

（一）银行、保险、证券"形象死亡"情况省市排名

据课题组统计，在全国范围内，银行、保险、证券"形象死亡率"最高的是安徽省，达到了50.00%，其次为浙江省，为37.50%，上海市排第三，为35.71%，具体统计见表3。

表3　银行、保险、证券"形象死亡"情况省市排名

单位：%

排　名	省　份	"形象死亡率"
1	安　徽	50.00
2	浙　江	37.50
3	上　海	35.71
4	湖　南	33.33
	广　西	33.33
6	湖　北	28.57
7	天　津	25.00
8	福　建	20.00
9	四　川	16.67
10	北　京	13.64
11	山　东	12.50
	重　庆	12.50
13	广　东	11.11
14	江　苏	10.00
15	黑龙江	0.00
	河　北	0.00
	宁　夏	0.00
	吉　林	0.00
	辽　宁	0.00
	河　南	0.00

排　名	省　份	"形象死亡率"
15	江　西	0.00
	云　南	0.00
	贵　州	0.00
	青　海	0.00
	甘　肃	0.00
	新　疆	0.00
	西　藏	0.00
	内蒙古	0.00
	山　西	0.00
	陕　西	0.00

（二）银行、保险、证券"形象受损"情况省市排名

据课题组统计，在全国范围内，银行、保险、证券"形象受损率"为100.00%的有8个省份，其次是重庆市，也高达87.50%，排第10名的是四川省，为83.33%，排第11名的是福建省和江苏省，为80.00%，并且全国有19个省份"形象受损率"超过了50%，具体统计见表4。

表4　银行、保险、证券"形象受损"情况省市排名

单位：%

排　名	省　份	"形象受损率"
1	吉　林	100.00
	辽　宁	100.00
	河　南	100.00
	江　西	100.00
	贵　州	100.00
	甘　肃	100.00
	山　西	100.00
	陕　西	100.00
9	重　庆	87.50
10	四　川	83.33
11	福　建	80.00
	江　苏	80.00

排　名	省　份	"形象受损率"
13	广　东	77.78
14	北　京	77.27
15	天　津	75.00
	山　东	75.00
17	广　西	66.67
18	上　海	57.14
	湖　北	57.14
20	浙　江	50.00
	青　海	50.00
22	安　徽	37.50
23	湖　南	33.33
24	黑龙江	0.00
	河　北	0.00
	宁　夏	0.00
	云　南	0.00
	新　疆	0.00
	西　藏	0.00
	内蒙古	0.00

（三）银行、保险、证券"形象蒙冤"情况省市排名

据课题组统计，在全国范围内，银行、保险、证券"形象蒙冤率"最高
的是青海，高达 50.00%，其次为湖南省和湖北省，分别为 33.33% 和
14.29%，具体统计见表 5。

表5　银行、保险、证券"形象蒙冤"情况省市排名

单位：%

排　名	省　份	"形象蒙冤率"
1	青　海	50.00
2	湖　南	33.33
3	湖　北	14.29
4	山　东	12.50
	浙　江	12.50
	安　徽	12.50
7	广　东	11.11
8	江　苏	10.00
9	上　海	7.14

排　名	省　份	"形象蒙冤率"
10	北　京	4.55
11	吉　林	0.00
	辽　宁	0.00
	河　南	0.00
	江　西	0.00
	贵　州	0.00
	甘　肃	0.00
	山　西	0.00
	陕　西	0.00
	重　庆	0.00
	四　川	0.00
	福　建	0.00
	天　津	0.00
	广　西	0.00
	黑龙江	0.00
	河　北	0.00
	宁　夏	0.00
	云　南	0.00
	新　疆	0.00
	西　藏	0.00
	内蒙古	0.00

三　银行、保险、证券形象危机应对指南

（一）"善解冤"：妥善解决"形象蒙冤"问题

研究表明，全国银行、保险、证券形象风险项"形象蒙冤率"排名统计见表6。

表6　银行、保险、证券形象风险项"形象蒙冤率"排名统计

单位：%

排　名	风险项	"形象蒙冤率"
1	客户信息安全问题	14.29
2	负责人违法问题	6.38
3	经营问题	4.05
4	收费问题	0.00
	监管问题	0.00

解决"形象蒙冤"应加强对客户信息安全问题的管理，进一步确保客户的隐私，降低由于外部原因对银行、保险、证券行业造成的"形象蒙冤"；其次要在负责人违法问题方面加大力度，树立责任人良好的形象，避免谣言、诬陷等对银行、保险、证券行业造成的影响。

（二）"力减轻"：努力减轻"形象受损"问题

研究表明，在全国银行、保险、证券形象风险项的"形象受损率"排名统计中，经营问题占的比例高达64%，居首位；负责人违法问题和收费问题占的比例次之，分别为14%和11%，见图1。

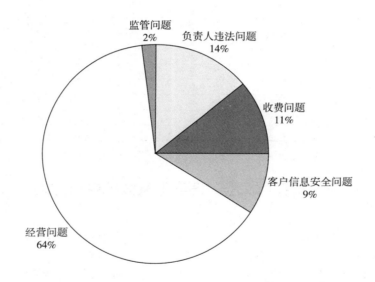

图1　银行、保险、证券形象风险项"形象受损率"排名统计

注：数据来源于中国人民大学危机管理研究中心"2013年银行、保险、证券形象危机典型案例库"，时间段为2013年1月1日至12月19日；不含港澳台；具有此类研究方法的相应误差。

在处理银行、保险、证券"形象受损"问题上，应重点在经营问题上下功夫，纠正服务态度，避免歧视性经营，合理解决事故纠纷，并保证信息公开透明。努力降低违规操作、违规经营，使其合法化、合理化。

（三）"重点改"：重点改善"社会责任事故"与"形象死亡"问题

据课题组统计，在全国银行、保险、证券"社会责任事故率"省市排名中，有 8 个省市并列第一，"社会责任事故率"为 100.00%；另外统计结果还显示，有 22 个省市的"社会责任事故率"超过 50.00%。具体统计见表 7。

表 7　银行、保险、证券"社会责任事故率"省市排名

单位：%

等　级	排　名	省　份	"社会责任事故率"
高危≥90	1	黑龙江	100.00
		吉　林	100.00
		辽　宁	100.00
		河　北	100.00
		江　西	100.00
		广　西	100.00
		重　庆	100.00
		宁　夏	100.00
中危60~89	9	山　东	87.50
	10	上　海	78.57
	11	天　津	75.00
		安　徽	75.00
	13	江　苏	70.00
	14	湖　南	66.67
		广　东	66.67
		四　川	66.67
	17	河　南	60.00
		福　建	60.00
低危<60	19	北　京	54.55
	20	青　海	50.00
		甘　肃	50.00
		山　西	50.00
	23	湖　北	42.86
	24	陕　西	40.00
	25	浙　江	37.50
	26	云　南	0.00
		贵　州	0.00
		新　疆	0.00
		西　藏	0.00
		内蒙古	0.00

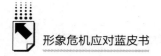

表8 银行、保险、证券风险项"形象死亡率"排名统计

单位：%

排　名	风险项	"形象死亡率"
1	监管问题	40.00
2	负责人违法问题	38.30
3	客户信息安全问题	28.57
4	经营问题	16.22
5	收费问题	0.00

（四）"全面防"：全面防范风险地图中各风险要素

1. 内部：纠正形象偏差度

对于银行、保险、证券行业，国家和社会对其的社会形象要求甚高，这不仅仅是因为银行、保险、证券作为国民经济的核心运转机构，更是因为银行、保险、证券行业是民众生活及政府管理的重要工具。社会和政府希望银行、保险、证券行业在资金投放吸纳、社会风险担保和资本投资等多个方面都能够稳定可靠，希望银行、保险、证券行业进一步降低风险、缓解危机，保证人民群众的财产安全和权利的充分保障。

为了全面防范风险地图中各风险要素，我们可以采用纠正形象偏差度的方法，对照银行、保险、证券行业的社会形象预期和实际的职能定位，确定相应的偏差度。在实际工作中，努力降低形象偏差度，提高银行、保险、证券行业的社会形象。银行、保险、证券形象的社会预期如表9所示。

表9 银行、保险、证券形象的社会预期

形象预期项目	社会形象预期的描述	来源
预期1：无风险存放资金（"保险柜"形象）	无风险：完备的识别、计量、监测和报告贷款风险的管理制度 风险匹配：遵循风险匹配原则 设备安全：营业场所有安全防范措施和与业务有关的其他设施 存取自由：遵循存款自愿、取款自由、存款有息、为存款人保密的原则	《中华人民共和国商业银行法》《中华人民共和国证券法》《中华人民共和国保险法》

续表

形象预期项目	社会形象预期的描述	来源
预期2：存款稳定升值、贷款有保证（"摇钱树"形象）	销售理财产品，应当做到成本可算、风险可控、信息充分披露 加强客户风险提示和投资者教育 根据风险匹配原则在理财产品风险评级与客户风险承受能力评估之间建立对应关系；明确提示产品适合销售的客户范围 全国性商业银行的注册资本最低限额为十亿元人民币	《商业银行理财产品销售管理办法》《商业银行贷款损失准备管理办法》《中华人民共和国商业银行法》
预期3：公益机构（"乔致庸"形象）	热心公益，奉献爱心，公私分明，勤俭节约	《银行业金融机构从业人员职业操守指引》
预期4：诚信为民（"季布"形象）	实事求是，拒绝作假 坚持诚实守信、公平合理、客户利益至上的原则 销售理财产品时，遵循诚实守信、勤勉尽责、如实告知原则	《银行业金融机构从业人员职业操守指引》《银行业从业人员职业操守》《商业银行理财产品销售管理办法》
预期5：知法、守法、护法（"好公民"形象）	从业人员应知法守法，履行法律义务，保守国家机密和商业秘密 遇到利益冲突，主动回避 揭露所在机构违反法律法规、行业公约的行为	《银行业金融机构从业人员职业操守指引》《银行业从业人员职业操守》
预期6：专业经济师、理财师（"巴菲特"形象）	具备理财产品销售的专业资格和技能，胜任理财产品销售工作 从业人员应当具备岗位所需的专业知识、资格与能力	《商业银行理财产品销售管理办法》《银行业从业人员职业操守》

据课题组统计，社会对银行、保险、证券的形象偏差度如表10所示。

表10　社会对银行、保险、证券的形象偏差度

形象偏差	形象预期项目	实际的职能定位
无风险与高风险之间的偏差	预期1：无风险存放资金（"存钱柜"形象）； 预期2：存款稳定升值、贷款有保证（"摇钱树"形象）； 预期6：专业经济师、理财师（"巴菲特"形象）	信用中介、支付中介、信用创造
公益机构与商业机构之间的偏差	预期2：存款稳定升值、贷款有保证（"摇钱树"形象）； 预期3：公益机构（"乔致庸"形象）； 预期4：诚信为民（"季布"形象）	信用中介、信用创造、金融服务、商业机构
公仆关系与委托代理关系之间的偏差	预期3：公益机构（"乔致庸"形象）； 预期5：知法、守法、护法（"好公民"形象）	信用中介、信用创造、金融服务、商业机构

2. 中间：进行风险管理

据课题组统计，全国银行、保险、证券形象风险项"社会责任事故率"排名统计见表11。

表11 银行、保险、证券形象风险项"社会责任事故率"排名统计

单位：%

排　名	风险项	"社会责任事故率"
1	客户信息安全问题	85.71
2	负责人违法问题	82.98
3	监管问题	80.00
4	经营问题	67.57
5	收费问题	20.00

注：数据来源于中国人民大学危机管理研究中心"2013年银行、保险、证券形象危机典型案例库"，时间段为2013年1月1日至12月19日；不含港澳台；具有此类研究方法的相应误差。表12的数据来源与之相同，以下省略。

在银行、保险、证券形象风险项下还有17个风险要素，对应风险要素的"社会责任事故率"排名统计见表12。

表12 银行、保险、证券形象风险要素"社会责任事故率"排名统计

单位：%

排　名	风险要素	"社会责任事故率"
1	强制或欺骗买保	100.00
	信息披露违规	100.00
	财务造假	100.00
4	贪污腐败	93.33
5	员工非法出售客户信息	91.67
6	内幕交易	88.89
7	违规放贷	84.21
8	违规经营	82.46
9	客户信息泄露	81.25
10	挪用资金	69.23
11	价格监管问题	50.00
12	滥收费	36.36
13	理财不当	33.33
14	拒不理赔	31.58
15	服务问题	23.08
16	隐性收费	0.00
	歧视性经营	0.00

根据数据统计的结果，在风险较高的要素方面，投入更多的精力，努力改善"强制或欺骗买保""信息披露违规""财务造假"情况，切切实实地逐条改进，强化银行、保险、证券行业道德规范。

3. 外部：依托评委关系

应对银行、保险、证券行业形象危机同样离不开各个相关单位或行业的监督管理，尤其是与银行、保险、证券行业密切相关的政府管理部门、监督部门以及社会同行，利益相关方的监督和建议。银行、保险、证券形象危机的评委关系可用图 1 简单表示。

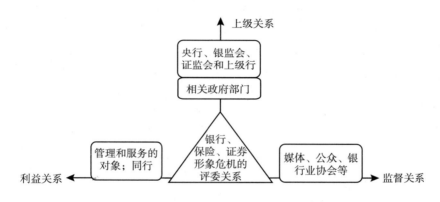

图 2　银行、保险、证券形象危机的评委关系图

（1）上级关系。

银行、保险、证券形象危机涉及的上级关系评委主要包括两个方面的机构：一是银行体系内的机构，主要包括中国人民银行、银监会、证监会和上级行；二是相关政府部门，即给予银行、保险、证券政策或管理上的制约的政府部门，主要包括公安部门、发改委等。

（2）监督关系。

银行、保险、证券形象危机涉及的监督关系主要包括内部监督和外部监督，上文所述的上级关系指的是银行、保险、证券行业的内部监督关系，而这里所讲的监督关系仅仅指外部监督，主要包括媒体、公众、银行业协会等。银行、保险、证券的正面形象或负面形象通过媒体来报道和发布，随着信息化时代网络媒体的发展，以及网民人数突飞猛进、民众意识不断增强，因此，就目前而言，媒体是银行、保险、证券监督关系中最为重要的一环。而中国银行业协会以促进会员单位实现共同利益为宗旨，履行自律、维权、协调、服务职能，维护银行业合法权益，维护银行业市场秩序，提高银行业从业人员素质，提高为会员服务的水平，促进银行业的健康发展。

（3）利益关系。

银行、保险、证券形象危机涉及的利益关系方包括以下两个方面。

一是银行、保险、证券管理和服务的对象，即银行、保险、证券行业为之提供信用中介、支付中介、信用创造和金融服务的自然人或法人。银行、保险、证券为企业或个人提供存款、贷款、支付、担保和投资等方面的服务，服务的质量、费用则是影响企业或个人对银行、保险、证券行业评价的关键指标。同时，银行、保险、证券行业的利润被认为是源于银行、保险、证券管理和服务的对象，因此，银行、保险、证券的利润率也会影响或反映银行、保险、证券行业管理和服务对象的利益。

二是与银行、保险、证券存在竞争关系的同行。同行之间存在市场份额的竞争，因此也会存在利益关系。而处理同行之间的利益关系关键在于自身竞争力的提升，需要银行、保险、证券行业提高自身品牌、优化服务等。当然，同行之间竞争利益关系的大小还在于银行、保险、证券业的竞争程度。我国目前银行、保险、证券尚处于国有企业基本垄断的局面，只有当民间资本大量规范化进入银行、保险、证券体系之后，这种竞争性的利益关系才会更加明显。

记者形象危机应对研究报告

新闻出版总署信息中心　新闻出版总署（互联网出版监测中心）*

摘　要：

记者形象危机的风险项由角色失范、角色丧失、角色错位、角色受损四部分构成，并细化为 17 个风险要素，形成"风险地图"。建议：针对"被冒充"等风险要素的"形象蒙冤"问题，做好"善解冤"；针对"充当掮客、商人"等风险要素的"形象死亡"问题，做好"重点改"；针对形象偏差度与多元评委关系，并结合"风险地图"等规律，做好"全面防"。

关键词：

记者　形象危机　风险地图　风险规律

一　记者形象危机综述与风险地图

记者形象危机研究领域主要包括角色失范、角色丧失、角色错位和角色受损等 4 个风险项，下属 17 个风险要素（见表 1）。

表 1　记者形象危机"风险地图"

风险项	风险要素
1 角色失范	1.1 虚假报道
	1.2 蓄意炒作
	1.3 造谣传谣
	1.4 低俗报道
	1.5 报道失真

* 课题负责人：卢大振；课题组成员：李雪、刘菲、邱政、贾琨。中国人民大学的史一棋参与了此项工作。

续表

风险项	风险要素
2 角色丧失	2.1 有偿新闻
	2.2 有偿不闻
	2.3 新闻敲诈
3 角色错位	3.1 充当警察
	3.2 充当导演
	3.3 充当掮客、商人
	3.4 充当律师、法官
	3.5 充当权威
4 角色受损	4.1 被冒充
	4.2 被诬陷
	4.3 被阻挠
	4.4 被辞职

（一）角色失范

角色失范是指记者对自身的职能定位、行为标准、道德规范认识和实践不到位，背离职业道德，造成工作失误。从原因角度来看，记者角色失范的风险要素主要为虚假报道、蓄意炒作、造谣传谣、低俗报道、报道失真，这些要素影响了媒体的社会公信力和新闻工作者的社会形象。

1. 虚假报道

虚假报道是指记者离开新闻赖以产生和依存的客观事实，凭个人主观愿望或他人意志所进行的报道。此类报道多带有虚假成分，未能真实反映事实原貌。

2. 蓄意炒作

蓄意炒作是指在新闻发生和传播过程中，记者有意识地介入其中，引导、强化部分新闻要素，大肆炒作社会热点，使相关人物或事件产生轰动性社会效应。这是媒体或媒体从业人员直接或间接获取商业利益的一种新闻运作手段。

3. 造谣传谣

造谣传谣是指记者为达到某种目的，仅凭主观意愿编造传闻并进行传播的行为。该类传闻缺乏客观事实依据，且多会产生不良影响。近年来，利用互联网等信息网络进行造谣传谣等违法犯罪现象比较突出，国家对此予以了高度的重视。2013年9月9日，最高人民法院、最高人民检察院出台了《关于办理利用信息网络实施诽谤等刑事案件适用法律若干问题的解释》，进一步加强了对于造谣传谣的监管。

4. 低俗报道

低俗报道是指记者为迎合受众需求、追求市场效益，渲染犯罪、丑闻等事件并进行大幅报道。目前，新闻低俗化、娱乐化、"标题党"等现象时有发生，这些行为严重损害了新闻的严肃性，在社会上产生了负面影响。

5. 报道失真

报道失真是指部分记者的职业素质欠缺、业务水平不精，缺乏分析辨别的能力和求真务实的精神，未能扎实采访、如实报道。

（二）角色丧失

角色丧失是指记者受金钱或权力诱惑，利用职务之便，做出与职业本色背道而驰的行为，丧失记者应有的职业道德。记者角色丧失的具体表现均为借新闻报道谋取不正当利益，风险要素主要包括有偿新闻、有偿不闻和新闻敲诈三种。

1. 有偿新闻

有偿新闻可分为广告新闻和新闻谋利。广告新闻，即用新闻报道的形式做广告，指一些企业、单位或个人为了达到产品或形象的宣传目的，向记者施予物质利益，刊播新闻报道，业内称之为"软文"。新闻谋利，是指记者把新闻报道作为谋取金钱、创收经营的手段，向报道对象索取费用及好处，属"权钱交易"。

2. 有偿不闻

有偿不闻是指记者在履行新闻报道的职责中，收受被监督方给予的物质利益，对应该报道的问题采取不报道、不曝光的态度。简言之，就是花钱终止或改变新闻报道的行为。有偿不闻的本质也是一种权钱交易，其典型形式是"封口费"、行贿记者。2002年山西"繁峙矿难"媒体集体失语事件和2008年山西霍宝干河煤矿的"封口费"事件，就是有偿不闻的两个典型案例。虽然

这些记者违纪案件属于个别现象，但严重影响了我国新闻记者的整体形象。

3. 新闻敲诈

新闻敲诈是指记者利用新闻批评的舆论监督职能，故意编造夸大其词的批评稿，报道、曝光威胁单位、企业或个人，以达到诈取钱财、谋取非法利益的目的，其主要形式有索要财物、拉广告或赞助、搞发行等。

（三）角色错位

角色错位是指记者在新闻采访活动中，受自身因素的影响，在工作中表现出脱离自身职业本位的现象，这往往会造成对事件活动报道的失衡。① 主要表现有：记者在没有调查清楚事情真相之前，便主观地充当起矛盾一方的代言人；在新闻报道过程中充当权力执行者；充当介入百姓争执的调解者；充当弱势群体的救助者；充当违法犯罪活动的取证者；等等。角色错位的风险要素主要包括：充当警察，充当导演，充当掮客、商人，充当律师、法官，充当权威。

1. 充当警察

很多时候，记者为获得更真实的画面、更准确的信息、更详细的证据，乔装成"卧底"，深入特殊环境中。虽然最终也许能够协助警方完成任务，但其采用的手段颇受非议。

2. 充当导演

为追求轰动效应，吸引观众眼球，记者有时化身为导演，人为地制造事件，策划新闻。

3. 充当掮客、商人

一些记者利用手中的采访权、报道权进行"权钱交易"，充当起"商人""掮客"的角色。

4. 充当律师、法官

记者、律师与法官各有其活动领域及恪守的职业道德规范，日常生活中这三个行业的从业者却有着非同一般的关联性，其社会角色常常错位。新闻记者一不小心就可能充当了法官或律师的角色，造成了人们常说的"媒介审判"

---

① 陈丽：《记者形象偏差分析》，《新闻窗》2013 年第 4 期。

或"舆论审判"。

5. 充当权威

现实生活中，一些记者借舆论监督之名对所报道对象随意指手画脚，少数报道甚至以"唯我独尊"的姿态出现，或迫不及待地下结论，或咄咄逼人地批判，导致新闻报道话语权的滥用。

（四）角色受损

角色受损指的是记者因其主观行为不当或社会对其误解造成职业形象受到损害。被冒充、被诬陷、被阻挠、被辞退是角色受损的四种主要风险要素。

1. 被冒充

当前，冒充记者的问题越来越严重，由于不法分子冒充记者多数是为了敲诈勒索、逃避法律制裁等，因而已经成为记者角色受损中最为重要的一个风险要素。

2. 被诬陷

记者被诬陷，通常是诬陷者为了阻止记者行使采访权、报道权而施行的一种违法行为，目前记者被诬陷的行为时有发生。

3. 被阻挠

为阻止记者曝光其违法犯罪行为或负面消息，被报道者对记者施行威胁恐吓、扣证、抢夺设备，甚至打骂等侵害记者人身权利的行为，以阻挠记者行使正当的采访权和报道权。上述行为在社会新闻类记者的采访过程中发生的频率较高。

4. 被辞职

由于报道某些社会热点话题或敏感话题，引发舆论关注，给某些机构或个人带来"负面"影响，为消除"负面"影响或迫于上层压力，记者被迫辞职或被所在报刊社开除。由于"开除"在中华文化中的贬义含义，也会对记者群体的形象产生负面影响。目前被辞职的记者多数是因为报道了涉及某些重要机构利益的负面消息。一旦事实得到公布或澄清，相关机构的形象就会大打折扣。

二　记者"形象危机度"省市排名

据课题组对记者"形象危机度"的统计，广东省（4.41%）、北京市（2.94%）、江西省（1.47%）这3个省市的问题比较突出，具体情况如表2所示。

表2　记者"形象危机度"省市排名

单位：%

等　级	排　名	省　份	"形象危机度"
高危≥30		暂　无	
中危10～29		暂　无	
低危＜10	1	广　东	4.41
	2	北　京	2.94
	3	江　西	1.47
	4	海　南	0.00
		河　南	0.00
		江　苏	0.00
		湖　北	0.00
		四　川	0.00
		浙　江	0.00
		安　徽	0.00
		陕　西	0.00
		河　北	0.00
		湖　南	0.00
		福　建	0.00
		重　庆	0.00
		上　海	0.00
		云　南	0.00
		内蒙古	0.00
		广　西	0.00
		甘　肃	0.00
		辽　宁	0.00
		山　东	0.00
		吉　林	0.00
		黑龙江	0.00

续表

等　级	排　名	省　份	"形象危机度"
低危＜10	4	天　津	0.00
		新　疆	0.00
		贵　州	0.00
		山　西	0.00
		青　海	0.00
		宁　夏	0.00
		西　藏	0.00

　　注：数据来源于中国人民大学危机管理研究中心"2013年记者形象危机典型案例库"，时间段为2013年1月1日至2013年12月31日；不含港澳台；具有此类研究方法的相应误差。表3~表5的数据来源与之相同，以下不一一列出。

（一）记者"形象死亡"情况省市排名

据课题组统计，记者"形象死亡"情况省市排名见表3。

表3　记者"形象死亡"情况省市排名

单位：%

排　名	省　份	"形象死亡率"
1	广　东	1.47
2	北　京	0.00
	江　西	0.00
	海　南	0.00
	河　南	0.00
	江　苏	0.00
	湖　北	0.00
	四　川	0.00
	浙　江	0.00
	安　徽	0.00
	陕　西	0.00
	河　北	0.00
	湖　南	0.00
	福　建	0.00
	重　庆	0.00
	上　海	0.00
	云　南	0.00
	内蒙古	0.00

续表

排　名	省　份	"形象死亡率"
2	广　西	0.00
	甘　肃	0.00
	辽　宁	0.00
	山　东	0.00
	吉　林	0.00
	黑龙江	0.00
	天　津	0.00
	新　疆	0.00
	贵　州	0.00
	山　西	0.00
	青　海	0.00
	宁　夏	0.00
	西　藏	0.00

（二）记者"形象受损"情况省市排名

据课题组统计，记者"形象受损"情况省市排名见表4。

表4　记者"形象受损"情况省市排名

单位：%

排　名	省　份	"形象受损率"
1	广　东	5.88
2	北　京	4.41
3	江　苏	1.47
	海　南	1.47
	湖　南	1.47
	浙　江	1.47
	江　西	1.47
	黑龙江	1.47
9	山　东	0.00
	安　徽	0.00
	陕　西	0.00
	河　北	0.00
	河　南	0.00
	福　建	0.00

续表

排　名	省　份	"形象受损率"
	重　庆	0.00
	上　海	0.00
	云　南	0.00
	内蒙古	0.00
	广　西	0.00
	甘　肃	0.00
	辽　宁	0.00
	湖　北	0.00
9	吉　林	0.00
	四　川	0.00
	天　津	0.00
	新　疆	0.00
	贵　州	0.00
	山　西	0.00
	青　海	0.00
	宁　夏	0.00
	西　藏	0.00

（三）记者"形象蒙冤"情况省市排名

据课题组统计，记者"形象蒙冤"情况省市排名见表5。

表5　记者"形象蒙冤"情况省市排名

单位：%

排　名	省　份	"形象蒙冤率"
1	北　京	27.94
	河　南	2.94
2	陕　西	2.94
	浙　江	2.94
	江　苏	1.47
	山　东	1.47
	湖　北	1.47
5	四　川	1.47
	吉　林	1.47
	广　东	1.47
	河　北	1.47

排　名	省　份	"形象蒙冤率"
12	福　建	0.00
	安　徽	0.00
	湖　南	0.00
	海　南	0.00
	重　庆	0.00
	上　海	0.00
	云　南	0.00
	江　西	0.00
	内蒙古	0.00
	广　西	0.00
	黑龙江	0.00
	甘　肃	0.00
	辽　宁	0.00
	天　津	0.00
	新　疆	0.00
	贵　州	0.00
	山　西	0.00
	青　海	0.00
	宁　夏	0.00
	西　藏	0.00

三　记者形象危机风险规律及原因分析

（一）风险规律示意图

记者形象危机的产生，既有记者自身的内部原因，也有国家管理部门监管、行业协会服务以及社会监督不到位等的外部原因。其中，记者职业道德修养的下降、经济利益的驱使、职业特权意识的膨胀等，是记者形象危机产生的根本原因和主要原因（见图1）。

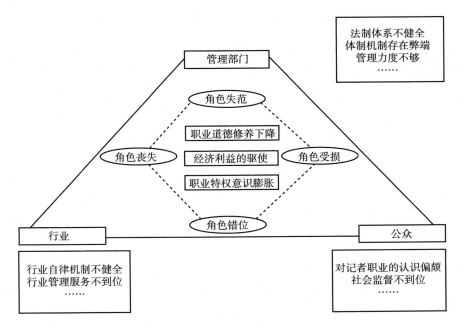

法制体系不健全
体制机制存在弊端
管理力度不够
......

管理部门

角色失范

职业道德修养下降
经济利益的驱使
职业特权意识膨胀

角色丧失

角色受损

角色错位

行业

公众

行业自律机制不健全
行业管理服务不到位
......

对记者职业的认识偏颇
社会监督不到位
......

图1 记者形象危机风险规律示意图

（二）原因分析

1. 内部原因

（1）职业道德修养不断下降。

职业道德修养不断下降是记者形象危机产生的根本原因，主要表现在记者的职业理想不断弱化、社会责任感缺失、专业技能逐渐退化。在媒体市场化进程不断加深的背景下，部分记者对新闻工作的认识和态度产生了偏差。社会上流传的"一流记者炒股票，二流记者拉广告，三流记者会上跑，四流记者吃拿要，五流记者才写稿"，就是对记者职业理想弱化的真实写照。社会责任感是记者的基本职业道德，一些记者社会责任感的缺失，导致新闻报道脱离事实、混淆是非、错误引导的现象有所增加，给社会造成了恶劣影响。而随着媒介技术的不断更新，记者的专业技能却呈现退化的趋势，过分依赖电脑、互联网等高科技产品和技术，采访不深入、不再亲力亲为，根据互联网传播的信息组成新闻报道等，使记者被冠以"资料整理专家"的称号。

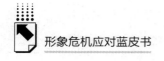

（2）经济利益的驱使。

经济利益的驱使是记者形象危机产生的直接原因。一方面，市场化是我国新闻媒体改革发展的大势所趋，随着媒体市场化进程不断加深，媒体之间的竞争越来越激烈，经济效益在其发展中占据了前所未有的重要地位。媒体对经济利益的片面追求，导致记者的报道偏离寻找新闻事实和社会公正的本职，将吸引眼球、增大发行量、获得巨额广告、赚取更多利润作为发展指标，甚至为了绩效做出违法乱纪、自毁形象的行为。另一方面，部分记者在商品经济发展大潮面前，禁不住权钱诱惑，利用职务之便谋取私利，与采访对象进行钱权交易，甚至以各种名义骗取钱财，敲诈勒索，严重破坏了记者自身的社会形象。

（3）职业特权意识的膨胀。

职业特权意识的膨胀是记者形象危机产生的间接原因。一直以来，记者被冠以"无冕之王"的称号，具有较强的话语权，引导着社会舆论走势。这些评价使得部分记者产生"特权意识"，并逐渐膨胀。"特权意识"导致记者担当的社会责任与本职工作发生冲突，记者的行为超出原本的权力范围，造成违法乱纪的现象。社会上对于记者享有"特权"的偏差认识，也是许多不法分子假冒记者进行违法乱纪行为的主要诱因。

2. 外部原因

（1）法律体系不健全。

当前，与记者或出版单位相关的法律法规体系尚不健全。截至目前，仅有相关法规十余条，而且内容基本上是对记者职业内容和职责的规定与限制，如果违反相关规定，记者本人或所在单位将会受到行政处罚，但保护记者合法权益的法律法规相对缺乏。2003年，中国记协进行的一项调查发现，半数以上的记者在新闻采访中遭遇过不同程度的阻挠，严重的包括打骂、围攻、毁损设备，甚至是非法拘禁和打击报复。在"十大危险职业排行榜"中，记者成了仅次于警察和矿工的第三危险职业。由于中国没有专门保护记者专业权利的新闻法，当记者的专业权益受到侵害时，一般只能参照民法等一般性法律法规处理，这就把记者行使其舆论监督权的职务行为当作普通公民的个人行为，使得记者行使舆论监督权的职能大大淡化，导致记者专业权利甚至公民权利受侵害的事件屡禁不止。①

（2）体制机制存在弊端，对记者及媒体管理力度不够。

新闻出版改革从 2003 年开始试点至今已经进行了 10 年。在这 10 年间，全国 6000 多家非时政类报刊中已经有 1600 多家完成了转企改制，完成改制的报刊出版单位的性质已经从事业单位转变为企业，它们自收自支、自负盈亏，记者的个人利益与报刊社效益挂钩，追求经济效益已经成为它们的首要任务。因此，为了扩大读者群体，增加广告和销售收入，许多报刊出版单位在内容把关上放低要求，炒作、低俗化、娱乐化现象普遍。为了吸引读者眼球，有些记者甚至编造新闻。这些都损害了媒体的公信力和记者的职业形象。目前，新闻出版行政管理部门对报刊出版单位的管理基本上是属于前置审批和事后管理，很少进行过程管理。事后监管，仅仅能够制止问题的影响扩大，而不能从根本上杜绝这类事件的发生，同时，行政管理与内容监管分割，在一定程度上也增加了管理的难度。这些都反映了党和国家对媒体管理尚存在欠缺。

（3）行业自律机制不健全，行业管理服务不到位。

据《2013 中国新闻出版统计资料汇编》，目前我国共有新闻出版单位34.7 万家，其中报社 1918 家，期刊 9867 家，新闻出版业直接就业人数为477.4 万人。与此不相协调的是，我国内地至今没有一个类似报业评议会的自律性组织。② 郑保卫教授认为由于缺少监督与仲裁机构，仅靠媒介机构和新闻从业者个人的自省、自查、自纠，许多违反职业道德、侵害法人和公民合法权益的行为往往得不到有效制止。③

目前，我国媒体自律最权威、最全面的制度依据是由中华全国新闻工作者协会制定的《中国新闻工作者职业道德准则》，这是我国新闻界全国统一执行的媒体自律的规章制度。除此之外，还有些全国性的专业行业组织制定专门的自律规定，各种媒体内部也有针对性的专门规定。但是，单靠这类公约来约束新闻工作者的行为，实现自律是不现实的。因为其内容客观上存在一定的滞后性，虽然相关的自律准则一直处于动态的修改过程中，但仍不能与最新的媒介

---

① 党芳莉：《保护记者权利我们能做些什么》，《北方传媒研究》2005 年第 6 期。
② 王君超：《中国内地报业的自律模式及报评会的前景》，《中国报业》2010 年第 11 期，第 25～29 页。
③ 郑保卫：《建立监督仲裁机构强化行业自律机制》，《新闻战线》2002 年第 8 期。

失范现象同步，从而使得报业从业者存在着"无约可守"的遗憾。

现阶段新闻出版行业的记者行为规范在实际操作中却存在一定难度。有记者感叹道，"都说媒体的职责是监督社会，但现在常常是社会在监督媒体，人们希望记者曝光更多的社会现实和阴暗面，却未给予相应'干事业'的动力，比如合法权益的保护"。而在日本，各类报刊中负面新闻报道往往以机构而非个人的名字出现，文末会标明"本报社会部某某问题采访组"等。在重大新闻上，日本媒体很少"单打独斗"，而是由"记者俱乐部"成员共同行动。①

（4）公众对记者职业认识的偏颇。

公众的认知易受负面新闻的影响。我国新闻队伍建设整体水平良好，但不免会出现虚假报道、有偿新闻、蓄意炒作等现象。这些负面新闻很容易被大范围传播，从而造成公众对记者职业道德、专业素养、公信力等方面的质疑。如果记者不能在短时间内处理好危机公关，或是针对自身存在的问题进行妥善改正，那么记者形象便会受到持续的影响。而且，公众对于记者职业的认识不够客观、公正。记者是社会的记录者和宣传者。公众希望记者凝聚公众意识、表达公众利益、担当社会监督职责。一旦记者及其工作与公众的期待不符，公众未能顺利达成目标和意愿时，他们对记者的认识就会大打折扣。此外，公众的监督意识欠缺，监督能力较弱。由于缺乏沟通机制，公众不能积极有效地进行反馈监督。专业知识不精、法制意识淡薄、对媒介管理和监督的法律法规不熟悉等种种问题又成为公众有效监督媒体的瓶颈。

四 记者形象危机应对指南

（一）"善解冤"：妥善解决"形象蒙冤"问题

据课题组统计，记者"形象蒙冤"案例数量占其形象危机总数的 66.18%，记者形象风险要素"形象蒙冤率"统计见图 2。

---

① 吕天生：《让调查型记者的生存状态从容些》，《新闻传播》2011 年第 4 期。

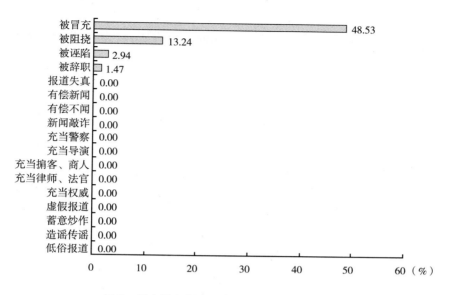

图2　记者形象风险要素"形象蒙冤率"统计

注：数据来源于中国人民大学危机管理研究中心"2013年记者形象危机典型案例库"，时间段为2013年1月1日至2013年12月31日；不含港澳台；具有此类研究方法的相应误差。图3的数据来源与之相同，以下省略。

（二）"重点改"：重点改善"社会责任事故"与"形象死亡"问题

据课题组对记者"社会责任事故率"的统计，江西省（100.00%）、广东省（42.86%）、北京市（8.33%）这三个省市的问题比较突出，见表6。

表6　记者"社会责任事故率"省市排名

单位：%

等　级	排　名	省　份	"社会责任事故率"
高危≥90	1	江　西	100.00
中危60~89	暂　无		
低危<60	2	广　东	42.86
	3	北　京	8.33

续表

等 级	排 名	省 份	"社会责任事故率"
		江 苏	0.00
		海 南	0.00
		湖 南	0.00
		浙 江	0.00
		黑龙江	0.00
		山 东	0.00
		安 徽	0.00
		陕 西	0.00
		河 北	0.00
		河 南	0.00
		福 建	0.00
		重 庆	0.00
		上 海	0.00
低危＜60	4	云 南	0.00
		内蒙古	0.00
		广 西	0.00
		甘 肃	0.00
		辽 宁	0.00
		湖 北	0.00
		吉 林	0.00
		四 川	0.00
		天 津	0.00
		新 疆	0.00
		贵 州	0.00
		山 西	0.00
		青 海	0.00
		宁 夏	0.00
		西 藏	0.00

注：数据来源于中国人民大学危机管理研究中心"2013 年记者形象危机典型案例库"，时间段为2013 年 1 月 1 日至 2013 年 12 月 31 日；不含港澳台；具有此类研究方法的相应误差。

据课题组统计，记者形象风险要素"形象死亡"案例数量占其形象危机总数的 1.47%，具体情况见图 3 所示。

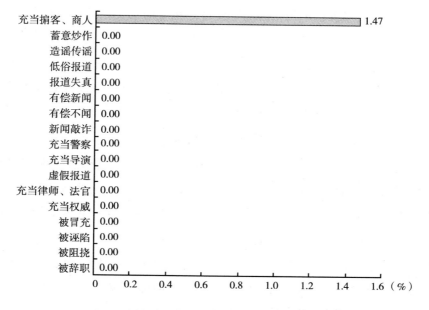

图3 记者形象风险要素"形象死亡率"统计

（三）"全面防"：全面防范风险地图中各风险要素

1. 内部：纠正形象偏差度

（1）加强职业道德修养，遵守职业规范及道德法规。

我国新闻职业道德的根本原则是全心全意为人民服务。加强记者的职业道德修养，首先要树立全心全意为人民服务的思想。记者在新闻活动中要承担应有的责任和义务，从对国家、对社会、对人民负责的高度社会责任感出发，新闻报道必须做到真实、客观、公正、全面。要将社会效益放在首位，实现社会效益和经济效益相结合。其次，要培养良好的个人修养，树立正确的世界观、人生观、价值观，做到威武不屈、富贵不淫，坚守崇高的新闻理想。再次，要不断提高专业技能，既要有开阔的视野，又要培养科学、缜密的思维方式，不仅要有扎实的文字表达能力，还要成为"社会活动家"，走入社会，深入基层，用敏锐的"新闻嗅觉"发现具有新闻价值的事实。

我国现有的关于新闻工作的准则、规定，都是记者职业道德标准的重要依据。记者严格遵守职业道德规范和相关法律规定的同时，作为一个社会人不可能逃避社会道德义务的承担，因此更要遵守相应的社会伦理道德和法律规范。社会伦理道德原则是衡量记者在新闻事件中的行为是否合理的重要尺度。当记者的职业角色与社会公民角色发生冲突时，应当做出合理的判断，不应为了获得新闻冲击效果、收视率而违背社会道德。坚持以人为本，坚守对人类社会的使命感、责任感是记者素质的基本要求。

（2）建立行业自律组织，探索行业自律机制。

建立强有力的媒体自律监督机构，制定行业规范，进行调查和听证，做出调解和仲裁，并监督涉及侵权的媒介机构和新闻从业人员的执行情况，从而对行业整体加以规范。当前，我国互联网在建立自律组织上的做法值得借鉴，2004年1月10日，中国互联网协会互联网新闻信息服务工作委员会成立了违法和不良信息举报中心，并设立了举报网站。2006年4月13日，北京网络新闻评议会宣告成立，这是中国大陆第一个以"新闻评议会"命名的媒介批评组织，表明了北京网络媒体对公众投诉的重视。① 据悉，为进一步强化媒体自律和监督功能，我国将设立"新闻道德自律委员会"，目前已在5个省市试点，取得了较好效果。

就目前的实际情况看，加强行业自律，推进制度顺利实施，最欠缺的就是有效的落实。② 构建行业自律机制，具体可从以下两方面入手：一方面，新闻出版行业协会或者组织不要将自己限定于政府领导下的团体组织，而要充分发挥自身职能，细化和健全各项规章制度，包括奖惩措施，逐步形成激励与约束相结合、自律与他律相结合、软约束与硬约束相结合、内部管理与社会监督相结合的长效机制，最终做到对记者行为的正确引导，对记者行为的实时监督，以及对记者安全的充分保护；另一方面，新闻出版行业协会或组织要加强对记者专业化的培养和指导，既在遴选从业人员时做到多方考量，提高媒体人的整体素质，又在工作后提供较多的学习机会，保证从业人员的思想和知识与时俱进。

---

① 王君超：《中国内地报业的自律模式及报评会的前景》，《中国报业》2010年第11期，第25～29页。

② 刘谦：《当前我国记者的社会形象危机及化解策略》，博士学位论文，南昌大学，2010。

2. 外部：依托评委关系

（1）进一步深化新闻出版体制改革，推进新闻出版法律体系的完善。

新闻出版体制改革能够为媒体及从业人员提供一个规范、健全的媒介运行环境。新闻出版体制改革将涉及新闻管理体制、新闻工作准则、新闻职业法规等多个方面，也会影响新闻报道模式、新闻道德规范等，这些都是规范和制约记者行为的准绳和原则。国家进一步深化新闻体制改革，通过制订一整套科学规范的体系，将为记者重塑社会形象提供客观依据和参考标准。

多年来，学界和业界一直呼吁开展新闻立法工作。目前，新闻领域的法律层级比较低，法律效力不够。民法、刑法等广义法律，能够解决各行业的一些共性问题，但是并不能解决新闻媒介领域遇到的个性化问题，因此在许多典型案例中，依然存在无法可依的局面。当记者的报道权、舆论监督权受到抵制或打压，记者人身安全受到威胁，也不能拿起法律武器保护自己。建立完善的法律体系，有效处理新闻媒体监督权与个人隐私、新闻自由与"党管媒体"之间的矛盾，一方面，能够保障新闻从业人员的合法权益，另一方面，也可以有效制止新闻领域的人治和利益交换。

（2）加强公众与记者的双向互动，完善公众对媒体的监督行为。

随着媒介市场化的不断深入，媒体与公众之间不再是引导与被引导的关系，加强公众与记者的双向互动日益重要。《第 32 次中国互联网络发展状况统计报告》显示，截至 2013 年 6 月底，我国网民规模达 5.91 亿，手机网民规模达到 4.64 亿。新媒体环境下，传统媒体和网络媒体、手机媒体等新媒体相互配合，传播方式呈现立体化，制造出强大的社会动员效果。网络民意表达已经正式进入移动互联时代：网络舆论的参与人群扩大，网络舆论的频率和强度提升。媒体可以通过建立门户网站、微博、微信、论坛、博客等方式进行多维度传播，广泛了解公众的需求和建议，使受传双方的标准相互靠近。媒体同时可以借助双向互动来进行危机管理、处理危机事件；存在问题的媒体可通过与公众对话、及时改正问题以消除负面影响。公众可通过与媒体、记者的积极沟通，加深对记者职业的理解，完善对媒体的认识，在信息的动态交换中表达成熟理性的观点。

完善公众对媒体和记者的监督行为对于营造理性、和谐的舆论环境非常重

要。行业可转变叙事方式和传播角度，通过"记者节"宣传记者形象片或播放记者主题类公益广告，带领公众走入真实的记者世界。同时，向公众宣传监督媒体的重要性，普及媒介管理和监督的法律法规，引导公众合理、公正、负责地提出意见观点。此外，行业还应建立简明有效的反馈机制，归纳公众意见，提出整改措施，落实整改方案，将公众对媒体的监督落到实处。

B.15

城管形象危机应对研究报告[*]

中国人民大学危机管理研究中心课题组^{**}

摘　要：

城管形象危机的风险项由六部分构成：（1）暴力执法，（2）"被影响"，（3）违法违纪，（4）行政不作为，（5）执法失当，（6）内部管理失当。当前，针对"形象危机度"与"社会责任事故率"的分析表明，内部管理失当、违法违纪、暴力执法与行政不作为问题最突出。建议：针对"被影响"等风险项的"形象蒙冤"问题，做好"善解冤"；针对暴力执法等风险项的"形象死亡"问题，做好"重点改"；针对形象偏差度与多元评委关系，并结合"风险地图"等规律，做好"全面防"。

关键词：

城管形象　形象危机　暴力执法　"被影响"

一　城管形象危机情况综述

（一）城管形象危机综述

城管形象危机是指由于城管服务和管理不当而造成的形象损害。中国人民大学危机管理研究中心"省市形象研究基地"课题组将由于城管服务和管理不当而产生的对省市形象具有恶劣影响的问题称为城管形象危机问题。

---

* 该报告是北京市"全面深化创新北京城管公共关系"研究成果之一。

** 课题负责人：唐钧、龚琬岚、王中一；课题成员：中国人民大学危机管理研究中心课题组成员。

城管形象危机涉及多个风险项，城管形象风险项主要涉及六大类型："暴力执法""'被影响'""违法违纪""行政不作为""执法失当"和"内部管理失当"。

（二）城管形象风险项分析与风险地图

1. 风险项分析

（1）暴力执法。

"暴力执法"是指城管通过暴力方式侵犯行政相对人、毁坏行政相对人物品或伤害无辜群众等，造成行政相对人或无辜群众人身伤害或财产损失的危机事件。

暴力执法是排名第一的城管形象高危风险项，城管在暴力执法事件中负有全部责任，媒体和公众对于此类事件关注度很高。

（2）"被影响"。

"被影响"是指城管在执法过程中所遭遇的行政相对人暴力抗法、假冒城管的事件导致的形象危机。

（3）违法违纪。

"违法违纪"是指城管队员及其领导人违法使用公车、贪污、受贿等违法违纪事件。

城管队员违法违纪的行为，尤其是领导人违法违纪的行为会导致严重的形象危机。

（4）行政不作为。

"行政不作为"是指城管队员在执法过程中拖延不作为、纵容违法违规现象等事件。

行政不作为是城管形象的高危风险项之一，城管在执法过程中的行政不作为导致形象危机。

（5）执法失当。

"执法失当"是指城管在执法过程中的行为失当（除暴力执法以外）导致的危机事件。

执法失当是城管形象的高危风险项，城管负有全部责任或者部分责任，媒体和公众对于此类事件关注度较高。

（6）内部管理失当。

"内部管理失当"是指城管的内部管理系统混乱无序引发的形象危机事件，包括骇俗行为、城管网站维护不力、评价考核不当和其他领导个人不当行为等。

城管的形象危机，一定程度上来自内部管理失当。内部问题导致外部问题的产生，是城管形象危机的重要根源。

2. 风险地图

表1　城管形象危机"风险地图"

风险项	风险要素
1 暴力执法	1.1 暴力侵犯相对人
	1.2 伤害无辜群众
	1.3 暴力毁坏相对人物品
2 "被影响"	2.1 执法人员遭人身侵犯
	2.2 执法被妨碍
	2.3 被假冒
	2.4 执法被冤枉
	2.5 被牵连
	2.6 执法工具被破坏
3 违法违纪	3.1 执法车辆违章
	3.2 贪污受贿
	3.3 其他违法行为
	3.4 公车消费
	3.5 收受"保护费"
	3.6 "白条消费"
4 行政不作为	4.1 执法拖延不作为
	4.2 纵容违法违规
	4.3 不回应
5 执法失当	5.1 执法程序（方式）不规范
	5.2 引发安全事故
	5.3 引发群众聚集
6 内部管理失当	6.1 骇俗行为
	6.2 城管网站维护不力
	6.3 评价考核不当
	6.4 领导个人不当行为

二 城管"形象危机度"省市排名

据课题组统计，在城管"形象危机度"的省市排名中，陕西省和海南省并列第一，"形象危机度"为8.43%，江苏省和四川省并列第三，"形象危机度"为7.87%，见表2。

表2 城管"形象危机度"省市排名

单位：%

等 级	排 名	省 份	"形象危机度"
高危≥30		暂 无	
中危10~29		暂 无	
低危<10	1	陕 西	8.43
		海 南	8.43
	3	江 苏	7.87
		四 川	7.87
	5	广 东	7.30
	6	云 南	7.74
	7	湖 北	6.18
	8	河 北	4.49
	9	江 西	3.93
		安 徽	3.93
		山 东	3.93
	12	福 建	3.37
		湖 南	3.37
		河 南	3.37
	15	广 西	2.81
		上 海	2.81
		浙 江	2.81
	18	重 庆	1.69
		内蒙古	1.69
		黑龙江	1.69
		新 疆	1.69
		山 西	1.69
	23	辽 宁	1.12
		甘 肃	1.12
		青 海	1.12
	26	吉 林	0.56

续表

等 级	排 名	省 份	"形象危机度"
低危 <10	27	天 津	0.00
		贵 州	0.00
		北 京	0.00
		宁 夏	0.00
		西 藏	0.00

注：数据来源于中国人民大学危机管理研究中心"2013 年城管形象危机典型案例库"，时间段为 2013 年 1 月 1 日至 2013 年 12 月 31 日；不含港澳台；具有此类研究方法的相应误差。表 3 ~ 表 8、表 11 的数据来源与之相同，以下不一一列出。

（一）城管"形象死亡"情况省市排名

据课题组统计，在城管"形象死亡"情况的省市排名中，并列"形象死亡率"第一名的分别是重庆市 100.00%、山西省 100.00%、辽宁省 100.00%，见表 3。

表 3 城管"形象死亡"情况省市排名

单位：%

排 名	省 份	"形象死亡率"
1	重 庆	100.00
	山 西	100.00
	辽 宁	100.00
4	新 疆	75.00
	黑龙江	75.00
6	湖 南	62.50
	广 西	62.50
8	云 南	61.54
9	河 北	60.00
10	安 徽	55.56
11	陕 西	50.00
	青 海	50.00
13	四 川	47.37
14	江 西	44.44
15	山 东	38.46
	福 建	38.46
17	内蒙古	33.33
	江 苏	33.33

排　名	省　份	"形象死亡率"
19	湖　北	31.82
20	海　南	28.57
21	浙　江	22.22
22	广　东	20.69
23	西　藏	0.00
	天　津	0.00
	上　海	0.00
	宁　夏	0.00
	吉　林	0.00
	河　南	0.00
	贵　州	0.00
	甘　肃	0.00
	北　京	0.00

（二）城管"形象受损"情况省市排名

据课题组统计，在城管"形象受损"情况的省市排名中，上海市、吉林省并列第一，"形象受损率"为100.00%，河南省位居第三，"形象受损率"为71.43%，见表4。

表4　城管"形象受损"情况省市排名

单位：%

排　名	省　份	"形象受损率"
1	上　海	100.00
	吉　林	100.00
3	河　南	71.43
4	内蒙古	66.67
	甘　肃	66.67
6	海　南	47.62
7	陕　西	43.75

排　名	省　份	"形象受损率"
8	江　西	33.33
9	云　南	30.77
10	江　苏	29.17
11	四　川	26.32
12	广　东	24.14
13	安　徽	22.22
	浙　江	22.22
15	河　北	20.00
16	湖　北	18.18
17	山　东	15.38
18	湖　南	12.50
19	福　建	7.69
20	广　西	0.00
	重　庆	0.00
	黑龙江	0.00
	新　疆	0.00
	山　西	0.00
	辽　宁	0.00
	青　海	0.00
	天　津	0.00
	宁　夏	0.00
	贵　州	0.00
	北　京	0.00
	西　藏	0.00

（三）城管"形象蒙冤"情况省市排名

据课题组统计，在城管"形象蒙冤"情况的省市排名中，天津市、贵州省并列第一，"形象蒙冤率"为100.00%，北京市位居第三，"形象蒙冤率"为73.08%，见表5。

形象危机应对蓝皮书

表5 城管"形象蒙冤"情况省市排名

单位：%

排　名	省　份	"形象蒙冤率"
1	天　津	100.00
1	贵　州	100.00
3	北　京	73.08
4	浙　江	55.56
5	广　东	55.17
6	福　建	53.85
7	青　海	50.00
8	山　东	46.15
9	湖　北	40.91
10	广　西	37.50
11	江　苏	33.33
11	甘　肃	33.33
13	四　川	26.32
14	安　徽	22.22
15	河　北	20.00
16	海　南	19.05
17	河　南	14.29
18	湖　南	12.50
19	江　西	11.11
20	云　南	7.69
21	陕　西	6.25
22	上　海	0.00
22	重　庆	0.00
22	内蒙古	0.00
22	黑龙江	0.00
22	新　疆	0.00
22	山　西	0.00
22	辽　宁	0.00
22	吉　林	0.00
22	宁　夏	0.00
22	西　藏	0.00

三　城管形象危机应对指南

（一）"善解冤"：妥善解决"形象蒙冤"问题

表6　城管形象风险项"形象蒙冤率"排名统计

单位：%

排　名	风险项	"形象蒙冤率"
1	"被影响"	100.00
2	执法失当	19.05
3	行政不作为	13.16
4	违法违纪	4.44
5	暴力执法	3.92
6	内部管理失当	0.00

（二）"重点改"：重点改善"社会责任事故"与"形象死亡"问题

据课题组统计，在城管"社会责任事故率"省市排名中，并列"社会责任事故率"第一名的分别是重庆市、上海市、山西省、内蒙古自治区、辽宁省、吉林省，为100.00%，见表7。

表7　城管"社会责任事故率"省市排名

单位：%

等　级	排　名	省　份	"社会责任事故率"
高危≥90	1	重　庆	100.00
		上　海	100.00
		山　西	100.00
		内蒙古	100.00
		辽　宁	100.00
		吉　林	100.00
	7	陕　西	93.75
	8	云　南	92.31

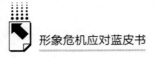
续表

等　级	排　名	省　份	"社会责任事故率"
中危60~89	9	河　南	85.71
	10	河　北	80.00
	11	安　徽	75.00
		江　西	75.00
		新　疆	75.00
		湖　南	75.00
		黑龙江	75.00
	16	四　川	73.68
	17	海　南	71.43
	18	甘　肃	66.67
	19	江　苏	62.50
		广　西	62.50
低危<60	21	山　东	53.85
	22	青　海	50.00
		湖　北	50.00
	24	福　建	46.15
	25	广　东	44.83
	26	浙　江	44.44
	27	天　津	0.00
		贵　州	0.00
		北　京	0.00
		宁　夏	0.00
		西　藏	0.00

表8　城管形象风险项"形象死亡率"排名统计

单位：%

排　名	风险项	"形象死亡率"
1	暴力执法	81.37
2	违法违纪	51.11
3	内部管理失当	36.36
4	执法失当	23.81
5	"被影响"	0.00
	行政不作为	0.00

（三）"全面防"：全面防范风险地图中各风险要素

1. 内部：纠正形象偏差度

（1）城管形象偏差度。

表9　社会对城管的形象预期

形象预期项目	社会形象预期的描述
预期1：文明执法	依法执法、有理有据、文明礼貌、柔性执法、人性执法
预期2：维护秩序	长久维护和保持良好的城市环境，并做好社会服务工作

表10　社会对城管的形象偏差度

社会的形象预期	实际的职能定位	偏差度
预期1：文明执法	依法进行管制，允许比较强的执法	偏差度中等
预期2：维护秩序	履行城市环境管理职能，无服务要求	偏差度较大

（2）城管形象危机的防治：纠正形象偏差度。

第一，修正指标，使考核、测评的标准科学化、多元化，如融入质量管理指标，而非依据主观满意度进行评价。

第二，城管要做好公共关系工作，做好"全方位、立体化"宣传，强调主动化、差别化和双向化，优化城管形象的外部社会环境。

2. 中部：进行风险管理

表11　城管形象风险项"社会责任事故率"排名统计

单位：%

等级	排名	风险项	风险要素	"社会责任事故率"
高危≥90	1	内部管理失当	骇俗行为	100.00
			城管网站维护不力	
			评价考核不当	
			领导个人不当行为	
	2	违法违纪	公车消费	93.33
			收受"保护费"	
			"白条消费"	
			执法车辆违章	
			贪污受贿	
			其他违法行为	

等级	排名	风险项	风险要素	"社会责任事故率"
中危 60~89	3	暴力执法	暴力侵犯相对人 伤害无辜群众 暴力毁坏相对人物品	86.27
	4	行政不作为	执法拖延不作为 纵容违法违规 不回应	84.21
低危<60	5	执法失当	执法程序(方式)不规范 引发安全事故 引发群众聚集	57.14
	6	"被影响"	执法人员遭人身侵犯 执法被妨碍 被假冒 执法被冤枉 被牵连 执法工具被破坏	0.00

3. 外部：依托评委关系

（1）城管形象危机的评委关系。

一是上级关系。

城管形象危机涉及的上级关系包括主管单位和下属机构。城管本身的体制、机制问题可能会导致城管的外部形象问题的出现，如权属问题、编制问题等，会导致执法形象的外部危机。城管内部成分包括公务员，也包括临时工，部分人员的个人行为也可能给整个城管的形象带来影响，造成危机。上级较为了解内部困难和条件限制。一方面，由于了解内部情况，容易发现问题所在，并及时找到解决问题的关键，可有效进行评估和应对。另一方面，内部评委容易理解、体谅。

二是监督关系。

城管形象危机涉及的监督关系包括政府内部的监督、媒体监督和群众监督等。省、区、市政府，纪检监察机关，人大等是城管工作内部监督主体的重要组成部分，在实践中发挥着重要作用；媒体是监督的重要主体，包括新闻媒体、大众宣传工具、新兴媒体等，其特点是传播的广泛性和及时性，时刻影响

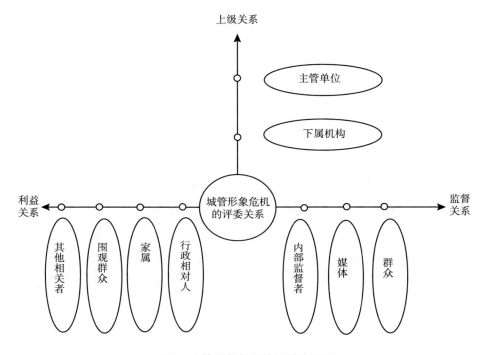

图1 城管形象危机的评委关系图

着城管形象的社会舆论环境；群众是监督的重要力量，包括组织、协会的团体监督，也包括个人的监督，群众的主人翁意识不断提升，对城管的监督作用日益突出。

　　三是利益关系。

　　城管形象危机涉及的利益关系包括行政相对人、家属、围观群众以及其他相关群体。外部评委人数众多，潜在利益群体广泛。不同的情境下，利益主体与城管的关系可能是利益共同体，也可能是对抗关系。如遭遇暴力执法时，行政相对人及其家属，甚至围观群众会形成利益共同体；又如城管队员遭遇暴力抗法时，城管队员的家属、围观群众又会与行政相对人形成对立等。无论是何种关系，都能对城管实现有效监督。

　　（2）城管形象危机的防治：依托评委关系。

　　城管针对上级评委，要集中做好整改工作，降低形象落差度。包括不断提高城管内部管理水平，加强培训，提高执法人员能力和素质，同时完善管理制

度，进行规范化、标准化管理。

城管针对监督方评委，要努力做好两方面工作。第一，降低形象落差度，进行清理整顿，彻查违法违纪行为，建立健全问责制，将责任落实到个人，增强领导和执法人员的责任意识。第二，纠正形象偏差，修正指标，使考核、测评的标准科学化、多元化，如融入质量管理指标，而非依据主观满意度进行评价。

城管针对利益方评委，要努力做好三方面工作。第一，降低形象落差度，认真执法、文明执法，树立良好的执法形象，切实维护城市的环境和秩序。第二，提高形象解释度，城管要通过让群众了解自身的定位、职责、苦衷等，争取群众的理解，消除误会，并通过有效沟通和信任管理，维护和保持群众的信任。第三，纠正形象偏差，城管要做好公共关系工作，做好"全方位、立体化"宣传，强调主动化、差别化和双向化，优化城管形象的外部社会环境。

警察形象危机应对研究报告

中国人民大学危机管理研究中心课题组 *

摘　要：

　　警察形象危机的风险项由九部分构成：（1）公众安全感不高，（2）过失侵权，（3）依法意识欠缺，（4）执法手段失当，（5）执法结果有失公正，（6）警民关系处理不当，（7）职责与标识风险，（8）警务人员违法乱纪，（9）警察"被影响"。当前，针对"形象危机度"与"社会责任事故率"的分析表明，警务人员违法乱纪、公众安全感不高、执法结果有失公正问题最突出。建议：针对警察"被影响"类等风险项的"形象蒙冤"问题，做好"善解冤"；针对警务人员违法乱纪等风险项的"形象死亡"问题，做好"重点改"；针对形象偏差度与多元评委关系，并结合"风险地图"等规律，做好"全面防"。

关键词：

　　警察形象　形象危机　警察"被影响"

一　警察形象危机问题综述

　　近年来，国内外警察事件时有发生，警察的人身安全受到社会各界的高度关注，警察形象也时常面临各种危机的挑战。在持续完善警察形象的能力、科技、制度等多领域保障的同时，警察形象工作也面临着新问题与新挑战。当前警察形象危机的防范与治理需要从风险特征、管理对象、管理主体、媒体和社

＊　课题负责人：唐钧、龚琬岚、田晟宇；课题成员：中国人民大学危机管理研究中心课题组成员。

会等多个维度，创新风险治理，建立健全科学管理体系，全面维护与改善警察形象。

表 1　警察形象危机"风险地图"

风险项	风险要素
1 公众安全感不高	1.1 暴力恐怖
	1.2 杀伤群众
	1.3 损坏财产
	1.4 城管与警察纠纷
2 过失侵权	2.1 在押人员逃脱
	2.2 玩忽职守
	2.3 嫌疑人非正常死亡
	2.4 误伤误杀
	2.5 抓错人
3 依法意识欠缺	3.1 无证执法
	3.2 程序意识不强
	3.3 违规收费
	3.4 依法执法意识不强
4 执法手段失当	4.1 粗暴执法
	4.2 强制手段失当
	4.3 拖延执法进程
5 执法结果有失公正	5.1 徇私舞弊
	5.2 自由裁量风险
6 警民关系处理不当	6.1 解决冲突引起纠纷
	6.2 服务窗口态度不佳
	6.3 回应不当
	6.4 群众误解多
7 职责与标识风险	7.1 警察职责认定不准
	7.2 标识不当
8 警务人员违法乱纪	8.1 贪污受贿
	8.2 钱权交易
	8.3 挪用公款
	8.4 敲诈威胁
	8.5 涉黑涉赌涉毒
	8.6 涉黄
	8.7 与恶势力勾结

风险项	风险要素
8 警务人员违法乱纪	8.8 滥用职权
	8.9 违规使用警车
	8.10 言行失当
	8.11 工作时间不作为乱作为
	8.12 非正常死亡
	8.13 其他违法违纪
9 警察"被影响"	9.1 警察被冒充
	9.2 警察被弱化
	9.3 警察被冤枉

二 警察"形象危机度"总体排名

（一）警察"形象危机度"省市排名

据课题组统计，在警察"形象危机度"的省市排名中，位列"形象危机度"前三名的分别是广东省6.19%、海南省5.57%、陕西省4.64%，见表2。

课题组将警察形象危机进行细化研究，可分解为"形象死亡""形象受损"和"形象蒙冤"三个维度，这三个维度是警察"形象危机度"的有机组成部分。

而作为衡量警察形象危机的量化指标，警察的"形象危机度"也可以分解为"形象死亡率""形象受损率"和"形象蒙冤率"三个指标。

（二）警察"形象死亡"情况省市排名

据课题组统计，在警察"形象死亡率"的省市排名中，贵州省排第一，为100.00%，云南省第二，为57.14%，重庆市和黑龙江省并列第三，为50.00%，见表3。

表2 警察"形象危机度"省市排名

单位：%

等 级	排 名	省 份	"形象危机度"
高危≥30	暂 无		
中危10~29	暂 无		
低危<10	1	广 东	6.19
	2	海 南	5.57
	3	陕 西	4.64
	4	河 南	4.02
		湖 南	4.02
	6	四 川	3.41
	7	安 徽	3.10
	8	浙 江	2.79
	9	云 南	2.17
	10	江 苏	1.86
		河 北	1.86
	12	山 东	1.55
		湖 北	1.55
		山 西	1.55
	15	北 京	1.24
		福 建	1.24
	17	江 西	0.93
		甘 肃	0.93
		广 西	0.93
	20	辽 宁	0.62
		内 蒙 古	0.62
	22	上 海	0.31
		黑 龙 江	0.31
		重 庆	0.31
		青 海	0.31
		贵 州	0.31
	27	新 疆	0.00
		天 津	0.00
		宁 夏	0.00
		西 藏	0.00
		吉 林	0.00

注：数据来源于中国人民大学危机管理研究中心"2013年警察形象危机典型案例库"，时间段为2013年1月1日至2013年12月31日；不含港澳台；具有此类研究方法的相应误差。表3~表8的数据来源与之相同，以下不一一列出。

表3　警察"形象死亡"情况省市排名

单位：%

排　名	省　份	"形象死亡率"
1	贵　州	100.00
2	云　南	57.14
3	重　庆	50.00
	黑龙江	50.00
5	安　徽	35.71
6	江　西	33.33
7	浙　江	25.00
	山　西	25.00
9	山　东	23.08
10	陕　西	22.22
	湖　北	22.22
12	辽　宁	20.00
13	广　东	18.18
	河　北	18.18
15	海　南	17.86
16	湖　南	17.65
17	江　苏	15.38
18	河　南	13.64
19	甘　肃	12.50
20	广　西	8.33
21	北　京	7.69
22	四　川	4.35
23	福　建	0.00
	上　海	0.00
	内蒙古	0.00
	新　疆	0.00
	青　海	0.00
	天　津	0.00
	宁　夏	0.00
	吉　林	0.00
	西　藏	0.00

（三）警察"形象受损"情况省市排名

据课题组统计，在警察"形象受损率"的省市排名中，排前三名的分别是宁夏回族自治区100.00%、四川省73.91%、陕西省66.67%，见表4。

表4 警察"形象受损"情况省市排名

单位：%

排 名	省 份	"形象受损率"
1	宁 夏	100.00
2	四 川	73.91
3	陕 西	66.67
4	湖 南	64.71
5	河 南	63.64
	河 北	63.64
7	海 南	53.57
8	山 西	50.00
	内蒙古	50.00
	青 海	50.00
11	江 苏	46.15
12	湖 北	44.44
13	广 东	43.18
14	安 徽	42.86
	云 南	42.86
16	广 西	41.67
17	福 建	40.00
18	浙 江	37.50
	甘 肃	37.50
20	江 西	33.33
21	北 京	30.77
22	上 海	25.00
23	山 东	23.08
24	辽 宁	20.00

续表

排　名	省　份	"形象受损率"
25	新　疆	0.00
	天　津	0.00
	重　庆	0.00
	黑龙江	0.00
	贵　州	0.00
	吉　林	0.00
	西　藏	0.00

（四）警察"形象蒙冤"情况省市排名

据课题组统计，在警察"形象蒙冤率"的省市排名中，并列第一名的是新疆维吾尔自治区、天津市和吉林省，为100.00%，见表5。

表5　警察"形象蒙冤"情况省市排名

单位：%

排　名	省　份	"形象蒙冤率"
1	新　疆	100.00
	天　津	100.00
	吉　林	100.00
4	上　海	75.00
5	北　京	61.54
6	福　建	60.00
	辽　宁	60.00
8	山　东	53.85
9	广　西	50.00
	甘　肃	50.00
	内蒙古	50.00
	黑龙江	50.00
	重　庆	50.00
	青　海	50.00
15	广　东	38.64
16	江　苏	38.46
17	浙　江	37.50
18	湖　北	33.33
	江　西	33.33
20	海　南	28.57

排　名	省　份	"形象蒙冤率"
21	山　西	25.00
22	河　南	22.73
23	四　川	21.74
24	安　徽	21.43
25	河　北	18.18
26	湖　南	17.65
27	陕　西	11.11
28	云　南	0.00
	贵　州	0.00
	宁　夏	0.00

三　警察形象危机应对指南

（一）"善解冤"：妥善解决"形象蒙冤"问题

据课题组统计，警察的"形象蒙冤"案例数量已占到其形象危机总数的2.46%，各个风险领域的典型案例和"形象蒙冤"案例统计见表6。

表6　警察形象风险项"形象蒙冤率"排名统计

单位：%

排　名	风险项	"形象蒙冤率"
1	警察"被影响"	28.48
2	警民关系处理不当	4.02
3	公众安全感不高	0.93
4	过失侵权	0.62
	职责与标识风险	0.62
6	警务人员违法乱纪	0.31
7	依法意识欠缺	0.00
	执法结果有失公正	0.00
	执法手段失当	0.00

从表6可知，警察行业"形象蒙冤"现象严重，尤其是在警察"被影响"下三个风险要素的"形象蒙冤率"达到了28.48%，其中警察"被冒充"达到了23.84%，是警察行业"形象蒙冤"的最大因素。警察"被冒充"分为主观和客观原因：主观原因是警察在行使服务职能过程中无法做到完全客观，导致警察行业的权威性和不可侵犯性在社会上日益减弱；客观原因是社会上某些不法分子胆大妄为，无视法律，为达目的存有侥幸心理。因此警察行业需从以下三个方面着手解决"形象蒙冤"严重的问题：一是加强自身纪律建设，牢记警察职责，在服务社会过程中维持客观态度，对法律负责；二是严厉打击冒充警察等威胁警察权威性的不法行为；三是大力宣传相关法律法规，在社会上使知法懂法蔚然成风。

总之，针对"形象蒙冤"情况，课题组建议：一方面，"形象蒙冤"主体要善于借助媒体力量，及时、有效澄清警察形象"冤情"；另一方面，"形象蒙冤"高危行业需要建立风险预防长效机制，积极防范警察形象"被抹黑"。

（二）"重点改"：重点整改"社会责任事故"

据课题组统计，在警察"社会责任事故率"的省市排名中，排在前三名的分别是云南省100.00%、贵州省100.00%、陕西省83.33%，见表7。

表7　警察"社会责任事故率"省市排名

单位：%

等　级	排　名	省　份	"社会责任事故率"
高危≥90	1	云　南	100.00
		贵　州	100.00
中危60~89	3	陕　西	83.33
	4	湖　南	76.47
	5	安　徽	71.43
	6	海　南	64.29
	7	山　西	62.50

续表

等　级	排　名	省　份	"社会责任事故率"
低危＜60	8	河　南	59.09
	9	浙　江	56.25
	10	湖　北	55.56
	11	河　北	54.55
	12	内蒙古	50.00
		黑龙江	50.00
		青　海	50.00
		重　庆	50.00
	16	四　川	47.83
	17	江　苏	46.15
	18	广　东	45.45
低危＜60	19	福　建	40.00
		辽　宁	40.00
	21	山　东	38.46
	22	甘　肃	37.50
	23	江　西	33.33
	24	北　京	30.77
	25	广　西	25.00
		上　海	25.00
	27	新　疆	0.00
		天　津	0.00
		吉　林	0.00
		宁　夏	0.00

据课题组统计，警察"形象死亡"案例数量已占到其形象危机总数的22.38%，警察形象风险项"形象死亡率"排名统计见表8。

表8　警察形象风险项"形象死亡率"排名统计

单位：%

排　名	风险项	"形象死亡率"
1	警务人员违法乱纪	11.76
2	公众安全感不高	2.79
3	过失侵权	1.86
4	依法意识欠缺	0.62
	执法手段失当	0.62
6	警民关系处理不当	0.31
7	警察"被影响"	0.00
	执法结果有失公正	0.00
	职责与标识风险	0.00

从表8可以看出，警察行业"形象死亡"现象较为轻微，主要集中在"警务人员违法乱纪"风险项上。这说明警察行业在社会公众心中没有达到无药可救的地步，经过努力可以重新获得社会的高度认可；另外，警察行业较为严重的问题集中在警务人员个体身上，包括领导干部和普通警员。因此可以从三个方面解决警察行业"形象死亡"问题：第一，严厉惩处违法违纪的警务人员，绝不姑息，尤其对领导干部更要严厉，只有队伍纪律得到维护和遵守，才会减少乃至杜绝主观导致"形象死亡"的风险；第二，积极接受社会的监督和举报，对于潜在问题丝毫不放松不放纵，将风险消灭在刚有苗头之时；第三，在队伍内部大力宣传队伍的纯洁性，督促警务人员学习法律法规，领导干部尤其要以身作则。

（三）"全面防"：立体化形象管理

1. 内部：纠正形象偏差度

　　警察形象的评委是外部媒体和群众，应对警察形象危机，首先要明确的就是群众对警察的社会心态，找准社会预期与正确的客观定位之间的偏差。社会对警察的形象预期及社会对警察的形象偏差如表9所示。

表9　社会对警察的形象预期及社会对警察的形象偏差

形象预期项目	预期形象描述	正确的职能定位	形象偏差
忠诚卫士（"保护神"形象）	维护国家安全和社会治安秩序,预防、制止和惩治违法犯罪活动 忠诚可靠,听党指挥,热爱人民,忠于法律 英勇善战,坚忍不拔,机智果敢,崇尚荣誉	依法办事	忠诚卫士与依法办事的偏差
秉公执法（"包青天"形象）	秉公执法,事实为据,秉持公正,惩恶扬善 文明理性,理性平和,文明礼貌,诚信友善	警务公开,程序和方法正当	结果导向和过程导向的偏差
人民公仆（"活雷锋"形象）	热诚服务,情系民生,服务社会,热情周到 坚持把人民放在心中最高位置 关注群众需要,服务平台态度好	管理为主,服务为辅	管理职能与服务职能的偏差 有限能力与无限职责的偏差
法纪楷模（"任长霞"形象）	严守纪律,令行禁止,廉洁正直,克己奉公 爱岗敬业,精益求精,甘于奉献,任劳任怨	队伍纪律严明,约束权力职责	强势权力与弱势地位的偏差 个体行为与组织推论的偏差

（1）忠诚卫士与依法办事的偏差。

社会要求警察是英勇善战的忠诚卫士，维护国家安全和社会治安秩序，预防、制止和惩治违法犯罪活动，忠诚可靠，听党指挥，热爱人民，忠于法律。而警察的实际职能要求警察必须在法律框架下依程序办事，履行职能。这两者之间的偏差造成的典型误区是地方政府在解决拆迁等问题时，利用公安部门从事非警务活动，致使警察被推到风口浪尖，形象受到严重损害。

（2）结果导向和过程导向的偏差。

社会对警察的预期更多地强调秉公执法，更看重结果上的公平公正。而警察的正确职能定位应该是过程与结果并重，不仅结果要公平，过程也应当做到程序正当和方法正当，同时做到警务公开，最大限度地公开执法依据、执法程序、执法进度、执法结果。这两者之间的偏差会导致即使结果公平，但过程不公开不正当导致老百姓满意度不高、公平感不强的现象。

（3）管理职能与服务职能的偏差。

《中华人民共和国警察法》规定：人民警察的任务是维护国家安全，维护社会治安秩序，保护公民的人身安全、人身自由和合法财产，保护公共财产，预防、制止和惩治违法犯罪活动。因此，警察的职能大部分是管理职能。然而实际情况是人民群众对警察存在"有困难找警察"的定位偏差，对于警察更多的是服务职能的要求，并且越来越多，越来越苛刻，导致了管理职能与服务职能的偏差。

（4）有限能力与无限职责的偏差。

一方面，警察的能力总是有限的，在实际情况中存在社会治安问题突出、突发情况多、特殊情况难兼顾、安全隐患复杂、警力设备不足等各方面的限制；另一方面，公众对警察的职责要求是无限的，对警察的期待是"全能型"的人民公仆，不仅要求警察队伍自身作风扎实，还要求人民警察在执法过程中"零误差"。这样就自然形成了有限能力与无限职责的偏差。

（5）强势权力与弱势地位的偏差。

一方面，警察的权力具有绝对的强制力和权威性，既有法律来源，又有强制的保障，这种权力属于绝对的强制权力，同时警察的管理范围广，职能责任宽，加上群众对警察的"全能型"期待，使得公众对警察权力有了更为根深蒂固的认识。另一方面，公安部门受制于地方政府，也受其他执法力量如检察院和法院的监督，实际地位并没有社会群众想象的那么大，加上媒体和人民的监督，警察队伍实际上处于"弱势地位"。这种弱势同时表现在个人上，警察不仅在保卫安全时"流血流汗"，在日常生活中"牺牲奉献"，还承担着巨大的工作压力和舆论压力。这样就形成了强势权力与弱势地位的偏差。

（6）个体行为与组织推论的偏差。

由于现实情况的复杂性，在警察队伍中确实存在个别警员素质不高、形象不好、执法不规范等种种问题，一旦极个别警员出现问题，公众和媒体就会将问题归结为整个队伍的问题，从个体行为推论到组织行为，加之警察的职业特性决定了容易受媒体的关注，媒体的大肆宣传和部分不负责任的不实报道，使警察的形象严重受损。个体行为与组织推论的偏差，是警察形象的重要风险。

2. 外部：评委关系

警察形象危机的社会环境包括两个方面，一方面是主体，一方面是主体之间的关系。在警察形象危机的评委关系中，有三重关系：职级关系、利益关系和监督关系。职级关系中包括地方政府和上级公安机关两个主体，利益关系包括管理对象和服务对象，监督关系包括媒体和公众两个主体。具体如图1所示。

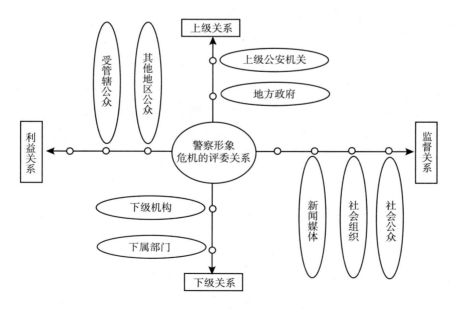

图1　警察形象危机的评委关系图

职级关系中，地方政府和上级公安机关是警察形象危机的重要评委。地方政府要求警察队伍在做好人民"忠诚卫士"的基础上做"人民公仆"。随着地方事务的愈加复杂，地方政府处理地方事务时，常常将警察放在第一线，起到震慑作用，这种简单直接的方式，既不符合程序，又增加了形象风险。因此，警察与地方政府的关系十分微妙，既有理想的期待，又是警察形象危机的一个根源，处理好二者之间的关系，不仅需要在体制上加以理顺，还要在法律上加以强化。

警察形象危机的监督关系主体主要为社会公众和新闻媒体。由于利益关系和职级关系极弱，加之警察的职业特性和媒体的职业特性使得这种监督关系极易产生高危风险。因为其职业特性，警察格外受到媒体关注，一方面因"眼球效应"带来报道失实问题，另一方面存在沟通不当产生的警媒纠纷。在监督关系上，社会舆论对警务工作关注的焦点发生了变化，从过去的表面化和正面宣传报道，转向对执法过程中实体不合法、不规范问题和程序不文明、不适当问题的关注。而警察队伍仍然不能适应信息化条件下的话语体系，警察队伍的话语能力仍然不足，公关意识仍然不强。

主要的利益关系主体是在该区域内受到警察直接管辖的公众，他们既是警察的管理对象也是服务对象。利益关系主体有犯罪嫌疑人和普通行政相对人之分，警察队伍对社区公众具有普遍约束力，有着直接的管理与被管理的利益关系。这种利益关系在利益双方的强弱地位和认同程度上都出现了明显的变化。第一，相对人对警察执法的认同标准发生了变化。第二，公众对执法的要求发生了变化。从过去要求警察做好打击预防罪犯、维持社会秩序，变为在原有基础上要求警察执法形式公开公正、执法方式文明规范，并在执法的基础上提供良好的服务。

基于三重评委关系，警察形象危机的应对措施如下。

（1）改善职级评委关系。

改善职级评委关系，首先是重点整顿改，规避形象风险。除了警察"被影响"类，警察形象的风险点多存在于警务人员个人素质的各个方面。要规避这些高危风险点，需要公安系统在这些风险点加强监督、有效规制、增强透明度和约束力。一方面，规避高危风险点，减少形象风险发生率。另一方面，要正确处理地方政府和上级公安机关的关系，依法行事，避免执法过程中的高危风险，更要规避非警务活动中的风险。

（2）改善监督方评委关系。

改善监督方评委关系，首先是进行清理整顿。第一，注重警察队伍的自身建设，对警察队伍中的重点问题进行清理整顿。规范警员行为，整顿警察队伍，切实从根本上改变警察队伍，减少警察队伍自身的问题，尤其是在执法规范过程化建设上下大力气，在警察队伍廉政建设上下大功夫。对"车、酒、色、赌、黑"等重点问题进行清理整顿，肃清警察队伍中的违纪行为，严肃处理涉及重点问题的人员，对不当行为进行清理整顿。第二，规避高危风险点，对高危风险点进行清理整顿。警察形象危机事件是通过媒体传播，形成舆论，产生危机，公众是最后的评委。规避高危风险点造成的恶劣影响是降低形象落差度的重要手段。尤其要正确处理与公众和媒体的关系，避免矛盾冲突，从对手转换为伙伴，严肃清理整顿收买、捂盖等行为。

改善监督方评委关系，其次是进行多方沟通。第一，充分利用多方渠道，加强媒体宣传过程中未发布的解释项的解释力。提高解释项的宣传程度，抓住公众对危机事件更关注、对危机解释更关注的特征，加大新闻标题和内容的解释力，充分利用大学、社会研究机构等第三方力量的正确引导，充分协调法院、检察院等司法机构在实体和程序上进行公开。第二，修正经常"零失误"的评价指标。一方面，使公众充分理解，警察也需自我保护，警察在很多时候也处于"弱势地位"，警察作为维护社会治安的"保护神"，也需要自我保护。大量的袭警事件，也验证了警察的"弱势地位"，警察的人身安全和合法权利也应当得到法律保护和公众谅解。另一方面，要让公众知晓"警察也有可能犯错误"，不可能做到"零失误"，但改正的态度和决心是坚决的，犯错后的低姿态也是必要的。第三，修正警察"个别人个别行为代表整体形象"的评价指标。当危机事件发生时，一定要声明这是个别警员的个别行为，严肃处理、严正法纪是解决问题的重要途径。在警察队伍中，要树立"依法从严治警"的形象。绝不容许个别警员的个别行为威胁到警察队伍的整体形象。对个别违法乱纪行为绝不姑息、严肃处理。

（3）改善利益方评委关系。

改善利益方评委关系，首先要做到群众满意。第一，规避与管理对象密切相关的风险点。要注意规避在执法、自由裁量、强制执行、审讯、看押看守等过程中的风险点，切实完善制度建设和依法监督。第二，要注意正确处理利益关系，在强化管理职能的基础上，提供好公共服务。加强实体和程序规范，提高警察队伍的依法意识、程序意识、文明意识，切实履行好警察的执法职能，争取达到群众满意的目标。

改善利益方评委关系，其次要争取改善公共关系。第一，强化管理职能，提升公共服务，获得理解和支持。加强普法宣传，规范行政相对人的行为，纠正群众"有困难找警察"的错误偏差，强化警察的执法职能，使公众更加明确警察的服务职能是在履行好管理职能的前提下提供的，警察是"良好社会秩序的维护者"，不是"有困难找警察"预期的服务提供者，从而增进群众的认识。第二，强调过程导向的管理服务，争取理解配合。在实体合法的基础上，增强公开透明度，使得利益"明显化"，降低风险发生概率，最大限度地公开执法依据、执法程序、执法进度、执法结果。加强执法规范化建设，在程序上要正当，做到依法办事、文明执法，增进公众对执法程序的满意度。

官 员 报 告

Officials Report

B.17
官员形象危机应对研究报告

中国人民大学危机管理研究中心课题组*

摘　要:

官员形象危机由"贪"(贪腐问题)、"渎"(失职渎职)、"色"(性丑闻)、"假"(造假问题)、"枉"(作风粗暴)五大风险板块构成,并细分为15个风险项。当前,针对"形象危机度"和"社会责任事故率"的分析表明,官员形象危机呈现高风险、高责任特征,官员总体形象危机度高达78.24%,其中"贪""渎"问题最为突出。建议:针对"被影响"等风险项的"形象蒙冤"问题,做好"善解冤";针对"贪污受贿"等风险项的"形象死亡"问题,做好"重点改";针对形象偏差度与多元评委关系,并结合"风险地图"等规律,做好"全面防"。

关键词:

官员形象危机　形象研判　"形象死亡"　"形象受损"
"形象蒙冤"

---

* 课题负责人:唐钧、饶文文;课题成员:中国人民大学危机管理研究中心课题组成员。

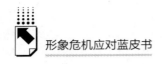
一 官员形象危机的风险

官员形象是指各级各类公职人员在工作和生活中向群众展示的形象汇总，本报告中的官员包括党政领导干部、财政供养人员、村（社区）干部和准官员（国企干部、教师、高校和科研机构工作人员等）。官员形象是政府形象最直接的体现，备受社会关注。而官员形象危机是指官员因违法违规，违背德、能、勤、绩、廉的标准，不符合群众对官员公正廉洁、勤政爱民等预期，造成恶劣影响和损害公信力的危机。官员形象危机，一方面是极个别官员的个体行为产生恶劣的社会负面影响；另一方面也可能是群众对官员的不满意或不理解而造成的差评或恶评。

（一）官员"形象危机度"的省市排名

1. 官员"形象危机度"指标说明

"社会责任事故"是指官员等责任主体负有主要责任并造成恶劣后果和社会影响的危机事件，是导致官员"形象危机"的主因。

"形象危机度"指"社会责任事故"在全部典型案例中所占比重，计算公式为："形象危机度" = "社会责任事故"频次/全部典型案例频次。

全部典型案例频次指在 2013 年 1 月 1 日至 2013 年 12 月 31 日一年时间内，全国官员出现形象危机的事件次数。

"社会责任事故"频次指在 2013 年 1 月 1 日至 2013 年 12 月 31 日一年时间内的典型案例中，被研判为"社会责任事故"的形象危机的事件次数。

课题组根据对官员形象危机的分析评估，将官员"形象危机度"分为高危、中危和低危三个等级。其中"形象危机度"高于或等于 30% 为高危；10% ~29% 为中危；低于 10% 为低危。

2. 官员"形象危机度"省市排名

据课题组统计，在官员"形象危机度"的省市排名中，位列"形象危机度"前三名的分别是广东省 15.40%、湖南省 7.12%、河南省和北京市6.89%，见表1。2013 年广东省官员"形象危机度"最高，处于中危状态；湖南、河南、北京等 27 个省市官员"形象危机度"均低于 10%，属低危状态；而天津、青海、西藏则暂无官员形象危机典型案例，"形象危机度"为0.00%。

属地官员形象危机的危机频次和程度是很多因素共同作用所致，除去官员个体的主观因素，客观方面的因素主要表现在社会管理的复杂性、新闻出版业的发达程度等方面，社会管理的复杂性又和属地流动人口数量有关。以广东为例，其新闻出版业综合排名和流动人口数量均居于全国首位，而广东的官员"形象危机度"也处于首位，这说明社会管理复杂性越高、新闻出版业越发达的省份，往往也是官员形象危机越严重的省份。

表1　全国官员"形象危机度"省市排名

单位：%

等　级	排　名	省　份	"形象危机度"
高危≥30		暂　无	
中危10～29	1	广　东	15.40
低危＜10	2	湖　南	7.12
	3	河　南	6.89
		北　京	6.89
	5	浙　江	5.29
	6	安　徽	5.06
	7	四　川	4.82
	8	陕　西	4.60
		云　南	4.60
	10	海　南	4.37
		江　苏	4.37
	12	广　西	3.91
	13	江　西	3.22
	14	甘　肃	2.76
	15	河　北	2.53
		湖　北	2.53
	17	重　庆	2.30
	18	山　东	2.07
	19	内蒙古	1.84
	20	辽　宁	1.61
	21	福　建	1.38
		吉　林	1.38
	23	上　海	1.15
		山　西	1.15

等　级	排　名	省　份	"形象危机度"
低危＜10	25	新　疆	0.92
		黑龙江	0.92
	27	宁　夏	0.46
		贵　州	0.46
	29	天　津	0.00
		青　海	0.00
		西　藏	0.00

注：数据来源于中国人民大学危机管理研究中心"2013年官员形象危机典型案例库"，时间段为2013年1月1日至2013年12月31日；不含港澳台；具有此类研究方法的相应误差。

（二）官员形象危机"风险地图"

1. 官员形象危机"风险地图"

中国人民大学危机管理研究中心在"2013年官员形象危机典型案例库"的基础上，形成官员形象危机"风险地图"。官员形象危机"风险地图"主要包括五大风险板块："贪"（贪腐问题）、"渎"（失职渎职）、"色"（性丑闻、强奸）、"假"（包括火箭提拔、"被影响"、"造假造谣"等要素）、"枉"（暴力执法、遭遇暴力抗法、作风粗暴等）。

表2　官员形象危机"风险地图"

风险板块	风险项	风险项描述	典型案例
1"贪"	1.1 贪污受贿	包括贪污、受贿、行贿、挪用公款等	湖南省高管局原局长冯伟林受贿4000余万
	1.2 消极腐败	主要为公款滥用问题，包括公款吃喝、公款旅游、公车私用等	广西龙胜县委书记公款吃喝被免
	1.3 隐性腐败	包括"赞助费""会员卡"等不易被发现的腐败形式	江苏一派出所收洗浴中心上百万赞助费
2"渎"	2.1 滥用职权	故意逾越职权或者不履行职责	因"违法释放犯罪嫌疑人"新疆阿克苏市法院书记和纪检组长被免职
	2.2 玩忽职守	不认真不负责地对待本职工作，包括冤假错案等	广州原车管所副所长玩忽职守致大量"病车"上路
	2.3 决策失误	官员因决策失误造成负面影响	湖北当地纪检部门透露副省长郭有明被查与三峡全通工程有关联，片面追求政绩

续表

风险板块	风险项	风险项描述	典型案例
2"渎"	2.4 慵懒散	官员工作懒惰松懈	广东陆丰9名官员办公时间聚赌
3"色"	3.1 性丑闻	包括嫖娼、包养情妇等生活腐化问题	上海法官集体嫖娼门"文件"
	3.2 强奸	官员强奸妇女、幼女等	福建宁德一官员强奸幼女获刑12年
4"假"	4.1 火箭提拔	官员提拔速度过快、任职资格作假	安徽望江22岁团县委副书记任职资格确定造假
	4.2"被影响"	包括被冒充、非正常死亡、被家属牵连等问题	北京一男子冒充民警索要"保护费"
	4.3 造假造谣	官员发布虚假消息、捏造事实等	辽宁辽阳外宣办主任发消息误导社会
5"枉"	5.1 暴力执法	粗暴执法,在执法过程中使用暴力	湖南临武瓜农死亡,两名责任官员被免职
	5.2 遭遇暴力抗法	警察、城管等遭遇暴力抗法	安阳市公安局殷商分局民警在辖区处理警情时受多名男子围攻
	5.3 作风粗暴	包括打人、杀人、醉驾、雷语等问题	湖南衡阳正副科长"互咬"被停职

2. 官员形象风险板块排名

"2013年官员形象危机典型案例库"的数据显示,官员形象风险板块由高危到低危依次是:"贪""渎""枉""色""假"。

表3 官员形象风险板块排名一览

排名	风险板块	典型案例频次	风险项	典型案例频次
1	"贪"	309	1.1 贪污受贿	266
			1.2 消极腐败	41
			1.3 隐性腐败	2
2	"渎"	88	2.1 滥用职权	44
			2.2 玩忽职守	35
			2.3 慵懒散	8
			2.4 决策失误	1
3	"枉"	85	3.1 作风粗暴	56
			3.2 暴力执法	20
			3.3 遭遇暴力抗法	9

排名	风险板块	典型案例频次	风险项	典型案例频次
4	"色"	48	4.1 强奸	31
			4.2 性丑闻	17
5	"假"	26	5.1 被影响	15
			5.2 造假造谣	8
			5.3 火箭提拔	3

注：数据来源于中国人民大学危机管理研究中心"2013年官员形象危机典型案例库"，时间段为2013年1月1日至2013年12月31日；具有此类研究方法的相应误差。表4~表30的数据来源与之相同，以下不一一列出。

官员总体的"形象危机度"在2013年为78.24%，表明官员形象面临的形势十分严峻，官员形象危机呈高责任特征。其中风险板块"贪"的"形象危机度"最高，为50.36%；风险板块"渎"和"枉"的"形象危机度"次之，分别为12.23%和7.91%；"色"的"形象危机度"是5.94%；而"假"的"形象危机度"最低，为1.80%。

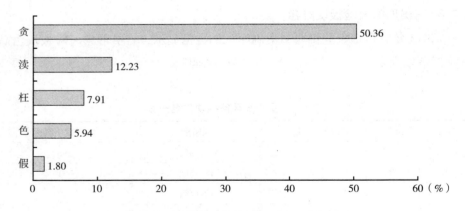

图1　官员形象风险板块"形象危机度"排名

注：数据来源于中国人民大学危机管理研究中心"2013年官员形象危机典型案例库"，时间段为2013年1月1日至2013年12月31日；具有此类研究方法的相应误差。

3. 官员形象风险板块概况

（1）风险板块"贪"。

"贪"既包括贪污、受贿、行贿、挪用公款等问题，也包括消极腐败、隐性腐败等问题。贪腐问题高发、多发，产生恶劣的社会影响，易酿成信任危机，并且可能导致社会心态的失衡。其中"贪污受贿"问题尤为严重，在2013年官员形象危机典型案例库中有266例，占全库的47.84%，并且"涉面广""形式多"。"消极腐败"和"隐性腐败"的曝光数量与"贪污受贿"相比虽然相对较小，但社会负面影响仍然非常恶劣。与2012年相比，"消极腐败"问题的曝光数量有很大增加，这既是"社会倒逼"加剧的结果，也和中央推行"八项规定"、加大对公款滥用问题的查处力度有关。

表4 "贪"的风险项频次

风险项	风险项频次	所占比例(%)（风险项频次/风险板块频次）
贪污受贿	266	86.08
消极腐败	41	13.27
隐性腐败	2	0.65

"社会责任事故"是造成官员"形象危机"的主因，而"形象危机度"反映了官员形象危机的严重程度。在风险板块"贪"涵盖的风险项中，贪污受贿的社会责任事故频次最高，"形象危机度"高达44.42%，处于高危状态；而消极腐败和隐性腐败均为低危状态，"形象危机度"分别为5.76%和0.18%。

表5 "贪"的"形象危机度"概况

风险项	"形象危机度"(%)
贪污受贿	44.42
消极腐败	5.76
隐性腐败	0.18

（2）风险板块"渎"。

"渎"是挫伤公信力的重要原因，包括滥用职权、玩忽职守、"慵懒散"和决策失误等。渎职问题往往和贪腐问题相互交织，相互牵扯。"滥用职权"和"玩忽职守"的曝光数量大、曝光范围广，往往引发广泛的社会关注。其中冤假错案问题是 2013 年失职渎职形象的典型案例，此类案件影响极其恶劣，导致政府公信力严重受损和对官员的不信任，引发群众的广泛质疑。

表6 "渎"的风险项频次

风险项	风险项频次	所占比例（%） （风险项频次/风险板块频次）
滥用职权	44	50.00
玩忽职守	35	39.77
决策失误	1	1.14
慵懒散	8	9.09

社会责任事故是造成官员"形象危机"的主因，而"形象危机度"反映了官员形象危机的严重程度。在风险板块"渎"涵盖的风险项中，"滥用职权"和"玩忽职守"的社会责任事故频次较高，"形象危机度"分别为 6.12% 和 5.04%；而慵懒散和决策失误的社会责任事故频次较低，"形象危机度"分别为 0.90% 和 0.18%。虽然滥用职权、玩忽职守、决策失误和慵懒散的"形象危机度"均低于 10%，处于低危状态，但是相加而得的风险板块"渎"的"形象危机度"超过 10%，为中危状态，因此对其形象危机风险也不容忽视。

表7 "渎"的"形象危机度"概况

风险项	"形象危机度"（%）
滥用职权	6.12
玩忽职守	5.04
决策失误	0.18
慵懒散	0.90

（3）风险板块"色"。

"色"使官员形象"蒙羞"，无论是性丑闻，还是强奸，均突破道德底线。"性丑闻"具有显著的"连带效应"，往往牵扯出贪腐、涉黑等其他违法违规行为。而强奸行为，尤其是强奸幼女行为，性质更为恶劣，引起社会和舆论的强烈谴责，增大了社会"痛感"，放大了官员形象的阴暗面。

表 8　"色"的风险项频次

风险项	风险项频次	所占比例(%) (风险项频次/风险板块频次)
性丑闻	17	35.42
强奸	31	64.58

　　社会责任事故是造成官员"形象危机"的主因，而"形象危机度"反映了官员形象危机的严重程度。在风险板块"色"涵盖的风险项中，强奸的社会责任事故频次最高，"形象危机度"为4.68%，处于低危状态；而性丑闻的"形象危机度"是1.26%，也为低危状态。

表 9　"色"的"形象危机度"概况

风险项	"形象危机度"(%)
性丑闻	1.26
强奸	4.68

　　(4) 风险板块"假"。

　　"假"包括火箭提拔、造假造谣等问题，也包括官员被假冒、被恶意中伤等致使形象"被影响"。"火箭提拔"大多违反干部选拔任用规定，引起社会对政府人事管理规范性和严肃性的质疑。造假造谣问题则冲击了政府"依法行政"理念，危及政府公信力。而"被影响"问题虽不是官员的责任，但也容易导致官员形象受损，反映了政府的管理不力。

表 10　"假"的风险项频次

风险项	风险项频次	所占比例(%) (风险项频次/风险板块频次)
火箭提拔	3	11.54
"被影响"	15	57.69
造假造谣	8	30.77

　　社会责任事故是造成官员"形象危机"的主因，而"形象危机度"反映了官员形象危机的严重程度。在风险板块"假"涵盖的风险项中，火箭提拔、

"被影响"和造假造谣的社会责任事故频次均较低，都处于低危状态，"形象危机度"依次为 0.18%、0.36% 和 1.26%。

表 11　"假"的"形象危机度"概况

风险项	"形象危机度"（%）
火箭提拔	0.18
"被影响"	0.36
造假造谣	1.26

（5）风险板块"枉"。

"枉"也是导致官员形象备受诟病的重要原因之一，包括暴力执法、遭遇暴力抗法和作风粗暴等。暴力执法问题频繁被曝光，导致城管、警察等执法官员的形象严重受损，甚至呈"妖魔化"趋势。遭遇暴力抗法表明官员和相对人的关系紧张，而群众反应冷漠显示了对官员形象的不认可。作风粗暴问题则导致官员负面形象十分严重，背离了社会对官员的形象预期。

社会责任事故是造成官员"形象危机"的主因，而"形象危机度"反映了官员形象危机的严重程度。在风险板块"枉"涵盖的风险项中，暴力执法、遭遇暴力抗法和作风粗暴三者均处于低危状态，其中作风粗暴的社会责任事故频次最高，"形象危机度"为 5.94%，；暴力执法的社会责任事故频次次之，"形象危机度"分别为 1.98%；而遭遇暴力抗法因社会责任事故频次为 0，"形象危机度"也为 0。

表 12　"枉"的风险项频次

风险项	风险项频次	所占比例（%） （风险项频次/风险板块频次）
作风粗暴	56	65.88
暴力执法	20	23.53
遭遇暴力抗法	9	10.59

表 13　"枉"的"形象危机度"概况

风险项	"形象危机度"（%）
作风粗暴	5.94
暴力执法	1.98
遭遇暴力抗法	0.00

二 官员形象危机的特征

1. 官员形象危机呈多元化变化趋势，"贪"为主因

（1）官员形象危机呈多元化变化趋势。

官员形象危机风险板块在 2013 年四个季度频次变化如表 14 所示。各风险板块均呈多元化变化趋势，除了风险板块"贪"的频次变化呈上升曲线状外，其他风险板块的频次变化均为抛物线状，其中"渎"和"枉"在第二季度达到最高点，"色"和"假"则在第三季度达到最高点。

表 14　官员形象危机风险频次变化一览

风险板块	第一季度	第二季度	第三季度	第四季度
"贪"	32	51	98	128
"渎"	19	31	19	18
"色"	9	13	15	11
"假"	2	9	11	4
"枉"	25	34	21	5

贪腐问题的曝光数量于四个季度呈激增趋势，这是中央反腐力度加大和"社会倒逼"加剧的共同作用所致，但贪腐问题的"案发源"大都在 2013 年之前，仅有其中的 13% 发生在 2013 年度。而"渎""枉""色"和"假"的风险频次在第四季度均呈下降趋势，表明中央的反腐措施有一定效果。

（2）"贪"为官员形象危机的首要致因，"渎""枉"次之。

贪污受贿、公款滥用和隐性腐败等贪腐问题已成为当前官员形象的首要致因，在"2013 年官员形象危机典型案例库"中比例高达 55.57%（见图 2）。贪腐问题的屡被曝光产生恶劣的社会影响，易酿成信任危机。而失职渎职行为和暴力枉法问题是造成官员形象危机的次要因素，导致政府公信力受损和官员形象严重失分。

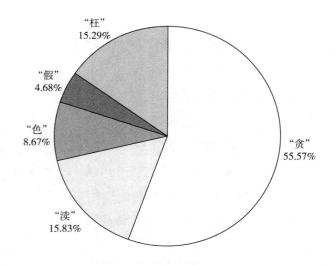

图 2　官员形象危机在各风险板块的分布比例图

注：官员形象危机在各风险板块的分布比例 = 各风险板块的典型案例频次/官员形象危机全部典型案例频次；另外，风险板块"贪"所占比例按保留两位小数计算为 55.58%，但为了五大风险板块所占比例加总等于 100%，故将此数据按 55.57% 处理。

2. 基层官员为官员形象危机的高危、高发群体

据"2013 年官员形象危机典型案例库"，基层官员占形象危机官员总数的 72.16%，为官员形象危机的最高危群体；准官员群体为次危群体，所占比例为 16.48%；此外，村干部和高层官员也是形象危机的危险群体，比例分别为 5.86% 和 5.49%。见图 3。

表 15　官员形象风险高危群体概况一览

排名	官员身份	典型案例频次
1	基层官员	394
2	准官员	90
3	村干部	32
4	高层官员	30

3. 官员形象危机部门间差异较大，政府部门风险最高

从遭遇形象危机的官员所属部门属性看，部门间差异较大。据"2013 年

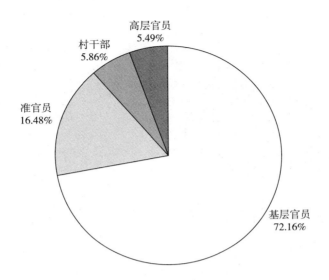

图3 官员形象风险各群体分布比例图

注：数据来源于中国人民大学危机管理研究中心"2013年官员形象危机典型案例库"，时间段为2013年1月1日至2013年12月31日；具有此类研究方法的相应误差。

官员形象危机典型案例库"，政府部门官员形象危机频次最高，占57%；事业单位次之，占14.02%；党委部门占8.56%；基层自治组织与国企分别占7.10%和6.01%；司法部门和人大、政协形象危机频次最低，分别占2.83%和3.46%。见图4。

表16 "官员形象风险"的部门分布一览

排名	官员所属部门属性	典型案例频次
1	政府部门	313
2	事业单位	77
3	党委部门	47
4	基层自治组织	39
5	国企	33
6	人大、政协	21
7	司法部门	19

政府部门是权力集中的地方，只要失去监控，权就会变利，以权生利就成了权力机关中官员腐败的基本方式和基本形态。所以，政府部门官员形象风险最高。

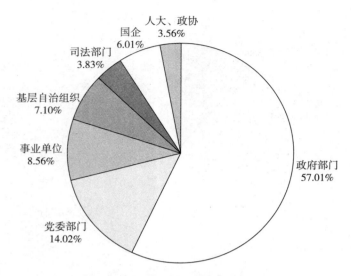

图 4 官员形象危机的部门分布比例图

注：数据来源于中国人民大学危机管理研究中心"2013 年官员形象危机典型案例库"，时间段为 2013 年 1 月 1 日至 2013 年 12 月 31 日；具有此类研究方法的相应误差。

4. "裸官"成官员形象危机的高风险群体

"裸官"，是指配偶和子女非因工作需要均在国（境）外定居或加入外国国籍，或取得国（境）外永久居留权的公职人员。"裸官"一词本身并无贬义，但随着"裸官"外逃的案件增多，舆论和公众对"裸官"一词表现出更多的贬义意味。

"裸官"不等于贪官，但"裸官"的确是贪腐问题的高风险群体，这样的官员有较大的贪腐动机和贪腐空间，而"裸官"身份为其出逃提供了人身便利，"裸官"的出逃路径通常是"非法敛财—家属移民海外—转移不明资产—择机外逃"等几个步骤。

表 17 "裸官"形象危机典型案例

典型"裸官"	"裸官"行为	形象危机
原铁道部副总工程师张曙光	妻子和孩子均移居美国，并在美国买房、开公司	受贿
广东茂名市原市委书记罗荫国	子女分别加入了澳门籍和澳大利亚籍，并在境外置房	受贿、巨额财产来源不明、生活腐化堕落

5. 官员形象危机的"回溯性"和"后延性"凸显

（1）官员形象危机具有"回溯性"。

根据对"2013年官员形象危机典型案例库"的分析，官员形象危机具有"回溯性"，若干年前的官员工作问题仍会对当前的官员形象造成严重的负面影响。其中最为典型的是"冤假错案"问题，此类事件影响恶劣，使政府公信力严重受创，令公正"蒙羞"。

表18 "冤假错案"的典型案例

序号	典型案例	报道时间（2013年）	属地
1	河北赵艳锦"杀人"案，保定中院对入狱10年的农妇赵艳锦作出国家赔偿63万余元（新华网）	5月6日	河北保定
2	江苏男子蹲8年冤狱，政府赔2.9万元（人民网）	5月26日	江苏盐城
3	河北安国首富蹲2年冤狱，索7000万赔偿（新华网）	3月29日	河北安国
4	福州警匪勾结杀人，男子被嫁祸蹲冤狱损失500万（新华网）	3月21日	福建福州
5	强奸致死案叔侄蒙冤十年：线人作祟公正蒙羞（新华网）	3月27日	浙江杭州
6	公务员被控杀妻获无期徒刑，17年后真凶被抓（人民网）	12月29日	安徽蚌埠

（2）官员形象危机具有"后延性"。

"2013年官员形象危机典型案例库"显示，官员形象危机具有"后延性"，官员退休之后发生的行为不当、违法违规行为依旧会影响退休之前所属官员群体的形象。社会对官员的形象预期具有"连续性"和"一致性"，即使官员退休离职，对官员形象的预期并没有降低，一旦退休官员发生形象危机，就会危及退休之前所属官员群体。

6. 官员形象危机案发呈"滞后效应"

如表20所示，2013年官员形象危机事件的"案发源"大都在2013年之前，比例高达62.95%；而真正案发于2013年的官员形象危机事件，仅占37.05%。

表 19　退休官员形象危机典型案例

序号	典型案例	报道时间(2013 年)	属地
1	公安局退休干部率众狂殴学生,打人者已被拘留(人民网)	3 月 21 日	河南商丘
2	江苏原女副镇长(已退休)被曝醉驾撞人多日未处理(新华网)	2 月 18 日	江苏常州

这表明官员形象危机呈"滞后效应",一些形象风险并不会立即产生形象危机,而是在后面一段时间显现出来,所以应对官员形象危机必须全面防范,用好风险地图,防止产生"冰山效应"。

表 20　官员形象危机案发时间分布

形象危机"案发源"	风险频次	所占比例(%)
2013 年之前	350	62.95
2013 年	206	37.05
总　计	556	100

风险板块"枉"和"色"2013 年的案发率较高,分别为 97.65% 和 72.92%;而"假"和"渎"次之,各为 46.15% 和 40.91%;"贪"的 2013 年案发率最低,为 12.62%。贪腐问题的潜伏期比较长,一般会经过相对较长的时间才被曝光,所以 2013 年遭曝光的和贪腐问题有关的官员形象危机事件大都发生在 2013 年之前;而暴力枉法行为和性丑闻事件的潜伏期相对较短,被曝光时间距案发时间较近,因此这两个风险项的官员形象危机的 2013 年案发率较高,大部分形象危机事件都发生在 2013 年。

表 21　2013 年案发的官员形象危机概况一览

风险板块	典型案例频次	2013 年案发频次	案发率(%) (2013 年案发频次/典型案例频次)
"贪"	309	39	12.62
"渎"	88	36	40.91
"色"	48	35	72.92
"假"	26	12	46.15
"枉"	85	83	97.65

三　官员形象危机的形象研判

（一）形象研判说明

课题组通过对官员形象危机进行研判，将官员形象危机分为"形象死亡""形象受损"和"形象蒙冤"三个形象研判项，这三个研判项是官员"形象危机度"的有机组成部分。

"形象死亡"是形象研判项中形象危机度最为严重的一种，相关部门最应该防治和避免。对官员"形象死亡"的研判中我们主要考虑三大因素：公信力是否受损、是否触犯刑法、是否对社会造成恶劣影响。

"形象受损"是形象研判项中最为常见的一种类型，主要指形象主体由于一些不当的行为导致其在形象评委眼中产生不良影响，但这种影响还不至于导致其"形象死亡"。

"形象蒙冤"是指形象主体由于"被冒名""被诬陷"等方式致其产生形象危机，但其本身并没有做出任何影响其形象的行为。

表 22　形象研判典型案例

形象研判项	典型案例	形象研判原因	报道时间（2013 年）
"形象死亡"	福建宁德一官员强奸幼女获刑12 年（人民网）	强奸幼女，触犯刑法，造成严重的社会负面影响	2 月 4 日
"形象受损"	河南兴隆县孤山子镇原党委书记酒局上辱骂百姓（新华网）	辱骂百姓，言语不当，违背群众对官员勤政爱民的预期	9 月 18 日
"形象蒙冤"	北京商贩掌掴脚踹城管，自行倒地大喊城管打人（人民网）	污蔑城管打人，令城管形象"蒙冤"	6 月 17 日

而作为衡量官员形象危机的量化指标，官员的"形象危机度"也可以分解为"形象死亡率""形象受损率"和"形象蒙冤率"三个指标。

官员形象危机的"形象死亡""形象受损"和"形象蒙冤"情况如图 5 所

示。"形象死亡率""形象受损率"和"形象蒙冤率"依次递减，其中官员"形象死亡"现象严重，比率高达67%。

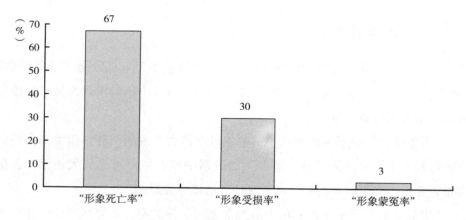

图5 官员总体"形象危机度"情况

注：数据来源于中国人民大学危机管理研究中心"2013年官员形象危机典型案例库"，时间段为2013年1月1日至2013年12月31日；不含港澳台；具有此类研究方法的相应误差。

（二）官员"形象死亡"情况的研究

1. 官员"形象死亡"严重

研究表明，官员"形象死亡"现象严重，官员总体"形象死亡率"高达67.08%。"形象死亡"存在于官员形象危机的各个风险板块中。其中，"贪"这一风险板块的"形象死亡率"最高，为80.91%；而且"贪"的"形象死亡"案例频次也最高，占到全部"形象死亡"案例频次的67.02%，已成为造成官员"形象死亡"的最大因素。

表23 官员形象风险板块"形象死亡"情况统计

风险板块	典型案例频次	"形象死亡"案例频次	"形象死亡率"（%）
"贪"	309	250	80.91
"渎"	88	56	63.64
"色"	48	29	60.42
"假"	26	7	26.92
"枉"	85	31	36.47
总　计	556	373	67.08

致使官员"形象死亡"的风险项主要为贪污受贿、滥用职权、玩忽职守等九个要素，具体情况如表24所示。

表24 官员"形象死亡"风险项一览

风险项	典型案例	"形象死亡"原因	报道时间（2013年）
贪污受贿	甘肃首贪侵吞公款2803.7万余元,终审获死缓(人民网)	贪污巨款,造成恶劣的社会后果	2月18日
滥用职权	因"违法释放犯罪嫌疑人"新疆阿克苏市法院书记和纪检组长被免职(人民网)	违法释放犯罪嫌疑人,损害公信力	11月27日
玩忽职守	校车事故致11名儿童死亡,江西两官员涉渎职被立案(新华网)	严重渎职,造成恶劣的社会后果	1月8日
性丑闻	上海"法官集体嫖娼门"事件(人民网)	法官集体嫖娼,社会负面影响严重	8月4日
强奸	福建宁德一官员强奸幼女获刑12年(人民网)	强奸幼女,触犯刑法,造成严重的社会负面影响	2月4日
火箭提拔	安徽望江22岁团县委副书记任职资格确定造假,已被撤职(人民网)	任职资格造假,损害公信力,引起群众的广泛质疑	5月18日
造假造谣	云南陆良统计造假:政府迫使企业虚报数据超1倍(人民网)	统计造假,政府公信力受创	9月5日
暴力执法	湖南临武瓜农死亡,两名责任官员被免职(新华网)	城管暴力执法,造成恶劣的社会后果	7月21日
作风粗暴	海南儋州人大代表率众打人,称黑道白道都有人(人民网)	行为不当,作风粗暴,严重背离社会预期	3月18日

2. 官员"形象死亡率"省市排名

据课题组统计，官员"形象死亡"情况省市排名如表25所示。官员"形象死亡"现象严重，宁夏、山东、内蒙古等8个省份的"形象死亡率"均达80.00%及以上，仅山西、黑龙江等5个省份的"形象死亡率"低于50.00%。

表 25   官员"形象死亡"情况省市排名

单位：%

排　名	省　份	"形象死亡率"
1	宁　夏	100.00
2	山　东	90.00
3	内蒙古	87.50
4	福　建	85.71
5	甘　肃	84.62
6	云　南	80.95
7	新　疆	80.00
	重　庆	80.00
9	安　徽	75.00
10	江　西	73.68
11	海　南	72.72
12	广　西	72.22
13	江　苏	72.00
14	湖　北	71.43
15	广　东	66.67
	浙　江	66.67
	吉　林	66.67
18	陕　西	65.22
19	河　南	61.90
20	北　京	60.98
21	上　海	60.00
22	四　川	55.56
23	湖　南	54.76
24	河　北	50.00
	贵　州	50.00
	辽　宁	50.00
27	山　西	42.86
28	黑龙江	40.00
29	天　津	0.00
	青　海	0.00
	西　藏	0.00

（三）官员"形象受损"情况的研究

1. 官员"形象受损"情况

官员总体"形象受损率"为29.68%，次于"形象死亡率"。"形象受损"现象存在于官员形象危机的各个风险板块中。其中"枉""假"和"色"的"形象受损"较为突出，"形象受损率"位居前三位（见表26）。

表26 官员形象风险板块"形象受损"情况统计

风险板块	典型案例频次	"形象受损"案例频次	"形象受损率"（%）
"贪"	309	59	19.09
"渎"	88	32	36.36
"色"	48	19	39.58
"假"	26	12	46.15
"枉"	85	43	50.59
总　计	556	165	29.68

2. 官员"形象受损率"省市排名

据课题组统计，在官员"形象受损"情况省市排名中，黑龙江省"形象受损率"为60.00%，排第一名；山西省排第二名，"形象受损率"为57.14%；辽宁省和贵州省并列第三名，"形象受损率"为50.00%，见表27。

表27 官员"形象受损"情况省市排名

单位：%

排　名	省　份	"形象受损率"
1	黑龙江	60.00
2	山　西	57.14
3	辽　宁	50.00
	贵　州	50.00
5	四　川	44.44
6	湖　南	42.86
	河　北	42.86

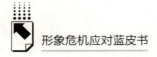
排　名	省　份	"形象受损率"
8	上　海	40.00
9	陕　西	34.78
10	河　南	33.33
	浙　江	33.33
	吉　林	33.33
13	广　东	29.76
14	北　京	29.27
15	广　西	27.78
16	江　西	26.32
17	江　苏	24.00
18	海　南	22.73
19	湖　北	21.43
20	重　庆	20.00
	新　疆	20.00
22	云　南	19.05
23	安　徽	17.86
24	甘　肃	15.38
25	福　建	14.29
26	内蒙古	12.50
27	山　东	10.00
28	宁　夏	0.00
	天　津	0.00
	青　海	0.00
	西　藏	0.00

（四）官员"形象蒙冤"情况的研究

1. 官员"形象蒙冤"情况

研究表明，全国官员"形象蒙冤率"较低，占3.24%。官员"形象蒙冤"主要集中在"假"和"枉"这两个风险板块，"形象蒙冤率"分别为26.92%和12.94%；而"贪""渎"和"色"无"形象蒙冤"现象。

表 28　官员形象风险板块"形象蒙冤"情况统计

风险板块	典型案例频次	"形象蒙冤"案例频次	"形象蒙冤率"（%）
"贪"	309	0	0.00
"渎"	88	0	0.00
"色"	48	0	0.00
"假"	26	7	26.92
"枉"	85	11	12.94
总　计	556	18	3.24

致使官员"形象蒙冤"的风险项主要为"被影响"、暴力执法、遭遇暴力抗法等。具体情况如表 29 所示。

表 29　官员"形象蒙冤"风险项一览

风险项	典型案例	"形象蒙冤"原因	报道时间（2013 年）
"被影响"	骗子从万科租赁 11 套房，冒充官员抛售骗走近亿（新华网）	官员遭冒充，造成严重后果，致使其形象受影响，实属"蒙冤"	4 月 3 日
暴力执法	北京商贩掌掴脚踹城管，自行倒地大喊城管打人（人民网）	污蔑城管打人，令城管形象"蒙冤"	6 月 17 日
遭遇暴力抗法	女小贩脱鞋追打城管，城管亮视频澄清未还手（新华网）	相对人暴力抗法，表明官员和相对人关系紧张，执法官员打不还手，属形象"蒙冤"	3 月 29 日

2. 官员"形象蒙冤率"省市排名

据课题组统计，在官员"形象蒙冤"情况省市排名中，北京市"形象蒙冤率"为 9.75%，排第一名；河北省、湖北省和安徽省并列第二名，"形象蒙冤率"为 7.14%，见表 30。

表30　官员"形象蒙冤"情况省市排名

单位：%

排　名	省　份	"形象蒙冤率"
1	北　京	9.75
2	河　北	7.14
	湖　北	7.14
	安　徽	7.14
5	河　南	4.77
6	海　南	4.55
7	江　苏	4.00
8	广　东	3.57
9	湖　南	2.38
10	浙　江	0.00
	四　川	0.00
	陕　西	0.00
	云　南	0.00
	广　西	0.00
	江　西	0.00
	甘　肃	0.00
	重　庆	0.00
	山　东	0.00
	内蒙古	0.00
	辽　宁	0.00
	福　建	0.00
	吉　林	0.00
	上　海	0.00
	山　西	0.00
	新　疆	0.00
	黑龙江	0.00
	宁　夏	0.00
	贵　州	0.00
	天　津	0.00
	青　海	0.00
	西　藏	0.00

四 官员形象的社会态度研究

官员形象危机的评价是内外多重评委评判的结果。社会公众作为官员形象危机外部评委，对官员形象危机的评价有重要影响。为研究社会公众对官员形象的评判，中国人民大学形象危机管理研究中心于 2013 年 12 月至 2014 年 1 月开展了官员形象的社会态度调查。

本次调查采取问卷调查法，共回收有效问卷 1469 份，实际覆盖全国 30 个省、自治区和直辖市，港、澳、台和青海省不包括在内。被调查者当中，男性占 52.1%，女性占 47.9%；共产党员占 24.6%，共青团员占 58.2%，民主党派人士占 0.9%，群众和无党派人士占 16.5%；月平均可支配收入 800 元以下的群体占 42.8%，800～2000 元的群体占 31.2%，5000～10000 元的群体占 4.8%，1 万元以上的群体占 1.4%。

（一）官员形象危机的调查状况

1. 公众对官员形象的偏好规律

本次调查显示，公众对官员形象的偏好呈现"能力—惠民—自律—公信—亲民"的递减规律（见表 31）。在当前，公众更加偏好"能力本位"和"惠民导向"的官员。无论是"能力"型官员还是"惠民"型官员均属于实务型官员，说明公众最为期待的是官员专注实事，真正让社会获益。

表 31　公众对官员形象的偏好排名

排名	官员形象
1	能力：能干有业绩，利于本地区建设和发展
2	惠民：造福居民，百姓获益
3	自律：严于律己，带头表率
4	公信：言行负责，百姓信任
5	亲民：贴近群众，亲和力强

注：数据来源于中国人民大学危机管理研究中心"官员形象调查报告"；具有此类研究方法的相应误差。表 32～表 37 的数据来源与之相同，以下不一一列出。

2. 公众对官员形象的厌恶规律

"贪""渎""色""假"和"枉"均是公众认为官员不应该有的形象。本次调查显示，公众对官员形象的厌恶程度呈现"贪—渎—假—色—枉"的递减规律（见表32）。当前，公众更加厌恶"权钱交易"和"失职渎职"的官员。而"权钱交易"和"失职渎职"都属于对"公权力"的滥用，说明公众普遍持"公权力至上"观念，认为官员应该合理、合法行使"公权力"，而不是滥用或是不作为。

表32 公众对官员形象的厌恶排名

排名	官员形象
1	贪污受贿，权钱交易
2	失职渎职，消极腐败
3	政绩造假，欺上瞒下
4	包养二奶，权色交易
5	作风粗暴，暴力执法

3. 公众对最差形象官员的评判

本次调查显示，公众认为2013年形象最差的官员群体依次为：城管、学校领导、医院领导、村干部、警察、国企领导和民政干部（见表33）。

表33 公众对最差形象官员的评判

单位：%

排名	官员群体	比例
1	城管	61.70
2	学校领导	33.80
3	医院领导	29.40
4	村干部	25.60
5	警察	25.80
6	国企领导	20.90
7	民政干部	18.50

城管属于执法类官员，执法不当往往造成恶劣影响，在中国人民大学危机管理研究中心"2013年官员形象危机典型案例库"中，"暴力执法"典型案

例就有 20 起；同时，执法作为一种"管制"行为，极易引起执法相对人的差评和遭到公众的不理解，在中国人民大学危机管理研究中心"2013 年官员形象危机典型案例库"中，有 9 起官员"遭遇暴力抗法"典型案例，例如广州一城管被小贩连砍七刀，表示最痛的是社会的不理解。

学校领导、医院领导和村干部则贴近公众，与公众生活息息相关，手中也相应掌握了不可或缺的资源分配的权力。权力受不到有效约束，就容易滋生腐败。这类官员形象危机主要以贪污腐败、滥用职权为主。

民政干部属于服务类官员，相比于城管、学校领导、医院领导和村干部等官员群体形象较好。与城管等执法类官员的"管制"相反，民政干部更多的是提供服务，相对比较容易得到公众的理解。

（二）社会态度的分布规律

1. 官员形象偏好的社会态度分布

（1）不同年龄阶段公众的偏好。

本次调查显示，18 岁以下的公众对官员的"自律"形象最为注重；40～49 岁的公众最偏好"惠民"形象的官员，而其他年龄段的公众均认为最应该树立"能力"形象，见表 34。

表 34　不同年龄阶段的公众最偏好的官员形象

单位：%

年龄阶段	最偏好的官员形象	比例
18 岁以下	自律:严于律己,带头表率	27.47
18～29 岁	能力:能干有业绩,利于本地区建设和发展	27.93
30～39 岁	能力:能干有业绩,利于本地区建设和发展	26.35
40～49 岁	惠民:造福百姓,百姓获益	25.22
50～59 岁	能力:能干有业绩,利于本地区建设和发展	40.32
60 岁以上	能力:能干有业绩,利于本地区建设和发展	33.33

（2）不同工作级别公众的偏好。

本次调查显示，单位一把手和高层领导最看重官员的"亲民"形象，中层干部则最重视官员的"惠民"形象，而普通员工和目前无工作者最偏好"能力"形象的官员，见表35。

表35 不同工作级别的公众最偏好的官员形象
单位：%

工作级别	最偏好的官员形象	比例
单位一把手	亲民:贴近群众,亲和力强	37.50
高层领导	亲民:贴近群众,亲和力强	25.00
中层干部	惠民:造福百姓,百姓获益	25.00
普通员工	能力:能干有业绩,利于本地区建设和发展	29.28
目前无工作者	能力:能干有业绩,利于本地区建设和发展	27.43

（3）不同工作性质公众的偏好。

本次调查显示，在党政机关工作的公众最注重官员的"自律"形象，而在事业单位、企业和社会组织工作以及目前无工作的公众最偏好"能力"形象的官员（见表36）。党政机关属于"公权力"部门，"公权力"是否被合理、合法行使至关重要，因此最希望官员树立"自律"形象，严于律己，起带头表率作用。

表36 不同工作性质的公众最偏好的官员形象
单位：%

工作性质	最偏好的官员形象	比例
党政机关	自律:严于律己,带头表率	26.47
事业单位	能力:能干有业绩,利于本地区建设和发展	27.56
企 业	能力:能干有业绩,利于本地区建设和发展	25.40
社会组织	能力:能干有业绩,利于本地区建设和发展	35.71
目前无工作	能力:能干有业绩,利于本地区建设和发展	27.94

2. 官员形象评判的社会态度分布

（1）不同文化程度公众对形象最差官员的评判。

本次调查显示，不同文化程度的公众对形象最差官员的评判不同。以城管为例，公众的文化程度越高，认为城管为形象最差的官员的比例越低。文化程度越高，对官员形象的评判越趋于理性。当前城管队伍虽存在"暴力执法"现象，但"形象蒙冤"现象也较严重，呈现被"妖魔化"特征，因此对城管形象的评价需全面、公正。

表37 认为城管为形象最差官员的公众的文化程度分布

单位：%

文化程度	认为城管为形象最差官员的公众所占比例
初中及以下	24.62
高中（含中专、技校）	23.55
大学（本科、专科）	23.38
硕士研究生及以上	18.98

（2）不同省市公众对所在地官员形象的"满意度"。

本次调查显示，就公众对所在地官员形象的"满意度"而言，南方省市普遍较高。公众对所在地官员形象"满意度"全国排名的前十位省市中，有八位属于南方省市。

表38 官员形象"满意度"省市排名

单位：分

排　名	省　份	官员形象"满意度"
1	浙　江	76.7
2	重　庆	76.5
3	四　川	75.0
4	陕　西	72.4
5	福　建	71.3
6	湖　北	70.8
7	上　海	68.0
8	海　南	67.8
9	广　东	67.5
10	新　疆	67.5
11	北　京	67.1
12	贵　州	64.5
13	河　南	63.3

排　名	省　份	官员形象"满意度"
14	云　南	62.9
15	山　东	62.7
16	江　苏	62.0
17	内蒙古	62.0
18	天　津	61.7
19	广　西	61.4
20	辽　宁	59.5
21	湖　南	59.1
22	安　徽	58.1
23	黑龙江	56.7
24	吉　林	53.8
25	山　西	52.1
26	河　北	50.9
27	宁　夏	50.0
28	江　西	49.3
29	甘　肃	30.0
30	西　藏	20.0

注：数据来源于中国人民大学危机管理研究中心"官员形象调查报告"；满分为100分；被调查者涵盖除港澳台以及青海省外的全国30个省级行政区不同年龄段的人群；具有此类研究方法的相应误差。

（三）针对公众态度的优化策略

1. 重点提升官员"能力""惠民"形象

优化官员形象，需把握公众对于官员形象的偏好。如图6所示，"能力"和"惠民"排在公众认为官员"最应该树立的形象"的前两位。因此应该重点提升官员的"能力"和"惠民"形象，打造"能力本位"型和"惠民导向"型官员。

2. 重点整改官员"贪""渎"形象

公众最厌恶的官员形象是应对官员形象危机最需重点整改的方面。如图7所示，公众对官员的"贪""渎"形象最为厌恶，实际上是对"公权力"滥用现象的不满。因此，优化官员形象应结合民意，针对贪腐问题和失职渎职行为进行重点整改、防控并举。

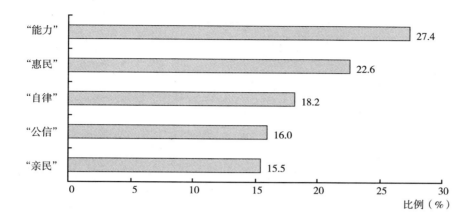

图6 公众认为官员"最应该树立的形象"

注：数据来源于中国人民大学危机管理研究中心"官员形象调查报告"；具有此类研究方法的相应误差。图7、图8的数据来源与之相同，以下省略。

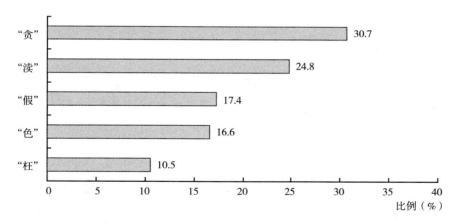

图7 公众最厌恶的官员形象

3. 重点防治"执法类"官员的形象危机

"执法型"官员因其职能定位和职责特性，在执法过程中易遭到公众误解，从而受到差评。建议针对城管、警察等执法型官员重点防治，同时根据部门职责和职责特性制定独立的形象考评指标，优化职能定位和形象管理思维，提高群众对其形象的认知度和理解度。

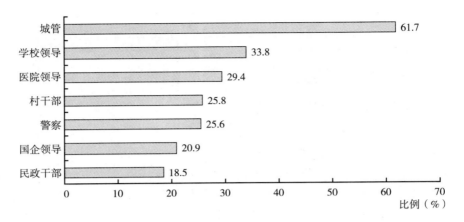

图8 公众对形象最差官员的评判

五 官员形象危机应对指南

（一）善解冤：妥善解决"形象蒙冤"问题

"形象蒙冤"问题如果任其发展而不予以积极回应和解释，则有可能往严重方向恶化。因此，应对官员形象危机必须正视"形象蒙冤"问题，努力降低"形象蒙冤率"。

1. 官员"形象蒙冤"情况

据课题组统计，全国官员"形象蒙冤"案例数量已占到其形象危机总数的3.24%，各个风险板块的典型案例和"形象蒙冤"案例统计见表28。

2. 官员"形象蒙冤率"省市排名

据课题组统计，在官员"形象蒙冤"情况省市排名中，北京市"形象蒙冤率"为9.75%，排第一名；河北省、湖北省和安徽省并列第二名，"形象蒙冤率"为7.14%（见表30）。

针对"形象蒙冤"情况，课题组建议：一方面，"形象蒙冤"主体要善于借助媒体力量，及时、有效澄清官员形象"冤情"。妥善的公关是应对形象危机的必要措施，但针对"形象蒙冤"当前仍存在严重的公关不力现象，如放任不顾、消极回应、弄巧成拙等。因此，需要加强官员形象的公共关系建设，积极回应问题，善于引导舆论，提高社会理解度，及时解"冤"。另一方面，"形象蒙冤"高危领域需要建立风险预防长效机制，积极防范官员形象"被抹黑"。2013 年官员"形象蒙冤"情况主要集中在"假"和"枉"这两个风险板块，"形象蒙冤"比例分别为 26.92% 和 12.94%。

（二）重点改：重点整改"社会责任事故"

据课题组统计，全国官员形象的社会责任事故案例数量已占到其形象危机案例总数的 78.24%，因此，需要重点整改"社会责任事故"，加大惩治力度，完善考核制度，强化责任追究。

表 39 官员"社会责任事故率"省市排名

单位：%

等　级	排　名	省　份	"社会责任事故率"
高危≥90	1	重　庆	100.00
		上　海	100.00
		吉　林	100.00
		宁　夏	100.00
		内蒙古	100.00
	6	云　南	95.24
	7	广　西	94.44
	8	甘　肃	92.31
	9	山　东	90.00
中危60~89	10	陕　西	86.96
	11	海　南	86.36
	12	福　建	85.71
	13	浙　江	85.19
	14	黑龙江	80.00
		新　疆	80.00
	16	广　东	79.76

续表

等 级	排 名	省 份	"社会责任事故率"
中危 60~89	17	安 徽	78.57
		河 北	78.57
		湖 北	78.57
	20	四 川	77.78
	21	江 苏	76.00
	22	湖 南	73.81
	23	江 西	73.68
	24	北 京	73.17
	25	河 南	71.43
		山 西	71.43
低危 <60	28	贵 州	50.00
	29	天 津	0.00
		青 海	0.00
		西 藏	0.00

注：数据来源于中国人民大学危机管理研究中心"2013年官员形象危机典型案例库"，时间段为2013年1月1日至2013年12月31日；不含港澳台；具有此类研究方法的相应误差。表40、表42、表43的数据来源与之相同，以下不一一列出。

表40 官员形象风险板块的社会责任事故分布情况

风险板块	典型案例频次	社会责任事故频次	"社会责任事故率"（%）
"贪"	309	280	90.61
"渎"	88	68	77.27
"色"	48	33	68.75
"假"	26	10	38.46
"枉"	85	44	51.76
总 计	556	435	78.24

（三）全面防：倡导"立体化形象管理"

风险防范是应对危机的最佳方案。应对官员形象危机需要"全面防"，倡导"立体化形象管理"。于"内部"，要降低"形象偏差度"；于"中间"，需强化"风险管理"；于"外部"，则应重视"评委关系"。官员立体化形象管理如图9所示。

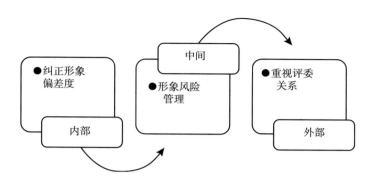

图9　官员立体化形象管理图

1. 内部：纠正形象偏差度

社会形象预期与实际职能定位之间的差距，构成了"形象偏差"。形象预期是共性和理想的，具体形象是个性和现实的。社会各界对形象的看法本身可能存在偏差和误解，既有传统上形象定位的偏差，也有由于个别情况导致的整体偏差和误解。降低"形象偏差度"需要从以下两个方面着手。

一是推动官员形象的社会评价指标的不断修正。重新向社会阐释官员形象的现实定位，官员不是主人也不是仆人，而是服务和管制多重角色的叠加。逐步弱化过高的社会预期，避免为迎合社会预期而扩大形象偏差。

二是完善政府内部监督的指标，合理根据职能定位，依法依规对官员进行监督。

表41　社会对官员的形象偏差度

形象预期项目	社会形象预期的描述	实际职能定位
预期1：包青天	公正廉明、刚直不阿、不畏权贵、执法如山、明察秋毫 典型人物：包公	在法定职责范围内严格遵循法定程序执法
预期2：人民公仆	鞠躬尽瘁、亲民爱民、艰苦创业、无私奉献 典型人物：焦裕禄	依法履行公职
预期3：时代楷模	锐意进取、勇于开拓；创新多元、专业化背景、国际视野、知识、激情、个性的立体化组合 典型人物：任仲夷、孔繁森、任长霞	在既定的行政管理体制框架下，遵循现行官员考核评价制度

2. 中间：形象风险管理

（1）风险地图。

通过对 2013 年典型案例库的分析，目前官员形象危机可总结为"贪""渎""色""假""枉" 5 大风险板块，共 15 个风险项。

表 42　官员形象风险板块排名统计

排名	风险板块（占比）	风险项
1	"贪" 55%	1.1 贪污受贿
		1.2 消极腐败
		1.3 隐性腐败
2	"渎" 16%	2.1 滥用职权
		2.2 玩忽职守
		2.3 慵懒散
		2.4 决策失误
3	"枉" 15%	3.1 作风粗暴
		3.2 暴力执法
		3.3 遭遇暴力抗法
4	"色" 9%	4.1 强奸
		4.2 性丑闻
5	"假" 5%	5.1"被影响"
		5.2 造假造谣
		5.3 火箭提拔

为应对官员形象危机，首先要全面防范官员形象危机风险地图中各风险项。

据课题组统计，2013 年全国官员的"形象危机度"为 78.24%，2013 年全国官员"形象危机度"省市排名见表 1。

（2）风险月历。

风险月历是通过对典型案例、季节特征、地域特征、法规制度等因素的梳理，所形成的一年中 12 个月的高危、频发风险列表，是在对官员形象风险规律总结的基础上，实现形象危机的事前预防预警。

官员形象危机风险月历以危机爆发的规律性特征为基础。形象危机因季节、地域、管理事务等因素具有类似性，因此危机在爆发时呈现出一定的规律性。针对官员高危频发的形象事件，课题组通过对其发生的时间、地域、人群等要素的把握，总结出危机爆发的规律性特征，可以形成官员形象危机风险月历。本次研究给出了全国官员形象危机按月份分布的规律，可供进一步形成风险月历，如表43所示。

表43　全国官员形象危机风险项按月份分布

月份	风险项	典型案例
1月	贪污受贿	东莞安监局官员被控受贿700万涉多项贪污罪名（人民网）
	滥用职权	滥用职权构成渎职，太原市公安局长被建议撤职（人民网）
	玩忽职守	校车事故致11名儿童死亡，江西两官员涉渎职被立案（新华网）
2月	贪污受贿	深圳民警虚报大运会保安数量贪污283万获刑14年半（人民网）
	强奸	福建宁德一官员强奸幼女获刑12年（人民网）
	作风粗暴	黑龙江穆棱市政协委员在三亚旅游打民警（人民网）
3月	贪污受贿	广西19名村干部集体贪污390户边民危房改造款获刑（人民网）
	玩忽职守	江西三检疫员玩忽职守导致754头病猪流入市场（新华网）
	强奸	兰州派出所副所长涉嫌嫖宿数十名幼女被双开（人民网）
	暴力执法	网传视频曝鼓浪屿城管又打人4城管拳打摊贩（人民网）
	作风粗暴	公安局退休干部率众狂殴学生，打人者已被拘留（人民网）
4月	贪污受贿	密云县园林绿化服务中心主任贪污受贿挪用公款判刑20年（人民网）
	慵懒散	广东陆丰9官员办公时间聚赌被免职（央视网）
	作风粗暴	江苏公务员砍人获刑13年（新华网）
5月	贪污受贿	广东司法厅原党委副书记因多次受贿违纪被立案调查（人民网）
	玩忽职守	河北女子坐冤狱10年，无罪判决后仍被关20个月（人民网）
	慵懒散	警察上班玩电脑游戏遭网友发帖曝光（人民网）
6月	贪污受贿	湖南公安原副厅长涉贪污受贿挪用公款获判无期（人民网）
	强奸	江苏射阳一初中教师强奸学生获刑六年（人民网）
	火箭提拔	常德将调查石门县官员之女火箭提拔（人民网）
	作风粗暴	河北城管持板砖打人，官方回应称系个人恩怨（人民网）
7月	贪污受贿	北航主任贪污挪用260万科研费炒期货获刑10年（人民网）
	消极腐败	四川一镇人大主席为儿办102桌婚庆宴被责令辞职（人民网）
	滥用职权	广东吴川原公安副局长保护黑恶势力进校园赌球被捕（人民网）
8月	贪污受贿	浙江金华原副市长朱福林涉嫌受贿1580万受审（人民网）
	消极腐败	广西龙胜县委书记公款吃喝被免（人民网）
	性丑闻	上海纪委开查"法官嫖娼门"（人民网）
	作风粗暴	湖北宜城政法委副书记因4元停车费打人被停职（新华网）

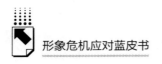

月份	风险项	典型案例
9月	贪污受贿	安徽阜阳人大原副主任涉嫌受贿2900多万被起诉(新华网)
	消极腐败	山西芮城检察院副检察长为女儿大操大办婚礼被撤职(人民网)
	强奸	山东潍坊一名15岁高中女生惨遭老师强暴分尸,抛尸荒野(新华网)
10月	贪污受贿	广东中山一村书记侵吞公款近1.5亿(人民网)
	强奸	湖南澧县涉嫌猥亵两女童的纪委常委被捕,所有职务全免(新华网)
	暴力执法	安徽一民警违规办案殴打当事人,检察机关介入调查(人民网)
11月	贪污受贿	海南渔业厅一退休处长涉嫌多次受贿,被开除党籍(人民网)
	消极腐败	陕西安康三官员开警车逛法门寺景区被免职(人民网)
	作风粗暴	老师不满学生反驳,连扇几耳光将其耳膜打穿孔(人民网)
12月	贪污受贿	云南砚山原副县长贪污32.8万受贿15万获刑(人民网)
	性丑闻	湖北省高院一庭长与女性保持不正当关系被查处(人民网)
	作风粗暴	老师遭解聘火烧学校饭堂获刑4年,5名学生被烧伤(人民网)

　　根据风险月历的警示，提前做好预防预警工作：一是重点排查，对可能存在的形象潜在危机进行重点排查，通过应急工作的关口前移，有针对性地开展危机防范；二是准确发布，通过恰当的方式和渠道向相关利益群体（或下文中提到的评委各方）及时有效地发布合适的、精确的预警信息，达到防止危机发生、减少危机损失的效果。

　　3. 外部：重视"评委关系"

　　形象危机的评价是内外多重评委评判的结果。传统的形象危机应对关注以上级评委为主的内部评委的评价，忽略了外部评委。形象危机的评委关系图罗列了形象危机涉及的三重评委关系：上级关系、监督关系、利益关系，此三方构成了上级评委、监督方评委和利益方评委。不同的评委方，对形象危机的评判机理和评价标准存在差异，因此形象危机的应对要妥善处理好多元评委关系。

　　（1）上级关系。

　　官员形象危机涉及的上级关系主要是上级主管单位。行政管理体制本身的问题可能会表现为外部官员形象的危机，行政管理的层级权限客观上给官员形象危机的应对增加了难度。此外，在官员形象危机爆发和应对的过程中，危机可能会沿着级别关系蔓延，为上级主管单位带来官员形象危机。

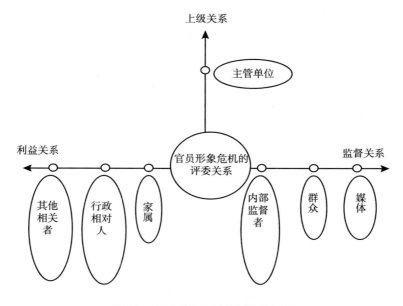

图 10　官员形象危机的评委关系图

（2）监督关系。

官员形象危机涉及的监督关系包括政府内部的监督、群众监督和媒体监督。其中，纪检监察机关、人大、审计部门等的监督是目前我国监督体制的主要组成部分，在实践中发挥主体的作用；群众是监督主体中的动力源泉，包括社会团体监督和公民监督等，在官员监督中发挥着日益重要的作用；媒体是我国监督主体中的新兴力量，新闻媒体包括报刊、广播、电视等大众宣传工具以及网络、微博、手机等新兴媒体，其监督作用与日俱增。

（3）利益关系。

官员形象危机涉及的利益关系包括官员家属、行政相对人、其他相关者等。不同的利益主体在具体的情境下，既可能是官员的利益共同体，形成与官员形象"一荣俱荣、一损俱损"的关系；也可能与官员形成利益对抗关系，这种利益对抗关系使部分利益主体可能充当监督者的角色，发挥监督作用。

企业报告

Company Report

B.18

企业形象危机应对研究报告

中国人民大学危机管理研究中心课题组*

摘　要：

企业形象危机的风险板块由五部分构成：（1）"物"（企业产品），（2）"市"（市场运营），（3）"管"（企业内部管理），（4）"人"（企业人员），（5）"社"（社会责任）。当前，针对"形象危机度"与"社会责任事故率"的分析表明，"物"（企业产品）、"市"（市场运营）与"人"（企业人员）问题最突出。建议：针对"形象蒙冤"问题，做好"善解冤"；针对"形象死亡"问题，做好"重点改"；针对形象偏差度与多元评委关系，并结合"风险地图"等规律，做好"全面防"。

关键词：

企业形象　形象危机　企业产品　市场运营　社会责任

---

* 课题负责人：唐钧、龚琬岚；课题成员：中国人民大学危机管理研究中心课题组成员。

一　企业形象危机问题综述

近年来，国内外企业形象危机事件时有发生，受到社会各界的高度关注，企业形象面临各种危机的挑战。在持续完善企业形象的能力、科技、制度等多领域保障的同时，企业形象工作也面临着新问题与新挑战。当前企业形象危机的防范与治理需要从风险特征、管理对象、管理主体、媒体和社会等多个维度，创新风险治理，建立健全科学管理体系。

中国人民大学危机管理研究中心在《形象危机应对研究报告（2012）》的基础上，将企业高危形象总结为 5 个风险板块，分别为："物"（企业产品），包括产品质量和产品安全等危机事件引发的形象风险；"市"（市场运营），包括企业间的恶性竞争、产品销售问题等危机事件引发的形象风险；"管"（企业内部管理），包括企业的理财、运营和员工关系等危机事件引发的形象风险；"人"（企业人员），包括企业的老总、高管、员工的个人不当行为导致的形象风险；"社"（社会责任），包括市场责任、社会责任和环境责任，是企业履行社会责任不到位引发的形象风险。再细分共有 18 个风险项，71 个风险要素（见表 1）。

表 1　企业形象危机"风险地图"

风险板块	风险项	风险要素
1 "物"（企业产品）	1.1 产品质量问题	产品造假、产品有害、产品低劣
	1.2 产品生产问题	安全事故，生产环境脏、管理混乱
2 "市"（市场运营）	2.1 法律纠纷	产权纠纷、商标所有权纠纷、合同纠纷、债务纠纷
	2.2 垄断问题	价格垄断、渠道垄断、多重垄断
	2.3 恶性竞争	"口水战""价格战""数据战""黑公关"
	2.4 宣传问题	违法广告、虚假宣传、恶俗广告
	2.5 定价问题	价格违法、价格欺诈
	2.6 服务问题	强买强卖、售后服务欠佳、捆绑销售、服务违规收费、服务态度恶劣

续表

风险板块	风险项	风险要素
3 "管"（企业内部管理）	3.1 理财问题	资金危机、持续亏损、财务造假
	3.2 运营问题	非法经营、改制风险、违规操作、监管不力
	3.3 员工关系	劳资纠纷、恶性裁员、压榨员工、侮辱员工、员工"吐槽"企业、损害员工利益、员工起诉公司、员工围攻公司
	3.4 企业公共关系	媒体误报、网络造谣、危机公关失误
4 "人"（企业人员）	4.1 老总问题	经济犯罪、决策失误、言行失当、"跑路"、生活作风问题、能力低下、低绩高薪、学历造假、泄露信息
	4.2 高管问题	经济犯罪、非正常离职、内幕交易、违规增减持
	4.3 员工问题	经济犯罪、言行失当、泄露信息、"跑路"
5 "社"（社会责任）	5.1 市场责任	过分暴利、扰乱市场秩序、违法违规
	5.2 社会责任	偷税漏税、拖欠员工社保、拖欠员工工资、丧失伦理道德
	5.3 环境责任	环境污染、浪费能源、资源

二　企业"形象危机度"总体排名

（一）企业"形象危机度"指标简介

社会责任事故是指政府等责任主体负有主要责任并造成恶劣后果和社会影响的危机事件，是导致"形象危机"的主因。而企业形象危机主要源自各个风险板块内的社会责任事故。

典型案例频次指在 2013 年 1 月 1 日至 2013 年 12 月 31 日一年时间内，全国各企业在相关风险板块出现形象危机的事件次数。

社会责任事故频次指在 2013 年 1 月 1 日至 2013 年 12 月 31 日一年时间内的典型案例中，被研判为社会责任事故的形象危机的事件次数。

"形象危机度"指社会责任事故在全部典型案例中所占比重，计算公式为："形象危机度" ＝社会责任事故频次/全部典型案例频次。

（二）企业 "形象危机度" 省市排名

据课题组统计，在全国企业"形象危机度"的省市排名中，位列"形象危机度"前三名的分别是广东省10.87%、北京市5.07%、上海市4.35%，见表2。

表2 全国企业"形象危机度"省市排名

单位：%

等 级	排 名	省 份	"形象危机度"
高危≥30		暂 无	
中危10~29	1	广 东	10.87
	2	北 京	5.07
	3	上 海	4.35
	4	江 苏	3.62
		湖 南	3.62
	6	山 东	2.90
		浙 江	2.90
	8	河 北	2.17
		福 建	2.17
		陕 西	2.17
		河 南	2.17
低危<10	12	黑龙江	1.45
		江 西	1.45
		辽 宁	1.45
	15	内蒙古	0.72
		重 庆	0.72
		吉 林	0.72
		湖 北	0.72
		新 疆	0.72
		四 川	0.72
	21	安 徽	0.00
		甘 肃	0.00
		海 南	0.00
		宁 夏	0.00
		天 津	0.00
		云 南	0.00
		广 西	0.00

注：数据来源于中国人民大学危机管理研究中心"2013年企业形象危机典型案例库"，时间段为2013年1月1日至2013年12月31日；不含港澳台；具有此类研究方法的相应误差。表3~表30、表33、表34的数据来源与之相同，以下不一一列出。

　　课题组将企业形象危机进行细化研究，可分解为"形象死亡""形象受损"和"形象蒙冤"三个维度，这三个维度是企业"形象危机度"的有机组成部分。

　　而作为衡量企业形象危机的量化指标，企业的"形象危机度"也可以分解为"形象死亡率""形象受损率"和"形象蒙冤率"三个指标。

（三）企业"形象死亡"情况省市排名

　　据课题组统计，在企业"形象死亡"情况省市排名中，黑龙江省、江西省、吉林省、湖北省、辽宁省、海南省和云南省并列第一，为100.00%，见表3。

表3　企业"形象死亡"情况省市排名

单位：%

排　名	省　份	"形象死亡率"
1	黑龙江	100.00
	江　西	100.00
	吉　林	100.00
	湖　北	100.00
	辽　宁	100.00
	海　南	100.00
	云　南	100.00
8	湖　南	71.43
9	河　北	66.67
10	上　海	50.00
	浙　江	50.00
	内蒙古	50.00
	重　庆	50.00
	甘　肃	50.00
15	福　建	40.00
	陕　西	40.00
17	山　东	37.50
18	江　苏	33.33
	河　南	33.33

排　名	省　份	"形象死亡率"
20	广　东	32.00
21	北　京	31.58
22	新　疆	0.00
	安　徽	0.00
	宁　夏	0.00
	四　川	0.00
	天　津	0.00

（四）企业"形象受损"情况省市排名

据课题组统计，在企业"形象受损"情况省市排名中，新疆维吾尔自治区、安徽省、宁夏回族自治区、四川省和天津市均为100%，并列第一，见表4。

表4　企业"形象受损"情况省市排名

单位：%

排　名	省　份	"形象受损率"
1	新　疆	100.00
	安　徽	100.00
	宁　夏	100.00
	四　川	100.00
	天　津	100.00
6	广　东	68.00
7	江　苏	66.67
	河　南	66.67
9	北　京	63.16
10	山　东	62.50
11	福　建	60.00
	陕　西	60.00
13	上　海	50.00
	浙　江	50.00
	内蒙古	50.00
	重　庆	50.00
	甘　肃	50.00

续表

排　名	省　份	"形象受损率"
18	河　北	33.33
19	湖　南	28.57
20	黑龙江	0.00
	江　西	0.00
	吉　林	0.00
	湖　北	0.00
	辽　宁	0.00
	云　南	0.00
	海　南	0.00

（五）企业"形象蒙冤"情况省市排名

据课题组统计，在企业"形象蒙冤"情况省市排名中，仅河北省存在"形象蒙冤"案例，"形象蒙冤率"为 33.33%，其他均为 0.00%。

三　企业形象危机规律与趋势分析

（一）"物"（企业产品）是企业形象危机"重灾区"

1. 形象危机是企业破产的"最短板"，产品生产最为高发

产品质量问题的形象危机决定了企业的销售和盈利，因此是企业破产的最短板。产品生产问题是 2013 年第一季度企业形象危机最为高发的一个风险项。在该季度中，随着"3·15"消费者权益日活动的开展和公众对食品安全信任危机的加剧，有关假冒伪劣产品和有毒食品的投诉达到 14 起之多。其中，"聚美优品假货事件""优卡丹含毒门"等事件在社会上引起了强烈反响。

2. 与百姓生活密切相关的行业形象高危，食品行业最突出

与群众生活越近，企业的形象越高危。因为这些企业提供的产品和服务牵涉百姓的日常生活，使得每一个人产生切身的体会，从而引发媒体的广泛关注。

在 2013 年第一季度，食品行业成为企业形象危机的"重灾区"。食品企业在众多企业中是一个特殊的类型，其产品与人的健康和安危息息相关。目前，中国食品生产企业达 40 多万家，食品经营主体达 323 万家，小摊贩、小作坊更是难以计数。为牟取暴利，一部分食品企业完全忽视了食品安全卫生的考量，使得假羊肉、毒瓜子、毒火锅等食品安全问题层出不穷。

正是由于食品行业的这种特殊性，使得公众对该行业的企业形象极为敏感，很容易产生"连坐效应"：首先，产品确实存在安全问题的企业形象会遭到损害；其次，一旦被怀疑（无须确认）食品安全存在问题，食品企业就会产生形象危机；更有甚者，一旦同行业中某家食品企业遭遇食品安全信任危机，同行业中的其他厂家也会受到无辜的波及。

食品行业的形象危机和原材料也有着密切的关系。H7N9 型禽流感病毒的流行使得肯德基、麦当劳等以鸡肉为原料的快餐企业销售量大幅下跌；茅台取水地赤水河的污染导致人们对茅台酒的品质产生了疑虑。因此，食品企业应当严格把控原材料质量，避免产生形象危机。

3. 产品有毒有害最为严重，危害消费者健康

表5　2013 年第二季度企业产品有毒有害危机典型案例汇总分析

被曝光的行业类别	风险描述	危机案例频次
食品行业	食品含有危害人体健康的物质,如重金属等	8
药品行业	药品含过量重金属;农药残留	4
童装行业	童装验出超标致癌物	1
汽车行业	汽车内部空气质量差,有毒物质超标	1

4. 产品造假，有损企业信誉

表6　2013 年第二季度企业产品造假危机典型案例汇总分析

产品造假方式	风险描述
假冒著名品牌	假冒知名品牌,销售伪劣产品
"山寨"品牌	制造与知名品牌相似的商标或冒充进口品牌
生产日期造假	标示虚假生产日期
"改装"产品	用劣质零件替换产品原装零部件,以次充好

5. 多行业"造假"现象频发

2013 年第三季度，"造假"成为企业形象危机高频词，产品"造假"现象尤其严重。造假的产品多数涉及食品、药品、服装等与人民日常生活息息相关的行业，这些行业的产品造假，往往天理不容，易引起人们的关注，甚至引发民愤。具体内容如表 7 所示。

表 7　2013 年第三季度产品"造假"危机涉及行业情况汇总

涉及行业	危机案例频次	典型案例
食品	10	食用油造假，品牌啤酒造假
药品	6	一种粉末造出十余种假药
生活用品	5	洗化用品造假
家居及电器	3	冒牌移动电源
其他	3	克隆出租车

6. "造假"从"物"向"市""管""人"多板块渗透

2013 年第三季度"造假"现象从"物"（企业产品）向其他风险板块蔓延，"市""管""人"风险板块不同程度有"造假"现象出现，成为企业形象顽疾，严重损害企业公信力。

表 8　2013 年第三季度"造假"风险案例汇总

风险板块	"造假"风险项	"造假"风险项描述	"造假"风险频次
"物"	产品造假	产品或原材料造假，或制作过程中掺假，或假冒伪劣名牌产品	27
"市"	宣传造假	进行虚假宣传，发布虚假广告	22
"管"	财务造假	不按照"会计准则"做账，做假账、假证、假表等	12
"人"	学历造假	高管或老总声称高学历，实为"野鸡学历"	3

（二）"市"（市场运营）是企业形象危机的"主战区"

1. 市场运营风险要素最为繁杂

在市场运营过程中，企业需要直面消费者和媒体，容易被曝光形象危机事件。企业之间争斗激烈，导致市场运营风险要素最为繁杂。2013 年第二季度，市场运营是风险频次、风险要素数量增长最多的风险板块。市场运营风险板块新增的风险要素为：商标所有权纠纷、合同纠纷、"价格战"、"黑公关" 和价格欺诈。其中，尤以 "价格战""黑公关" 和价格欺诈最为严重。企业间的恶性竞争行为愈演愈烈，然而往往得不偿失。2013 年第二季度，企业恶性竞争风险要素主要包括 "口水战""价格战""黑公关" 三种。

表9   2013 年第二季度恶性竞争危机案例对比分析

涉及恶性竞争行业类别	风险要素	后果
贸易投资行业;饮料业	"口水战"	"口水战"双方互揭内幕,两败俱伤
电商平台;汽车行业	"价格战"	价格"触底",供应商因价格过低停止供货
食品行业	"黑公关"	"黑公关"被媒体曝光,损害自身形象

2. 企业价格欺诈，降低消费者信任度

表10   2013 年第二季度价格欺诈危机案例汇总分析

涉及价格欺诈行业	价格欺诈类型	风险描述
零售业	虚假标价	价签所示价格与实际不符
餐饮业、电商行业	虚构原价	虚构原价,谎称降价促销

3. 售后服务危机频次最高，威胁消费者满意度

售后服务欠佳，会降低消费者的满意度。电商售后服务欠缺的问题尤为突出。

表11   2013 年第二季度售后服务危机案例汇总分析

涉及售后服务危机行业类型	售后服务危机类型
建筑业、电商行业	以各种借口推诿责任,拒绝提供售后服务
手机行业、防盗门行业	售后服务态度强硬或不够热情
大型家电行业	售后服务价格不规范,漫天要价

4. 恶性"价格战"呈现高发状态，数量激增

当下，在行业类竞争激烈的时候，许多企业运用远低于行业平均价格甚至低于成本的价格提供产品或服务，或使用非商业不正当手段来获取市场份额的

竞争方式。企业之间的此类恶性竞争行为愈演愈烈，结果得不偿失。

恶性竞争行为以恶性"价格战"最为普遍，2013 年第三季度企业的恶性"价格战"数量激增。

表12　2013 年第二、三季度价格战危机案例对比

	第二季度	第三季度	第三季度增加量	第三季度增长率
"价格战"危机频次	3	19	16	533.3%

5. 电商深受恶性"价格战"之害

因恶性"价格战"而引发形象危机的企业以电商为主。

电商是指利用互联网作为企业或个人商业经营平台，进行采购、销售、企业产品展示信息发布等企业日常经营活动，并以此作为企业主要经营手段的企业。电商多利用周年庆、节日促销等方式相互恶性竞争，开打恶性"价格战"。

除此之外，金融、汽车等行业也有不同程度的恶性"价格战"存在。

6. 恶性竞争百害而无一利，严重影响企业形象

企业以恶性"价格战"为代表的恶性竞争会扰乱市场的正常价格秩序，不利于社会资源的优化配置。

同时，从长期来看，恶性竞争也损害了消费者的合法权益。低价倾销，表面上看似乎有利于消费者，但一些实力雄厚的经营者不惜以暂时亏本为代价，大搞亏本销售行为，挫败竞争对手，以便独霸市场，一旦实行低价倾销的经营者挤垮了竞争对手，垄断市场，消费者就再也不能享受低价购买的优惠，相反，不得不接受高于正常价格的垄断价格。而若干中小企业的低价倾销，往往是通过降低产品的性能、质量甚至牺牲产品使用的安全性来降低成本，直接侵害消费者利益。消费者权益若被侵害，其对企业的品牌认可度与忠诚度将会大打折扣，引发企业的形象危机。

（三）"人"（企业人员）是企业形象危机的"易失控区"

1. 员工是企业形象的"活招牌"

员工是企业的一分子，对外在一定程度上代表了整个企业的形象，由于不

注重对员工的管理和心理疏导，2013 年第二季度员工问题频发。即使企业将群体事件、自杀等造成恶劣影响的危机解释为个人行为，也会降低公众对企业的认同感和对品牌的忠诚度。

2. 企业人员形象危机易失控

企业人员形象危机由企业人员的个人行为引发，企业难以控制个人行为，导致企业人员形象危机易失控。2013 年第二季度，企业人员危机频次超过了企业内部管理的危机频次，在危机频次排名中升至第三名。企业人员风险板块新增的风险要素为：老总"跑路"、高管内幕交易和高管违规增减持。企业老总"跑路"是不负责任的行为，可能直接终结企业的命运。即使谣传老总"跑路"，也会引发利益相关方对企业的信任危机，加深企业困局。

表 13　2013 年第二季度老总"跑路"危机案例汇总分析

涉及老总"跑路"行业类型	老总"跑路"原因
钢材产业；餐饮业	出现资金链断裂情况，欠下高额债务或无钱付员工薪水
信息技术公司	诈骗行为，骗取消费者钱财后逃走
科技公司	企业经营不善，濒临倒闭，网络谣传老总"跑路"

3. 危机扩散，从个体问题升级为社会风险

企业人员风险板块中涉及的危机事件，不再仅限于个体问题，而向社会风险扩散，两类危机因素并发，易引发强烈的社会关注与密集的媒体报道。

表 14　2013 年第三季度企业人员两类风险典型案例汇总

风险类别	风险要素	典型案例
个体问题	贪污腐败	某国企老总贪污，为老情人养老
	淫乱涉黄	某企业干部裸体索求性关系视频曝光
	名人效应增加关注度	某公司老板涉嫌经济犯罪被捕，曾请某著名明星代言
社会风险	极端暴力活动	某地人大代表举报当地某企业董事长后被当街捅 9 刀
	公众利益被侵害	多家快递公司员工收集个人信息公开出售
	社会安全隐患	毒饺子案件追踪，职工泄私愤下毒

4. 国企（央企）领导个体危机处于高发状态

作为我国企业中的特殊群体，国有企业出现的形象危机的信息传播速度、社会关注度及后果恶劣度都远大于其他一般企业。2013年第三季度，国有企业中所暴露出的形象危机，集中在企业人员领域，尤其与老总、高管等的个人对外形象、言行举止、生活作风等方面的危机频发，需引起格外关注。以老总为例，如表15所示。

表15　2013年第三季度国企（央企）"老总问题"形象危机对比

风险要素	危机案例频次	典型案例
"跑路"	14	某董事长跑路，曾雇5名退役特种兵做保镖
经济犯罪	6	某公司老板涉嫌经济犯罪被捕
决策失误	3	某邮轮在韩被扣2300多人滞留，扣押因国内公司间法律纠纷
生活作风	3	某企业干部裸体索求性关系视频曝光
言行失当	1	某企业老板欠赌债，300元"祖传宝贝"坑人10万
泄露信息	1	某公司副总裁因涉嫌泄露公司信息被拘

5. 国企高管的奢侈消费致使"金字招牌"蒙羞

在一些利润丰厚的垄断国企中，高管奢侈消费已成习惯：有权有钱、为所欲为，吃喝有"理"、花钱不愁。作为一个连续3年亏损，亏损总额达到239亿元的企业，"中国远洋"曾投入11021.8万元收购并改建高尔夫球场，每年经营亏损约700万元，被指责为挣钱无方、花钱无度。这种奢侈浪费的行为完全违背了传统的价值观念，使得公众对国有企业的认可度急剧下降。

6. 经济犯罪频发，社会影响恶劣

在企业人员风险板块中，无论是老总、高管，还是员工，涉及经济犯罪这一风险项将在社会中引起广泛的社会关注，个别企业人员的经济犯罪消息引起轰动，对企业形象造成致命性打击，对企业的发展造成重创。2013年第三季度的企业人员经济犯罪危机案例共11起。其具体数量与结构分布如表16所示。

表16　2013年第三季度企业人员经济犯罪形象风险项具体情况汇总

涉及个人	老总	高管	员工	总数
危机案例频次	6	4	1	11
危机案例比例（%）	54.5	36.4	9.1	100

同时，经济犯罪原因呈现多样化，主要涉及非法经营、违规操作、造假等行为。

表17　2013年第三季度企业人员经济犯罪原因汇总

企业人员	经济犯罪原因
老总	从事传销等非法经营活动；非法集资，抽逃出资；伪造、冒充与造假；内部管理不善
高管	挪用公司财物归个人所用；高管人事的"黑天鹅事件"；非法集资敛财
员工	监守自盗公司财物

（四）"管"（企业内部管理）是企业形象危机的"雷区"

1. 流言易中枪，谣言易致命

有些时候，企业形象危机的发生不一定是自身的责任，来自各种渠道的流言与谣传有时会成为企业形象危机的罪魁祸首。如今资讯发达，流言和谣言一旦出现，就会在口头、大众传媒和互联网形成"旋涡式"传播，如果不及时加以控制，它会在短期内形成一股强大的舆论压力，对企业形象造成极大的损害。如果说无心的流言只是使得企业无辜"中枪"的话，那么带有强烈目的性的谣言则会给企业形象带来致命性的打击。以2013年3月聚美优品"假货门"事件为例，由于别有用心的恶意诽谤和企业对谣言的不及时控制，谣言的传播范围越来越广，直至今日聚美优品仍难以自证清白。这场风波甚至波及整个化妆品电商行业，给整个行业的信誉带来不可估量的损害。

2. 企业形象危机的回应迟钝

企业形象危机的回应时间是从危机爆发到企业给出回应的天数。在2013年第一季度企业形象危机事件中，超过一半的企业在危机发生10天后才给出回应甚至根本不予回应，其中既有中小型的民营企业，也不乏像"中国黄金"这样的大型国企。形象危机回应得不够及时在很大程度上加剧了公众对于企业的不满情绪。

表18　2013年第一季度企业形象危机的回应时间统计

形象回应时间	0~3天	4~10天	11天及以上
案例频次	28	5	38

547

3. 企业公关技巧良莠不齐，常弄巧成拙

当前，企业在形象解释方面仍然存在一定的缺陷：第一，尽管大部分企业在进行形象危机公关的解释时，依然还是会倾向于权威性强、受众范围广、影响程度大的主流媒体，也有一部分企业选择通过其他方式来发布自己对危机的解释，这在一定程度上弱化了危机回应的解释力度；第二，许多企业，特别是大型企业在解释发布平台的选择上，大多数倾向于单一类型的媒体，没有灵活机动地考虑到多种平台相结合的方式，加强形象的解释力度；第三，许多企业尽管第一时间在主流媒体上对危机做出了回应，但回应的态度比较生硬、单一，使得公众对企业的声明、道歉和挽救措施的热情和信任度降低。因此，企业针对形象危机的解释程度依然有待加强。

4. 员工关系成为"雷区"，状况频发，后果严重

2013 年第二季度，企业内部管理风险板块新增的风险要素为：压榨员工、侮辱员工、员工"吐槽"企业。企业侮辱员工，在员工关系风险项中危机频次最高。侮辱员工行为的"惊世骇俗"易成为舆论焦点。

表 19   2013 年第二季度侮辱员工危机案例汇总分析

涉及侮辱员工行业	侮辱员工方式	后 果
通信行业	人格侮辱	员工向报社致电抱怨，事件被曝光
科技行业	体罚	相关图片被网友大量转发，民众表示愤慨
服务业	人格侮辱、体罚兼有	警察出面，对企业进行批评教育

压榨员工、劳资纠纷危机因直接侵犯员工利益，易引发严重后果。

表 20   2013 年第二季度压榨员工、劳资纠纷危机案例汇总分析

涉及压榨员工、劳资纠纷行业	事件类型	后果
传播行业	要求员工连续加班	连续加班一月后，员工猝死
电子行业	员工工资待遇低	员工到地方政府上访，政府出面调解
生产行业	停发员工工资	发生冲突，员工囚禁老板

员工"吐槽"企业通常为员工的负面情绪宣泄，但仍需重视。对企业心存不满的员工可能向媒体爆料，导致企业形象危机被曝光。员工"吐槽"内容多为工资待遇低、加班时间长、企业内部存在不公平现象等。

5. 员工关系涉及多个风险板块，"风险地图"形势严峻

企业内员工关系的处理，不仅涉及企业内部管理，还与市场运营、企业人员、企业社会责任息息相关。员工关系处理不得当是企业潜在的巨大风险，会对企业形象造成致命性打击。

表21　2013年第三季度企业员工关系涉及危机因素汇总

风险板块	风险项	风险要素
"市"	服务问题	售后服务欠佳,服务态度恶劣
"管"	员工关系	劳资纠纷,恶性裁员,压榨员工,侮辱员工,员工"吐槽"企业,员工投诉企业,员工围攻企业,损害员工利益
"人"	员工问题	经济犯罪,言行失当,泄露信息,"跑路"
"社"	社会责任	拖欠员工社保,拖欠员工工资

6. 员工抗议企业行为呈增长趋势

2013年第三季度，因员工关系处理不当而引发员工单个或群体的抗议行为呈现增长趋势，引起强烈的社会反响。同时，强大的社会舆论对企业形象造成极大的挑战。

表22　2013年第三季度企业员工抗议行为汇总

抗议行为	事件类型	危机后果
集体抗议	员工集体"兼职"其他非正当职业	社会与舆论哗然,公司形象严重受损,公关力不从心
	员工集体讨薪,围攻公司	造成群体性事件,扰乱社会治安
	员工集体起诉公司	公司陷入法律纠纷
个人抗议	员工通过网络媒体吐槽公司	公司陷入"恶名"
	员工采取极端行为报复公司	公司遭受经济损失

（五）"社"（社会责任）是企业形象危机的"高敏感区"

1. 社会责任感的缺失将导致"上帝"的唾弃

一个具有良好形象的企业应当具备一定的社会责任感，除了考虑自身的财务和经营状况外，企业也要加强其对社会和自然环境所造成影响的考量。2013年第一季度的企业形象高危风险地图中，企业暴露出严重的社会责任缺失问题：茅台和五粮液两大酒类巨头因行业垄断、破坏市场秩序被开出天价罚单；商家利用虚假广告欺骗消费者的情况屡见不鲜；此外，产品的安全和质量得不到保证、大型国企偷税漏税、环境污染事件频发等也从另一个侧面反映出企业社会责任感的缺乏。社会责任感的缺失使得企业的行为无法得到大众的认可，很容易使公众对企业形象给出负面评价。

2. 不重视消费者权益保护，易被消费者所抛弃

每逢"3·15"国际消费者权益日，总会有大批涉及虚假销售、违规操作的商家企业被曝光。2013 年，知名品牌"苹果"在中国多次受到声讨，原因就是"苹果"涉嫌歧视中国消费者，提供的售后服务中外有别。不重视对消费者权益的保护，会降低消费者对于企业的认可度与依赖度，久而久之，产品的销量必然受到影响。对消费者权益的保护，是企业生存和可持续发展的前提。

3. 社会要求高，导致社会责任形象危机愈发敏感

社会对企业承担社会责任的要求越来越高，社会责任形象危机随之变得愈发敏感。2013 年第二季度，"社会责任"是风险频次、风险要素数量增长率最高的风险板块。社会责任风险板块新增的风险要素为：拖欠员工社保，浪费能源、资源。企业拖欠员工社保，损害了员工利益，加重了国家负担。

表 23　2013 年第二季度拖欠员工社保危机案例汇总分析

拖欠员工社保情况	涉及拖欠员工社保企业类型
社保费用项目繁杂,金额过高	各类型企业普遍存在
员工为残疾人,企业骗取政府给残疾员工的补贴,却不为员工缴纳社保	个体工商户

4. 企业浪费能源资源，招致社会反感乃至抗议

企业浪费能源、资源，会引发民众的反感，可能招致环保组织的抗议。

表 24　2013 年第二季度浪费能源、资源危机案例汇总分析

涉及浪费能源、资源行业类型	浪费的能源、资源类型	后果
IT 行业	电力能源	引发环保组织抗议
制砖行业	土地资源	政府出面干预
洗车行业	水资源	外媒进行报道

5. 社会责任多样化，受高度关注

企业在追求经济效益的同时，应该承担对政府的责任、利益相关方的责任、消费者的责任，以及对社会、资源、环境、安全的责任，维护员工利益，保障消费者权益，支持公益事业等，其总称为企业社会责任。

多重社会责任是企业形象危机"高敏感区"，稍有疏忽，一经报道，将引发严重形象危机。

表 25　2013 年第三季度企业社会责任范畴下的形象风险汇总

企业社会责任	风险要素
经济责任	资金危机,长期亏损,损害股东利益等
市场责任	恶性竞争,过分暴利,扰乱市场秩序等
法律责任	非法经营,违法操作,偷税漏税等
伦理责任	损害消费者权益,压榨员工,漠视社会弱势群体等
环境责任	浪费资源,污染环境等
慈善责任	拒绝慈善,慈善造假等

6. 社会危机加剧企业形象风险应对压力

当企业未能履行社会责任时，还会引发一系列社会危机，如诱发信任质疑、威胁公共安全等。随着市场经济的深入发展，企业的事务范围与活动边界在不断扩大，随之而来的风险与危机范畴也在扩大，企业不仅要处理好自己的生产、经营、销售等事务，还要处理提供社会保障、维护民众权益等社会事务。企业行为越界、方式不当或态度不正等行为，极易引发社会危机，使企业形象受损。表 26 是对 2013 年第三季度中的典型案例进行分析。

表 26　2013 年第三季度涉及企业的社会危机典型案例分析

社会危机	典型案例	危机后果研判
诱发信任质疑	某公司致毒乳粉产品事件	涉事企业业绩悉数受损,公司自身要承担巨额赔偿
威胁公共安全	石家庄"毒饺子"案件	消费者中毒,工厂倒闭,上千名职工下岗,国家食品安全声誉受到损害

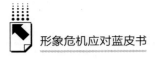

续表

社会危机	典型案例	危机后果研判
挑战道德底线	某公司女工涉嫌兼职色情业事件	企业不仅遭受形象在已有恶名上的消极叠加,还陷入用工荒与迁址矛盾
	某公司"第一口奶"事件	涉事违纪违规人员被予以处理与追究,企业形象严重受损,陷入道德信任危机
触犯法律红线	某保险公司美女老板携款"跑路"事件	公司被立案侦查并遭到处罚,丧失大量客户,与之合作的其他公司遭受巨大经济与名誉损失
	某女商人非法经营、行贿罪案件	落马高官案件进一步调查,官商勾结内幕进一步展开,涉事人公司信誉严重受损
激起市场动荡	某公司"乌龙指"事件	误操作引发"血案",大量投资者惨遭横祸,基金公司人人自危,证券市场秩序激起强烈动荡

四　企业形象危机应对指南

（一）　"善解冤"：妥善解决"形象蒙冤"问题

据课题组统计,全国企业的"形象蒙冤"案例主要集中于产品造假与网络造谣两类风险要素中,典型案例见表27。

表27　全国企业形象风险要素"形象蒙冤"典型案例

风险指标	风险指标	风险要素	典型案例
"物"（企业产品）	产品质量问题	产品造假	聚美优品"假货危机"
"管"（企业内部管理）	企业公共关系	网络造谣	网传潘石屹为房姐"洗钱"

针对"形象蒙冤"情况,课题组建议：一方面,"形象蒙冤"主体要善于借助媒体力量,及时、有效澄清企业形象"冤情"；另一方面,"形象蒙冤"高危行业需要建立风险预防长效机制,积极防范企业形象"被抹黑"。

（二）　"重点改"：重点整改"社会责任事故"

据课题组统计,全国企业的社会责任事故案例数量已占到其形象危机案例总数的 57.04%，全国企业"社会责任事故率"省市排名中，并列位于"社会责任事故率"第一名的有吉林省、湖北省、新疆维吾尔自治区、黑龙江省、江西省、辽宁省和河北省，均为 100.00%，见表 28。

表 28 企业"社会责任事故率"省市排名

单位：%

等 级	排 名	省 份	"社会责任事故率"
高危≥90	1	吉 林	100.00
		湖 北	100.00
		新 疆	100.00
		黑龙江	100.00
		江 西	100.00
		辽 宁	100.00
		河 北	100.00
中危60~89	8	河 南	75.00
	9	湖 南	62.50
	10	上 海	60.00
低危<60	11	广 东	57.69
	12	浙 江	57.14
	13	内蒙古	50.00
		重 庆	50.00
		四 川	50.00
		福 建	50.00
		陕 西	50.00
		山 东	50.00
	19	北 京	35.00
	20	江 苏	33.33
	21	安 徽	0.00
		甘 肃	0.00
		海 南	0.00
		宁 夏	0.00
		天 津	0.00

据课题组统计，全国企业形象的"形象死亡"案例数量已占到其形象危机总数的 22.38%，全国企业形象风险板块"形象死亡率"排名统计见表 29。

表29 全国企业形象风险板块"形象死亡率"排名统计

单位：%

排名	风险板块	"形象死亡率"
1	"物"（企业产品）	51.43
2	"市"（市场运营）	39.02
3	"社"（社会责任）	38.10
4	"管"（企业内部管理）	37.93
5	"人"（企业人员）	37.50

全国企业形象风险项"形象死亡率"排名统计见表30。

表30 全国企业形象风险项"形象死亡率"排名统计

单位：%

排名	风险项	"形象死亡率"
1	企业公共关系	100.00
2	运营问题	80.00
3	市场责任	66.67
4	宣传问题	62.50
5	产品生产问题	53.33
6	社会责任	50.00
6	定价问题	50.00
6	产品质量问题	50.00
9	法律纠纷	44.44
10	老总问题	42.86
11	恶性竞争	37.50
12	高管问题	33.33
13	员工问题	30.00
14	理财问题	25.00
15	垄断问题	20.00
15	环境责任	20.00
17	服务问题	14.29
18	员工关系	10.00

（三）"全面防"：立体化形象管理

1. 内部：纠正形象偏差度

表 31　社会对企业的形象预期

形象预期项目	社会形象预期的描述
预期1：物美价廉	要求企业的产品质量好、价格低廉
预期2：顾客至上	产品服务的品质高、速度快、价格低，"顾客永远是对的"的思想
预期3：遵纪守法	要求企业的经营、企业家和员工的行为必须在法律的规范内
预期4：诚实经营	要求企业诚实信用、公平透明交易
预期5：负有社会责任感	央企、国企及其工作人员、企业家道德高尚，富有社会责任感

表 32　社会对企业的形象偏差度

社会的形象预期	实际的职能定位	偏差度
预期1：物美价廉	产品定价机制依托对成本的管理，考虑长期发展战略与市场占有率	偏差度中等
预期2：顾客至上	在一定范围内有条件地为顾客服务	偏差度中等
预期3：遵纪守法	严格遵守法律法规的要求进行经营、管理	偏差度小
预期4：诚实经营	诚信经营，交易公平、公正	偏差度小
预期5：富有社会责任感	在盈利的同时考虑社会责任，承当法律责任	偏差度中等

2. 中间：进行风险管理

据课题组统计，全国企业形象风险板块"社会责任事故率"排名统计见表33。

表 33　全国企业形象风险板块"社会责任事故率"排名统计

单位：%

等　级	排　名	风险板块	"社会责任事故率"
高危≥90	暂　无		
中危60～89	1	"物"（企业产品）	77.14
	2	"市"（市场运营）	63.41
低危＜60	3	"人"（企业人员）	55.00
	4	"社"（社会责任）	38.10
	5	"管"（企业内部管理）	20.69

在企业形象风险板块之下，再细分为 18 个风险项，全国企业形象风险项的"社会责任事故率"排名统计见表 34。

表34　全国企业形象风险项"社会责任事故率"统计

单位：%

等级	风险板块	风险项	"社会责任事故率"
高危	1."物"（企业产品）	1.1 产品质量问题	90.00
中危		1.2 产品生产问题	60.00
中危	2."市"（市场运营）	2.1 法律纠纷	77.78
低危		2.2 垄断问题	40.00
中危		2.3 恶性竞争	75.00
中危		2.4 宣传问题	75.00
中危		2.5 定价问题	75.00
低危		2.6 服务问题	28.57
低危	3."管"（企业内部管理）	3.1 理财问题	0.00
低危		3.2 运营问题	20.00
低危		3.3 员工关系	40.00
低危		3.4 企业公共关系	20.00
中危	4."人"（企业人员）	4.1 老总问题	66.67
低危		4.2 高管问题	44.44
低危		4.3 员工问题	40.00
中危	5."社"（社会责任）	5.1 市场责任	66.67
低危		5.2 社会责任	50.00
低危		5.3 环境责任	20.00

3. 外部：依托评委关系

（1）上下级关系。

企业形象危机涉及的上下级关系主要包括上级主管部门和下属机构。企业本身的管理体制、运行机制问题可能会导致企业的外部形象问题的出现，如产品质量、品牌效应等，甚至会产生环境污染等外部负面效应问题。企业内部的人员管理不当也会给企业带来影响，造成危机，如领导、高管等贪污、受贿，员工殴打顾客、跳楼、罢工等。企业的上级主管部门较为了解企业内部困难和条件限制，下属机构也对企业的政策、制度较为了解，因此，对企业的问题易理解。

（2）利益关系。

企业形象危机涉及的利益关系包括消费者（顾客）、员工、竞争对手、合

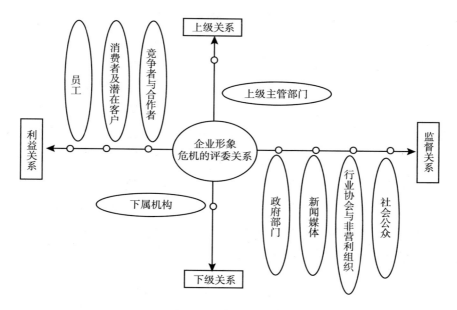

图1　企业形象危机的评委关系图

作者、潜在客户以及其他相关群体。从产品角度看，产品的质量与消费者、合作者、潜在客户的利益密切相关；从流通角度看，交易的公平、公正与消费者利益息息相关；从运营角度看，合作者、竞争对手的利益关系突出，如资本运作时企业与合作者形成利益共同体，在市场竞争中与竞争对手形成对抗关系等；从内部管理角度看，企业利益与员工利益密不可分。总之，多方利益关系在利益的调整和支配下，一定程度上可有效实现对企业的监督。

（3）监督关系。

企业形象危机涉及的监督关系包括政府监管部门、行业协会、非营利组织、媒体和群众。企业受政府部门的行政监督和监管，受消费者协会等组织的监督，同时还受公众和媒体的社会监督等。企业必须严格遵守法律法规，诚信经营，同时承担相应的法律责任和社会责任。

企业针对上下级关系，要努力降低形象落差度，集中做好整改工作，明确企业地位和经营范围，明确自身的目标和责任，提高技术水平，有效创新，加强内部管理，打造企业文化和品牌效应。

企业针对监督关系，要努力提高形象解释度，有效开展多方沟通。企业通

过合理渠道，与政府部门、行业协会等进行沟通。一方面，接受监督，听取意见和建议，并进行调整和改进；另一方面，企业要表达自身的问题和困境，并与监督方进行协商，共同讨论解决方案。

企业针对利益关系，要努力做好三方面工作。第一，降低形象落差度，针对消费者，企业要做到公平交易、货真价实；针对内部员工，企业要依法提供保障，并实行有效的激励；针对合作者，企业要做到诚信合作；针对竞争对手，企业要开展公平竞争、合法竞争，杜绝恶性竞争等。第二，提高形象解释度，企业要通过让群众了解自身的定位、困境等，争取群众的理解，消除误会，并通过有效沟通和信任管理，维护和保持群众的信任，提高顾客的忠诚度。第三，纠正形象偏差，企业要做好公共关系工作，主动进行正面宣传，积极参加公益活动，承担社会责任，塑造良好的企业形象。

公民素养报告

Citizen Accomplishment Report

B.19
公民素养形象危机应对研究报告

中国人民大学危机管理研究中心课题组*

摘 要:

公民素养形象危机的风险项由八部分构成: (1) 谣言污蔑,
(2) 欺骗诈取, (3) 贩假造假, (4) 恶性纠纷, (5) 违背规
则, (6) 易被煽动, (7) 趣味低下, (8) 人情冷漠。当前, 针
对"形象危机度"与"社会责任事故率"的分析表明, 造假贩
假、人情冷漠与恶性竞争问题最突出。建议: 针对人情冷漠等
风险项的"形象死亡"问题, 做好"重点改"; 针对形象偏差
度与多元评委关系, 并结合"风险地图"等规律, 做好"全面
防"。

关键词:

公民素养 形象危机 人情冷漠

---

* 课题负责人: 唐钧、龚琬岚、韩茹雪; 课题成员: 中国人民大学危机管理研究中心课题组成员。

一　公民素养形象危机情况综述

（一）公民素养形象危机综述

公民素养形象危机是指由于公民自身的道德素养问题而带来的社会问题与困扰，反映了公民道德水平的整体状况。中国人民大学危机管理研究中心"公民素养形象研究基地"课题组将由于公民自身的道德素养问题而带来的社会危机与困扰的问题称为公民素养形象危机问题。

公民素养形象危机涉及多个风险项，公民素养形象风险主要涉及八大类型：谣言污蔑、欺骗诈取、贩假造假、恶性纠纷、违背规则、易被煽动、趣味低下和人情冷漠。

（二）公民素养形象风险项分析与风险地图

1. 风险项分析

（1）谣言污蔑。

"谣言污蔑"是指公民臆造、传播、散布不实言论，对他人造成诽谤中伤，对个人或组织的名誉形象造成侵害，甚至引发社会恐慌与混乱。

谣言污蔑是公民对社会施以消极影响的重要方面，在公民素养形象危机中占据重要地位。

（2）欺骗诈取。

"欺骗诈取"是指公民通过隐瞒、误导、欺骗等手段骗取社会保障或他人财物的行为。

当前社会欺骗诈取现象层出不穷，已在公民素养形象方面形成重大风险。

（3）贩假造假。

"贩假造假"是指公民基于个人利益而出售、贩卖、获取不真实的证件、学历、资格等，主要包括制假贩假、学术造假、考试作弊以及办假证发票等。

贩假造假反映了公民内在诚信与否，成为反映公民素养形象危机的重要指标。

（4）恶性纠纷。

"恶性纠纷"是指公民打架斗殴等语言肢体冲突而引发的矛盾纠纷。个体纠纷、群体冲突以及与公权力的摩擦都属于这一范畴。

公民素养形象危机部分来源于此类恶性纠纷。

（5）违背规则。

"违背规则"是指公民不遵守社会规则秩序，违背社会公德的行为。

随着"中国式过马路"的被关注，违背规则俨然成为引发公民素养形象危机的重要因素。

（6）易被煽动。

"易被煽动"是指公民缺乏判断力与理性，不辨是非跟风从众的行为。

易被煽动增加了公民的个体私欲演变为群体意志的可能性，是公民素养形象危机的重要风险项。

（7）趣味低下。

"趣味低下"是指公民的审美趣味低下，看待社会现象缺乏科学合理的态度。

趣味低下反映了公民的内在素养，是公民素养形象危机的重要判别指标。

（8）人情冷漠。

"人情冷漠"是指公民缺乏对他人和社会的人文关怀，引发社会整体的淡漠。

人情冷漠导致社会整体缺乏温情，是公民素养形象危机的重要体现。

2. 风险地图

表1　公民素养形象危机"风险地图"

风险项	风险要素
1 谣言污蔑	1.1 造谣传谣
	1.2 诽谤中伤
2 欺骗诈取	2.1 骗取社会保障
	2.2 骗取他人财物
3 贩假造假	3.1 制假贩假
	3.2 学术造假
	3.3 考试作弊
	3.4 办假证发票

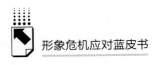
续表

风险项	风险要素
4 恶性纠纷	4.1 个体纠纷 4.2 群体冲突 4.3 与公权力的摩擦
5 违背规则	5.1 违反交通规则 5.2 插队 5.3 乱扔垃圾、随地吐痰
6 易被煽动	6.1 跟风抢购
7 趣味低下	7.1 炫富仇富 7.2 艳照 A 片 7.3 炒作上位 7.4 过分关注明星
8 人情冷漠	8.1 地铁公交不让座 8.2 街头无人帮忙 8.3 邻里互不相识

二 公民素养"形象危机度"省市排名

据课题组统计，在全国公民素养"形象危机度"的省市排名中，位列"形象危机度"前三名的分别是北京市 5.39%、陕西省 3.59%、广东省 2.99%，见表2。

表2 公民素养"形象危机度"省市排名

单位：%

等 级	排 名	省 份	"形象危机度"
高危≥30		暂 无	
中危10~29		暂 无	
低危<10	1	北 京	5.39
	2	陕 西	3.59
	3	广 东	2.99
	4	海 南	2.40
		湖 北	2.40
		湖 南	2.40
		江 西	2.40
		山 东	2.40
		浙 江	2.40

续表

等　级	排　名	省　份	"形象危机度"
低危＜10	10	河　北	1.80
		黑龙江	1.80
		江　苏	1.80
		四　川	1.80
	14	安　徽	1.20
		福　建	1.20
		贵　州	1.20
		河　南	1.20
		吉　林	1.20
		辽　宁	1.20
		宁　夏	1.20
		青　海	1.20
		山　西	1.20
		天　津	1.20
		云　南	1.20
	25	重　庆	0.60
		广　西	0.60
		甘　肃	0.60
		内蒙古	0.60
		上　海	0.60
		新　疆	0.60
	31	西　藏	0.00

注：数据来源于中国人民大学危机管理研究中心"2013年公民素养形象危机典型案例库"，时间段为2013年1月1日至2013年12月31日；不含港澳台；具有此类研究方法的相应误差。表3～表6、表9的数据来源与之相同，以下不一一列出。

（一）公民素养"形象死亡"情况省市排名

据课题组统计，在全国公民素养"形象死亡"情况的省市排名中，并列"形象死亡率"第一名的是黑龙江、云南省和宁夏回族自治区，均为100.00%，见表3。

表3 公民素养"形象死亡"情况省市排名

单位：%

排　名	省　份	"形象死亡率"
1	黑龙江	100.00
	云　南	100.00
	宁　夏	100.00
4	湖　南	60.00
5	陕　西	57.14
6	湖　北	50.00
	江　西	50.00
	吉　林	50.00
9	福　建	37.50
10	甘　肃	33.33
	山　东	33.33
	浙　江	33.33
	四　川	33.33
14	北　京	31.58
15	贵　州	25.00
16	河　北	20.00
17	江　苏	8.33
18	山　西	0.00
	上　海	0.00
	青　海	0.00
	辽　宁	0.00
	内蒙古	0.00
	河　南	0.00
	广　西	0.00
	安　徽	0.00
	广　东	0.00
	海　南	0.00
	重　庆	0.00
	西　藏	0.00
	新　疆	0.00

（二）公民素养"形象受损"情况省市排名

据课题组统计，全国公民素养"形象受损"情况的省市排名统计见表4。

表4　全国公民素养"形象受损"情况省市排名

单位：%

排　名	省　份	"形象受损率"
1	安　徽	100.00
	广　西	100.00
	河　南	100.00
	广　东	100.00
	海　南	100.00
	内蒙古	100.00
	辽　宁	100.00
	青　海	100.00
	上　海	100.00
	山　西	100.00
	天　津	100.00
	重　庆	100.00
	广　西	100.00
	新　疆	100.00
15	江　苏	91.67
16	河　北	80.00
17	贵　州	75.00
18	北　京	68.52
19	甘　肃	66.67
	山　东	66.67
	浙　江	66.67
	四　川	66.67
23	福　建	62.50
24	湖　北	50.00
	江　西	50.00
	吉　林	50.00
27	陕　西	42.86
28	湖　南	40.00
29	黑龙江	0.00
	云　南	0.00
	宁　夏	0.00

（三）公民素养"形象蒙冤"情况

据课题组统计，在全国公民素养"形象蒙冤"情况中，案例较少，未形成排名。

三　公民素养形象危机应对指南

（一）"重点改"：重点改善"社会责任事故"与"形象死亡"问题

据课题组统计，全国公民素养"社会责任事故率"的省市排名统计见表5。

表5　公民素养"社会责任事故率"省市排名

单位：%

等　级	排　名	省　份	"社会责任事故率"
高危≥90	1	海　南	100.00
		黑龙江	100.00
		吉　林	100.00
		江　西	100.00
		宁　夏	100.00
		四　川	100.00
		天　津	100.00
		云　南	100.00
		重　庆	100.00
		新　疆	100.00
中危60~89	11	陕　西	85.71
	12	湖　南	80.00
	13	安　徽	66.67
		青　海	66.67
		山　东	66.67
	16	河　北	60.00
低危<60	17	广　东	50.00
		贵　州	50.00
		河　南	50.00
		湖　北	50.00
		山　西	50.00
		内蒙古	50.00
	23	北　京	47.37
	24	浙　江	44.44
	25	辽　宁	33.33
		甘　肃	33.33
	27	福　建	25.00
		江　苏	25.00
		上　海	25.00
	30	广　西	16.67
	31	西　藏	0.00

表6　公民素养形象风险项"形象死亡率"排名统计

单位：%

排名	风险项	"形象死亡率"
1	人情冷漠	50.00
2	恶性纠纷	41.67
3	贩假造假	24.24
4	欺骗诈取	16.67
5	趣味低下	14.29
6	违背规则	8.33
7	谣言污蔑	5.26
8	易被煽动	0.00

（二）"全面防"：全面防范风险地图中各风险要素

1. 内部：纠正形象偏差度

（1）公民素养形象偏差度。

表7　社会对公民素养的形象预期

形象预期项目	社会形象预期的描述
预期1：集体主义	集体主义作为公民道德建设的原则
预期2：传统文化标准	孝悌忠信礼义廉耻
预期3：道德公民	在遵守法律的基础上成为道德楷模
预期4：公众人物成为社会楷模	公众人物应该有高于一般人的道德要求

表8　社会对公民素养的形象偏差度

社会的形象预期	实际的职能定位	偏差度
预期1：集体主义	个人主义	中等
预期2：传统文化标准	西方文化标准	中等
预期3：道德公民	守法公民	中等
预期4：公众人物成为社会楷模	市场经济、名利双收	中等

（2）公民素养形象危机的防治：纠正形象偏差度。

第一，修正指标，使考核、测评的标准更加科学化、多元化，而非依据主观满意度进行评价。

第二，要做好提升公民素养的宣传与教育工作。一方面，学校与家庭相结合，加强对公民从小的素质教育；另一方面，加强社会教育，新闻媒体要积极发挥作用，在党和政府的大政方针引导下，做好对集体主义、传统文化、公民道德等的宣传，同时积极发挥公众人物与社会楷模的作用。

2. 中间：进行风险管理

表9　全国公民素养形象风险项"社会责任事故率"排名统计

单位：%

等级	排名	风险项	风险要素	"社会责任事故率"
高危≥90		暂　无		
中危60～89		暂　无		
低危＜60	1	贩假造假	制假贩假	54.55
			学术造假	
			考试作弊	
			办假证发票	
	2	人情冷漠	地铁公交不让座	50.00
			街头无人帮忙	
			邻里互不相识	
	3	恶性纠纷	个人纠纷	47.22
			群体冲突	
			与公权力的摩擦	
	4	违背规则	违反交通规则	37.50
			插队	
			乱扔垃圾、随地吐痰	
	5	欺骗诈取	骗取社会保障	26.67
			骗取他人财物	
	6	趣味低下	炫富仇富	21.43
			艳照A片	
			炒作上位	
			过分关注明星	
	7	谣言污蔑	造谣传谣	5.26
			诽谤中伤	
	8	易被煽动	跟风抢购	0.00

3. 外部：依托评委关系

（1）公民素养形象危机的评委关系。

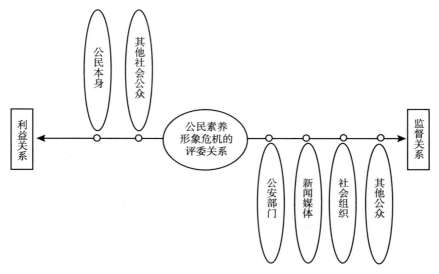

图1　公民素养形象危机的评委关系图

一是监督关系。

媒体和公安等监管部门与公民素养形象构成监督关系。

近年来，群体冷漠等问题频繁出现在各类新闻报道中，成为全社会关注的焦点。这一方面让公民意识到自身的素养尚有待提升，另一方面则加剧了公民自身的悲观情绪，不利于公民素养的进一步提升，有时媒体的失实报道也会对公民的形象产生不良的影响。

而对于公安等监管部门，缺少强硬手段降低了其监督的效果。

二是利益关系。

公民素养形象危机涉及的利益关系更多地体现在自我利益上，即每个公民既是利益的输出者，又是利益的接受者。而在公民形象上的矛盾，主要体现在公民都希望付出少而回报多，容易产生利益不平衡。

（2）公民素养形象危机的防治：依托评委关系。

一是监督关系。

在监督关系层面，其一，要提高形象解释度，积极推进公民、媒体和政府部门等多方沟通。对公民素养形象危机产生的深层次原因（如保障问题、精神建设引导问题等）进行深入分析，积极探讨优化社会风气的有效举措。

其二，要纠正形象偏差，积极推进公民素养形象预期指标的修正。主动引导媒体报道，客观看待媒体报道，积极塑造新时代公民素养形象的典型，修正公民素养形象预期指标。

二是利益关系。

在利益关系层面，一方面，要降低形象落差度，争取各方的满意。公民自身要明确公民整体素养与自己的利益息息相关，改变少付出多回报的观念，调整付出与回报的期望值。同时，公民要在调整期望值的基础上改进自身行为与形象，争取各方满意，进而改善公民素养整体形象。

另一方面，提升形象解释度，推进形成各方群体的长期信任关系。运用信任管理，以客户关系管理为基础，了解各群体的需求，以此为依据持续改进公民素养形象，消除社会误解，形成公众之间长期的信任关系。

B.20
主要参考文献

唐钧主编《社会管理概论》，中国人民大学出版社，2013。

唐钧主编《形象危机应对研究报告（2012）》，社会科学文献出版社，2012。

唐钧：《应急管理与危机公关——突发事件处置、媒体舆情应对和信任危机管理》，中国人民大学出版社，2012。

唐钧：《政府形象与民意思维 2010~2011——社会稳定风险评估和新形势下群众工作》，中国传媒大学出版社，2011。

唐钧：《政府形象与民意思维 2008~2009——政府直面群众与群众博弈政府》，中国传媒大学出版社，2009。

唐钧主编《紧急救助》，中国人民大学出版社，2009。

唐钧：《政府公共关系》，北京大学出版社，2009。

唐钧：《公共部门的危机公关与管理》，中国人民大学出版社，2007。

张成福、唐钧、谢一凡：《公共危机管理理论与实务》，中国人民大学出版社，2009。

张成福、唐钧：《政府危机管理能力评估——知识框架与指标体系研究》，中国人民大学出版社，2009。

Abstract

Image crisis have various risk factors which relate to the complicated fields, keep pace with the times and maintain close interaction. Judges of image crisis hold different views on image crisis judgment based on different basic points and gauges. All this not only leads to the difficulty of the research on image crisis, but also causes the hardships of the image crisis response.

Image crisis is mainly incurred by the internal problems of the subject which may develop into the negative evaluations of public and social attitudes across the external communication. Image crisis response depends on the internal reform, prevention and public relations of the subject as well as the media status and multiple judge attitudes. That is, image crisis response needs internal control combined with external prevention.

Research on classification of the image crisis finds that the current image crisis consists of three main types. The type of image death causes evil influence. The type of image damage should be scientifically resolved. The type of image injustice should be properly explained. Image crisis can be divided into "low risks", "moderate risks" and "high risks" further in which social responsibility accident belongs to high risks and zero-tolerance risks.

The index system of the image crisis of provinces and municipalities of the 2014 edition is made up of five fields: public security problems, social order problems, ecological environment problems, public service problems and officials' quality problems. These five aspects constitute the Risk Map. The public security problems field includes seven parts: death and injury caused by the terrorist attacks, severe casualties caused by the emergencies, death risk of public place, public health problems and deadly epidemic diseases, dangers of public security and food security, school massacres and hospital massacres. The social order problems field includes four parts: public order, social environment order, economic order and media order. The ecological environment problems field includes four parts: polluted air, contaminated water, soil pollution, and destruction of ecosystem. The public service problems field includes four parts: lack of communal facilities, inconvenience caused by administration examination and approval, problems of public transportation and hardness of safeguarding legal rights. The officials' quality problems field includes five parts: corruption, dereliction, sexual scandal, forging problem and violent behavior.

The index system of the image crisis of officials of the 2014 edition is made up of five fields: corruption, dereliction, sexual scandal, forging problems and violent behavior. These five aspects constitute the Risk Map. The corruption field includes three parts: bribery and graft, negative corruption, implicit corruption. The dereliction field includes four parts: breach of privilege, negligence of duty, indolence and decision fault. The sexual scandal field includes two parts: sexual abuse and indecent incidents. The forging problems field includes three parts: rocketing promotion, being affected and rumormongering. The violent behavior field includes three parts: violent law enforcement, being confronted with violent defiance against the law and abrasive manner.

The index system of the image crisis of enterprise of the 2014 edition is made up of five fields: the enterprise products, market operation, the enterprise internal management, the enterprise personnel and social responsibility. These five aspects constitute the Risk Map. The enterprise products field includes two parts: product quality problems and product production problems. The market operation field includes five parts: legal disputes, monopoly problems, vicious competition, propaganda problems and pricing and service problems. The enterprise internal management field includes four parts: financial problems, management problems, employee relations and public relations. The enterprise personnel field includes three parts: the problems of CEOs, the problems of senior executives and the problems of employee. The social responsibility field includes three parts: market responsibility, social responsibility and environment responsibility.

The image crisis response needs to refer to "the guide on image crisis response of 2014", make full use of the Risk Map, clarify the multivariate judging relationships and take measures as followings: to be committed to solve those image injustice problems, to rectify and reform the image death problems and attach importance to "social responsibility accident"; to build a comprehensive management system combining with the regularity from to solve those image damage problems.

Contents

B I General Report

B. 1 Research on Image Crisis Response of Provinces
and Municipalities / 001
1. *Concepts Definition and Research Methods* / 002
2. *The Overall Ranking on Image Crisis Degree of Provinces
and Municipalities* / 007
3. *The Risk Map of Image Crisis of Provinces and Municipalities
(the* 2014 *edition)* / 021
4. *The Image Crisis Situation of Provinces and Municipalities* / 027
5. *Questionnaire Survey of Social Attitudes* / 042
6. *Guide on Image Crisis Response of Provinces and Municipalities* / 061
7. *Main Conclusions* / 141

Abstract: The image crisis of provinces and municipalities are made up of five parts: public security problems; social order problems; ecological environment problems; public service problems and officials' quality problems. These five aspects constitute the Risk Map. At present, the analysis of the image crisis degree and social responsibility accident rate shows that the three most prominent problems are public security, social order and public service. As regards the image crisis response of provinces and municipalities, the key is to be committed to solve those image injustice problems, to rectify and reform the image death problems, to build a comprehensive management system, combined with the regularity from the Risk Map.

Keywords: Image Crisis of Provinces and Municipalities; Social Responsibility Accident; Image Death; Image Damage; Image Injustice

574

𝔅 Ⅱ   Risky Field Reports

B. 2   Research on Image Crisis Response of Provinces and

Municipalities on Public Security   ╱ 143

Abstract: There are seven risks of image crisis of provinces and municipalities on public security: death and injury caused by the terrorist attacks, severe casualties caused by the emergencies, death risk of public place, public health problems and deadly epidemic diseases, dangers of public security and food security, school massacres and hospital massacres. These seven aspects constitute the Risk Map. At present, the analysis of the image crisis degree and social responsibility accident rate shows that the three most prominent problems are the handling of safety accidents, dangers of public security and food security and the death risk of public place. As regards the image death on the death and injury caused by the terrorist attacks, the key is to be committed to improvement. As regards the relationship of image deviation degree and multiple judgement, the key is to be committed to build a comprehensive management system, combined with the regularity from the Risk Map.

Keywords: Dangers of Public Security; Image Crisis

B. 3   Research on Image Crisis Response of Provinces

and Municipalities on Social Order   ╱ 180

Abstract: There are four risks of image crisis of provinces and municipalities on social order: public order, social environment order, economic order and media order. These four aspects constitute the Risk Map. At present, the analysis of the image crisis degree and social responsibility accident rate shows that the four most prominent problems are the faults of policemen and urban management officials in maintaining social order, the chaos of public security of the campus, the problems of the bank, insurance and stock. As regards the image injustice on the urban

形象危机应对蓝皮书

management officials in maintaining social order, the key is to be committed to solve those injustice problems. As regards the image death on enterprise management order, the key is to be committed to improvement. As regards the relationship of image deviation degree and multiple judgement, the key is to be committed to build a comprehensive management system, combined with the regularity from the Risk Map.

Keywords: Social Disorder; Image Crisis; Public Order; Social Environment Order; Economic Order; Media Order

B. 4　Research on Image Crisis Response of Provinces and Municipalities on Ecological Environment　　　/ 227

Abstract: There are four risks of image crisis of provinces and municipalities on ecological environment: polluted air, contaminated water, soil pollution, and destruction of ecosystem. These four aspects constitute the Risk Map. At present, the analysis of the image crisis degree and social responsibility accident rate shows that the two most prominent problems are contaminated water and soil pollution. As regards the image injustice response, the key is to be committed to solve those injustice problems. As regards the image death on soil pollution, the key is to be committed to improvement. As regards the relationship of image deviation degree and multiple judgement, the key is to be committed to build a comprehensive management system, combined with the regularity from the Risk Map.

Keywords: Pollution of Ecological Environment; Image Crisis

B. 5　Research on Image Crisis Response of Provinces and Municipalities on Public Service　　　/ 257

Abstract: There are four risks of image crisis of provinces and municipalities on public service: lack of communal facilities, inconvenience caused by administration examination and approval, problems of public transportation and hardness of safeguarding legal rights. These four aspects constitute the Risk Map. At present, the analysis of the image crisis degree and social responsibility accident rate shows that the three most prominent problems are medical care, administration examination and approval and civil administration. As regards the image injustice on the service of bank, insurance and security, the key is to be committed to solve those injustice problems. As regards the image death on medical security care, the key is to be committed to improvement. As regards the relationship of image deviation degree and multiple judgement, the key is to be committed to build a comprehensive management system, combined with the regularity from the Risk Map.

Keywords: Public Service; Image Crisis; Lack of Communal Facilities; Inconvenience Caused by Administration Examination and Approval; Problems of Public Transportation; Hardness of Safeguarding Legal Rights

B. 6 Research on Image Crisis Response of Provinces and Municipalities on Officials' Quality / 318

Abstract: There are five risks of image crisis of provinces and municipalities on officials' quality: corruption, dereliction, sexual scandal, forging problem and violent behavior. These five aspects constitute the Risk Map. At present, the analysis of the image crisis degree and social responsibility accident rate shows that the two most prominent problems are corruption and dereliction. As regards being affected problems in aspect of the image injustice, the key is to be committed to solve those injustice problems. As regards the bribery and corruption in aspect of the image death, the key is to be committed to improvement. As regards the image deviation degree and multiple judgement relationships, the key is to be committed to build a comprehensive risk management system, combined with the regularity from the Risk Map.

Keywords: Poor Quality of Officials; Image Crisis; Image Death; Image Damage; Image Injustice

形象危机应对蓝皮书

B Ⅲ Industry Reports

B. 7   Research on Image Crisis Response of Medical System   / 358

Abstract: There are five risks of image crisis of medical system: difficulty of medical care and high expense on it; medical security issue; management of medical agent; doctor-patient dispute; lack of specification on medical commercial advertisements. These five aspects constitute the Risk Map. At present, the analysis of the image crisis degree and social responsibility accident rate shows that the three most prominent problems are medical security problems (medical negligence), management of medical agents (regulation of medical institution) and doctor-patient dispute. As regards the image injustice on the doctor-patient dispute problems, the key is to be committed to solve those injustice issues. As regards the image death on medical security problems, the key is to be committed to improvement. As regards the relationship of image deviation degree and multiple judgement, combined with the regularity from the Risk Map, the key is to be committed to build a comprehensive management system.

Keywords: Medical Image; Image Crisis

B. 8   Research on Image Crisis Response of Supervision
over Food Safety   / 370

Abstract: There are four risks of image crisis of supervision over food safety: poor regulation on the process of food manufacturing, poor regulation on food circulation and transportation, poor regulation on food consumption and poor regulation on the primary agricultural production. These four aspects constitute the Risk Map. At present, the analysis of the image crisis degree and social responsibility accident rate shows that the three most prominent problems are the poor regulation on the process of food manufacturing (adding non-food chemical additives), poor regulation on food circulation and transportation (selling false wine) ; poor regulation on food consumption (the inferior quality of the food supply). As regards the social responsibility accident including abuse of plant hormones and selling expired food, the key is to be committed to improvement. As regards the relationship of image deviation degree and multiple judgement, the key is to be committed to build a comprehensive management system, combined with the regularity from the Risk Map.

Keywords: Food Safety; Regulation on Food Safety; Image Crisis

B. 9　Research on Image Crisis Response of School　　　　　/ 382

Abstract: There are six risks of image crisis of school: campus security issue, poor management of campus, the education system issue, inappropriate campus service, crisis of teachers' image and campus health issue. These six aspects constitute the Risk Map. At present, the analysis of the image crisis degree and social responsibility accident rate shows that the three most prominent problems are the crisis of teachers' image (teacher sexual abuse), campus security issue (campus violence) and poor management of campus (school bus safety). As regards the image injustice on the campus health problems, the key is to be committed to solve those injustice issues. As regards the teachers' image death problems, the key is to be committed to improvement. As regards the relationship of image deviation degree and multiple judgement, the key is to be committed to build a comprehensive management system, combined with the regularity from the Risk Map.

Keywords: Image Crisis of School; Campus Security; Teacher Sexual Abuse

B. 10　Research on Image Crisis Response of Civil Aviation　　/ 394

Abstract: There are six risks of image crisis of civil aviation: take off problems, flight problems, plane ticket problems, management problems, service

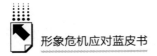

problems and public relations. These six aspects constitute the Risk Map. These six aspects constitute the Risk Map. At present, the analysis of the image crisis degree and social responsibility accident rate shows that the three most prominent problems are plane ticket, service and public relations. As regards the flight problems in aspect of the image injustice, the key is to be committed to solve those injustice problems. As regards the take off problems in aspect of the image death, the key is to be committed to improvement. As regards the image deviation degree and multiple judgement relationships, the key is to be committed to build a comprehensive risk management system, combined with the regularity from the Risk Map.

Keywords: Civil Aviation; Image Crisis

B. 11 Research on Image Crisis Response of Civil Administration / 406

Abstract: There are six risks of image crisis of civil administration: basic living assistance, welfare institutions management, funeral and interment, registration of marriage, welfare lottery management and disaster relief work. These six aspects constitute the Risk Map. These six aspects constitute the Risk Map. At present, the analysis of the image crisis degree and social responsibility accident rate shows that the three most prominent problems are abusing service objects, profiting illegally and corruption of officials. As regards the richest low-income families' problem in aspect of the image injustice, the key is to be committed to solve those injustice problems. As regards abusing service objects problem in aspect of the image death, the key is to be committed to improvement. As regards the image deviation degree and multiple judgement relationships, the key is to be committed to build a comprehensive risk management system, combined with the regularity from the Risk Map.

Keywords: Civil Administration; Image Crisis

B. 12   Research on Image Crisis Response of Government Websites

(including Government Microblogs)   / 420

Abstract: There are three risks of image crisis of government websites (including government microblogs): information problems, service problems and security problems. These three aspects constitute the Risk Map. At present, the analysis of the image crisis degree and social responsibility accident rate shows that the three most prominent problems are the information disclosure, online service and website security. As regards the hacker attack problems in aspect of the image injustice, the key is to be committed to solve those injustice problems. As regards the information anomie problems in aspect of the image death, the key is to be committed to improvement. As regards the image deviation degree and multiple judgement relationships, the key is to be committed to build a comprehensive risk management system, combined with the regularity from the Risk Map.

Keywords: Government Websites; Government Microblogs; Image Crisis

B. 13   Research on Image Crisis Response of Banks,

Insurance and Securities   / 431

Abstract: There are five risks of image crisis of banks, insurance and securities: illegal acts of the leading officials, problems on the fees, problems on the customer information security, management problems and supervision problems. These five aspects constitute the Risk Map. At present, the analysis of the image crisis degree and social responsibility accident rate shows that the three most prominent problems are the customer information security, illegal acts of the leading officials and supervision matters. As regards the problems on the customer information security in aspect of the image injustice, the key is to be committed to solve those injustice problems. As regards the supervision problems in aspect of the image death, the key is to be committed to improvement. As regards the image deviation degree and multiple judgement relationships, the key is to be committed to build a comprehensive risk

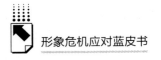
management system, combined with the regularity from the Risk Map.

Keywords: Bank; Insurance; Security; Image Crisis

B. 14　Research on Image Crisis Response of Journalists　　　/ 445

Abstract: There are four risks of image crisis of journalists: role anomie, role losses, role dislocation and role damage. These four aspects constitute the Risk Map. As regards the image injustice on being pretended problems, the key is to be committed to solve those injustice problems. As regards the image death on acting as broker and businessmen problems, the key is to be committed to improvement. As regards the image deviation degree and multiple judgement relationships, the key is to be committed to build a comprehensive risk management system, combined with the regularity from the Risk Map.

Keywords: Journalist; Image Crisis; Risk Map; Risk Regularity

B. 15　Research on Image Crisis Response of Urban Management Officials　　　/ 465

Abstract: There are six risks of image crisis of urban management officials: violent law enforcement, being affected, offences against law and discipline, administrative omission, inappropriate enforcement and inappropriate internal controls. These six aspects constitute the Risk Map. At present, the analysis of the image crisis degree and social responsibility accident rate shows that the four most prominent problems are the inappropriate internal controls, offences against law and discipline, violent law enforcement and administrative omission. As regards being affected problems in aspect of the image injustice, the key is to be committed to solve those injustice problems. As regards the violent law enforcement in aspect of the image death, the key is to be committed to improvement. As regards the image deviation degree and multiple judgement relationships, the key is to be committed to build a comprehensive risk

management system, combined with the regularity from the Risk Map.

Keywords: Image of Urban Management Officials; Image Crisis; Violent law Enforcement; Being Affected

B. 16   Research on Image Crisis Response of Policemen   / 479

Abstract: There are nine risks of image crisis of policemen: the sense of insecurity of public, negligent torts, lack of legal consciousness, inappropriate enforcement means, unjust enforcement, mishandling of relations between policemen and community, responsibility and marked risks, offences against law and discipline and being affected. These nine aspects constitute the Risk Map. At present, the analysis of the image crisis degree and social responsibility accident rate shows that the three most prominent problems are the offences against law and discipline, the sense of insecurity of public and unjust enforcement. As regards being affected problems in aspect of the image injustice, the key is to be committed to solve those injustice problems. As regards offences against law and discipline in aspect of image death, the key is to be committed to improvement. As regards the image deviation degree and multiple judgement relationships, the key is to be committed to build a comprehensive risk management system, combined with the regularity from the Risk Map.

Keywords: Image of Policemen; Image Crisis; Affected Policemen

B IV   Officials Report

B. 17   Research on Image Crisis Response of Officials   / 495

Abstract: There are five risks of image crisis of officials: corruption, dereliction, sexual scandal, forging problem and violent behavior. These five aspects constitute the Risk Map. At present, the analysis of the image crisis degree and social responsibility accident rate shows that the two most prominent problems are

corruption and dereliction. As regards being affected problems in aspect of the image injustice, the key is to be committed to solve those injustice problems. As regards the bribery and corruption in aspect of the image death, the key is to be committed to improvement. As regards the image deviation degree and multiple judgement relationships, the key is to be committed to build a comprehensive risk management system, combined with the regularity from the Risk Map.

Keywords: Image Crisis of Officials; Image Judgement; Image Death; Image Damage; Image Injustice

B V Company Report

B. 18   Research on Image Crisis Response of Enterprises   / 534

Abstract: There are five risks of image crisis of enterprise: the enterprise products, market operation, the enterprise internal management, the enterprise personnel and social responsibility. These five aspects constitute the Risk Map. At present, the analysis of the image crisis degree and social responsibility accident rate shows that the three most prominent problems are the enterprise products, market operation and the enterprise personnel. As regards the image crisis response of provinces and municipalities, the key is to be committed to solve those image injustice problems, to rectify and reform the image death problems, to build a comprehensive management system, combined with the regularity from the Risk Map.

Keywords: Image of Enterprise; Image Crisis; Enterprise Products; Market Operation; Social Responsibility.

B VI Citizen Accomplishment Report

B. 19   Research on Image Crisis Response of Civic Literacy   / 559

Abstract: There are eight risks of image crisis of civic literacy: rumor and slander, deception and swindle, producing fakes, malignant disputes, rules violation, easily incited, vulgar tastes and human indifference. These eight aspects constitute the Risk Map. At present, the analysis of the image crisis degree and social responsibility accident rate shows that the three most prominent problems are the fakes producing, human indifference and vicious competition. As regards the image death on human indifference, the key is to be committed to improvement. As regards the relationship of image deviation degree and multiple judgement, the key is to be committed to build a comprehensive management system, combined with the regularity from the Risk Map.

Keywords: Civic Literacy; Image Crisis; Human Indifference

B. 20　Reference　　　　　　　　　　　　　　　　　　　/ 571

权威报告 热点资讯 海量资源

当代中国与世界发展的高端智库平台

皮书数据库 www.pishu.com.cn

皮书数据库是专业的人文社会科学综合学术资源总库，以大型连续性图书——皮书系列为基础，整合国内外相关资讯构建而成。该数据库包含七大子库，涵盖两百多个主题，囊括了近十几年间中国与世界经济社会发展报告，覆盖经济、社会、政治、文化、教育、国际问题等多个领域。

皮书数据库以篇章为基本单位，方便用户对皮书内容的阅读需求。用户可进行全文检索，也可对文献题目、内容提要、作者名称、作者单位、关键字等基本信息进行检索，还可对检索到的篇章再作二次筛选，进行在线阅读或下载阅读。智能多维度导航，可使用户根据自己熟知的分类标准进行分类导航筛选，使查找和检索更高效、便捷。

权威的研究报告、独特的调研数据、前沿的热点资讯，皮书数据库已发展成为国内最具影响力的关于中国与世界现实问题研究的成果库和资讯库。

皮书俱乐部会员服务指南

1. 谁能成为皮书俱乐部成员？

- 皮书作者自动成为俱乐部会员
- 购买了皮书产品（纸质皮书、电子书）的个人用户

2. 会员可以享受的增值服务

- 加入皮书俱乐部，免费获赠该纸质图书的电子书
- 免费获赠皮书数据库100元充值卡
- 免费定期获赠皮书电子期刊
- 优先参与各类皮书学术活动
- 优先享受皮书产品的最新优惠

社会科学文献出版社 SOCIAL SCIENCES ACADEMIC PRESS (CHINA) 皮书系列

卡号：2169577460248166

密码：

3. 如何享受增值服务？

（1）加入皮书俱乐部，获赠该书的电子书

第1步 登录我社官网（www.ssap.com.cn），注册账号；

第2步 登录并进入"会员中心"—"皮书俱乐部"，提交加入皮书俱乐部申请；

第3步 审核通过后，自动进入俱乐部服务环节，填写相关购书信息即可自动兑换相应电子书。

（2）免费获赠皮书数据库100元充值卡

100元充值卡只能在皮书数据库中充值和使用

第1步 刮开附赠充值的涂层（左下）；

第2步 登录皮书数据库网站（www.pishu.com.cn），注册账号；

第3步 登录并进入"会员中心"—"在线充值"—"充值卡充值"，充值成功后即可使用。

4. 声明

解释权归社会科学文献出版社所有

皮书俱乐部会员可享受社会科学文献出版社其他相关免费增值服务，有任何疑问，均可与我们联系

联系电话：010-59367227 企业QQ：800045692 邮箱：pishuclub@ssap.cn

欢迎登录社会科学文献出版社官网（www.ssap.com.cn）和中国皮书网（www.pishu.cn）了解更多信息

社会科学文献出版社

皮书系列

　　"皮书"起源于十七、十八世纪的英国，主要指官方或社会组织正式发表的重要文件或报告，多以"白皮书"命名。在中国，"皮书"这一概念被社会广泛接受，并被成功运作、发展成为一种全新的出版形态，则源于中国社会科学院社会科学文献出版社。

　　皮书是对中国与世界发展状况和热点问题进行年度监测，以专业的角度、专家的视野和实证研究方法，针对某一领域或区域现状与发展态势展开分析和预测，具备权威性、前沿性、原创性、实证性、时效性等特点的连续性公开出版物，由一系列权威研究报告组成。皮书系列是社会科学文献出版社编辑出版的蓝皮书、绿皮书、黄皮书等的统称。

　　皮书系列的作者以中国社会科学院、著名高校、地方社会科学院的研究人员为主，多为国内一流研究机构的权威专家学者，他们的看法和观点代表了学界对中国与世界的现实和未来最高水平的解读与分析。

　　自20世纪90年代末推出以《经济蓝皮书》为开端的皮书系列以来，社会科学文献出版社至今已累计出版皮书千余部，内容涵盖经济、社会、政法、文化传媒、行业、地方发展、国际形势等领域。皮书系列已成为社会科学文献出版社的著名图书品牌和中国社会科学院的知名学术品牌。

　　皮书系列在数字出版和国际出版方面成就斐然。皮书数据库被评为"2008~2009年度数字出版知名品牌"；《经济蓝皮书》《社会蓝皮书》等十几种皮书每年还由国外知名学术出版机构出版英文版、俄文版、韩文版和日文版，面向全球发行。

　　2011年，皮书系列正式列入"十二五"国家重点出版规划项目；2012年，部分重点皮书列入中国社会科学院承担的国家哲学社会科学创新工程项目；2014年，35种院外皮书使用"中国社会科学院创新工程学术出版项目"标识。

法 律 声 明

　　"皮书系列"（含蓝皮书、绿皮书、黄皮书）由社会科学文献出版社最早使用并对外推广，现已成为中国图书市场上流行的品牌，是社会科学文献出版社的品牌图书。社会科学文献出版社拥有该系列图书的专有出版权和网络传播权，其 LOGO（▇）与"经济蓝皮书"、"社会蓝皮书"等皮书名称已在中华人民共和国工商行政管理总局商标局登记注册，社会科学文献出版社合法拥有其商标专用权。

　　未经社会科学文献出版社的授权和许可，任何复制、模仿或以其他方式侵害"皮书系列"和 LOGO（▇）、"经济蓝皮书"、"社会蓝皮书"等皮书名称商标专用权的行为均属于侵权行为，社会科学文献出版社将采取法律手段追究其法律责任，维护合法权益。

　　欢迎社会各界人士对侵犯社会科学文献出版社上述权利的违法行为进行举报。电话：010 - 59367121，电子邮箱：fawubu@ ssap. cn。

社会科学文献出版社